Maresch/Spann · Angewandte Gerichtsmedizin

Angewandte Gerichtsmedizin

Wolfgang Maresch
Wolfgang Spann

2., überarbeitete und erweiterte Auflage
mit 36 Abbildungen

1987
Urban & Schwarzenberg · Wien – München – Baltimore

Anschrift der Verfasser:

Professor Dr. med. univ. Wolfgang Maresch
Vorstand des Instituts für
Gerichtliche Medizin
Universitätsplatz 4
A-8010 Graz/Österr.

Professor Dr. med. Wolfgang Spann
Vorstand des Instituts für Rechtsmedizin
Frauenlobstr. 7a
8000 München 2

CIP-Kurztitelaufnahme der Deutschen Bibliothek

Maresch, Wolfgang:
Angewandte Gerichtsmedizin / Wolfgang Maresch u.
Wolfgang Spann. [Zeichn.: Ernst Bock]. – 2. Aufl.
– Wien ; München ; Baltimore : Urban u.
Schwarzenberg, 1987
ISBN 3-541-10672-7
NE: Spann, Wolfgang:

Zeichnungen: Ernst Bock, Graz

Satz und Druck: H. Mühlberger, Gersthofen
Buchbinderische Verarbeitung: Wagner, Nördlingen
Printed in Germany

ISBN 3-541-10672-7

Vorwort

Der Umfang des Fachgebietes „Gerichtliche Medizin“ nimmt laufend zu. Es auch nur einigermaßen zu umreißen, wird deshalb immer schwieriger. Mehr als ein Basiswissen kann heute nicht mehr vermittelt werden.

Die Darstellung selbst beruht auf den großen Erfahrungen und der Tradition der österreichischen Gerichtsmedizin. So soll zunächst den österreichischen Studenten ein Lehrbuch in die Hand gegeben werden, das besonders auf praktische Aspekte ausgerichtet ist, gesetzliche Bestimmungen aber soweit berücksichtigt, als sie von breitem Interesse sind. Über den Studierenden hinaus will es für den ganzen deutschen Sprachraum allen in der Rechtsmedizin Tätigen, den Pathologen, Amtsärzten und Juristen das geistige Rüstzeug für ihre Entscheidungen vermitteln.

Schon F. Reuter wies in seinem Lehrbuch der „Gerichtlichen Medizin“ 1933 auf die Schwierigkeiten hin, den ständig wachsenden Umfang des Fachgebietes in eine gedrängte Darstellung zu bringen. Andererseits fällt in einer jahrzehntelangen Tätigkeit in der Gerichtsmedizin auf, daß Kenntnisse verlorengehen, wenn etwa, wie bei den Vergiftungen, ein Wandel der „gebräuchlichen Giftstoffe“ eintritt. So sind Verätzungsbilder von Säuren und Laugen den jüngeren Kollegen nicht mehr geläufig. Dies führt bei doch immer wieder auftretenden Einzelfällen zu diagnostischen Schwierigkeiten. Auch Kenntnisse der Verletzungsform aus der klassischen Verletzungslehre, wie sie insbesondere mein Lehrer Werkgartner in wahrhaft klassischer Weise vermittelt hat, scheinen manchmal zu wenig berücksichtigt.

Forensische Serologie und Spurenkunde sind durch Aufnahme zahlloser moderner Methoden so umfangreich geworden, daß vor allem auf diesem Gebiet nur Grundlagen gebracht werden können. Sie sind aber in der vorliegenden Darstellung soweit berücksichtigt, daß ihre mögliche Anwendung Verständnis findet. Die forensische Toxikologie hinwiederum ist durch die unglaubliche Verfeinerung analytischer Methoden gekennzeichnet. Der Mediziner muß aber auch aus praktischen Gründen schon durch seine Befunde die häufigsten Vergiftungsbilder bei der Obduktion erkennen können. Erfahrung ist immer noch der wichtigste Lehrmeister des Gerichtsmediziners.

Einen gewissen Umfang nimmt die Erläuterung der gerichtsmedizinisch wichtigen Paragraphen des Neuen Österreichischen Strafgesetzbuches ein, einfach deshalb, weil von rechtsmedizinischer Seite hierzu noch kaum Stellungnahmen vorliegen. Ärzte müssen aber die Möglichkeit zu einer wenigstens überblicksartigen Orientierung über Neuerungen der Strafgesetze haben. Parallelen zu gesetzlichen Bestimmungen und Situationen in der Bundesrepublik Deutschland und in der Schweiz bieten sich vielfach an.

Schließlich wurde versucht, dieses Buch so zu verfassen, daß auch der Jurist in der Lage ist, die medizinischen Begriffe und Überlegungen zu verstehen.

Die „Dolmetscherfunktion" der Gerichtsmedizin zwischen Ärzten und Juristen zu erfüllen, bleibt eine der wesentlichen Aufgaben unseres Faches.

So ist zu hoffen, daß die „Angewandte Gerichtsmedizin" auch Interesse in der Bundesrepublik Deutschland und in der Schweiz finden wird.

Graz, Herbst 1982 Wolfgang Maresch

Inhaltsübersicht

1 Der Tod

Der Wunsch der Bevölkerung nach einer Totenbeschau beruht ursprünglich sicherlich auf der Angst vor dem Lebendigbegraben. Interessanterweise ist neuerdings die Diskussion über die Möglichkeit eines Scheintotenzustandes wiederum aufgelebt, und zwar im Zusammenhang mit Fragen der Reanimation und Transplantation. Tatsächlich ist es möglich, Lebensfunktionen wie Atmung und Kreislauf durch Maschinen zu erhalten, auch wenn die natürliche Funktion vorübergehend oder definitiv ausgesetzt hat.

Die Feststellung des eingetretenen Todes ist aber auch wegen der daraus entspringenden rechtlichen Folgen wichtig. Die Durchführung der Totenbeschau ist in Österreich durch Landesgesetze geregelt. Sie ist beamteten Ärzten vorbehalten, so daß in der Regel in den Städten die Amtsärzte des Magistrats, auch Stadtärzte genannt, die Beschau durchführen, während auf dem Land die Gemeindeärzte (Distriktärzte, Kreisärzte, Sprengelärzte) hierfür zuständig sind. Zweck der Beschau ist die Feststellung des eingetretenen Todes, die Feststellung der Todesursache, die möglichst frühzeitige Erkennung und Meldung ansteckender Krankheiten sowie schließlich die Einleitung behördlicher Schritte. Wenn Verdacht auf Fremdverschulden am Tode besteht, so hat die Anzeige an Polizei, Gendarmerie oder direkt an die Staatsanwaltschaft oder das Gericht zu erfolgen. Der Staatsanwalt veranlaßt dann die nötigen Erhebungen und gibt anschließend entweder die Leiche zur Beerdigung frei oder beantragt eine gerichtliche Leichenöffnung. Der zuständige Untersuchungsrichter bestellt dann einen Facharzt für gerichtliche Medizin, der die Obduktion im Beisein des Untersuchungsrichters durchführt. Bei durch die Totenbeschau allein nicht möglicher Feststellung der Todesursache ist über die Gesundheitsbehörde eine sanitätsbehördliche Leichenöffnung zu beantragen.

1.1 Begriff des Todes

Bis vor wenigen Jahren schien die Definition des Begriffs „Tod" keine Schwierigkeiten zu bereiten, war man doch seit Generationen gewohnt, etwa folgende Formulierung zu gebrauchen: „Ein Individuum ist *von dem Moment an* tot, in welchem Respiration und Herztätigkeit dauernd stillstehen und die zentralen Organe, welche die Arbeit aller Organe regulieren und zum Ganzen vereinigen, ihre Tätigkeit eingestellt haben."

Das Phänomen der supravitalen Erscheinungen leitet zu der Tatsache über, daß der Tod ja keineswegs den Körper in seiner Gesamtheit betrifft, sondern daß das Aufhören der Lebenserscheinungen allmählich und geradezu nach der Gewebsart abgestuft erfolgt, so daß es eine Art Absterbeordnung der einzelnen Gewebe gibt. In dieser Absterbeordnung erweist sich das Nervengewebe als das empfindlichste. Wenn wir die Definition des Begriffs „Tod" nach heutiger Auffassung revidieren, müssen wir vorerst darauf hinweisen, daß es den *Moment* des Todeseintritts, zumindest biologisch gesehen, nicht gibt. Aus den zeitlichen Unterschieden im Absterben einzelner Organe oder Zellgewebsarten ergeben sich vielfältige medizinische, vor allem aber rechtliche Probleme.

Man könnte meinen, daß der genaue Zeitpunkt des Todeseintritts ja gar nicht so wesentlich ist, was, medizinisch gesehen, auch zweifellos richtig ist; juristisch könnte und kann der Todeszeitpunkt jedoch entscheidend für Erb- und andere Rechtsfragen werden. Das rechtliche Interesse an einer möglichst minuziösen und objektiven Erfassung der Todeszeit ist deshalb unbestreitbar. Hier kann man sich – und man hat es ja auch schon bisher getan – damit helfen, daß man beim zeitlichen Ablauf des Todesgeschehens zwischen akutem, subakutem und protrahiertem Todeseintritt unterscheidet. Bei „akutem" Todeseintritt fällt der Todeszeitpunkt mit dem den Tod herbeiführenden Ereignis, z. B. einem Unfall, praktisch zusammen. Die Zertrümmerung – um einen allgemein gebräuchlichen Ausdruck zu verwenden – des Schädels, oder die Zerreißung des Herzens etwa, führt eben schlagartig zum Tod. Als „subakut" bezeichnet man nicht ganz so plötzliche Todesfälle ohne die oben erwähnten Ereignisse, aber auch den üblichen klinischen Tod, während man von „protrahiertem" Todeseintritt vor allem auch dann spricht, wenn künstliche Maßnahmen zur Erhaltung oder Wiedererlangung der Lebensfunktionen angewendet werden.

Damit haben wir uns dem Kernpunkt des Problems entsprechend dem heutigen Stand des medizinischen Wissens genähert.

> Vor allem für die praktizierenden Ärzte muß man aber mit aller Deutlichkeit aussprechen: Auch weiterhin wird in praxi der irreversible Stillstand von Atmung und Kreislauf wie bisher den eingetretenen Tod bestätigen.

Wenn aber sogenannte Wiederbelebungsmaßnahmen angewendet werden, kann die Funktion von Kreislauf und Atmung allein nicht mehr Kriterium des Todeseintritts sein.

> In Fällen, in denen Reanimation durch „lebensverlängernde Maßnahmen" angewendet wurde, wenn also durch therapeutisches Tun das Atemsystem und der Blutkreislauf künstlich aufrechterhalten wurden, also der als „Deanimation" bezeichnete Zustand bestanden hatte, soll für den Todeszeitpunkt die Ausdrucksweise „Der Kranke wurde am Tage X um Y Uhr für tot befunden" gewählt werden. Damit wird der Moment des Todes, den es biologisch sowieso nie geben kann, zumindest in diesen Fällen für allfällige Rechtsfolgen nicht mehr präjudiziert.

Unbestritten muß aber bleiben, daß die Feststellung des Todes eine Angelegenheit der Ärzte ist. Der Totenbeschauer wird sich auch in Zukunft in gewohnter Weise auf die klassischen Todeszeichen – Totenflecke, Totenstarre und allenfalls auf Fäulniszeichen – stützen. Im normalen Spitalsbetrieb wird wie bisher die Beobachtung von Kreislauf und Atmung, Reflexen usw. genügen, um den Todeseintritt zu fixieren.

Nur in jenen Fällen, in denen ein Schwebezustand zwischen Tod und Leben infolge künstlicher Aufrechterhaltung von lebensähnlichen Funktionen besteht, wird in erster Linie die Funktionsfähigkeit des ZNS als Kriterium herangezogen werden müssen. Dabei kommt dem EEG besondere Bedeutung zu. Ein sechs Stunden lang „stummes EEG“ berechtigt zur Erklärung: ‚Der Kranke wurde für tot befunden.“

1.2 Totenbeschau

Totenbeschau und das Bestattungswesen fallen in die Kompetenz der österreichischen Bundesländer. Zur näheren Erläuterung wird als Beispiel eines solchen Landesgesetzes das „Landesgesetz für das Land Steiermark vom 16.2.1952, betreffend die Bestattung von Leichen“, auch Steiermärkisches Leichenbestattungsgesetz benannt, auszugsweise zitiert:

§ 1

(1) Jede Leiche ist vor der Bestattung der Beschau durch den auf Grund dieses Gesetzes zuständigen Totenbeschauer zu unterziehen. Der Totenbeschau unterliegen auch Tot- und Fehlgeburten.
(2) Die Totenbeschau dient zur Feststellung des eingetretenen Todes und der Todesursache, ferner bei ungeklärter oder gewaltsamer Todesursache zur Einleitung des behördlichen Verfahrens.

§ 2

(1) Die Totenbeschau obliegt, abgesehen von den im Abs. 4 gemachten Ausnahmen
   a) in der Landeshauptstadt Graz den hierzu von der Stadtgemeinde zu bestellenden rzten,
   b) außerhalb der Landeshauptstadt Graz den Distriktärzten.

§ 4

(1) Der Arzt, der einen Verstorbenen zuletzt behandelt hat, ist verpflichtet, unentgeltlich einen *Behandlungsschein* auszustellen, der alle für die Feststellung der Todesursache erforderlichen Angaben, insbesondere die Angabe der Grundkrankheit und der vom behandelnden Arzt angenomme-

nen unmittelbaren Todesursache, enthalten muß. Der Behandlungsschein ist von der zur Anzeige an den Totenbeschauer verpflichteten Person demselben spätestens anläßlich der Totenbeschau zu übergeben.

(2) Jedermann ist verpflichtet, den Totenbeschauer durch wahrheitsgetreue Auskünfte und durch Befolgung seiner Anordnungen in der Ausübung seines Amtes zu unterstützen.

§ 5

(1) Bis zur Durchführung der Totenbeschau ist die Leiche am Sterbeort zu belassen. Hiervon kann nur mit Bewilligung des Totenbeschauers Abstand genommen werden, wenn auf Grund des Behandlungsscheines keinerlei Zweifel an der Todesursache bestehen und das Belassen der Leiche am Sterbeort unzweckmäßig erscheint.

(2) Bei plötzlichen oder gewaltsamen Todesfällen hat die Leiche in unveränderter Lage zu verbleiben, sofern nicht die Vornahme von Wiederbelebungsversuchen notwendig oder die Veränderung der Lage der Leiche aus sonstigen zwingenden Gründen geboten erscheint.

§ 7

(1) Wenn der Verdacht besteht, daß der Tod durch fremdes Verschulden herbeigeführt oder mitverursacht wurde, hat der Totenbeschauer unverzüglich und auf dem kürzesten Wege, daher in der Regel fernmündlich, die Anzeige an das zuständige Bezirksgericht bzw., falls sich am Sitze des Bezirksgerichtes eine Staatsanwaltschaft befindet, an diese zu erstatten. Diese Anzeige kann auch im Wege des nächsten Gendarmeriepostenkommandos (Polizeidienststelle) erfolgen.

(2) Wenn die Voraussetzungen des Abs. 1 nicht vorliegen, aber die Todesursache nicht einwandfrei feststeht, hat der Totenbeschauer die Anzeige sogleich unmittelbar an die zuständige Bezirksverwaltungsbehörde zu erstatten.

Obduktionen

§ 11

(1) Obduktionen von Leichen werden von den Gerichten oder den Bezirksverwaltungsbehörden angeordnet. Für die Obduktionen in öffentlichen Heil- und Pflegeanstalten sind die jeweils für diese Anstalten geltenden Bestimmungen maßgebend. In allen anderen Fällen dürfen Obduktionen erst nach erfolgter Totenbeschau vorgenommen werden.

(2) Eine Obduktion darf nur von einem zur Berufsausübung berechtigen Arzt und, *soweit es sich nicht um behördlich angeordnete* oder in öffentlichen Heil- und Pflegeanstalten vorgenommene *Obduktionen* handelt, nur dann durchgeführt werden, wenn eine diesbezügliche Willenserklärung des Verstorbenen vorliegt oder seine nächsten Angehörigen damit einverstanden sind. Von der Vornahme der Obduktion ist der zuständige Totenbeschauer in Kenntnis zu setzen. Er ist berechtigt, bei der Obduktion anwesend zu sein.

§ 13

Wenn während der Obduktion Feststellungen gemacht werden, die eine gerichtliche oder sanitätspolizeiliche Obduktion geboten erscheinen lassen (§ 7), ist die Obduktion zu unterbrechen und die zuständige Behörde unverzüglich auf dem kürzesten Wege zu verständigen.

§ 25

(1) Die Enterdigung einer bereits beigesetzten Leiche bedarf, abgesehen von den behördlich angeordneten Enterdigungen, der Bewilligung der Gemeinde, die für den Friedhof zuständig ist, auf welchem die Leiche bestattet ist.

1.3 Todeszeichen

In der Praxis stützt sich die Feststellung des eingetretenen Todes im wesentlichen immer noch auf die sogenannten *sicheren Todeszeichen.*

1.3.1 Totenstarre

Die Totenstarre tritt rasch nach dem Tode ein. Man kann damit rechnen, daß an der Skelettmuskulatur die Starre nach 2–3 Stunden deutlich bemerkbar ist und daß im allgemeinen nach 4–9 Stunden alle Gelenke starr, d. h. also alle Muskelgruppen von der Totenstarre erfaßt sind. Wird ein Gelenk während des Eintretens der Starre bewegt, so bildet sich trotzdem die Starre neuerlich aus, kann allerdings abgeschwächt sein. Wird aber ein Gelenk nach vollkommen eingetretener Totenstarre gewaltsam bewegt – auch „Brechen der Totenstarre“ genannt – so tritt keine neue Starre mehr ein.

Die Totenstarre erfaßt auch Früchte in utero, wenn sie im Mutterleib absterben. Mazerierte Früchte sind selbstverständlich nicht mehr starr.

Mit rascherem Auftreten der Totenstarre muß bei traumatischen Blutungen, Schädigung des Halsmarkes, Vergiftung mit Krampfgiften – wobei die E 605-Vergiftung eine Sonderstellung einnimmt –, nach Sonnenstich und Blitzschlag gerechnet werden, oder ganz allgemein, wenn erhöhte Muskeltätigkeit, z. B. Krämpfe, dem Tode vorangehen.

Eine Abschwächung der Totenstarre ist nach Krankheiten zu beobachten, die mit parenchymatösen Schädigungen der Skelettmuskulatur einhergehen – etwa bei Pilzvergiftungen – sowie nach Sepsis und Gasbrand sowie bei Kachexie.

Bis zur selbständigen Lösung der Totenstarre vergeht gewisse Zeit. Als Regel kann man annehmen, daß die Leichen noch am zweiten Tage eine vollkommene Totenstarre aufweisen; sie kann aber häufig 3–4 Tage und unter Umständen noch länger anhalten. Bei Bestattung in der kalten Jahrszeit kann durch Verzögerung der Fäulnis und Autolyse bei späterer Exhumierung die Totenstarre allenfalls noch nach mehreren Wochen zu beobachten sein.

Ganz allgemein bleiben kühl gelagerte Leichen länger totenstarr, während

Erwärmung die Starre früher löst. Im allgemeinen beginnt die Totenstarre in der Kaumuskulatur und steigt von dort abwärts und löst sich dann auch in derselben Reihenfolge; jedoch ist durchaus auch eine sogenannte aufsteigende Starre möglich. In den Sprunggelenken hält sich die Totenstarre am längsten. Die Lösung der Totenstarre ist überdies vom Zustand der Muskulatur abhängig. Bei gesunden, kräftigen Menschen, die eines plötzlichen gewaltsamen Todes gestorben sind, hält sich die Totenstarre länger als etwa bei schwächlichen und herabgekommenen Personen.

Die Starre der Gelenke tritt im allgemeinen in der Lage ein, in der sich der Verstorbene beim Eintritt des Todes befunden hatte. Eine geringe Veränderung an der postmortalen Gelenkstellung kann durch Überwiegen einer bestimmten Muskelgruppe eintreten. Da im allgemeinen die Beugungsmuskulatur stärker ausgebildet ist als die Streckmuskulatur, tritt eine leichte Verstärkung der Beugestellung etwa in den Fingergelenken ein. Dadurch kann z. B. die Fixierung einer Waffe in der Hand verstärkt werden. Das bedeutet aber keineswegs, daß ein Selbstmörder seine Waffe in der Hand zu behalten pflegt, im Gegenteil, sie entfällt im allgemeinen durch ihre Schwere der Hand. Es kann aber durchaus ein Mörder dem Ermordeten eine Waffe in die Hand drücken und sie eine gewisse Zeit, z. B. durch Umwickeln mit einem Tuch, in der Hand des Toten fixieren, wonach sie durch Eintritt der Totenstarre tatsächlich festgehalten wird.

Die sogenannte kataleptische Totenstarre sei nur der Vollständigkeit wegen erwähnt, da sie eine ungemein seltene Erscheinung sein muß. Allerdings sprechen einzelne Beobachtungen, besonders aus dem Alpenkrieg, dafür, daß es eine solche tatsächlich gibt.

Am Herzen erfaßt die Totenstarre in merkbarer Weise meist nur die linke Herzkammer, da offensichtlich die rechte zu muskelschwach ist.

Rückschlüsse auf die Todeszeit sind nur in jenen, in der Praxis seltenen Fällen einigermaßen möglich, in denen Eintritt und Lösung der Totenstarre beobachtet und dokumentiert wird. Außerdem müssen die Temperaturverhältnisse in der Umgebung bekannt sein, da Geschwindigkeit und Art der postmortalen Abläufe weitgehend temperaturabhängig sind.

1.3.2 Totenflecke

Die Totenflecke entstehen nach Kreislaufstillstand durch völliges Absinken des Blutdrucks. Da das Blutgefäßsystem ein Röhrensystem mit weitgehend schlaffen Wänden ist, erhält nur das „lebende“ Gefäß mit Hilfe der Muskelkontraktion die Spannung aufrecht. Das Absinken des Blutes erfolgt nach dem Tode dadurch, daß sich der Inhalt der Blutgefäße der Schwere nach in dem erschlafften und dadurch weit gewordenen Gefäßsystem absetzt. Die Blutflüssigkeit sinkt somit aus den höher gelegenen Partien des Körpers in die tief gelegenen ab. Auch das Kapillarsystem der höher gelegenen Stellen wird entleert, während sich die tiefer gelegenen Kapillarnetze erweitern. Somit werden höher gelegene Körperteile blutarm, die tiefer gelegenen blutreich, und die Haut zeigt die typische livide blaurote bis grauviolette Verfärbung durch Totenflecke.

Die Farbe der Totenflecke ist rotblau, grauviolett oder blauviolett. Allerdings wird die Farbe der Totenflecke durch Veränderungen des Blutfarbstoffes mit verändert. Charakteristisch sind die hell-kirschroten Totenflecke bei der CO-Vergiftung und die allenfalls leicht angedeutete Verfärbung in Richtung rot bei Zyankali-Vergiftung, die allerdings nur von besonders farbempfindsamen Personen wahrgenommen wird. Nur durch Diffussion von Blausäuregas bei Liegenbleiben der Leiche in einer Blausäureatmosphäre tritt eine deutliche Rotfärbung ein. Extrem selten kann auch bei Einnahme einer übergroßen Zyankalimenge die Farbe der Totenflecke merklich rot erscheinen.

Durch bestimmte Gifte („Methämoglobinbildner") entsteht Met-Hb und dadurch eine braunrötliche Verfärbung der Totenflecke.

Bei der akuten Verblutung sind sie abgeschwächt, vor allem aber spärlicher.

Auch die postmortale Gerinnung des Blutes in der Leiche spielt eine Rolle bei der Ausbildung der Totenflecke. Die Totenflecke sind um so reichlicher und gesättigter, je weniger Blut in der Leiche geronnen ist. Im allgemeinen gerinnt das Blut um so unvollständiger, je rascher der Tod eintritt und je weniger der Tote durch vorangegangene Krankheiten geschädigt war. Nach fieberhaften Erkrankungen, in der Verdauungsleukozytose, bei langem Siechtum ist die Blutgerinnung verstärkt, so daß dadurch auch die Totenflecke spärlicher auftreten.

Ein völliges Fehlen der Totenflecke ist ganz außerordentlich selten; höchstens bei schwersten Graden von chronischer Anämie können die Totenflecke so ungewöhnlich spärlich und blaß sein, daß man fast von einem Fehlen derselben sprechen könnte.

Die Ausdehnung der Totenflecke ist vom Blutgehalt des Organismus abhängig, bei Tod ohne Blutverlust und bei gesunden vollblütigen Menschen daher reichlich.

Der Zustand des Gefäßsystems kann allerdings z. B. durch Giftwirkung verändert werden. So finden sich insbesondere bei der Vergiftung durch Cholinesterasehemmer (Parathion, E 605) ungemein reichliche, tiefdunkelblauviolette Totenflecke.

Die Bildung der ersten Totenflecke erfolgt nach 20–30 Minuten bei Lage auf dem Rücken zuerst am Nacken. Ihre volle Ausbildung zeigen sie erst nach etlichen Stunden.

Solange das Blut im Kapillarsystem verschieblich ist, können die Totenflecke aus ihrer ursprünglichen Lage verschwinden, wenn die Lage der Leiche verändert wird. Die Totenflecke erscheinen dann an der umgelagerten Leiche wiederum in den *nunmehr* abhängigen Körperpartien. Wird die Lage der Leiche nach längerer Zeit verändert, also zu einem Zeitpunkt, bei dem durch Diffusion des Blutfarbstoffes und Übertritt von Erythrozyten in das Gewebe bereits eine gewisse Fixierung eingetreten ist, verschwinden die Totenflecke nicht mehr vollständig, bilden sich jedoch in der neuen Lage etwas abgeschwächt aus. Dieses Abblassen und die Neubildung bei Lageveränderungen können noch – sehr abhängig von äußeren Bedingungen – bis zu 24, sogar 30 Stunden nach dem Tode erfolgen. Diesen Vorgang nennt man das Wandern der Totenflecke.

Anfänglich kann man Totenflecke durch Druck mit dem Finger, Objektträger, Messerrücken wegdrücken bzw. stark abblassen. Allerdings nur so lange, wie sich nicht die Inhibition des Gewebes durch Blutfarbstoff eingestellt hat.

Fäulnis, besonders Sepsis und Gasbrand, beschleunigen die Inhibition sehr stark; hingegen erhält sich bei der Kälte ausgesetzten Leichen die Wegdrückbarkeit der Totenflecke länger.

Druck auf die Haut verhindert die Bildung der Totenflecke; an Aufliegestellen fehlen sie daher. Bei der typischen Rückenlage sind die Totenflecke daher unter den Schulterblättern, am Gesäß, an den Waden und stellenweise an den Armen – eben an allen Aufliegestellen – „ausgespart". Ebenso behindert Druck der Kleidung, wie Hosenträger, Strumpfbänder, Büstenhalter, Gürtel oder Hemdkragen, die Ausbildung der Totenflecke. Diese Druckerscheinungen durch Kleider könnten mit Strang- oder Fesselspuren verwechselt werden. Auch können Hautfalten, auch Fettfalten bei Kleinkindern, bei Lageveränderungen als weiße Streifen im Bereich der Totenflecke in Erscheinung treten, was wiederum zu Fehlschlüssen führen könnte.

Bei Lagerung der Leiche in der Kälte kommt es durch Diffusion von Sauerstoff der Luft in die Haut zu Hellrotfärbung der Totenflecke, da die Kälte die Sauerstoffbindungsfähigkeit des Hämoglobins begünstigt. Es kommt jedoch niemals zur *gleichmäßigen* hellroten Verfärbung aller Totenflecke. Es sind immer neben den hellrot verfärbten Stellen noch blaurote, also den üblichen Farbton besitzende Bezirke vorhanden. Die hellrote Verfärbung betrifft sehr häufig nur die Ränder der Totenflecke. Bei Gasbrand sind die Totenflecke meist bräunlich-rot bis geradezu kupferrot.

Durch Kapillarberstung können im Bereich der Totenflecke postmortale, manchmal die Epidermis leicht vorwölbende Blutungen entstehen. Sie sind keineswegs als Vitalitätszeichen zu betrachten. Diese postmortalen Ekchymosen sind in der Regel ungleich größer als vitale Petechien, etwa von Glassteck-nadelkopf- bis Linsengröße (Vibices).

Da die Blutabsenkung nicht nur die Haut, sondern alle Organe betrifft, kommt es auch zur *inneren Hypostase*. Man findet im Hinterkopf reichliche Blutfülle der Gefäße, ebenso im Nacken, den rückwärtigen Lungenpartien, den Nieren und in der Rückenmuskulatur, selbstverständlich aber immer der jeweiligen Lage der Leiche entsprechend.

1.3.3 Totenkälte

Die sogenannte Totenkälte ist kein sicheres Zeichen des Todes.

Im Gegenteil, die häufigsten Irrtümer in Richtung Scheintod entstehen bei der Totenbeschau dadurch, daß sich die Körperoberfläche eben kälter anfühlt. Ein Berühren der Leiche mit dem Handrücken kann lediglich eine grobe Schätzung der Abkühlung ergeben, darf aber vor allem nicht nur an unbedeckten Körperstellen erfolgen. Am ehesten kann man eine „Restwärme" bei der sogenannten Vita minima an den kleiderbedeckten Flanken oder zwischen den Beinen usw. fühlen. – Sonst spielt die Abkühlung der Leiche nur noch hinsichtlich der Todeszeitpunktbestimmung eine gewisse Rolle.

Der Temperaturrückgang ist aber von so vielen äußeren Einflüssen abhängig, daß eine Zeitschätzung nur innerhalb weiter Grenzen möglich ist. So kühlen Leichen am schnellsten im Wasser und am langsamsten – außer in überheizten Räumen – zugedeckt im Bett liegend ab.

> Temperaturmessungen an Leichen werden – wenn nötig – im Mastdarm durchgeführt. Als Faustregel kann man unter normalen klimatischen Bedingungen mit einem Absinken der Temperatur von 1°C pro Stunde rechnen, wobei noch Raumtemperaturen und Ernährungszustand zu berücksichtigen sind.

1.3.4 Vertrocknung

Eine weitere frühe Leichenveränderung ist die Vertrocknung. Vertrocknungserscheinungen an der Leiche spielen in der forensischen Praxis eine beträchtliche Rolle. Die spontane Vertrocknung kann, abhängig von äußeren Umständen, frühzeitig in Erscheinung treten. Da von der Körperoberfläche ständig Wasser abdunstet, dieses abdunstende Wasser aber bei Stillstand der Zirkulation nicht mehr ersetzt wird, tritt an den Körperstellen mit nur dünner Epidermis, also an der Nasenspitze, den Ohrmuscheln, am Hodensack, an Schamlippen und Fingerspitzen rasch die sogenannte spontane braune Hautvertrocknung ein, wenn sie reichlich der Luft ausgesetzt sind. Diese spontane Vertrocknung kann besonders bei Säuglingen an den Lippen den Verdacht von Verätzungen hervorrufen. Auch an Stellen, die durch Mazeration geschädigt sind, tritt gegebenenfalls rascher braune Hautvertrocknung auf, so z. B. unter den Brüsten, in Fettfalten, in den Leistenbeugen usw. Die in der Tiefe von Falten auftretende ursprüngliche Erweichung (Mazeration) kann nämlich durch Lageveränderung der Leiche sekundär der Luft ausgesetzt werden, so daß Vertrocknung eintritt. Diese könnte allenfalls mit vital entstandenen Verletzungen verwechselt werden.

Die *braune Hautvertrocknung* tritt also infolge Wasserabgangs aus der Haut auf. Die Haut besteht bekanntlich aus einem epithelialen Anteil (Epidermis oder Oberhäutchen) und aus dem bindegewebigen Korium oder Lederhaut. Die Lederhaut vertrocknet an der Leiche, wenn der Verdunstungsschutz, den das Oberhäutchen darstellt, nicht mehr gegeben ist. Durch den Wasserverlust homogenisiert das Bindegewebe der Haut, die Haut wird etwas durchscheinend und vor allem gelblichrötlichbraun bis schwarzbraunrot verfärbt; sie wird gleichzeitig derb und lederartig fest, wie eine gebratene Schwarte.

Der höchste Grad der spontanen Vertrocknung ist, wenn sie den Körper allgemein erfaßt, also auch die Gewebe in der Tiefe, die *Mumifikation*.

Außer der spontanen Vertrocknung tritt die sogenannte braune Hautvertrocknung überall dort ein, wo die Haut mechanisch, thermisch, chemisch oder aktinisch geschädigt worden ist. Sie ist eine Leichenerscheinung, die freilich nicht nur nach vitaler Schädigung des Oberhäutchens, sondern ebenso auch bei postmortaler Beschädigung erfolgt. Sie spielt in der gerichtlichen

Medizin deshalb eine ungemein wichtige Rolle, weil sie auch ursprünglich gänzlich unscheinbare Verletzungsspuren postmortal sichtbar macht. Typische Beispiele hierfür sind Würgemale, Strangfurchen, Schürfungssäume jeglicher Art und selbstverständlich alle Spuren, die durch Reifendruck, Kühlergrill oder ähnliche Beschädigungen z. B. bei einem Verkehrsunfall entstehen und daher bei der Diagnose des verletzenden „Werkzeuges" insgesamt eine wichtige Rolle spielen.

Die thermischen Schäden, die zur braunen Hautvertrocknung führen, werden beim Verbrennungstod näher erläutert werden, die Schädigungen durch chemische Einwirkung bei den Vergiftungen. Eine Unterscheidung zwischen Verbrennung und Verätzung ist übrigens verhältnismäßig leicht, weil die Begrenzung der Verätzung praktisch immer die Form von Abrinnspuren aufweist.

1.4 Späte Leichenveränderungen

1.4.1 Fäulnisvorgänge

Fäulnis und Autolyse sind in der gerichtlichen Medizin nicht trennbar. Sie sind Zerfalls- bzw. Abbauveränderungen organischer Substanzen, wobei der Zerfall von Eiweißstoffen und Kohlehydratverbindungen der Gewebe im Vordergrund steht. Während die Autolyse spontan und abakteriell vor sich geht, werden die eigentlichen Fäulnisvorgänge durch Fäulniserreger hervorgerufen.

Das erste Zeichen der Leichenfäulnis ist der hämolytische Zerfall der Blutkörperchen. Die Hämolyse bewirkt, daß sich die Blutflüssigkeit mit dem Blutfarbstoff anfärbt; diese verfärbte Flüssigkeit tritt dann durch postmortales Durchlässigwerden der Gefäße in das Gewebe aus. Das die Gefäße umgebende Gewebe färbt sich somit schmutzig-rot an. Die ersten äußerlich erkennbaren Erscheinungen der Fäulnis sind daher das sogenannte „Durchschlagen der Blutadernetze" durch die Haut. Man sieht netzförmige, den großen subkutanen Hautvenen entsprechende Figuren von schmutzig-roter, schmutzig-brauner bis schmutzig-grüner Verfärbung. Durch Inbibition der Gewebe werden auch im Inneren der Leiche zahlreiche Organe verfärbt. Als erstes fällt die Verfärbung der Intima der großen Gefäße und die Verfärbung des Endokards auf. Die Organe selbst verlieren allmählich ihre chrakteristische Farbe, werden mißfärbig schmutzig-rot bis graugrün. Besonders auffällig ist dabei die Verfärbung des Gehirns, welches schmutzig-graurötlich und allmählich durch Sulfhämoglobinbildung grau-grünlich wird. Gleichzeitig wird das Gehirn schmierig-breiig, letztlich regelrecht verflüssigt.

1.4.2 Gasbildung

Da die Fäulniserreger fast durchweg Gasbildner sind und die Fäulnisbildung in der Regel vom Darm ausgeht, kommt es zuerst im Bereich des Bauches zur

Gasbildung und damit zur Auftreibung desselben. Die Fäulnis schreitet auf der Blutbahn fort.

Eine weitere relativ rasche Erscheinung ist die Ausbildung von Fäulnisblasen der Haut. Gleichzeitig oder bald danach beginnt Fäulnisemphysem aufzutreten; dadurch wird das Aussehen der Leiche stark verändert. Ein ursprünglich durchaus mageres Gesicht wird rundlich-polsterartig aufgetrieben, der Hodensack wird ballonförmig. Durch Gasdruck kann Mageninhalt aus der Leiche, ebenso wie Kot, ausgepreßt werden. Überdies kann der Mastdarm oder die Scheide vorfallen. Durch Gasdruck können Früchte aus der Gebärmutter ausgepreßt werden, und es kann zur sogenannten Sarggeburt kommen.

Durch Gasblasenbildung an den inneren Organen entstehen sogenannte Schaumorgane, wie etwa „Schaumleber" oder „Emmentalergehirn".

Der Ablauf der Fäulnis ist stark von äußeren Einflüssen abhängig. Fäulnisbegünstigende Faktoren sind vor allem Wärme und Feuchtigkeit; aber auch gewisse Krankheitsprozesse begünstigen das Auftreten der Fäulnis. So faulen etwa septische Leichen sehr rasch, und ganz besonders natürlich Gasbrandleichen.

1.4.3 Verwesung

Zur Entstehung der Verwesung ist Luftzutritt nötig, während Feuchtigkeit hinderlich ist. Die Verwesung ist somit ein trockener Zerfall. Die Verwesung kann auch als Folge der Fäulnisvorgänge, also nach Abschluß der Fäulnis, einsetzen, wodurch der Fäulnisbrei zu einer mulmartigen trockenen Masse wird.

Die Zerstörung der Leiche auch im Erdgrab geschieht durch Fäulnis und Verwesung. In trockenen Gräbern ist die Leiche häufig schon in 3–4 Jahren zerfallen. In feuchten Gräbern dauert der Vorgang wesentlich länger, wobei Leichenwachsbildung den Zerfall verzögert. Durch Verseifung des Fettgewebes und der Muskulatur tritt Adipocirebildung ein. Brust- und Bauchwände bilden dann oft einen zusammenhängenden Torso; man spricht von sogenannter Küraßbildung. Eine röhrenförmige Ausbildung des Fettwachses kann auch an den Extremitäten eintreten, so daß die Knochen in dieser Röhre freiliegen. Unter dieser Schalenbildung sind die inneren Organe meist weitgehend zerfallen. Leichenwachsbildung hat weitgehenden Sauerstoffabschluß zur Voraussetzung und ist daher in feuchten Erdgräbern häufig und in Gewässern die Regel. Aber schon Einschlagen der Leiche in undurchlässige Plastikfolien genügt zur Fettwachsentstehung.

1.4.4 Leichenfauna

Die Zerstörung besonders an freiliegenden Leichen erfolgt durch die sogenannte Leichenfauna. Fliegen legen sehr rasch Eier ab, die in der warmen Jahreszeit in dicken Paketen schon wenige Stunden nach dem Tode der Leiche aufliegen bzw. in Nasenlöchern, Mund und um die Augen sowie an Wunden vorhanden sind. Die ursprünglich ca. 2 mm langen Fliegenmaden kriechen bei durchschnittlichen Sommertemperaturen nach etwa 2 Tagen aus den Eiern aus, verpuppen sich nach etwa 14 Tagen, und nach 3 Wochen sind die „Fliegentonnen" leer.

Fliegenmaden, aber auch Ameisen, können einen Leichnam innerhalb weniger Wochen völlig skelettieren.

Ameisenfraß ist daran zu erkennen, daß die Ameisen die Epidermis regelrecht abweiden, so daß flache, an den Rändern landkartenartig begrenzte abgenagte Stellen entstehen, an denen die Lederhaut freiliegt. Dabei können Ätzspuren durch Ameisensäure entstehen, welche die braune Vertrocknung noch verstärken. Auch Käfer fressen Leichen an, ebenso Krähen, und selbstverständlich alle Aasvögel. In unseren Breiten geschieht noch häufig Annagen durch Ratten und Mäuse, auch können Leichenteile durch Füchse vertragen werden. Auch andere Tiere, z. B. Schweine, können Leichen anfressen.

1.5 Leichenzerstückelung und Leichenverbrennung

1.5.1 Zerstückelung

Leichenzerstückelung wird vom Täter zur Beseitigung der Leiche und Verschleierung der Tat ausgeführt. Der Täter bezweckt damit nicht nur die Erschwerung der Identifizierung, sondern zerstückelt die Leiche auch, um sie eventuell leichter transportieren zu können. Bei diesen groben Zerstückelungen wird zunächst der Versuch unternommen, Arme, Beine und Kopf vom Rumpf zu trennen. Da dies meist laienhaft durchgeführt wird, gelingen die Leichenzerstückelungen relativ schlecht. – Auch bei Sexualtaten kann es zu Leichenzerstückelungen kommen, wobei meist Teile aus der Genitalsphäre, wie Brüste, Gesäßbacken oder Teile der Genitalien abgetrennt werden.

1.5.2 Verbrennung

Aus denselben Gründen versucht der Täter, die Leiche durch Brand zu zerstören, so daß etwa ein Haus in Brand gesteckt wird, um die Leiche eines Ermordeten zu verbrennen. Man nennt dies Mordbrand. Es ist allerdings äußerst schwierig, eine auch nur einigermaßen weitgehende Verbrennung einer Erwachsenenleiche durchzuführen. Leichen von Neugeborenen könnten naturgemäß theoretisch eher verbrannt werden, jedoch auch kaum in einer üblichen Brandstelle, wie etwa in einem Küchenherd. Die Rauch- und Gestankwirkung bewirkt meist das Unterbrechen des Verbrennungsversuchs durch den Täter oder macht Nachbarn aufmerksam.

1.6 Primäre Todesursache

Der Begriff der „nächsten Todesursache" ist aus dem Text der österreichischen Strafprozeßordnung erwachsen. Im § 129 StPO ist folgendes Prinzip der Gutachtenerstattung gefordert: „Das Gutachten hat sich darüber auszusprechen, was im vorliegenden Fall die den eingetretenen Tod *zunächst* bewirkende Ursache gewesen und wodurch sie erzeugt worden" sei.

Auch die preußischen Vorschriften für das Verfahren der Gerichtsärzte führen aus, daß das Gutachten sich auf jeden Fall zuerst auf die Todesursache zu richten habe.

Die sogenannten nächsten Todesursachen nach Verletzungen kann man somit in primäre oder unmittelbare Todesursachen und in sekundäre, also mittelbare, unterteilen.

Für die Gutachtenerstellung bringt das in der Praxis tatsächlich Vorteile.

Derartige primäre Todesursachen sind: schwerste Beschädigungen eines oder mehrerer lebensnotwendiger Organe, wie etwa Gehirn, Teile des Rükkenmarks, des Herzens oder der Lungen, bei denen eine nähere Erläuterung, daß ihr Funktionsverlust den unabwendbaren Tod bedingt, auch für den medizinischen Laien nicht nötig ist, weiters Verblutung, Luftembolie, Fettembolie und der sogenannte Schocktod.

1.6.1 Verblutung

Beim Tod durch Verblutung unterscheidet man äußere und innere Verblutung. Beide Verblutungsarten können akut, also rasch, oder allmählich erfolgen.

Bei der inneren Verblutung ist auch chronischer Verlauf über lange Zeit möglich.

Beim akuten Blutverlust kann bereits eine relativ geringe Menge von etwa 1400–1500 ml zum Tode führen.

Die *innere Verblutung* kann nicht nur im Brust- und Bauchraum erfolgen, sondern ist auch ins Retroperitoneum bzw. in das kleine Becken unterhalb des Bauchfells, ganz allgemein also auch in lockere Bindegewebsräume, möglich.

Besonders bei Verkehrsunfällen ist Verblutung in große Hohlräume, die beim Dekollement entstanden sind, nicht selten. Selbstverständlich kann auch Verblutung in den Magen-Darm-Trakt ebenso erfolgen wie durch zahlreiche, verhältnismäßig kleine Hämatome bei Verprügeln oder Steinigen, auch wenn das Blut – allerdings funktionslos – im Körper verbleibt.

Verblutung nach innen ist gefährlicher, weil man von außen nicht erkennen kann, welches Organ verletzt ist, und die Bedrohlichkeit einer Blutung ins Innere nicht sofort erkennbar ist.

Bei innerer Verblutung, etwa durch Stichverletzung, muß trotz der Hautwunde nicht ein Tropfen Blut nach außen dringen.

An der Leiche erkennt man schweren Blutverlust an den Totenflecken, die blasser und vor allem spärlicher sind, weiters an der allgemeinen Blutarmut der Organe, wodurch die Organfarbe der Gewebe mehr zum Vorschein kommt. So sind die Muskeln weniger rot, die Lungen weisen einen gelbrosigen Farbton auf, die Leber wird lehmfarbig-gelblichbraun. Die Nieren erscheinen eher blaubräunlich-gelblich, wobei allerdings auf Hypostase zu achten ist, können aber auch geradezu „weiß" sein. Auch das Gehirn ist insgesamt deutlich blasser.

Ein besonders wichtiges Zeichen des Verblutungstodes findet sich in Form der subendokardialen Ekchymosen an der Kammerscheidewand der linken Kammer sowie auf der Höhe der Muskelbalken. Diese subendokardialen Blutungen sind streifenförmig.

1.6.2 Luftembolie

Unter Luftembolie versteht man das Eindringen von Luft durch Verletzungen aller Art in das Venensystem und ihre Verschleppung. Auch Gasembolie ist möglich. Häufige Ursachen der Luftembolie sind Halsschnitte oder -stiche, Halsoperationen, Stich- oder Schnittverletzungen der Achselhöhle, des Oberschenkels und der Kniekehle. Vom Uterus her sind bei Fruchtabtreibungen Lufteinschleppungen häufig, wobei besonders von der Gebärmutter her auch protrahierte Luftembolie entstehen kann.

Der Tod durch die Luftembolie erklärt sich aus der Funktion der Herzklappen. Die Herzklappen gestatten den Durchtritt des Blutes nur nach einer Richtung; sie werden durch den Flüssigkeitsstrom geöffnet. Bei Beginn des Blutrückflusses schließen sich die Klappen sofort und verhindern somit den Rückstrom. Wenn jedoch durch das Gefäßsystem Luft in die rechte Herzkammer eingetreten ist, bildet sich ein grobblasiger Schaum, so daß dieses Schaumpolster den Klappenschluß verhindert. Das Herz kann kein Blut mehr fördern, schlägt leer und stellt allmählich seine Tätigkeit ein. In den Lungenkreislauf dringt nur relativ wenig Luft ein.

Die Menge, die zur tödlichen Luftembolie führt, scheint sehr variabel zu sein; sie wird mit etwa 60–130 ml angegeben. Am Lebenden ist bei Eintritt einer Luftembolie das sogenannte Mühlradgeräusch zu hören. Soforttherapie: Reichlich physiologische Kochsalzlösung in die Wunde schütten!

Obduktionstechnik zur Prüfung auf Luftembolie

Bei geringstem Verdacht auf Luftembolie muß eine besondere Sektionstechnik angewendet werden. Man öffnet hierzu den Brustkorb unter Schonung der 1. und 2. Rippe, klappt das Sternum hoch und eröffnet den Herzbeutel dreizipfelig. Nach Erfassung der zipfelförmigen Teile des Herzbeutels mit Klemmen hebt man diesen hoch und besichtigt vorerst das Herz. Bei Luftembolie ist das Herz häufig ballonförmig gebläht, elastisch, und man sieht recht häufig perlschnurartig angeordnete Luftbläschen in den Gefäßen unter dem Epikard. Nach Füllen des Herzbeutels mit Wasser – wobei das Herz meist sichtlich aufsteigt – sticht man unter Wasser den rechten Ventrikel an und bringt durch Drehung des Skalpells die Stichöffnung zum Klaffen. Bei tödlicher Luftembolie treten etwa kleinkirschgroße Blasen in größerer Anzahl unter leicht gurgelndem Geräusch aus. Man soll diesen Stichkanal mit der Schere noch gegen den Conus pulmonalis zu verlängern, um hier noch vorhandene, oft gar nicht so geringe Luftmengen austreten zu lassen. Eine Messung der Luftmenge ist zweckmäßig.

Bei Fäulnis erfüllt feinblasiger Schaum beide Herzkammern und tritt bei deren Eröffnung als solcher aus.

Als paradoxe Luftembolie bezeichnet man Luft in beiden Herzkammern bei offenem Foramen ovale oder Kammerscheidewanddefekt; eventuell kann sogar Luft durch die Pumpkraft des Herzens durch die Lungen hindurch bis in die linke Kammer gepreßt werden.

Die zerebrale Luftembolie ist eine Luftembolie des Gehirns bzw. insgesamt im Schädelinneren. Diese Form der Luftembolie ist sehr schwer nachweisbar. Beim Versuch des Nachweises ist die Eröffnung des Schädels unter Wasser und histologische Untersuchung des Gehirns nötig.

1.6.3 Fettembolie

Die Fettembolie entsteht durch Zertrümmerung von Fettgewebe bei gleichzeitiger Zerreißung von Gefäßen, so daß durch Austritt des ölförmigen Inhaltes der Fettzellen Fett auf dem Blutweg in die Organe gelangt. Vorwiegend sind hiervon die Lungen betroffen, da in der Lunge der Durchtritt des flüssigen Fettes durch die Kapillaren wegen der großen Oberflächenspannung des Fettes nicht möglich ist. Hierdurch wird ein Großteil des Lungenkreislaufs ausgeschaltet, weshalb das gegen den Lungenkreislauf arbeitende Herz versagen muß.

Eine rasche Diagnose der Fettembolie ist an Doppelmesserschnittpräparaten möglich. Man quetscht ein kleines, durch Doppelmesserschnitt entnommenes Stückchen Lungengewebe zwischen zwei Objektträger und sieht dann unter dem Mikroskop schon ohne Färbung die Fettwürstchen in den Lungenkapillaren liegen. Die histologische Untersuchung erfolgt nach entsprechender Fettfärbung.

Ursachen der Fettembolie sind Zerquetschung von subkutanem Fettgewebe bei stumpfen Traumen und bei Brüchen spongiosareicher Knochen, wie Oberschenkel, Wirbel, Becken usw. Sie ist daher bei Verkehrsunfällen sehr häufig.

An Fettembolie als Todesursache muß man auch bei Lynchjustiz oder Kindesmißhandlung denken.

Zerebrale Fettembolie ist an der Leiche als Purpura cerebri leicht erkennbar.

1.6.4 Der sogenannte Schocktod

Die Diagnose des Schocktodes als primäre Todesursache kann vom gerichtsmedizinischen Standpunkt im wesentlichen nur bei traumatischen Irritationen gestellt werden, wie etwa beim Polytrauma, bei Tritt oder Hieb gegen den Bauch, Boxhieben insgesamt, Schlag gegen den Hals, Nackenschlag nach Art eines Karatehiebes, oder natürlich auch bei Stockhieben oder Hieben mit jeglichem anderen stumpfen Gegenstand, etwa einem Pistolengriff.

Ansonsten reicht der Begriff Schock über den eben genannten vom Begriff Verblutungsschock bis Kreislaufschock, so daß eine einheitliche Zusammenfassung dieses Begriffs in diesem Rahmen nicht möglich erscheint.

1.7 Vitale Verletzungen

Vitale, also bei Lebzeiten entstandene Verletzungen müssen begreiflicherweise von postmortalen unterschieden werden. Dies ist durch sogenannte *Vitalitätszeichen* möglich.

> Eine besonders wichtige Rolle in dieser Hinsicht spielt der Blutaustritt ins Gewebe mit anschließender Gerinnung des ausgetretenen Blutes. In der Umgebung von Wunden jeglicher Art kommt es zu Lebzeiten nach Blutaustritt zur Gerinnung des durch aktive Kreislaufleistung ins Gewebe hineingepreßten Blutes. Das geronnene Blut läßt sich aus dem Gewebe weder ausstreifen noch auswaschen.

Für die gerichtsmedizinische Praxis genügt dieser Umstand bei entsprechender Erfahrung für die Vitalitätsdiagnose. An die Möglichkeit der postmortalen Entstehung von Blutungen muß immer gedacht werden. Im Zweifel müssen spezielle histologische Untersuchungen vorgenommen werden, doch gibt es an der Leiche selbst noch weitere Vitalitätsveränderungen.

Solche Vitalitätszeichen sind alle Heilungsvorgänge an Verletzungen, also alle Gewebsreaktionen, die als Folge einer Beschädigung auftreten. Dies sind Ödeme, Hyperämie, zelluläre Infiltrate und andere histologisch erfaßbare Veränderungen.

Weitere Vitalitätszeichen sind subendokardiale Blutungen, Erstickungsblutungen, Fettembolie und Gewebsembolie, selbstverständlich auch Blutaspiration, Aspiration von Diatomeen, Sand, Ruß oder ähnlichen Fremdkörpern in die Lungen und Aspiration von erbrochenem Mageninhalt.

Mit gewisser Vorsicht kann auch relativ reichliches Verschlucken von Sand, Getreidekörnern, Siloinhalt u. ä. in den Magen als Vitalitätszeichen gewertet werden.

Auf die Möglichkeit der histologischen und histochemischen Vitalitäts- und Altersbestimmung von Wunden soll hingewiesen werden. Die Techniken müssen in Spezialwerken nachgelesen werden.

1.8 Plötzlicher Tod aus natürlicher Ursache

Plötzliche Todesfälle aus natürlicher Ursache können ebenso aus anscheinend völliger Gesundheit wie auch nach lange bestehenden chronischen Leiden eintreten. Besonders Todesfälle während der üblichen täglichen Verrichtungen oder ohne erkennbare Belastung sind dem medizinischen Laien rätselhaft. Da auch dem Beschauarzt meist kein Hinweis auf die Todesursache zur Verfügung steht, kommt es in solchen Fällen relativ häufig zur Obduktion.

Wie schon im Kapitel „Totenbeschau“ ausgeführt, werden sanitätspolizeiliche Obduktionen dann angeordnet, wenn kein Verdacht auf Fremdverschulden am Tode besteht und der Tod plötzlich ohne erfaßbare Ursache eingetreten ist bzw. wenn keine Behandlung vorangegangen ist und deshalb auch kein Behandlungsschein vorliegt. Die sanitätspolizeilichen Obduktionen werden in Österreich nur noch von Pathologen oder Gerichtsmedizinern ausgeführt. Aus rein organisatorischen Gründen sind sie in Städten wesentlich häufiger als auf dem Lande.

Aber auch gerichtliche Obduktionen – ursprünglich wegen Verdachtes auf Fremdverschulden – ergeben gar nicht selten einen plötzlichen Tod aus natürlicher Ursache.

Die Ursachen für plötzliche natürliche Todesfälle sind äußerst mannigfaltig und umfassen praktisch die ganze Pathologie; die meisten von ihnen konzentrieren sich aber doch auf eine wenige Hauptgruppen. Zahlreiche Statistiken beweisen das.

Eine aus dem Grazer gerichtsmedizinischen Institut stammende Statistik von Weyrich aus dem Jahre 1932, die auf 2668 Obduktionen basiert, gibt im Vergleich mit unseren eigenen, also aus demselben Institut stammenden Ergebnissen Aufschlüsse über die innerhalb der letzten fünfzig Jahre eingetretenen Veränderungen:

vor 1932		*1971–1980*	
Herzkrankheiten	41,83%	kardiovaskulär	65%
Respirationstrakt	23,36%	respiratorisch	15%
Verdauungsorgane	12,85%	renal-intestinal	7%
Gehirn	8,88%	zerebral	6%
übrige Erkrankungen	13,86%	in Verbindung mit grippalem Infekt	5%
		sonstiges	2%

1.8.1 Herztodesfälle

Bei Unterteilung der Herztodesfälle standen jene, die durch Koronarsklerose verursacht waren, schon bei Weyrich 1932 mit 50% weitaus an der Spitze.

In einer Hamburger Statistik über die Jahre 1956–1964 von Janssen und Naeve überwiegt der Herz- und Gefäßtod mit 69,34% noch mehr, wobei auch dort in erster Linie die Koronarsklerose zu nennen ist. Die Anzahl der Herzrupturen ist hingegen praktisch nicht angestiegen (Weyrich 3,2%, Hamburg 1956–1964 3,91%). Die spontane Herzruptur führt immer zu tödlicher Herzbeuteltamponade.

Sehr stark abgesunken ist die Zahl der Aortenrupturen, weil luetische Aortenerkrankungen kaum noch zur Beobachtung kommen.

Die tödliche Myokarditis ist selten. Es gibt Fälle, die bei der Obduktion einfach nicht zu übersehen sind, und solche, die erst histologisch aufgeklärt werden können, mit allen Übergängen in der Schwere der makroskopischen Herzmuskelbefunde.

1.8.2 Erkrankungen des Respirationstraktes

Die Häufigkeit tödlicher Erkrankungen des Respirationstraktes lag bis 1932 bei 23,36%; in unserem Material umfaßt sie 15% der Fälle, wozu noch 5% „Grippe" hinzukommen; in Hamburg machten die tödlichen „Erkrankungen der Atmungsorgane ohne Tuberkulose" 12,77% aus.

Während im Grazer Bereich bis 1932 durch Tuberkulose 33,71% Todesfälle eintraten, betrug die Häufigkeit der tödlichen Lungentuberkulose 1956 bis 1964 in Hamburg nur noch 0,64%. Der starke Rückgang der Tuberkulose ist ja allgemein bekannt, sein Ausmaß aber immer wieder erstaunlich.

Eine nicht seltene natürliche Todesursache ist die Lungenembolie (Thrombembolie der A. pulmonalis). Sie ist gerichtsmedizinisch außerdem von Bedeutung im Rahmen der Kausalitätsbeurteilung nach Unfällen und Operationen. In solchen Fällen besteht also eine gewisse Überschneidung einer allenfalls traumatisch bewirkten Grundursache und einer natürlichen Todesursache; in der Regel wird der Kausalzusammenhang mit dem Trauma gutachtlich zu bejahen sein. – Gleiches gilt für die herdförmige Lungenentzündung (Bronchopneumonie).

1.8.3 Erkrankungen des Gehirns und seiner Häute (einschließlich intrakranielles Gefäßsystem)

Die Zahl der an Erkrankungen des Schädelinneren plötzlich Verstorbenen betrug 1932 im Grazer Bereich 8,8%, in den letzten Jahren 6% und in Hamburg nur 3,92%.

Der in der Bevölkerung als häufige plötzliche Todesursache bekannte Gehirnschlag ist also noch seltener geworden. Während im Obduktionsgut der Pathologen bekanntlich die Enzephalomalazie weit überwiegt, sind im gerichtsmedizinischen Seziersaal die Fälle spontaner Hirnblutung doch häufiger. Dabei halten sich die Blutungen an typischer Stelle, nämlich im Bereich der Stammkerne und ihrer Kapseln, ungefähr die Waage mit weniger typischen Lokalisationen (Brücke, Kleinhirn u. a.).

Eine gerade bei gerichtsmedizinischen Obduktionen immer wieder vorzufindende unerwartete Todesursache ist die Blutung nach Ruptur eines *Hirnbasisaneurysmas*. Sie ist immer primär eine subarachnoidale Blutung, bricht aber rasch in den Subduralraum durch bzw. weniger oft in die Hirnkammern; der Haematocephalus internus ist dann die letzte Todesursache.

Diese Aneurysmablutungen haben gar nicht so selten eine Wirtshausrauferei oder ähnliches in der unmittelbaren Vorgeschichte. Da die Aneurysmen der Hirnbasisschlagadern meist auf angeborene Gefäßanomalien zurückgehen und die tödliche Ruptur ja jederzeit bei jeglicher Anstrengung erfolgen kann, ist der Kausalzusammenhang einer allfälligen leichten Gewalteinwirkung (Rauferei, Ohrfeige) im allgemeinen nicht zu erbringen. In solchen Fällen ist es nicht immer leicht, den Juristen die natürliche Todesursache klarzumachen. Eine gewisse Häufung von Aneurysmablutungen findet sich zwischen dem 30. und 40. Lebensjahr.

Weitere Erkrankungen des Gehirns und seiner Häute, die plötzlich zum

Tode führen, sind Epilepsie (Tod im Status epilepticus), Geschwülste ohne oder mit Blutungen (Tumor apoplecticus), eitrige Meningitis (insbesondere bei Säuglingen und Kleinkindern) sowie Hirnveränderungen bei Pachymeningiosis haemorrhagica interna. Die tuberkulöse Hirnhautentzündung ist praktisch verschwunden.

1.8.4 Erkrankungen des Magen-Darm-Trakts

Ihre Häufigkeit hat bei Weyrich noch fast 13% betragen; sie ist in unserem Bereich auf 6% zurückgegangen und wird in der Hamburger Statistik überhaupt nur mit 2,37% angegeben.

Die Ösophagusvarizenblutung veranlaßt nicht selten wegen der reichlichen Blutbesudelung der Leiche und ihrer Umgebung Mordverdacht.

Ansonsten sind Perforationen peptischer Geschwüre, Pfortader- oder Mesenterialvenenthrombosen und akute Pankreatitiden zu nennen; alle übrigen hierher gehörigen Ursachen des unerwarteten Todes sind Einzelfälle.

Gerade bei den Darmerkrankungen zeigt es sich, wie relativ der Begriff des „plötzlichen Todes“ ist. Es kommen immer wieder Fälle ausgeprägter Peritonitis zur Beobachtung, die auf eine Brucheinklemmung oder eine Perforation zurückgehen, die sich schon etliche Tage vor dem Tode ereignet haben muß. Verständlicherweise handelt es sich dabei fast immer um alleinstehende Personen.

1.8.5 Erkrankungen des Harnapparats

Im Bereich des Harnapparats führen lediglich Nierenerkrankungen zu plötzlichen Todesfällen. Meist sind es vaskuläre, seltener entzündliche Schrumpfnieren, die durch Entgleisung einer chronischen Urämie scheinbar plötzlich tödlich werden. Auch dabei gibt es gar nicht so selten Mordverdacht, weil die präfinale Urämie zu Verwirrtheitszuständen führt, in denen die eigene Wohnung derart in Unordnung gebracht und durchwühlt werden kann, als hätte eine fremde Person etwas gesucht.

1.8.6 Erkrankungen des Genitalapparats

Erkrankungen des Genitalapparats führen fast ausschließlich bei schwangeren Frauen zum plötzlichen Tod: Eklampsie, Extrauteringravidität mit Ruptur und Verblutung in die Bauchhöhle, Uterusrupturen sowie Verblutung aus dem post partum atonischen Uterus sind zu nennen; unter der Geburt kann es auch zu akut tödlicher Fruchtwasserembolie und – äußerst selten – zu Luftembolie kommen.

1.8.7 Sonstiges

Die Aufzählung der Möglichkeiten des plötzlichen Todes aus natürlicher Ursache kann nur lückenhaft erfolgen, wollte sie nicht uferlos sein.

Zu verweisen wäre noch auf die gar nicht so seltenen Grippetodesfälle, die nicht nur ältere Menschen, sondern auch junge, sonst völlig gesunde Personen aus dem vollen Leben hinwegraffen, im eigentlichen Kindesalter aber doch selten sind.

Hingegen betrifft die Waterhouse-Friderichsen-Erkrankung in erster Linie Kinder, ohne aber auf das Kindesalter beschränkt zu sein.

Plötzliche Todesfälle an Sepsis können als Einzelfälle sogar während einer Spitalbehandlung eintreten.

Daß es bei hochgradig fäulnisveränderten Leichen oder gar bei Skelettierung des Leichnams unklärbare Todesfälle gibt, ist verständlich. Ganz selten, unter Hunderten von unerwarteten Todesfällen einmal, lassen sich an ganz frischen Leichen keinerlei Anhaltspunkte für die Todesursache vorfinden, weder makroskopisch noch histologisch, noch toxikologisch. Während Weyrich auf zumindest zeitliche Zusammenhänge mit dem weiblichen Zyklus – z. B. erste Menstruation des Lebens – hinweist, haben wir in den letzten drei Jahrzehnten solche Fälle nicht gesehen, wohl aber vereinzelte, ungeklärte Todesfälle bei ausgesprochen muskulösen, scheinbar „vor Gesundheit strotzenden" jüngeren Männern.

Es versteht sich von selbst, daß erst dann ein unklärbarer Tod aus natürlicher Ursache angenommen werden darf, wenn nicht nur alle medizinischen, sondern auch alle kriminalistischen Untersuchungsmöglichkeiten ausgeschöpft sind.

1.9 Plötzlicher Kindestod

Seit es eine wissenschaftliche gerichtliche Medizin gibt, werden die Gerichtsmediziner von der Problematik des plötzlichen Kindestodes geradezu verfolgt, die bis heute nicht restlos geklärt ist.

1.9.1 Hergang

Säuglinge, also Kinder im ersten Lebensjahr, sterben scheinbar aus voller Gesundheit heraus unter geradezu stereotyp sich wiederholenden Umständen. So etwa findet die Mutter ihr Kind morgens tot im Bettchen liegend vor, oder es stellen die nach kurzer Abwesenheit zurückkehrenden Eltern, die das durchaus gesund erscheinende Kind ruhig schlafend verlassen hatten, entsetzt den eingetretenen Tod fest. Relativ häufig erfolgt der Tod nach einer Mahlzeit, so daß bei der Obduktion der volle, aber nicht etwa übervolle Magen geradezu die Regel ist.

Da das tote Kind häufig in erwühltes Bettzeug verwickelt oder von Decken oder Kissen bedeckt ist, liegt die Vermutung nahe, daß das Kind erstickt sei. Diese nicht nur bei Laien vorherrschende Meinung ist falsch.

> Es ist deshalb eine wichtige Aufgabe, den Eltern darzulegen, daß auch in solchen Fällen ein natürlicher Tod vorliegt, um ihnen Selbstvorwürfe,

ja sogar Selbstbezichtigungen des „Mordes" zu ersparen. Es muß ihnen wie auch dem Gericht und der Staatsanwaltschaft erklärt werden, daß eine „Voraussehbarkeit" dieser Erkrankung bzw. des Gefährdungszustandes nicht möglich ist.

1.9.2 Obduktionsbefund

Ebenso gleichförmig wie der Ablauf des Geschehens ist der Obduktionsbefund. Schon der Habitus hat in vielen Fällen seine Charakteristika. Diese Säuglinge sind in der Regel überernährt und sehen wie „Barockengel" aus. Sie sind pastös aufgeschwemmt, häufig mit tiefen Speckfalten an den Beinen. Die Kopfform erscheint eher quadratisch, die Fontanellen sind meist übergroß. Besondere Beachtung verdienen aber alle Zeichen von chronischem Hirndruck. Das Schädeldach ist in der Mehrzahl der Fälle gefenstert. Man merkt dies, wenn man nach Abziehen der harten Hirnhaut das Schädeldach gegen das Licht hält. Es zeigen sich dann geradezu abklatschartig fleckförmige, den Hirnwindungen entsprechende Dünnstellen des Schädelknochens, besonders im Bereich der Schläfe-Stirnlappen. Auch die Impressiones digitatae sind vertieft. Das Gehirn zeigt Hyperämie und Hirnödem. Die „Hirnsubstanz" ist teigig, wie in den Schädelraum „hineingestrichen" und füllt daher diesen vollständig aus. Das Kleinhirn drängt das Gezelt stark nach oben, so daß das Kleinhirngewebe tatsächlich in der Mitte zeltförmig aufgewölbt ist. Die Kleinhirnmandeln sind stark abgesetzt. Besonders auffällig ist zusätzlich die beinahe knorpelartige Festigkeit von Brücke und verlängertem Mark. Das Gewebe ist hier extrem blutarm und daher kalkig weiß. Wir halten dies ebenfalls für einen wichtigen Hinweis auf das Vorliegen eines chronischen Hirndrucks. Die meist reichliche Ausbildung punktförmiger Blutungen (Ekchymosierung) betrifft Epikard, Pleura und Thymus. Am Epikard und an der Pleura können diese Blutungen bis flach-hanfkorngroß sein, in und an der Thymusdrüse sind sie, obwohl immer nur punktförmig klein, sehr auffällig. Die Ekchymosierung kann aber auch vollkommen fehlen.

Der lymphatische Apparat ist häufig stärker ausgebildet als bei anderen Säuglingen. Epi- und Endokard zeigen eine eigentümliche bläulich-weißliche Quellung. Das Myokard pflegt abgeblaßt zu sein, blaßgrau-bräunlich bis fast grau-weißlich. Eine ödematös gequollene, meist blasse, nur selten leicht gerötete Magen-Darm-Schleimhaut sowie – besonders bei leerem Magen – eine vermehrte Menge von zähem Schleim, dem eigentümliche braune bis braunschwärzliche stippchenartige Schleimsprenkel beigemengt sind, runden das Bild ab. Obwohl die Einzelbefunde mehr oder weniger unscheinbar sind, ist das Gesamtbild aber doch so charakteristisch, daß es jedem erfahrenen Obduzenten bekannt ist.

Deshalb ist die Diagnose „S.I.D.S." in der Regel einfach, ebenso ihre Erkennung als natürliche (d. h. nicht gewaltsame) Todesursache.

1.9.3 Häufigkeit, Ätiologie

,,S.I.D.S." ist die noch nicht allzu lange durch internationale Vereinbarung üblich gewordene Bezeichnung dieses akuten Säuglingstodes und bedeutet auch gar nichts anderes als akuter Säuglingstod: *S*udden *I*nfant *D*eath *S*yndrome.

Der Tod im ersten Lebensjahr ist viel häufiger als der Tod im eigentlichen Kindesalter. In einer Statistik der Stadt Graz finden sich z. B. 148 Todesfälle in der Altersklasse 1–14 Jahre, aber 474 Todesfälle innerhalb des ersten Lebensjahres.

In den Details aber täuscht diese Statistik. Sie führt zwar – zweifellos richtig – zunächst die perinatalen Todesursachen an (Frühgeburt, Lebensschwäche, Entbindungsfolgen), dann aber dominieren im ersten Lebensjahr die ,,Mißbildungen". Sie werden in Wahrheit aber übertroffen von der Zahl der akuten Säuglingstodesfälle, die leider selbst heute noch unter verschiedenen Krankheitsbezeichnungen in ganz verschiedene Rubriken eingehen, z. B. als ,,Bronchitis" in die Erkrankungen des Respirationstraktes, als ,,akuter Magen-Darm-Katarrh" in die Erkrankungen des Verdauungstraktes, als akutes ,,zerebrales Anfallsleiden", oder (früher) als ,,Fraisen" in die Erkrankungen des Gehirns und seiner Häute usw. Die meisten von ihnen, und zwar noch etwas über das Säuglingsalter hinaus, bis etwa zum 15. Lebensmonat, sind S.I.D.S.-Fälle.

Sogar in unserem gerichtsmedizinischen Untersuchungsgut, das die unerwarteten Todesfälle des ersten Lebensjahres umfaßt, sind keineswegs gewaltsame Todesursachen, sondern mit 79,6% die S.I.D.S.-Fälle überwiegend. Dagegen sind die plötzlichen Todesfälle im Alter von einem bis 14 Jahren fast ausschließlich solche durch äußere Einflüsse.

Erklärungsversuche und pathophysiologische Hypothesen über den ,,sudden infant death" – manche sagen auch ,,sudden unexpected death" – gibt es unzählige. Sie reichen von der in der österreichischen Gerichtsmedizin früher gewöhnlich gegebenen Interpretation ,,Magen-Darm-Katarrh" über diverse Erkrankungen des Respirationstraktes (Kapillarbronchitis, pulmonale Mediaverdickung, Virusinfektion) bis zur Elektrolytverschiebung und Elektrolytentgleisung sowie vom ,,Status thymolymphaticus" über die Kuhmilchallergie bis zur ,,Streß-Situation", also bis zu obduktionsmäßig vollkommen unfaßbaren ,,Erklärungen".

Diese verschiedenartigen Bezeichnungen gehen zum großen Teil auf Befunde zurück, die wahrscheinlich eine gewisse Bedeutung im dramatischen Ablauf besitzen, das Gesamtgeschehen des plötzlichen Kindestodes dem Verständnis aber kaum näher bringen.

In letzter Zeit scheint sich jedoch durch die weltweiten Untersuchungen eine bestimmte Erklärung abzuzeichnen.

Die meisten Untersucher haben – ebenso wie wir – feststellen können, daß diese Säuglinge fast ausschließlich im Schlaf versterben. Bei Säuglingen, die im REM-Schlaf lange Atempausen aufweisen, kann es bei extrem lange dauerndem Aussetzen der Atmung zu solchen Hypoxien kommen, daß Herzrhythmusstörungen auftreten. Solche Risikokinder werden nun in zahlreichen

Kliniken im Schlaf dauernd durch Monitoren überwacht, so daß eine große Zahl von Daten über die Hypoxie, die Herzrhythmusstörungen und das Atemverhalten gewonnen wurde. Es spricht vieles dafür, daß diese Kinder allmählich in einen Zustand der Labilität geraten, der zum plötzlichen Kindestod führen kann. Schwierig ist es freilich, die Brücke von diesen Risikokindern zu den an S.I.D.S. verstorbenen nachzuweisen, weil bisher kaum solche monitorüberwachten Säuglinge später dem S.I.D.S. erlegen sind bzw. während der Überwachung selbstverständlich sofort Gegenmaßnahmen in die Wege geleitet werden, wenn der Monitor bedenkliche Werte anzeigt.

Allgemeingültig ist aber wohl die Hypothese, daß im ersten Lebensjahr Lebensfunktionen des Organismus noch nicht genügend ausgebildet oder „eingespielt" sind. Bei Störungen offensichtlich vielfacher Art versagen dann manche Regulationsmechanismen. Dies scheint insgesamt besonders für solche Mechanismen zu gelten, bei deren Ausfall hypoxische Schäden eintreten.

Diese hypoxischen Schäden würden dann endgültig durch akute Erhöhung des Hirndrucks letztlich den Tod herbeiführen. Zahllose auslösende Ursachen für zusätzlichen Sauerstoffmangel durch „Disregulation der Atmung im Schlaf" kommen dabei in Betracht. Sie reichen von Beeinträchtigung der Atemfunktion durch Erkrankungen des Respirationstraktes bis zu mechanischer Behinderung durch Aufliegen von Mund und Nase bei Bauchlage bis zur Bedeckung durch Bettzeug etc.

Letztlich würden auch die durch morphologische Untersuchungen kleiner Pulmonalarterien beim S.I.D.S. gefundenen pulmonalen Media-Verdickungen der peripheren arteriellen Strombahn eine Erklärung für Störungen des Sauerstoffaustausches und somit für chronische alveoläre Hypoxie erbringen.

1.9.4 Todesfälle bei Frühgeborenen. Andere Ursachen des Säuglingstodes

Dieses Syndrom des plötzlichen Säuglingstodes überschattet wegen seiner immer noch viele Fragen offen lassenden Problematik weitgehend die anderen Möglichkeiten eines plötzlichen Todes im ersten Lebensjahr. Besonders Todesfälle von Frühgeborenen unterliegen anderen Gegebenheiten. Bei frühgeborenen Kindern stirbt eine beträchtliche Anzahl an Unreife. Weiters sterben mehr als 50% der Frühgeborenen in den ersten 24 Stunden, und zwar häufig als Folge intrauteriner oder geburtstraumatischer Schädigungen. Als Ursache hierfür kommen Tentoriumriß, Hirnblutungen, Fruchtwasseraspiration, pulmonale hyaline Membran, Meningitis oder Enzephalitis, oder auch Infektionskrankheiten wie Toxoplasmose und Listerose, aber immer auch noch Lues in Frage. Auch auf Morbus haemolyticus neonatorum darf nicht vergessen werden.

Diese Aufzählung von Todesursachen in den ersten Lebenswochen ist keineswegs vollständig, sondern soll nur daran erinnern, daß auch im Rahmen üblicher pathologischer Veränderungen der Tod häufig unerwartet eintritt, weil eben die Erkrankung gerade in diesem Lebensabschnitt nicht erkannt wurde. Dies gilt auch für Mißbildungen, insbesondere solche des Herzens.

Im Säuglingsalter sind es dann – abgesehen vom S.I.D.S. – wieder andere Erkrankungen, die ebenfalls plötzlich und unerwartet den Tod herbeiführen können. Unter den Herzerkrankungen führt am ehesten die Myokarditis zum plötzlichen Tod, ebenso können aber auch angeborene Herzfehler oder Herzklappenentzündung einen unerwarteten plötzlichen Tod herbeiführen.

Von den typischen Erkrankungen der Lunge ist es am ehesten die Pneumonie, auch in der Sonderform der sogenannten interstitiellen plasmozellulären Pneumonie, die als Todesursache in Frage kommt, ebenso naturgemäß Tuberkuloseerkrankungen, in erster Linie Miliartuberkulose oder die tuberkulöse Meningitis. Als Einzelfälle kommen im Säuglingsalter noch Sepsis, besonders nach Angina, Masern oder auch Otitis media in Frage. Ebenso könnte die echte Säuglingstoxikose, die heute praktisch regelmäßig als solche erkannt wird, eine Rolle spielen. Immer wieder, in letzter Zeit vermutlich zufällig seltener, haben wir auch die akute Meningokokkensepsis nach Waterhouse-Friderichsen als Ursache unerwarteter Todesfälle zur Untersuchung bekommen.

Bereites im zweiten Lebensjahr beginnend, besonders aber nach diesem, ist deutlich der allmähliche Übergang zur Erwachsenenpathologie zu bemerken.

2 Lehre von den Verletzungen

Verletzung im weitesten Sinne des Wortes ist jede gewaltsame Schädigung des Körpers und Schädigung der Gesundheit.

Als Verletzungen bezeichnet man insbesondere
- Durchtrennung des Zusammenhangs am oder im Körper (Verletzungen durch stumpfe Werkzeuge, Pfählungen, Bißverletzungen, Schnitt, Stich, scharfer Hieb, Schuß, Explosionsverletzungen)
- Erstickung oder Schädigung durch Behinderung der Atmung
- Entziehung der Nahrung (Verhungern, Verdursten)
- Schädigung durch Temperatureinflüsse, also durch hohe oder niedrige Temperaturen (Verbrennung, Hitzschlag, Unterkühlung, Erfrierung)
- Schädigung der Gesundheit durch Strom einschließlich Blitzschlag
- Schädigung der Gesundheit durch Gifte
- Strahlenschädigungen

Zusammenhangsdurchtrennung im Bereich der Gewebe wird durch sehr verschiedene Werkzeuge erzeugt, die auf mechanische Art die Gewebe schädigen. Ihre Einteilung erfolgt deshalb nach der Beschaffenheit des verwendeten Werkzeuges im weitesten Sinne. Es können Verletzungen vor allem entstehen durch stumpfe Werkzeuge, spitze Werkzeuge, schneidende Werkzeuge, Hiebwerkzeuge mit scharfen Schneiden, Geschosse (Projektile), Sprengsplitter, Pfähle und Bisse.

2.1 Verletzungen durch stumpfe Gewalt

Die Gruppe der Verletzungen durch stumpfe Gewalt umfaßt solche unterschiedlichster Genese. Sie reicht von Verkehrsunfallverletzungen über Maschinenverletzungen zu Hiebverletzungen, die durch stumpfe Teile der Hacke, durch Hämmer, Steine, Metallrohre, Zaunlatten, Stöcke, Stuhlbeine und andere Zufallswerkzeuge, durch Hiebe mit Gummiknüppeln, Sandsäcken, Schlagringen, Totschlägern (Rauferwaffen), durch Boxhiebe, Fußtritte, Huftritte hervorgerufen werden. Ebenso entstehen stumpfe Verletzungen auch durch die verschiedensten Arten von Stürzen durch Aufschlagen z. B. auf den Boden, der dann sozusagen die Rolle des Werkzeuges übernimmt – wobei auch Sturz auf Wasser aus großer Höhe derartige Verletzungen erzeugt.

Die unmittelbaren Folgen dieser Gewalteinwirkungen teilt man nach der

Art der Schädigung, also nach der Art der Verletzungen, und schließlich auch nach der Lage am Körper ein.

Man spricht von offenen Verletzungen, wenn offene, d. h. mit Haut- oder Schleimhautdurchtrennungen einhergehende „Wunden" entstehen, und von inneren Verletzungen, wie Knochenbrüche, Beschädigung innerer Organe, Schädigungen des Zentralnervensystems (einschließlich Commotio cerebri) usw.

Innere Verletzungen können dadurch kompliziert werden, daß die Verletzung auch nach außen reicht. Man spricht dann z. B. von einem komplizierten Knochenbruch (Fractura complicata); doch hat sich in den letzten Jahrzehnten mehr und mehr der Ausdruck „offener Knochenbruch" durchgesetzt.

Unter den äußerlich sichtbaren Verletzungen durch stumpfe Gewalt unterscheidet man Hautabschürfung, Blutunterlaufung und Rißquetschwunde.

2.2 Hautabschürfung

Hautabschürfungen spielen in der therapeutischen Medizin eine nur geringe Rolle. Die gerichtsmedizinische Bedeutung von Hautabschürfungen als Begleiterscheinung zahlreicher Verletzungsarten ist jedoch außerordentlich hoch, weil man aus ihnen Rückschlüsse sowohl auf das verletzende Werkzeug als auch auf die Mechanik der Entstehung ziehen kann.

Die Hautabschürfung ist eine mehr oder weniger flächenhafte Schädigung oder Ablösung der obersten Hautschichten. Wird nur die Epidermis abgelöst und kommt es zu keiner Verletzung des Koriums, sind also die Papillen der Lederhaut nicht angerissen, so tritt keine Blutung auf; lediglich Gewebsflüssigkeit tritt aus. Die Hautabschürfung zeigt daher anfänglich feuchten Glanz, dann bildet sich eine Kruste, die nach einigen Tagen abgestoßen wird. Vorübergehend bleibt dann an der Haut eine glattere Stelle zurück.

Wenn auch die Kutis angerissen wird, entsteht eine Blutung und bei Ausheilung eine zarte Narbe aus Bindegewebe. Anfangs ist das Narbengewebe reichlich vaskularisiert und deshalb deutlich gerötet, verarmt dann aber an Gefäßen, blaßt in den nächsten Wochen allmählich ab und wird schließlich weißlich bis grauweißlich. Derartige Narben sind ausgesprochen zart und meist auf die Dauer nicht mehr erkennbar.

Gesundheitliche Folgen ziehen die Hautabschürfungen nicht nach sich. Ihre *typischen Formen* lassen aber Rückschlüsse auf die Form des Werkzeuges zu und können damit zu weitgehenden rechtlich bedeutungsvollen Schlüssen führen. Ein typisches Beispiel ist die Gurtenverletzung, die auch nach langer Zeit noch das Anlegen des Gurtes beweist und auch die Frage der Sitzposition klären kann.

Auch sonst können Hautabschürfungen ihrer chrakteristischen Form und Lage nach in manchen Fällen ganz besondere Bedeutung besitzen. Typische Beispiele sind Würgespuren am Hals, Frottierspuren in der Herzgegend bei äußerer Herzmassage, schmale streifenförmige Spuren am Rücken nach Züchtigung und die Unzahl der Formen, die beimVerkehrsunfall zur Beobachtung kommen, wie Reifenspuren, Kühlermuster, Scheinwerferringabdrücke usw. Auf die hohe Bedeutung der Schürfungssäume an Rißquetschwunden und Schußverletzungen sei vorerst nur hingewiesen (s. Abb. 2 und Abb. 8A).

2.3 Blutunterlaufung

Blutunterlaufung bedeutet Blutaustritt in Bindegewebsräume. Landläufig spricht man von „blauen Flecken". *Hämatome* nennt man Blutungen größeren Ausmaßes, als *Ekchymosen* oder Petechien werden kleine zarte, etwa stecknadelspitz- bis stecknadelkopfgroße Blutungen bezeichnet. Sie entstehen dadurch, daß kleinste Gefäße durch Druck oder durch Pressung des Gewebes rupturieren. Zwischen subkutanen, also „in der Tiefe" gelegenen, durch die Haut durchschimmernden, und intrakutanen Blutungen muß unterschieden werden.

Hämatome finden sich besonders über Knochen, weil durch stumpfe Gewalteinwirkung, z. B. beim Hieb, eine Quetschung der Weichteile mit gröberen Gefäßberstungen zwischen Werkzeug und Knochen eintritt. Da Kinder, Greise und Frauen lockereres Bindgewebe und leichter zerreißliche Gefäße besitzen, entstehen bei diesen Personen Hämatome leichter und durch geringeren Druck.

Bei Stockhieben wird die Gestalt des Werkzeuges als Blutunterlaufung in Doppelstreifenform wiedergegeben, weshalb Laien allenfalls fälschlich eine Hiebspur als Zeichen zweier Hiebe ansehen.

Lage und Form dieser Hämatome sind begreiflicherweise bezeichnend für ihre Entstehung, da sich bei Verprügeln Streifen vorwiegend an Rücken und am Gesäß finden.

Hämatome in Form blauer Flecken um den Mund können durch Zuhalten des Mundes – besonders bei gleichzeitigem Würgen und Drosseln – entstehen.

Hämatome werden eher für ungefährlich gehalten, doch wird das Ausmaß der Blutunterlaufungen und somit des Blutverlustes ins Gewebe im allgemeinen unterschätzt. Der Blutverlust in solche mehrfache Hämatome kann durchaus auch gesundheitlich von Bedeutung sein; dazu kommt später auch noch die toxische Auswirkung der Blutresorption.

Im übrigen sind Hämatome ausgezeichnete Nährböden für Bakterien und vereitern daher leicht. Hämatome können sich über weite Strecken hinziehen, so z. B. bei Unfällen von den Hüften bis zu den Knöcheln oder den ganzen Rücken betreffen. Obwohl sie bis zu zwei Liter Blut enthalten können, müssen sie von außen durchaus nicht erkennbar sein.

Verblutung ins Gewebe oder in große Gewebsspalten ist daher ebenso möglich wie Verblutung in sehr zahlreiche, relativ kleine Blutergüsse. Letzteres kommt bei Verprügelung, Lynchjustiz und Steinigen in Frage. Meist entsteht zusätzlich durch die ausgedehnte Zertrümmerung des Unterhautfettgewebes eine Fettembolie, die eventuell auch die Todesursache darstellen kann.

An der Farbänderung der Blutunterlaufungen ist eine grobe *Altersschätzung* möglich. Der blaue Fleck geht von bläulich-violett in bläulich-braungrünlich und schließlich ins Gelbliche über.

Blutunterlaufungen sind mit Abstand das wichtigste Vitalitätszeichen, weil vitale Verletzungen so gut wie immer von Blutunterlaufungen begleitet sind.

Postmortale Hypostase kann Blutunterlaufungen vortäuschen. Die passive Gefäßfüllung geht in Durchtränkung des Gewebes durch Blut bzw. Blutfarbstoff über. Es fehlt aber die für Vitalität charakteristische Gerinnung des Blutes in den Gewebsspalten. Das postmortal hypostatisch ausgetretene Blut läßt sich daher aus dem Gewebe ausstreifen und auswaschen.

2.4 Rißquetschwunden

Allgemeine Charakteristika der Rißquetschwunde sind unregelmäßig gezackte bis fetzige Wundränder, Schürfungssäume oder auch flächenhafte Schürfung; Gewebsbrücken in der Tiefe und Hineinragen der Haarwurzel in der Tiefe der Wunde in den Wundspalt; häufig sind die Ränder unterminiert.

Rißquetschwunden entstehen durch Zerreißung und Quetschung der Haut, wobei das Reißen durch die tangential wirkende Komponente der Gewalt und durch die damit verbundene Verschiebung der Haut entsteht; gleichzeitig kommt es durch Druck des einwirkenden Werkzeuges zur Quetschung der Wundränder, eventuell auch von größeren Flächen um die Wunde. So wird z. B. die Kopfschwarte zwischen Werkzeug und Schädeldach gequetscht und reißt.

2.4.1 Rißquetschwunden am Kopf

Platzwunden sind eigentlich nur solche, die durch Steigerung des inneren Drucks, z. B. an der Bauchwand, entstehen. Reine Platzwunden sind äußerst selten.

Besonders eindrucksvoll sind Rißquetschwunden am Kopf. Hierbei können strahlige Zerreißungen der weichen Schädeldecken erfolgen, so daß die Wunde drei-, vier- oder mehrstrahlig sein kann (Abb. 1B; s. 2.4.2). Die mehrstrahlige Verletzung am Kopf entsteht bei Sturz auf eine Fläche oder durch Schlagwerkzeuge, wenn diese den Kopf flächenhaft treffen.

Trifft ein Schlagwerkzeug mit einer Kante auf die Schädelhaut auf, so wird diese zwischen Schädelknochen und Werkzeugkante annähernd linear durchquetscht (Abb. 1A). Trifft eine Ecke des Werkzeuges den Kopf, wirken eine Ecke und zwei Kanten ein, so daß eine winkelförmige Wunde entsteht (Abb. 1C). Der zwischen den Winkeln liegende Hautteil ist retrahiert. Bei Auftreffen einer Ecke kann noch die senkrecht von der Schlagfläche aufsteigende Kante durch Keilwirkung ein zipfelförmiges Weiterreißen der Ecke der Wunde bewirken (Abb. 1D). Wirkt die gesamte Kantenlänge von Ecke zu Ecke ein, so kann bei noch relativ flach auftreffender Schlagfläche durch Einwirkung der vorderen und der beiden seitlichen Kanten eine U-förmige Wunde entstehen. Trifft dasselbe Werkzeug aber derart auf, daß die Flächen der einwirkenden Kante beidseits etwa den gleichen Winkel zur Schädeloberfläche bilden, so erfolgt die Zerreißung nach beiden Seiten hin, und es entsteht eine Wunde, deren Form etwa dem Querschnitt einer Zwirnspule gleicht (Abb. 1G).

Schließlich entstehen durch Hiebe mit einem röhren- oder stangenförmigen Gegenstand – Metallrohr, Spazierstock – prinzipiell geradlinige Rißquetschwunden mit den üblichen oder noch stärkeren Randquetschungen und in der Regel mit beiderseitigen doppelzipfelförmigen Ausläufern (fischschwanzförmige Wunden) (Abb. 1G). In diesen Fällen ist auch die begleitende Schürfungsfläche von ganz besonders charakteristischer Form, nämlich elliptisch (Abb. 2H).

Alle bisher beschriebenen Wundformen am Schädel – bis auf die letzte – können durch Hiebe mit der meist quadratischen Schlagfläche eines Hammers oder der meist rechteckigen Schlagfläche einer Hacke entstehen. Ein und dasselbe Werkzeug erzeugt somit eine ganze Reihe von verschiedenen Wundformen.

> Da Hiebe in Tötungsabsicht vorwiegend gegen den Kopf geführt werden, lassen sich aus den geschilderten charakteristischen *Wundformen* genaue Hinweise auf das verletzende Werkzeug geben.
>
> Von besonderer Wichtigkeit ist dabei neben der Analyse der geschilderten Hautdruchtrennungen noch die Beurteilung der Schürfungssäume (Abb. 2).

Infolge Quetschung der Wundränder durch Keilwirkung des Werkzeuges entstehen regelmäßig Abschürfungen – bei mehr flächenhaftem Auftreffen auch entsprechende, eher flächenhafte Beschädigungen der Haut –, die postmortal durch braune Hautvertrocknung deutlich werden. Dadurch wird die genaue Analyse in bezug auf Werkzeug und Wundmechanik entscheidend erleichtert. Hierzu ist freilich vorsichtiges Rasieren der Kopfhaut unbedingt nötig (Abb. 2A; s. 2.4.2).

Bei flächenhaftem Auftreffen, also Sturz auf das Hinterhaupt oder Hieb mit einem brettartigen Gegenstand, mit der Schlagfläche einer Hacke oder eines Hammers, entsteht um die sternförmige Rißquetschwunde eine breite braune Hautvertrocknung (Abb. 2B). Diese gibt bei quadratischer oder rechteckiger Schlagfläche nicht selten sehr gut Form und Größe des auftreffenden Werkzeugteils wieder. Bei Sturz auf das Hinterhaupt hat die Schürfung hingegen annähernd Kreisform. Sie wird zwar gegen die unbeschädigte Haut zu selbstverständlich unregelmäßig schwächer, doch wird gerade das, nämlich das Schwächerwerden, durch die nachfolgende Hautvertrocknung undeutlicher.

Durch Kantenwirkung entsteht an der geradlinigen Rißquetschwunde ein der Kantenlänge entsprechender Schürfungssaum. Das Messen dieser Kantenlänge – sie entspricht bei Hammer und Hacke meist der vorderen, d. h. der Schneide gegenüber liegenden Kante – ist daher millimetergenau möglich.

Bei den winkelförmigen Wunden entstehen starke, andeutungsweise flächenhafte, sich allmählich verlierende Schürfungen im retrahierten Hautteil zwischen den beiden Wundschenkeln und bei stärkerem Schlagauftreffen des Werkzeuges auch schmale Schürfungssäume an beiden Kantenverletzungen.

Bei der U-Form liegt die stärkste Schürfung innerhalb des retrahierten Teils der Wunde. Bei der „Zwirnspulenform" ist die Schürfung nach beiden Seiten etwa gleich stark ausgeprägt.

Selbstverständlich betreffen Rißquetschwunden nicht nur die Haut, sondern auch die darunterliegende Muskulatur, Gefäße und Nervenstränge. An ihnen sind jedoch keine weiteren wesentlichen Feststellungen zu treffen.

Wenn Rißquetschwunden mit Knochenbrüchen vergesellschaftet sind, spricht man von komplizierten Knochenbrüchen, wobei nicht selten am Knochen Hinweise auf die Richtung der einwirkenden Gewalt zu finden sind (s. 2.5.1).

Aus Gründen der Tatausführung, aber auch des anatomischen Baues, spielen Rißquetschwunden am übrigen Körper eine ungleich geringere Rolle als am Kopf. Nur bei Verkehrsunfällen haben sie auch an anderen Körperstellen wesentliche Bedeutung für die Rekonstruktion.

2.4.2 *Abbildungen zu Rißquetschwunden*

Abb. 1. Formen der Rißquetschwunden.
Ein und dasselbe Werkzeug mit quadratischer oder rechteckiger Schlagfläche erzeugt je nach Auftreffen der Fläche oder Kanten zahlreiche charakteristische Wundformen (vorwiegend Hammer- oder stumpfe Hackenhiebe). ▷

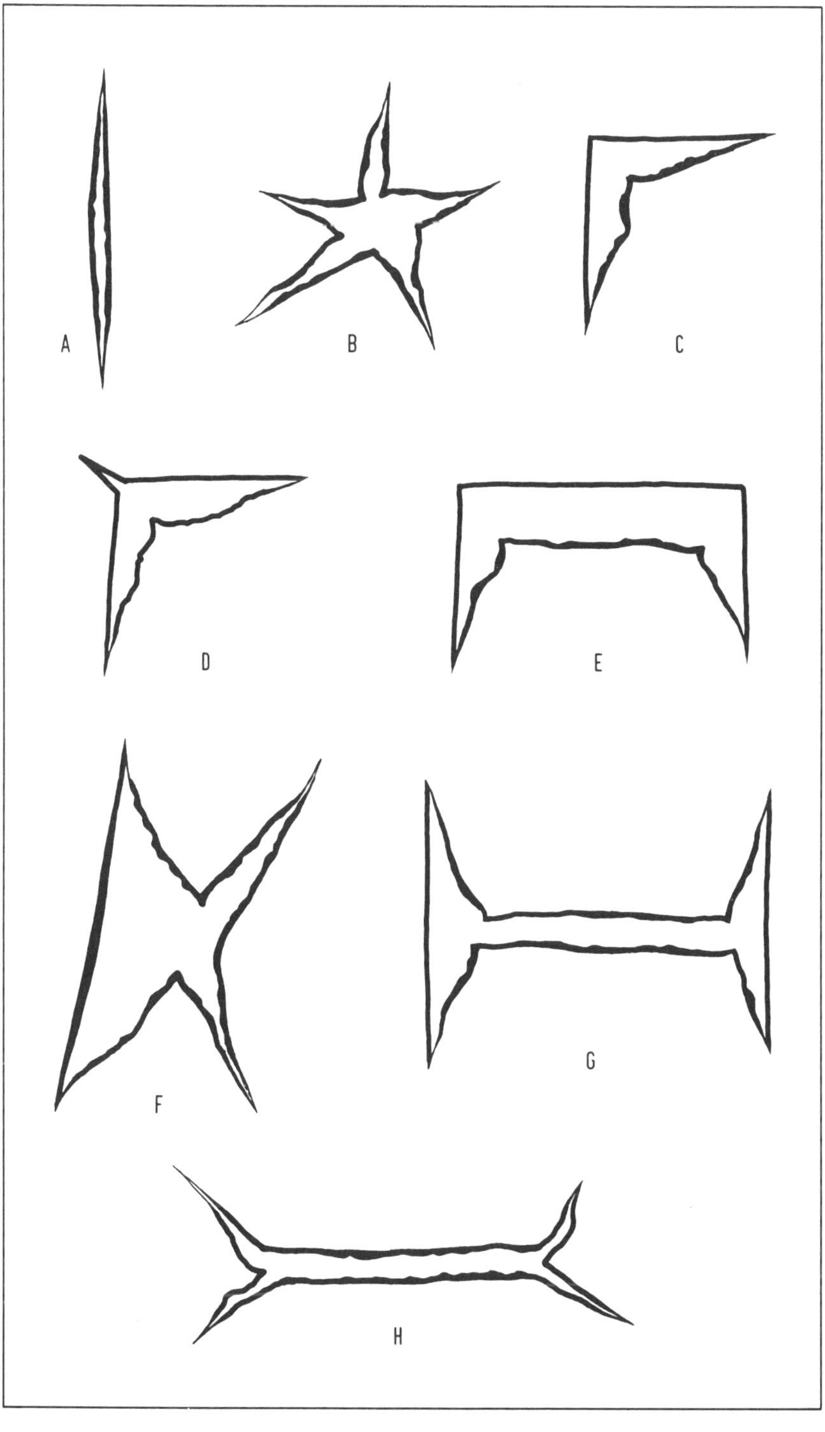
A
B
C
D
E
F
G
H

Abb. 1. Fortsetzung.
A Einwirkung nur einer Kante. Geradlinige Rißquetschwunde mit gezackten fetzigen Rändern und Gewebsbrücken in der Tiefe.
B Flächenhaftes Auftreffen, etwa Sturz auf das Hinterhaupt oder Hieb mit einem flachen Gegenstand (Brett oder ähnliches).
C Auftreffen einer Ecke.
D Auftreffen einer Ecke, wobei die dritte, nach oben aufsteigende Kante dreidimensional eine Einreißung erzeugt.
E Auftreffen von Vorderkante und den beiden Seitenkanten.
F Leicht schräg flächenhaftes Auftreffen, wobei eine Kante durchquetscht.
G Auftreffen einer Kante, wobei die beiden nach oben und unten liegenden Flächen im gleichen Winkel von etwa 45° zur getroffenen Fläche liegen. Die geradlinige Begrenzung entsteht durch die seitlichen Flächen.
H Röhren- oder stangenförmiges Schlagwerkzeug nur bei Schädelwunden.

▷

Abb. 2. Schürfungssäume und Schürfungsflächen.
Die getrennten Skizzen zu denselben Wundformen sind didaktisch wichtig, weil auch die Analyse der komplizierten Wundformen gedanklich getrennt durchgeführt werden soll. Durch diese getrennte Analyse der Schürfungssäume gelangt man zu entscheidenden zusätzlichen Aufschlüssen hinsichtlich der Form und Größe der Werkzeuge.
A Schürfungssäume geben Kantenlänge an. Die Wunde selbst ist dagegen durch Keilwirkung des Werkzeuges länger eingerissen.
B Schürfungsfläche entspricht flächenhaftem Auftreffen etwa bei Sturz auf das Hinterhaupt.
C und D Schürfungssaum bzw. Schürfungsfläche entsprechen der auftreffenden Schlagfläche.
E Breite Schürfungsfläche bei relativ flach auftreffendem Werkzeug.
F Schürfungsfläche gibt Schlagfläche wieder.
G Beiderseitige Schürfungsflächen bei symmetrischem Auftreffen.
H Ovaler Schürfungssaum beweist stangenförmiges Werkzeug bei Kopfwunden.
I Quadratische Form der Schlagfläche ist im wesentlichen nur aus den Schürfungsflächen erkennbar. Typisches Werkzeug: Hammer.
J Rechteckige Form der Schlagfläche aus den Schürfungsflächen, erkennbar: von der Rückseite einer Hacke stammend.
Alle diese Formen sind in der Praxis fast nur bei Schädelhieben vorhanden. An übrigen Körperstellen sind sie weniger deutlich ausgeprägt.

A
B
C
D
E
F
G
H
I
J

2.5 Innere Verletzungen durch stumpfe Gewalt

2.5.1 Brüche des Schädeldachs

> Da der Gehirnschädel seinem statischen Verhalten nach eine Hohlkugel darstellt, folgen die Brüche der platten Schädelknochen den physikalischen Gesetzen einer teilelastischen Hohlkugel.

Die stumpfe Gewalteinwirkung bewirkt vorerst eine Abplattung infolge der Elastizität der Knochen. Da jedoch das Volumen des Schädels gleich bleiben muß, weil Hirngewebe ebensowenig komprimierbar ist wie Wasser, und sich der durch die Abplattungsstelle zu denkende Durchmesser verkürzt, müssen die senkrecht dazu stehenden Durchmesser vergrößert werden, so daß durch Überdehnung der Knochen die typischen Berstungsbrüche entstehen. Diese verlaufen strahlenförmig zum Ort der Gewalteinwirkung. Die Biegungsbrüche entstehen nach den Berstungsbrüchen durch Krümmung im Sinne einer Abknickung der bereits entstandenen Segmente. Insgesamt entsteht somit ein sehr charakteristisches *System von Berstungs- und Biegungsbrüchen*. Das Zentrum dieses Systems stimmt mit dem Ort der einwirkenden Gewalt überein (Abb. 3 und 4).

Lochbrüche entstehen direkt an der Stelle der Gewalteinwirkung bei entsprechend kleiner Schlagfläche. Der Lochbruch kann daher Gestalt und Größe des Werkzeugs wiedergeben. Die Größe der auftreffenden Fläche darf in der Regel 16 cm^2 nicht überschreiten. Es gibt Übergänge zur Bildung von Berstungs- und Biegungsbrüchen, wenn bei etwas größerer Schlagfläche als der oben angegebenen innerhalb der Knochenteile des Lochbruches Biegungen entstehen. Der Lochbruch kann auch bei größeren Schlagflächen von Werkzeugen dann entstehen, wenn nur eine Ecke oder Kante derselben auftrifft. Dabei entstehen die sogenannten Treppen- oder Terrassenbrüche.

▷

Abb. 3 Schädelbrüche, Schematische Darstellung von Berstungs- und Biegungsbrüchen.

A Bei flächenhafter Gewalteinwirkung wird die als Hohlkugel zu betrachtende Schädelkapsel in Richtung des Druckes abgeplattet, so daß sich die Entfernung von Pol zu Pol verkürzt, während in der „Äquatorialzone" Dehnung eintritt. Der Schädel birst also zunächst entfernt vom Ort der einwirkenden Gewalt in der Äquatorialzone. Die Berstungsbrüche verlaufen somit meridional zum Zentrum der einwirkenden Gewalt. Sie entstehen als erste; anschließend können bei Überschreiten der Elastizitätsgrenze der segmentförmig aufgespaltenen Schädelknochen konzentrisch um den Ort der Gewalteinwirkung Biegungsbrüche entstehen.

B Tatsächliches Bild eines Trümmerbruchs, der nach Zusammensetzen der Bruchstücke immer noch deutlich die im wesentlichen symmetrisch angeordneten Bruchlinien der Berstungs- und Biegungsbrüche zeigt. Fußgänger. Seitlicher Aufprall an fahrenden Zug.

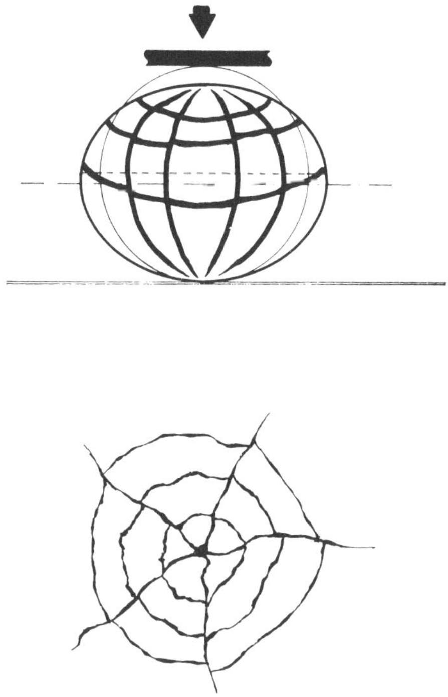

A

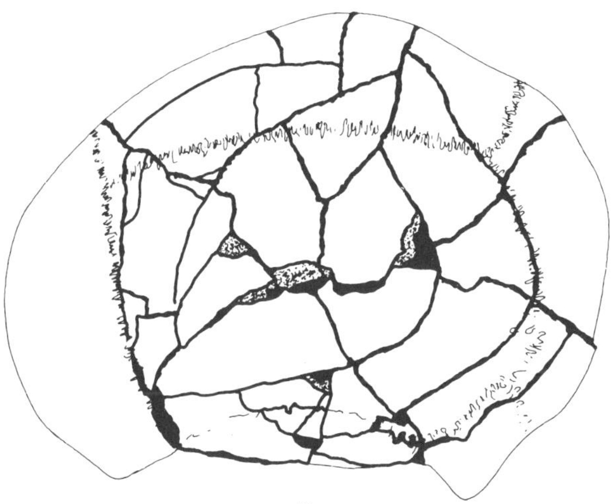

B

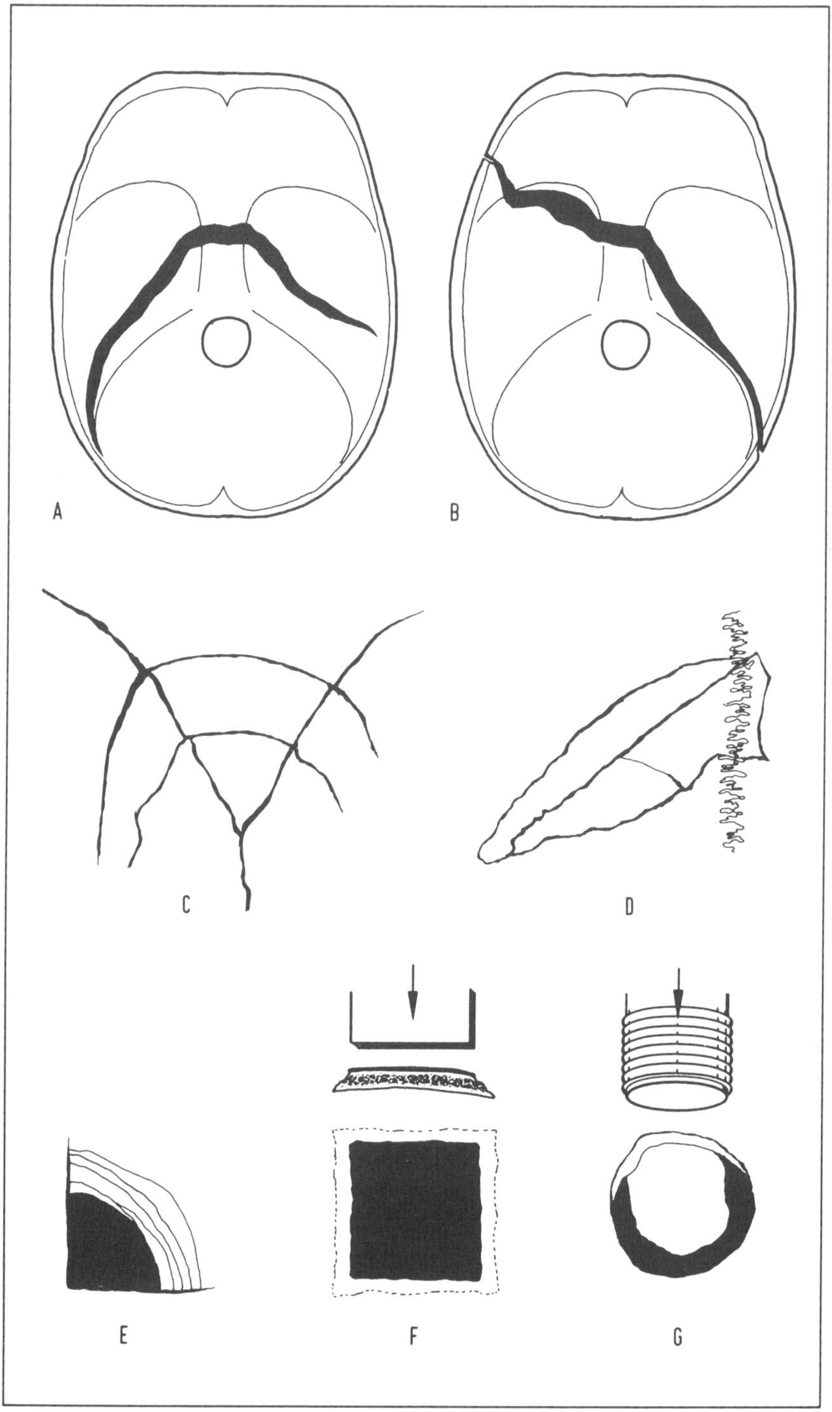
A
B
C
D
E
F
G

Bei vollständigen Lochbrüchen kommt es manchmal dazu, daß ein Stück fensterartig herausgeschlagen, in die Tiefe gedrückt und gleichzeitig ringsum ein Terrassenbruch in Form eines sogenannten Rahmenbruchs entstanden ist.

Eine Besonderheit können manchmal Maschinenverletzungen erzeugen. Die Idealform eines Lochbruches stellt die Schußverletzung mittels des Schlachtschußapparats dar. Dieser ideal rund herausgestanzte Lochbruch ist sogar, natürlich ungemein selten, an Röhrenknochen zu sehen.

Die innere Tafel des Schädeldachs bricht in der Regel größer aus als die äußere, da auch eine senkrechte Einwirkung der Gewalt durch Seitendruckwirkung mit einer Erweiterung der Fraktur nach innen einhergeht. Der Lochbruch gibt daher an der inneren Tafel die Form des Werkzeugs wesentlich schlechter wieder.

Trümmer- oder Scherbenbrüche können sowohl durch Zusammenpressen und Aufplatzen des Schädels, etwa beim Überrollen durch ein Fahrzeug, als auch durch Berstung bei äußerst heftigem Aufprall erzeugt werden. Aber auch bei sehr zahlreichen stumpfen Hiebverletzungen, etwa Hackenhieben, entstehen Schädelzertrümmerungen, doch lassen sich diese immer auf regelhafte Berstungs- und Biegungsbruchsysteme zurückführen.

Die *Brüche der Schädelbasis* folgen theoretisch ebenfalls den geschilderten physikalischen Gesetzen, doch wird wegen des komplizierten Baues der Schädelbasis der Verlauf der Bruchlinien durch die anatomischen Gegebenheiten stark beeinflußt.

Die für Verkehrsunfälle typischen Knochenbrüche werden im Rahmen der Besprechung des Verkehrsunfalls geschildert werden (s. 3.2).

◁

Abb. 4. Schädelbrüche. Relativ häufige Formen von Schädelbasisbrüchen bei Verkehrsunfällen.

A Querbruch mittlere Schädelgrube durch seitliche Druckeinwirkung.

B Schrägbruch bei stumpfer Gewalteinwirkung von links vorne. Breites Klaffen, wie in der Skizze gezeigt, nicht selten. Ebensogut aber jeglicher Übergang zu feinen Bruchlinien.

C Sturz aus großer Höhe auf das Stirnbein. Charakteristisches System von Berstungs- und Biegungsbrüchen.

D Impressionsfraktur bei Kantenwirkung.

E Lochbruch bei Eckenwirkung mit Terrassenbruch.

F Lochbruch durch quadratisches Schlagwerkzeug.

G Lochbruch durch Gegenstand mit runder Fläche. Sturz gegen vorstehende Gerätschraube. Das in die Tiefe geschlagene Knochenbruchstück haftet im oberen Anteil noch an.

2.5.2 Verletzungen des Schädelinneren durch stumpfe Gewalt

Den anatomischen Gegebenheiten entsprechend, entstehen verschiedenartige Blutungen in das Schädelinnere (Abb. 5).

Epidurale Blutung

> Die Epiduralblutung liegt zwischen Schädelknochen und harter Hirnhaut. Sie muß sich ihren Raum erst durch Ablösen der Dura, die dem Schädelknochen innen wie eine Tapete anliegt, schaffen. Die Ausbildung der Blutung erfolgt daher langsam, so daß zwischen Trauma und Auftreten der typischen Symptome prinzipiell ein freies Intervall besteht.

Erst durch allmähliche Kompression des Gehirns treten Hirndruckerscheinungen auf. Hierbei geht das anfängliche Reizstadium allmählich in Lähmungsstadien über.

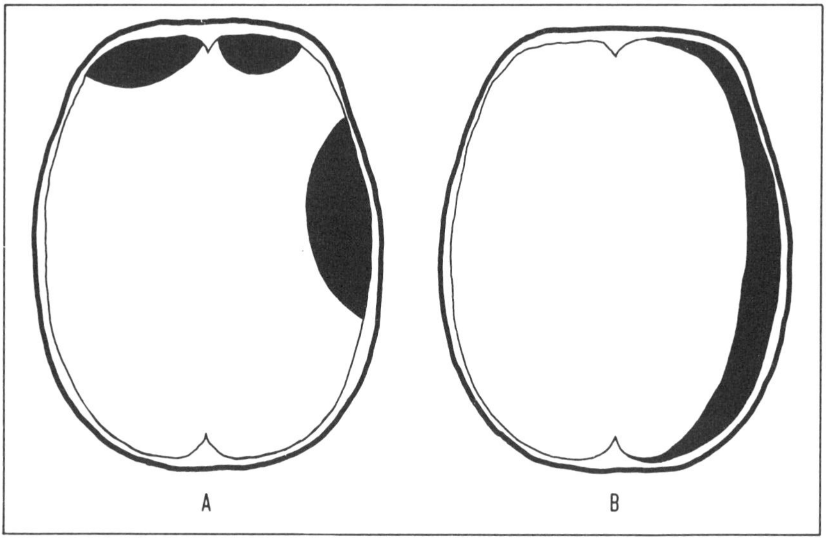

Abb. 5. Intrakranielle Blutungen.
Epidurale Blutung linsenförmig (Querschnitt spindelförmig).
A Seitliche Blutung aus Ästen der Arteria meningea media häufig vorne, aus A. cerebri anterior selten.
Mehrfache epidurale Blutungen, wie gezeigt, sind sehr selten, aber durchaus möglich.
B Subdurale Blutung haubenförmig (im Querschnitt sichelförmig).

Die Form der Epiduralblutung ist linsenförmig, im Querschnitt also spindelförmig. Die Blutung entsteht immer traumatisch durch Schlagaderriß als Folge von Berstungsbrüchen, wobei die Arterie meningea media, eventuell anterior oder posterior, betroffen ist. Bei der unbedingt nötigen Trepanation ist daran zu denken, daß mehrfache Epiduralblutungen vorliegen können, seitlich, vorne oder hinten. Ebenso sieht man auch Blutungen tief an der Basis, die geradezu unter dem Gehirn eigentümlich wurstförmig meist im Bereich der mittleren Schädelgrube liegen.

Subduralblutung

Die Subduralblutungen erfolgen in einen präformierten Raum. Die Blutung kann sich daher sofort nach allen Seiten ausbreiten, so daß die Subduralblutung haubenförmig dem Gehirn aufliegt, am Querschnitt also sichelförmig erscheint. Die Entstehung kann traumatisch aus pialen Gefäßen, einem angerissenen Sinus, vor allem aber aus Brückenvenen erfolgen. Auch ein geplatztes Aneurysma führt durch Reißen der Arachnoidea häufig zur Subduralblutung. Die Quelle einer Subduralblutung aufzufinden kann recht schwierig sein.

Eine Sonderform der Subduralblutung ist die sogenannte *Pachymeningiosis haemorrhagica interna.* Sie kann spontan entstehen, praktisch nur bei Alkoholikern, und chronisch verlaufen. Auch nach Sonnenstich soll sie vorkommen. Sie ist meist dünnschichtig und, da sie in Schüben zu verlaufen pflegt, meist auch mehrschichtig. Dem Alter der Blutungen entsprechend, kann die Blutung ursprünglich häutchenförmig der Dura innen anliegen und allmählich dicker werden. Ihre Farbe ist altersbedingt schwarzrot bis gelblich-bräunlich. Die Pachymeningiosis chronica interna kann auch traumatisch aus einem meist eher dünnschichtigen Vorzustand entstehen. Auch dieser war ursprünglich in der Regel häutchenförmig. Die einzelnen Blutungs- und Organisationsschichten lassen sich mehr oder weniger gut, wiederum altersbedingt, oder überhaupt nicht mehr von der Dura abschieben. Jede Schicht ist ein Ausheilungsvorgang einer vorangegangenen Subduralblutung.

> Klinisch wäre zu beachten: Die Diagnose Epiduralblutung bedeutet Operation, die Diagnose Subduralblutung abwarten und genau überwachen.

Subarachnoidalblutungen

Sie entstehen dadurch, daß irgendein Gefäß im Subarachnoidalraum platzt oder zerrissen wird. Spontane Subarachnoidalblutungen sind fast immer durch Aneurysmaruptur im Bereich der Circulus arteriosus Willisi entstanden. Bevorzugte Stellen sind die Arteria cerebri media, die Arteria communicans anterior oder posterior, allenfalls auch der Übergang der A. carotis interna in den Circulus Willisi. Sonst sind subarachnoidale Blutungen Begleiterscheinungen von Hirnverletzungen und sind obligat bei Hirnrindenquetschungen.

Brandhämatom

Schließlich gibt es das sogenannte Brandhämatom, das zwar epidural liegt, aber der Form nach durch seine Schalen- bzw. Sichelform der Subduralblutung ähnelt. Das Brandhämatom entsteht ausschließlich postmortal durch Schrumpfung und Ablösung der Dura vom Schädelknochen, wobei das aus diesem Knochen und aus den Gefäßen austretende Blut in den Schrumpfungshohlraum gesaugt wird. Das Blut koaguliert und sieht wie gekocht und braunrot aus und ist eher krümelig bis bröckelig, jedenfalls niemals so homogen wie das geronnene Blut einer vitalen epiduralen oder subduralen Blutung.

Intrazerebrale Blutungen

Ungemein häufig sind Blutungen in der Hirnrinde. Da die Blutgefäße senkrecht in die Hirnrinde hineinziehen, entstehen bei Verletzungen derselben durch stumpfe Gewalteinwirkungen punktförmige bis stecknadelkopfgroße Blutungsherde, die eher spindel- oder walzenförmig, ,,wurmstichartig" sind. Ihrer Entstehung nach sind es kontusionelle Berstungen kleiner Gefäße. Sie vergrößern sich oberflächlich innerhalb von Tagen; einzelne von ihnen können auch konfluieren. Das Hirngewebe im Kontusionsherd ist mehr oder weniger rasch matschig erweicht. Diese Rindenkontusionen oder Rindenprellungsherde entstehen in stärkster Ausprägung meist dem Ort der Gewalteinwirkungen gegenüber. Man bezeichnet sie daher als *Gegenstoßverletzung* oder Contre-coup-Quetschungen. Für ihre Entstehung gibt es mehrere Theorien, auf die hier nicht besonders eingegangen werden soll.

Praktisch wichtig ist es aber, daß sie Hinweise auf die Stoßrichtung geben. Bei Sturz auf das Hinterhaupt z. B. liegen sie vorne an der Vorder- und Unterseite der Stirn- und Schläfenlappen. Selbstverständlich ist gleichzeitiges Vorhandensein von Hirnrindenquetschung sowohl am Ort der Gewalteinwirkung als auch als Gegenstoßverletzung gegenüber durchaus häufig.

Die Ausheilung von Hirnrindenquetschungsbezirken erfolgt mit Gewebsverlust, der sich als muldige Vertiefung dokumentieren kann und mit gelbbräunlicher Verfärbung einhergeht (Plaques jaunes).

Hirnrindenquetschungsherde sind die typischen Folgen von stumpfer Gewalteinwirkung auf den Schädel und daher besonders bei Verkehrsunfällen häufig.

Eigentliche Gehirnblutungen sind Blutungen in der Tiefe des Hirngewebes. Aus der Art der Blutung allein kann man in der Regel nicht erkennen, ob sie spontan oder traumatisch entstanden ist. Ihre Genese muß daher im wesentlichen nach ihrer Lage beurteilt werden.

Die Vergesellschaftung mit Hirnrindenquetschungsherden erleichtert in der Praxis oft die Unterscheidung. Da die traumatischen Blutungen mechanischen Gesetzen folgen, liegen sie im wesentlichen innerhalb eines *Stoßkegels*, dessen

Achse der Stoßrichtung entspricht. Die Spitze zeigt zum Ort der Gewalteinwirkung. Am Anfang und Ende des Kegels liegen üblicherweise Hirnrindenquetschungen.

Blutungen in den Hirnkammern entstehen nicht in diesen, sondern brechen aus Hirnmassenblutungen in die Kammern durch.

Für die Praxis sei noch darauf hingewiesen, daß Spontanblutungen ins Schädelinnere, gleichgültig, ob sie subdural, subarachnoidal oder intrazerebral entstehen, klinisch häufig den Verdacht auf Vergiftung erwecken (s. 6.2).

2.6 Schnittverletzungen

2.6.1 Formen und Lokalisation

Schnittwunden entstehen durch schneidende Werkzeuge, wenn das Werkzeug mit der Schneide in Längsrichtung der Klinge im wesentlichen tangential zur betreffenden Körperstelle unter gewissem Druck gezogen wird. Typische Schnittwerkzeuge wie Messer, Dolche, aber auch zahlreiche sogenannte Zufallswerkzeuge wie Glas- oder Porzellanscherben, Blechkanten o. ä. (Abb. 6).

Die dadurch entstehenden Wunden sind in der Regel relativ lang und verhältnismäßig seicht. Die Wundränder sind ausgesprochen scharf, die Wundwände sind glatt. Die an den Enden liegenden Wundwinkel laufen spitzwinkelig zu und sind „ausgezogen“. Die Wunde beginnt also oberflächlich ritzerartig, wird dann allmählich tiefer und endigt fast immer, wiederum zur Oberfläche ansteigend, zart auslaufend strichförmig. Dort, wo die Lederhaut nur angeschnitten und nicht gänzlich durchtrennt ist, klafft die Wunde nicht.

Da der Schnitt alle Gewebsschichten in einer Ebene durchtrennt, gibt es keine Gewebsbrücken. Der Querschnitt durch die Wunde ist bei senkrechtem Einschnitt V-förmig. Wird jedoch das Werkzeug schräg zur Oberfläche geführt, so ist der eine Wundrand zugeschärft, der gegenüberliegende abgeschrägt, manchmal lappenförmig.

Die Lokalisation ist bei Schnittwunden von besonderer Bedeutung.

Charakteristisch sind Lokalisationen in der Halsgegend und in der Pulsadergegend oder aber – bei Sexualdelikten – in der Schamgegend, an den Brüsten usw. Der Pulsaderschnitt gilt als typische Selbstmörderverletzung, findet sich aber in der Regel nur als Begleiterscheinung, z. B. auch bei Halsschnitt, da Pulsaderschnitte in der Regel nicht zur tödlichen Verblutung führen und der Selbstmord anderweitig, z. B. mittels Halsschnitten, beendet wird. Der Halsschnitt hingegen ist sowohl als Mord wie auch als Selbstmord relativ häufig.

Wie bei allen gerichtsmedizinischen Untersuchungen ist auch beim Halsschnitt die Besichtigung der Kleidung von Bedeutung. Der Selbstmörder ent-

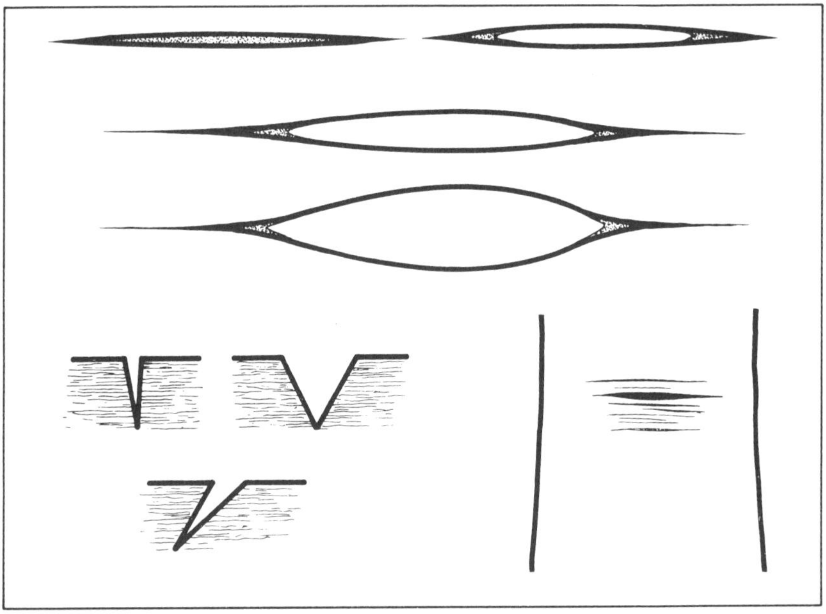

Abb. 6. Schnittwunden sind langgestreckte, im Verhältnis zu ihrer Länge relativ seichte, glattrandige und glattwandige Durchtrennungen. Sie klaffen abhängig von der Zugrichtung. Schnittwunden beginnen und enden als ganz seichte Anschneidungen der Haut, werden allmählich tiefer und laufen wiederum seicht aus.
Der Querschnitt der Wunden ist keilförmig, allenfalls schräg bis lappenförmig.

blößt in der Regel den Hals, weshalb Schnitte in der Kleidung bzw. am Kragenrand von Oberbekleidung sehr auf Mord hinweisen. Im Gegensatz dazu sind senkrechte gleichmäßige Abrinnspuren an Körper und Kleidung Hinweise für Selbsttötung, da der Selbstmörder die Tat stehend oder sitzend vollzieht und in Ruhe bleibt. Ebenso wichtig ist der Lokalaugenschein, da im ganzen Raum verteilte Blutspuren an Boden und Wänden auf Abwehr-, Kampf- und Fluchtbewegungen des Opfers hindeuten. An solchen Blutspuren ist der Tatablauf häufig in allen Phasen ableitbar.

Selbstmörder führen den Halsschnitt nicht selten vor dem Spiegel aus, weil sie auf diese Weise eine Kontrolle anstreben, wie sie das Messer ansetzen sollen. Das Messer kann dann durchaus noch etwa in eine Schublade zurückgelegt werden; es muß also keineswegs neben der Leiche liegen. Selbstmörder, besonders Frauen, haben die Tendenz, die Tat möglichst sauber auszuführen. Das ausfließende Blut wird daher manchmal bis zum Eintritt der Bewußtlosigkeit in einem Gefäß oder im Waschbecken aufgefangen.

An die Möglichkeit, daß durch nachträgliches Anbringen eines Pulsader- oder (extrem selten) auch Halsschnittes ein Selbstmord vorgetäuscht werden sollte, muß gedacht werden.

2.6.2 *Halsschnitt*

Halsschnitte liegen in der vorderen Halsgegend und verlaufen mehr oder weniger in horizontaler Richtung, wobei Haut, Muskeln, Gefäße und Nerven durchtrennt werden. Die Angaben über die Schnittführung bei Halsschnitt sind manchmal irreführend. So wird etwa behauptet, daß von Selbstmördern, die Rechtshänder sind, der Schnitt von oben links nach rechts geführt wird, und zwar von hinten oben nach vorne unten. Diese Art der Schnittführung kann selbstverständlich auch ein Mörder vornehmen, z. B. wenn er hinter dem Opfer steht, oder auch auf andere Weise.

Ebenso ist die Behauptung, daß bei Mord die Schnitte öfter in waagerechter Richtung geführt werden, keineswegs verwertbar.

> Der einzige sichere Beweis des Mordes durch Halsschnitt sind Abwehrverletzungen an den Händen.

Sie finden sich als quere Schnittverletzungen über die Finger oder Handfläche des Opfers, da dieses zur Abwehr in das Messer greift. Lediglich bei seltenen Selbstmordfällen durch doppelschneidige Rasierklingen können geringfügige, mit Abwehrverletzungen kaum verwechselbare Schnitte an den Fingern entstehen.

Für das Vorliegen eines Selbstmordes spricht hingegen in erster Linie das Vorhandensein von Probeschnitten. Es sind dies mehrfache zarte oberflächliche parallel liegende Schnitte, da der Selbstmörder in der Regel vorerst zaghaft schneidet, bis er merkt, daß der Schnitt durch größeren Druck tiefer geführt werden muß und die Schmerzhaftigkeit in der Tiefe eher abnimmt.

2.6.3 *Pulsaderschnitte*

> Schnittverletzungen am Handgelenk, sogenannte Pulsaderschnitte, sind äußerst häufige Selbstmordversuche. Sie führen wegen der eintretenden Blutgerinnung und des thrombotischen Verschlusses, aber auch durch Retraktion des Gefäßes, meist nicht zum Verblutungstod, weshalb sich dann andere Selbstmordhandlungen anschließen.

Dann werden z. B. Schnitte in anderen Gelenksbeugen, wie Ellenbogen, Kniekehle usw., ausgeführt; selbstverständlich auch Halsschnitte.

Der Selbstmord durch Pulsaderschnitte gelingt eigentlich nur bei Ausführung der Tat im Bad, wobei besonders warmes Wasser nicht nur die Gerinnung verhindert, sondern auch eine gewisse Gefäßerweiterung hervorruft.

Andere Lokalisationen als Pulsader- oder Halsschnitte sind bei Selbstmördern selten. Sie sind noch am ehesten an Armen und Beinen, manchmal auch am Bauch, kaum aber jemals an der Brust zu finden.

Bei Mord durch Schnittverletzungen käme theoretisch jede Lokalisation in Frage; in der Regel ist jedoch der Hauptangriff fast immer gegen den Hals gerichtet.

Ausnahmen kommen bei Sexualattentaten vor, bei denen Schnittverletzungen in der Genitalgegend oder an den Brüsten, aber auch sadistische, bis in die Bauchhöhle reichende Schnitte möglich sind. Sie weisen gewöhnlich eine gewisse Symmetrie auf.

Auf die Vielzahl der Möglichkeiten von mehr oder weniger banalen Schnittverletzungen durch Unfälle einzugehen, erübrigt sich.

Der Tod bei Schnittverletzungen erfolgt meist durch Verblutung nach außen. Bei Halsschnitten kann der Tod auch durch Luftembolie oder, seltener, durch Blutaspiration eintreten.

2.7 Stichverletzungen

Stichwunden sind glattrandige, glattwandige, im Verhältnis zur Tiefe relativ schmale Gewebsdurchtrennungen. Im Stichkanal gibt es keine Gewebsbrücken. Die Stichwunde bildet, abhängig vom betroffenen Organ und der Spannungsrichtung, einen klaffenden Spaltraum oder nur einen kapillaren Spalt.

Stichverletzungen entstehen durch Einstoßen meist schmaler, dünner, spitzer Gegenstände in ihrer Längsachse. Der Wundwinkel an der schneidenden Seite eines Messers ist in der Regel spitz; hingegen kann der Messerrücken eine Abrundung des Wundwinkels oder auch eine mehr geradlinige Absetzung bewirken. Sehr scharfe Kanten des Messerrückens können sogar kleine Einkerbungen und damit eine Pfeilspitzenform erzeugen. Der Messerrücken kann einen zarten Schürfungssaum am abgerundeten Wundwinkel bewirken. Wenn aber beide Wundwinkel spitz sind, besteht keine Möglichkeit, von außen zu erkennen, ob das Werkzeug ein- oder zweischneidig war (Abb. 7).

Wird das Messer schräg zur Klingenfläche eingestoßen, so entsteht ein abgeschrägter und gegenüberliegend ein zugeschärfter Wundrand. An dem abgeschrägten Wundrand kann zusätzlich ein schmaler Schürfungssaum entstehen.

Wesentliche Bedeutung für die Wundform besitzt die Spaltbarkeitsrichtung der Haut (Abb. 7C). Dies ist der Grund, warum auch bei einem drehrunden Stichel, also etwa einer Mistgabelzinke oder einer Ahle, ebenfalls eine spindelförmige Hautwunde entsteht. Bei diesen im Querschnitt runden Stichwerkzeugen ist die Haut immer ihrer Spaltbarkeitsrichtung entsprechend durchtrennt. Durch schichtweise Präparation des Stichkanals an der Leiche läßt sich aber regelmäßig feststellen, ob ein solches drehrundes Stichwerkzeug oder z. B. ein Messer verwendet wurde. Im ersteren Fall überkreuzen sich im

Wundkanal die Spindeln je nach Faserverlauf der Gewebsschicht, während bei Verwendung eines schneidenden Stichwerkzeuges sämtliche Gewebsschichten in der gleichen Ebene durchtrennt sind.

Wenn auch Kleidungsstücke durchstochen wurden, so bleibt bei Verwendung eines runden Stichwerkzeugs eine mehr oder weniger rundliche Lochbildung oder eventuell auch eine kreuzförmige Zerreißung des Stoffes zurück. Bei Verwendung von messerartigen Stichwerkzeugen ist die Durchtrennung der Kleidung stets schlitzförmig und kann unter Umständen verhältnismäßig gut den Querschnitt der Klinge wiedergeben.

Wie bei allen gerichtsmedizinischen Untersuchungen ist daher auch bei Stichverletzungen die Untersuchung der Kleidung unbedingt erforderlich.

Durchstechen der Oberkleidung wird bei Selbstmorden mit Stichwerkzeugen kaum jemals beobachtet; Hemden oder Unterhemden oder andere sehr dünne Kleidung können in seltenen Fällen auch bei Selbstmördern durchstochen sein.

Bei Selbstmorden gibt es Prädilektionsstellen: Herzstich, Stich in den Bauch. Halsstiche sind bei Selbstmord sehr selten.

Daß Stiche an der Rückseite des Körpers nur von fremder Hand zugefügt werden können, scheint wohl selbstverständlich.

Bei drei- oder vierkantigen Werkzeugen entstehen mehr oder minder dreieckige oder viereckige Hautwunden, da hierbei die Spaltbarkeitsrichtung der Haut keine Rolle spielt. Die Zugrichtung, unter der die betroffene Hautstelle steht, führt allerdings zu Verzerrungen der Drei- oder Vierecke (Abb. 7E). Je mehr Kanten ein Stichwerkzeug besitzt, um so mehr ähnelt die Wunde dem Einstich durch einen drehrunden Stichel, wird also wiederum spindelförmig.

Die seltenen Ausstichwunden weisen keine besonderen Merkmale auf. Der Stichkanal besitzt grundsätzlich glatte Wände, doch entstehen auch in ihm durch Drehung des Messers Veränderungen, die freilich wenig markant sind (Abb. 7D). Sein unterschiedliches Klaffen hängt von der Faserrichtung des durchstochenen Gewebes (besonders der Muskulatur), aber auch von anderen Eigenschaften desselben ab. Die Elastizität der Lunge führt zu einem meist erheblichen Klaffen, während schon bei der normalen Konsistenz der Leber durch eine gewisse Keilwirkung des Stichwerkzeugs Einrisse entstehen können.

Ebenso entsteht bei den seltenen Stichverletzungen an den Schädelknochen durch die Keilwirkung meist zusätzlich ein zarter Bruch, von den Wundwinkeln ausgehend. An den Schädeldachknochen und an anderen platten Knochen (Brustbein, Darmbeinschaufel) gibt der Stichkanal oft recht genau den Querschnitt des Werkzeugs wieder. Noch deutlicher ist das am Knorpelgewebe, z.B. wenn eine Zwischenwirbelscheibe getroffen wurde. An den Knochen sind nämlich Ausbrüche häufig.

Die Gefahr der Stichverletzung ist in erster Linie die Verblutung, die entweder nach außen oder nach innen erfolgt. Da die innere Blutung in ihrer Gefährlichkeit von außen nicht beurteilt werden kann, ist sie die gefährlichere. Es ist durchaus möglich, daß bei Stichwunden unter Umständen nicht ein Tropfen Blut aus der Wunde austritt; Verschiebung von Gewebsschichten kann dies bewirken.

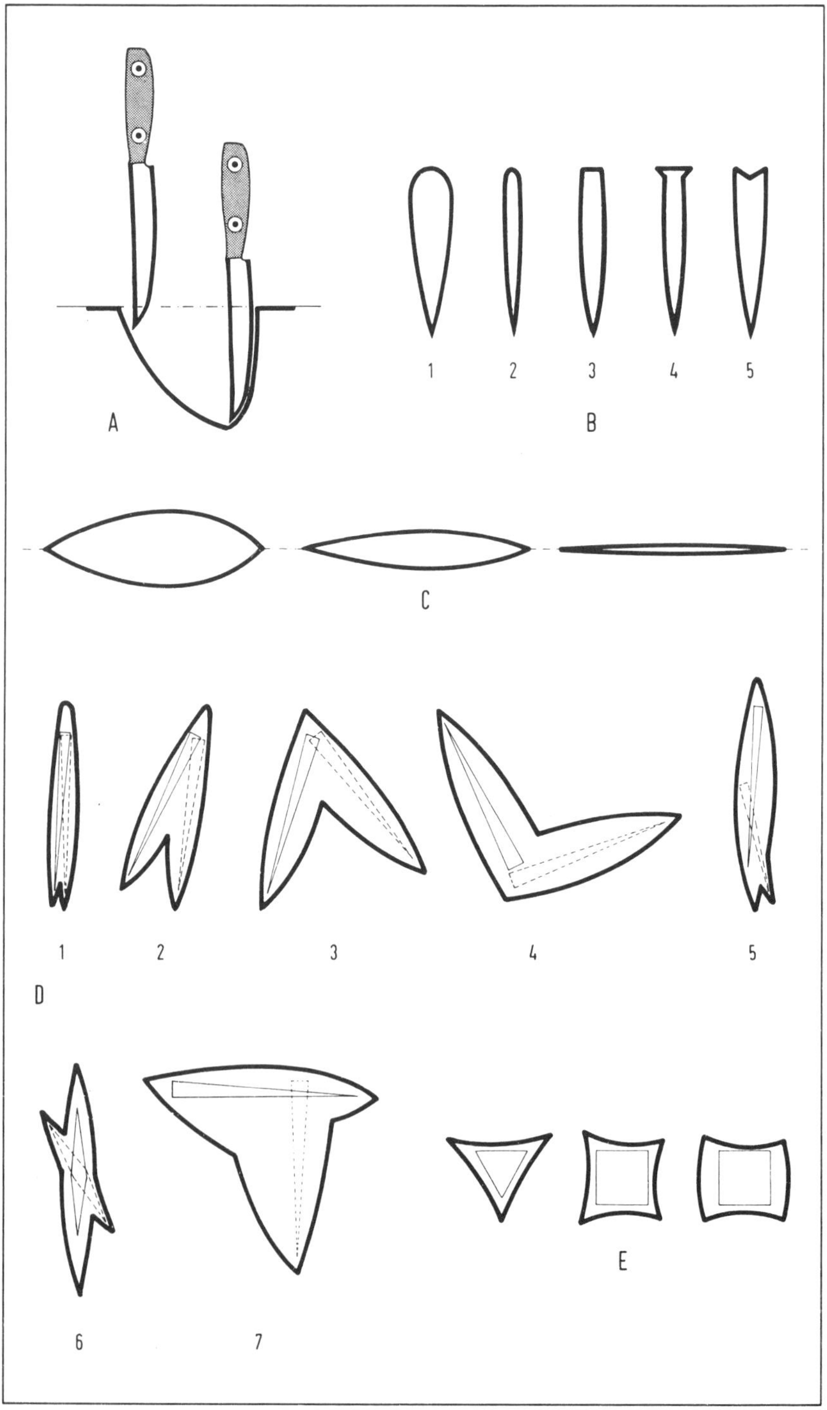
A
1
2
3
4
5
B
C
1
2
3
4
5
D
6
7
E

Abb. 7 Stichverletzungen.
A Beim Einstechen wird das Messer häufig in Richtung Schneide gezogen, wodurch die Einstichwunde größer wird, als es der Klingenbreite entsprechen würde.
B Formen der Stichwunde an der Haut, abhängig vom Messerrücken. Die Abrundung (1 und 2) durch den Messerrücken ist häufig zu sehen. Ebenso die kantige Absetzung (3). Sehr scharfe Kanten des Messerrückens können wie Schneiden wirken und die Formen 4 und 5 erzeugen.
C Die Stichwunde klafft mehr oder weniger, je nach Spannungsrichtung der Haut. Sie ist prinzipiell spindelförmig.
D Durch Drehung – in der Regel durch Ausweichbewegung des Opfers – entstehen mehrachsige Wundformen, weil die Lage des Messers im Stichkanal beim Herausziehen anders ist als beim Einstechen (1–7). Die Wundform 6 ist sehr selten und nur bei zweischneidigen Stichwerkzeugen möglich.
E Stichwunden an der Haut durch drei- oder vierkantige Werkzeuge.
◁

Die innere Verblutung ist keineswegs auf präformierte Höhlen wie Brust- oder Bauchraum beschränkt, sondern kann auch in das Retroperitoneum, in den Oberschenkel, selten sogar in den Unterschenkel erfolgen. Ihre Quelle sind Verletzungen großer innerer Gefäße oder von Organen (Leber, Milz).

Eine Besonderheit ist jedoch die Herzbeuteltamponade bei Herzstich. Das aus dem Herzen austretende Blut gerinnt im Herzbeutel, umhüllt das Herz und verhindert somit den Austritt des Blutes aus dem Herzbeutel in den Brustraum. Nach Füllung des Herzbeutels behindert der Druck auf die einführenden Venen und die Vorhöfe mechanisch die Blutfüllung der Herzkammern. Das Herz schlägt leer und versagt allmählich.

Auch Verletzungen der Koronararterien können zum Hämoperikard führen.

Weitere akute Gefahren von Stichverletzungen sind Luftembolie, Pneumo- oder Hämatothorax.

2.8 Hiebverletzungen durch schneidende Werkzeuge (Abb. 8)

Verletzungen durch scharfe Hiebwerkzeuge entstehen durch die Schneide von Hacken, Beilen, Säbeln, Kampfmessern, allenfalls auch durch Maschinen, wie etwa Futterschneidemaschinen. Da diese Werkzeuge schwer sind, dringen sie mit großer Wucht tief in den Körper ein und können ohne weiteres auch Knochen durchschlagen. Hierbei entstehen relativ glatte Wundflächen, die alle Schichten in einer Ebene durchtrennen.

Am Knochen ist die Spongiosa glatter durchtrennt, während die Compacta manchmal ebenfalls relativ glatt durchtrennt, oft aber durch Auftreten von Frakturen – durch die Keilwirkung – zackig ist, da regelmäßig Knochenteile absplittern. Jedoch entstehen am Knochen dem Werkzeug entsprechende

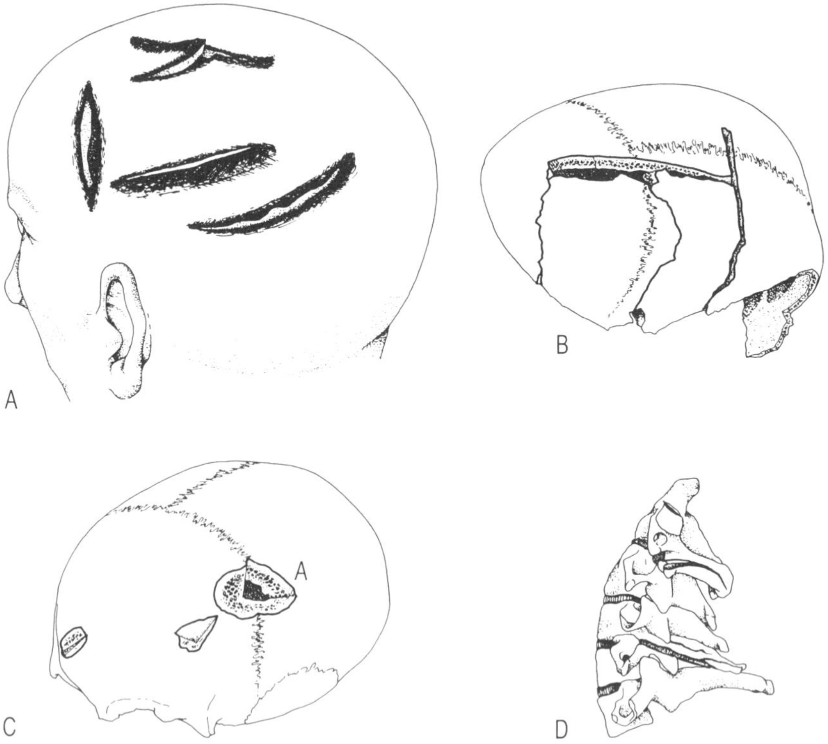

Abb. 8. Hiebverletzungen.

A Scharfer Hieb mit Hackenschneide. Die Wundform entspricht etwa den Schnittverletzungen. Die breiten Schürfungssäume beweisen jedoch den Hackenhieb.

B Senkrecht zueinander stehende Hiebe mit Hackenschneide. Der geradlinige Verlauf und scharfe Knochenränder beweisen Hiebe mit der Hackenschneide.

C Hackenhiebe, wobei nur eine schneidende Ecke zwei den Knochen nicht durchschlagende Verletzungen erzeugt hat. Die direkte Einwirkung der Schneide ist deutlich von der „Absprengwirkung" unterscheidbar (A).

D Bei Hackenhieben mit der Hackenschneide sind Knochenverletzungen an der Halswirbelsäule nicht selten. Die scharfen Knochenverletzungen finden sich am Dens epistrophei und klaffen am 1. und 4. Halswirbel.

Schartenspuren, die zum Nachweis der Identität des Werkzeuges dienen können. Die Wundränder sind einigermaßen glatt, aber in der Regel doch nicht so ideal glatt wie beim Schnitt, besonders dann, wenn nicht allzu scharfe oder schartige Werkzeuge verwendet wurden. Eine gewisse Quetschung des Wundrandes mit meist nur schmalen Schürfungssäumen entsteht ebenso wie eine Quetschung des Gewebes in der Tiefe.

Erwähnt sei an dieser Stelle noch, daß Mord durch Hackenhiebe viel häufiger mit der stumpfen Seite der Hacke als mit der scharfen ausgeführt wird.

Selbstmord und Selbstmordversuch erkennt man an der Parallelität der sehr zahlreichen Hiebverletzungen und an deren Lage, die praktisch ausschließlich Stirn und Scheitelgegend betrifft, manchmal allerdings durch Abrutschen seitlich am Schädel oder durch die rückwärtige Hackenecke am Hinterhaupt eigentümliche Winkelform aufweisen.

Vollendete Selbstmorde ausschließlich durch scharfe Hiebe gegen den Kopf sind Raritäten, da das Beil selten bis ins Gehirn eindringt. Der Selbstmord wird daher in der Regel auf andere Weise, etwa Erhängen, vollendet. Durch zahlreiche Hiebverletzungen kann das Schädeldach jedoch regelrecht aufgehackt werden, so daß durch Eröffnung des Sinus sagittalis superior Tod an Verblutung oder Luftembolie eintreten kann.

2.9 Pfählungsverletzungen

Pfählungsverletzungen haben an der Haut kaum Ähnlichkeit mit Stichverletzungen; eine Gemeinsamkeit besteht nur darin, daß sie in der Regel an der Haut im Verhältnis zur Tiefe des Wundkanals relativ kleine Wunden hinterlassen.

Die Wundränder sind unregelmäßig, häufig eingerissen, immer gequetscht mit breiteren unregelmäßigen Schürfungsrändern und Blutungen in das den Wundkanal umgebende Gewebe. Sie bereiten gerichtsmedizinisch hinsichtlich der Klärung ihrer Entstehung kaum Schwierigkeiten.

Sie können bei Sturz im allgemeinen, besonders aber mit dem Fahrrad oder Motorrad in Lattenzäune oder als Auffahrunfälle gegen mit Stangen beladene Fahrzeuge, entstehen, ebenso auch als Sportverletzungen beim Schifahren durch Aufprall an Aststummeln oder durch Eindringen von Schistöcken in den Körper. Pfählungsverletzungen sind zusätzlich wegen der Infektion durch Anaerobier, insbesondere des Tetanus, gefährlich.

Bei der Therapie sollten die Prinzipien der offenen Wundbehandlung, also Offenhalten und Drainage der Wunde ohne dichte Primärnaht, eingehalten werden.

2.10 Bißverletzungen

Bißverletzungen durch Tiere oder Menschen sind in unseren Breiten selten, am ehesten noch durch Hunde, Pferde oder Schweine. Die Verletzung kann die Form des Gebisses gut wiedergeben. Durch Eindringen einzelner Zähne, besonders der Reißzähne, entstehen vereinzelte stichähnliche Wunden, die regelmäßig von Quetschungen durch weitere Zähne begleitet werden. Diese umgebenden Quetschungen sind charakteristisch für Bißwunden. Durch das Reißen und Zerren des Tieres als Folge des „Verbeißens“ entstehen oft erstaunlich scharfrandige, aber wiederum immer von Quetschungen begleitete Bißwunden. Sie sind zusätzlich wegen der Infektion durch Anaerobier, insbesondere Tollwut, gefährlich.

2.11 Schußverletzungen

Schußwunden sind Verletzungen, die durch mit großer Geschwindigkeit und Gewalt eindringende feste Körper – Projektile – erzeugt werden.

Auch bei Explosionen können Teile, die mit heftiger Gewalt weggeschleudert werden, in den Körper eindringen. Wegen der verschiedenen Formen solcher Fremdkörper sind auch die entsprechenden Verletzungen sehr unterschiedlich.

In der Regel werden Schußverletzungen durch Feuerwaffen erzeugt. An den Schußverletzungen unterscheidet man den Einschuß, den Schußkanal und, falls es sich nicht um Steckschüsse handelt, den Ausschuß.

Beim Auftreffen des Geschosses auf die Haut wird diese in gespanntem Zustand durchschlagen, wobei das getroffene Hautstück zertrümmert wird. Dadurch entsteht ein *Gewebsverlust*, so daß ein Schließen der Einschußwunde durch Aneinanderlegen der Hautränder im Gegensatz zu fast allen anderen Verletzungen nicht möglich ist (Adaptieren der Wunde bei Schnitt- und Stichverletzungen).

2.11.1 Einschußwunde

Die Einschußwunde zeigt in der Regel einen kreisrunden Hautdefekt; nur bei schrägem Auftreffen des Geschosses ist er mehr oder minder oval. Infolge der Elastizität der Haut ist die Einschußlücke kleiner als das Geschoßkaliber. Eine Ausnahme hiervon bildet lediglich der angesetzte Schuß (oder absoluter Nahschuß). Der Wundrand des Einschusses ist nicht scharf, sondern leicht zackig bis fransig.

> Die Einschußwunde ist u. a. durch das Vorhandensein der Randschwärzung charakterisiert.

Diese entsteht durch Abstreifen von auf dem Geschoß niedergeschlagener Pulverasche, eventuell auch von Öl-, Schmutz- oder Rostteilchen aus dem Lauf. Diese Schwärzung betrifft tatsächlich nur den Hautrand und ist lediglich Bruchteile von Millimetern breit. Der Hauptteil der Schwärzung liegt in der Haut, also am Beginn des Schußkanals.

2.11.2 Schürfungssaum (Abb. 9)

Der Schürfungssaum ist das verläßlichste Einschußzeichen.

Hierbei handelt es sich um einen kreisringförmigen Verlust des Oberhäutchens, der bei stark schrägem Eintreten des Geschosses mützenförmig sein kann. Er wird durch braune Hautvertrocknung dunkelbraun bis schwarzbraun und derb. Bei Bedeckung durch austretendes Blut bzw. wenn blutige Kleidung der Wunde aufliegt, wird die braune Hautvertrocknung verhindert. Der Schürfungssaum ist dann ein schmaler, unauffälliger, blaß-bräunlich-rosafarbener Ring um die Einschußlücke.

Der Schürfungssaum entsteht durch Abriß des Oberhäutchens beim Auftreffen des Geschosses bzw. durch den damit verbundenen kegelförmig nach außen wirkenden Druck. Der Abrißrand zur geschädigten Haut hin ist scharf, jedoch leicht unregelmäßig. Er ist meist etwa 1–3 mm breit.

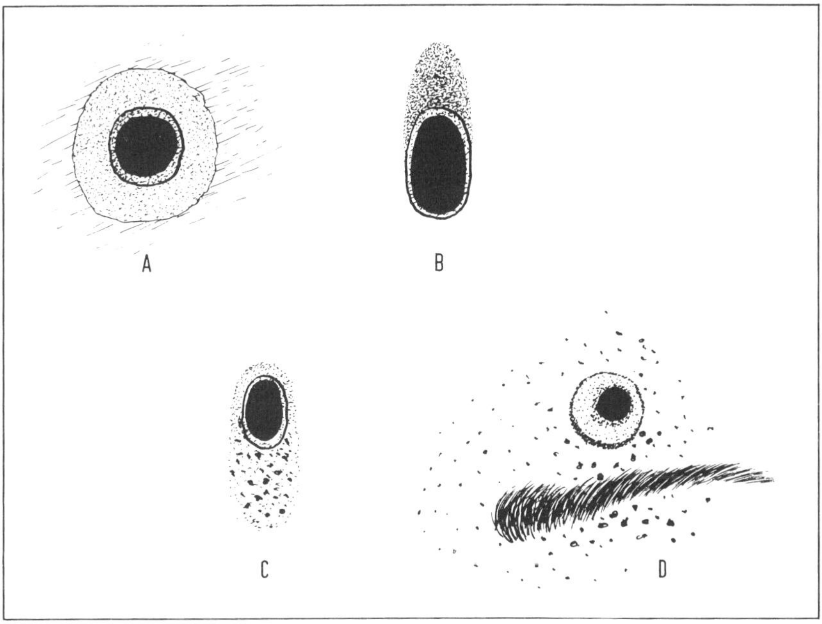

Abb. 9.
A Einschußwunde bei senkrecht auftreffendem Projektil. Konzentrischer Schürfungssaum.
B Mützenförmiger Schürfungssaum bei stark schräg auftreffendem Geschoß.
C Nahschuß. Schmauchhof und Pulvereinsprengungen durch schrägen Aufprall von Pulverasche und Pulverkörnern (ovale Schußlücke).
D Nahschuß. Leicht exzentrischer Schürfungssaum durch schräg auftreffendes Geschoß. Pulvereinsprengungen stark exzentrisch.

Der Schürfungssaum entsteht anscheinend durch zweierlei Mechanismen, abhängig von der Geschoßgeschwindigkeit. Bei geringer Geschoßgeschwindigkeit wird die Haut offensichtlich stärker eingestülpt, wodurch an diesem eingestülpten Hautbezirk die Schürfung des Oberhäutchens erfolgt. Der „Abrißrand" zur unverletzten Haut ist dabei recht scharf. Diese „Einstülpungstheorie" ist aus Schrotschüssen am besten ableitbar.

Je höher jedoch die Geschwindigkeit ist, desto geringer wird die Einstülpung und somit auch der Schürfungsraum relativ kleiner. Bei Hochgeschwindigkeitsgeschossen kommt es dann durch den hohen Druck des auftreffenden Geschosses an der Berührungsstelle zwischen Geschoß und Haut zum „Wegspritzen" feinster Gewebepartikelchen schräg von innen nach außen, wodurch es zu oberflächlichsten Hautverletzungen und dadurch zur Entstehung des Schürfungssaumes kommt.

2.11.3 Ausschußwunde

Bei Entstehung des Ausschusses wird die Haut nach außen gestülpt. Das Geschoß kommt daher mit dem Oberhäutchen nicht in Berührung.

Die Form der Ausschußwunde ist vielfältig. Sie kann von annähernd rund über oval bis unregelmäßig mehrstrahlig aufgerissen oder, sehr selten, sogar schlitzförmig sein.

Das Geschoß tritt häufig deformiert, manchmal auch quer aus. Es kann auch im Körper zertrümmert werden und dann in Einzelstücken austreten, wobei häufig um den Schußkanal Einzelteile liegenblieben. In der Regel ist die Ausschußwunde größer als der Einschuß; eine typische Ausnahme bilden nur die angesetzten Schüsse.

Am Ausschuß fehlen begreiflicherweise Randschwärzung der Haut und Schürfungssaum.

Eine dem Schürfungssaum entfernt ähnelnde braune Hautvertrocknung kann aber dann am Ausschuß entstehen, wenn zufällig durch Auflage des Körpers oder durch ein anliegendes straffes Kleidungsstück die Haut während der Vorstülpung beim Austritt des Geschosses gegen das Widerlager gepreßt wird. Diese schürfungssaumähnliche Hautveränderung ist jedoch niemals so gleichmäßig konzentrisch oder mützenförmig ausgebildet wie beim Einschuß.

2.11.4 Steckschuß

Bei Steckschüssen findet sich das Geschoß relativ häufig direkt unter der Haut. Hierbei wird die ja relativ sehr zähe Haut häufig etwas vorgewölbt, so daß durch Überdehnung des Oberhäutchens feinste Risse in diesem entstehen. Man sieht dann durch braune Hautvertrocknung eine etwa bohnengroße, unregelmäßig begrenzte Hautveränderung. Beim Abtasten der Haut fühlt man den derben Widerstand des darunterliegenden Geschosses. Am häufigsten kommt dies unter der Rückenhaut vor.

Selbstverständlich können beim Steckschuß das Geschoß oder Geschoßteile überall im Körper steckenbleiben. Überdies kann eine starke Ablenkung durch Knochen, ebenso aber auch Deformierung oder Zertrümmerung des

Geschosses, erfolgen. Besonders im Schädelinneren gibt es zahlreiche Abweichungsmöglichkeiten.

Alle im Körper verbliebenen Geschosse müssen unbedingt bei der Obduktion aufgefunden und sichergestellt werden. Ebenso möglichst alle Geschoßtrümmer, unter denen oft der erhalten gebliebene Geschoßboden aufzufinden ist. An diesem ist dann die Kaliberbestimmung möglich. Zur Auffindung von Geschoßtrümmern müssen eventuell Röntgenuntersuchungen der Leiche vorgenommen werden.

2.11.5 Nahschuß

Ein Nahschuß liegt dann vor, wenn Nahschußzeichen um die Einschußlücke zu erkennen sind. Diese entstehen bei geringer Schußdistanz.

> Nahschußzeichen sind Brandhof, Schmauchhof sowie Pulvereinsprengungen oder Pulverauflagerungen.

Der *Brandhof* ist selten geworden, da er bei modernen Pulversätzen nicht mehr entsteht, wohl aber bei Schwarzpulverladung.

Der Brandhof entsteht durch Versengung der Haut und manifestiert sich als braune Hautvertrocknung um die Einschußlücke. Im Bereich des Brandhofs kommt es auch zur Kräuselung der Haare durch die Brandeinwirkung. Es können sogar kleine Brandblasen um die Schußverletzung entstehen, und bei sehr starker Hitzeeinwirkung kann selbst die Kleidung zu glimmen beginnen.

2.11.6 Schmauchhof

Der Schmauchhof wird durch Pulverasche gebildet. Der Pulverschmauch lagert sich als mehr oder weniger gleichmäßig dichte grauschwärzliche Auflagerung um den Einschuß herum auf die Haut ab. Hierbei können durch Stauwirkung runde und strahlige Verstärkungen und Abschwächungen entstehen. Die Schwärzung dieses Hofes ist um so dichter, je kürzer die Schußentfernung war; seine Größe nimmt mit der Entfernung zu, die Intensität ab. Meist ist diese Schmauchschwärzung noch auf etwa 20–30 cm Mündungsdistanz deutlich, doch ist dies je nach Pulverladung und Waffe stark unterschiedlich.

Die *Pulvereinsprengungen und Pulverauflagerungen* entstehen durch mitgerissene Pulverteilchen und -trümmer, die wie kleine Geschosse auf die Haut aufprallen und sogar in diese hineingeschossen werden können. Sie liegen dann entweder in der Haut als blauschwärzliche Pünktchen oder fallen nach dem Auftreten ab und hinterlassen kleine punktförmige braune Hautvertrocknungen um die Einschußlücke herum.

2.11.7 Der angesetzte Schuß (Abb. 10)

Der angesetzte Schuß – auch absoluter Nahschuß genannt – unterscheidet sich ganz wesentlich von den übrigen Schußverletzungen.

> Beim angesetzten Schuß ist die Einschußwunde sehr häufig von innen her mehrstrahlig aufgeplatzt. Obwohl er die extreme Form des Nahschusses ist, gibt es bei ihm die Nahschußzeichen wie Schmauchhof und Pulvereinsprengungen auf der Haut nicht.

Durch das Ansetzen des Laufs an die Haut gelangen die Pulvergase sofort hinter dem Geschoß direkt unter die Haut und stauen sich, besonders wenn eine feste Unterlage vorhanden ist – bei den häufigen Schädelschüssen also vor dem Knochen –, und erzeugen die sogenannte Schmauchhöhle. Die Form dieser Schmauchhöhle ist etwa linsenförmig, und die Wände sind rauchgrau durch Beschmauchung verfärbt. Die umgebende Muskulatur zeigt häufig durch CO-Wirkung der Pulvergase leichte lachsrote Verfärbung. Dies sieht man besonders bei den angesetzten Thoraxschüssen in der Brustmuskulatur.

Der Druck der Pulvergase in der Schmauchhöhle bewirkt das Aufplatzen der Haut. Dem Bau der Haut und der Unterlage entsprechend entstehen charakteristische Platzwunden, die an der Stirn meist vierstrahlige, an der Schläfe fünfstrahlige Form haben. Schläfe und Stirn sind die häufigsten Lokalisationen des angesetzten Schusses.

> Die Größe dieser Platzwunden führt häufig zur Verwechslung der Einschußwunden mit Ausschußverletzungen, und zwar deshalb, weil die Faustregel „Einschuß ist kleiner als Ausschuß" allgemein derart verbreitet ist, daß ein Irrtum über die Schußrichtung geradezu provoziert wird.

Ein weiteres ganz wesentliches und zusätzliches, hinsichtlich der Haltung und Konstruktion der Waffe entscheidendes Charakteristikum des angesetzten Schusses ist die Stanzmarke.

Die *Stanzmarke* entsteht dadurch, daß die die Schmauchhöhle bildenden Pulvergase die Haut gegen den Lauf pressen und dadurch, abhängig von der Konstruktion der Waffe, sehr verschiedene Stanzmarkenformen gebildet werden.

Typisch wäre z. B. eine Stanzmarke als kleinlinsengroßer, braunrot vertrockneter Fleck nahe der Einschußwunde. Manchmal kann sogar eine entsprechend kleine Hautwunde nach Art einer winzigen kreisbogenförmigen Rißquetschwunde durch den Vorholfederführungsstift bei Browning-Konstruktion entstehen.

Das Aussehen der Stanzmarke ist von der Konstruktion der Waffe abhän-

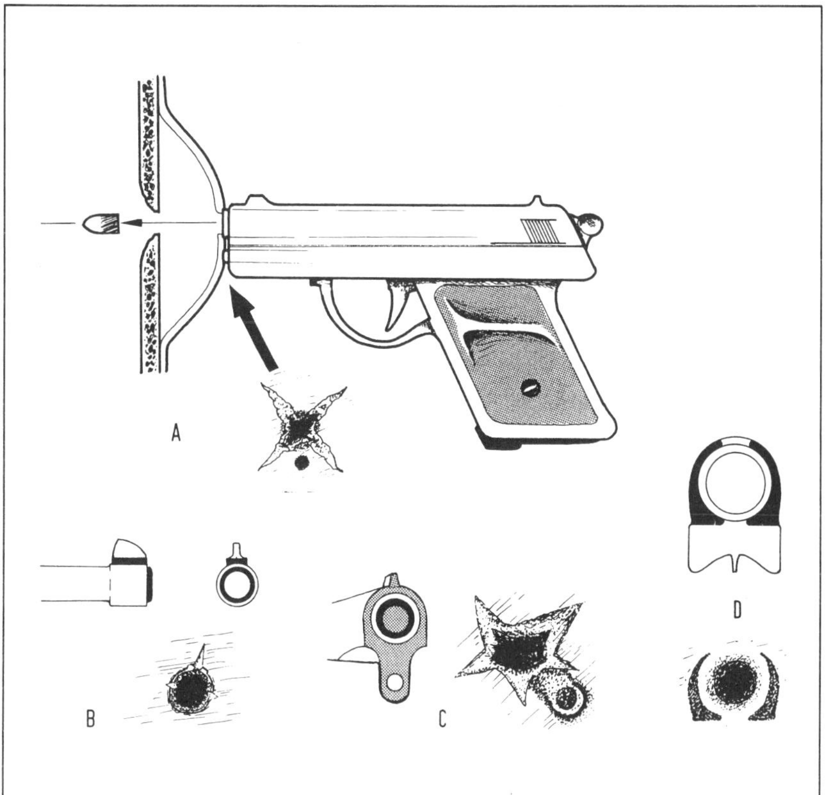

Abb. 10.

A Blasenförmige Abhebung der Haut erzeugt die Schmauchhöhle und gegebenenfalls die Stanzmarke z. B. durch den Vorholfederführungsstift. Häufig entsteht sternförmiges Aufplatzen der Haut.

B Stanzmarke beim nicht ummantelten Lauf der Pistole 08 (Luger). Das knapp hinter der Mündungsebene befindliche Korn und der Kornsockel ergeben eine starke Stanzmarke. Nur angedeutete Platzwunde bei Einschuß in die Brust, da kein so starker Rückprall der Pulvergase erfolgt wie vor dem Schädelknochen bei Schädelschüssen. Dagegen findet sich in diesen Fällen meist starke lachsrote Verfärbung der Muskulatur um die Einschußwunde durch CO-Wirkung.

C Angesetzter Schuß an der Schläfe. Typische Schräghaltung und charakteristische fünfstrahlige Platzwunde. Sehr deutliche Stanzmarke als Abdruck des ,,Waffengesichtes" (Radom 9 mm).

D Umgekehrte Stanzmarke bei Selbstmord durch Genickschuß: Pistole wurde dabei mit dem Griff nach oben gehalten (Dreyse 7,65 mm).

gig. Alle vorspringenden Konstruktionsteile, die annähernd in der Mündungsebene der Waffe liegen, können als Art Negativabdruck des ,,Waffengesichtes" erkennbar werden. So etwa, außer dem Vorholfederführungsstift, das

Vorholfedergehäuse, die Vorderfront des Schlittens, das Korn – wenn es zumindest nahe der Laufmündung liegt –, der äußere Laufrand und eventuell andere Waffenteile, die nicht weiter als 1–2 cm, bei Gewehren bis maximal 3 cm hinter der Mündungsebene liegen. Die Stanzmarke ist somit, wenn vorhanden, nicht nur entscheidend für die Diagnose angesetzter Schüsse, sondern gibt die Haltung der Waffe bei Schußabgabe ebenso an, wie sie Aufschlüsse hinsichtlich der Waffenart erbringt. Sie ermöglicht somit entscheidende Erkenntnisse zur Differentialdiagnose zwischen Mord und Selbstmord.

Angesetzte Schüsse überwiegen begreiflicherweise bei Selbstmord. Beim häufigen Selbstmord durch Schläfenschuß wird der Griff der Waffe meist vor der Wange gehalten, woraus sich eine typische Lage der verschiedenen Stanzmarken ergibt – z. B. Browning-Konstruktion schräg unterhalb und etwas vor der Einschußwunde.

Bei Selbstmord durch Genickschuß wird die Pistole meist umgedreht, also mit dem Griff nach oben gewendet gehalten. Dementsprechend entsteht eine „verkehrte Stanzmarke". Diese Selbstmordart ist zwar nicht häufig, aber auch keine Rarität.

Beim sogenannten Waffengesicht ist noch zu berücksichtigen, daß sich dieses bei manchen Konstruktionen durch die Schußabgabe ändert. Die den Lauf umhüllenden Teile der Waffe gleiten beim Auswerfen der Patronenhülse zurück, so daß unter Umständen dann nur noch das freie Laufende selbst in der Mündungsebene liegt.

2.11.8 Schußkanal

Der Schußkanal ist die Verbindung von Einschuß- und Ausschußwunde oder – beim Steckschuß – zwischen Einschußwunde und Projektil.

> Er weist das eigenartige Charakteristikum auf, daß er sich in jeder durchschossenen Gewebsschicht aufs neue trichterförmig erweitert.

Am besten ist dies an den Plattenknochen, am häufigsten und deutlichsten an den Schädelknochen, aber auch an Sternum und Darmbeinschaufel, erkennbar. Somit kann die Schußrichtung, wenn diese Knochen durchschossen wurden, selbst noch nach vielen Jahren bei Exhumierung erkannt werden. Bei Schädelschüssen ist zumindest nach Zusammensetzen der Knochenteile die Ein- und Ausschußlücke praktisch immer unterscheidbar, da die Trichterform gerade an den Schädelknochen sehr ausgeprägt ist. Nur von außen betrachtet, könnte die sogenannte Randabsplitterung an der Tabula externa bei unerfahrenen Obduzenten wegen ihrer Andeutung eines sich in die Tiefe verjüngenden Trichters zu Irrtümern führen.

Nicht selten gehen von den Schußlücken des Schädeldaches Bruchlinien aus, die durch die Druckwirkung im Schädelinneren entstanden sind. Ist das aber nicht der Fall, so gilt hinsichtlich des Geschoßkalibers die Regel, daß man das Projektil gerade eben nicht durch die Einschußlücke hindurchschieben kann. Die Einschußlücke am Knochen ist regelmäßig um Bruchteile eines Millimeters kleiner als das Kaliber.

Durchschüsse durch Röhrenknochen erzeugen schmetterlingsförmige Brüche oder unregelmäßige Trümmerbrüche. An letzteren ist die Schußrichtung kaum noch feststellbar.

An den Rippen entstehen wegen ihres faserigen Aufbaus häufig eine Splitterung in der Längsrichtung und eine faserförmige Aufstellung von Rippenspänen in Richtung Ausschuß. Auch daraus kann man manchmal die Schußrichtung erkennen.

Andeutungsweise Trichterform des Schußkanals kann man allenfalls noch an der Leber, am Herzen und an der Niere erkennen. Herzdurchschüsse haben jedoch, je nach Blutfüllung des Herzens, verschiedene Auswirkungen. In der Systole entstehen meist glatte Durchschüsse, während es in der Diastole durch Druckübertragung auf das Blut zum Aufplatzen des betroffenen Ventrikels kommen kann.

Zum Schußkanal wäre noch zu erwähnen, daß am Anfangsteil desselben mitgerissene Kleiderfasern aufzufinden sein können; auch sie ergeben einen Hinweis auf die Schußrichtung.

Ablenkung des Geschosses kommt vor allem im Schädelinneren häufig vor, so daß das Geschoß dann irgendwo im oder am Gehirn steckt. Es ist in solchen Fällen relativ schwer aufzufinden, besonders dann, wenn der Schußgang mehrfach „gebrochen" war. Weiters muß daran gedacht werden, daß ein Projektil allenfalls auch als Embolus mit dem Blutstrom größerer Gefäße verschleppt werden kann. In solchen Fällen ist das Auffinden nur mittels Röntgenuntersuchung möglich.

Nochmals soll ausdrücklich betont werden, daß der Grundsatz, bei Steckschüssen müsse das Geschoß unbedingt aufgefunden werden, nicht mißachtet werden darf, weil es zur Waffenidentifizierung herangezogen werden muß. Solche Identifizierungen gelingen durch mikroskopischen Vergleich der Eindrücke und Kratzer der Züge und Felder aus dem Lauf der Waffe praktisch immer. Dadurch sind schon oft Morde, die vielleicht Jahre zurücklagen, doch noch geklärt worden.

Schließlich sei auch wiederholt, daß beim Durchtritt durch die Gewebe des Körpers, besonders durch Knochen, die Geschosse weitgehend deformiert werden können; das austretende Geschoß oder seine Teile erzeugen dann höchst unregelmäßig geformte Ausschußlücken. Deformierung, sogar Zerreißung des Geschosses kann aber auch schon außerhalb des Körpers bei sogenanntem Geller zustande gekommen sein. In seltenen Fällen können derartige Geschoßtrümmer eines einzigen Schusses mehrere Einschußwunden erzeugen.

Sogenannte Steckdurchschüsse bilden sich, wenn ein Teil des Geschosses aus dem Körper austritt, andere Teile im Körper zurückbleiben.

Durch Seitendruckwirkung des Geschosses können an der Aorta oder an anderen großen Gefäßen Zerreißungen der Innen- und Muskelschicht entstehen, was zur Aneurysmabildung Anlaß geben kann. Das Blutgefäß kann sogar aufplatzen, ohne direkt getroffen worden zu sein.

2.11.9 Schußverletzungen des Schädels (Abb. 11)

Die Begutachtung von Schädelschüssen unterscheidet sich u. a. dadurch, daß an den platten Schädelknochen die Feststellung der Schußrichtung auch noch nach Jahrzehnten möglich ist. Einschuß und Ausschuß sind an ihrer charakteristischen Trichterform leicht erkennbar, da sich das Einschußloch trichterförmig von außen nach innen erweitert, während am Ausschuß die Schußlücke an der Innentafel klein und an der Außentafel eine meist stark trichterförmige Aussprengung besteht. Nur an ganz dünnen Knochenstellen, etwa am Schläfenbein, ist dieses Phänomen nur geringfügig ausgeprägt, wohl aber meist durchaus erkennbar.

Bei Schädelschüssen kommt es überdies durch die hydrodynamische Geschoßwirkung häufig zu ausgedehnten Schußbrüchen.

Bei Vorliegen mehrerer Schädelschußverletzungen ist dann oft am Bruchverlauf die Schußreihenfolge erkennbar. Sie ergibt sich daraus, daß vorangegangene Schußbruchlinien an später entstandenen abrupt enden (Abb. 12). Auch die Kaliberbestimmung an der Knochenschußlücke gelingt fast immer.

Bei Beurteilung der „Trichterform" könnte Unerfahrenen das Phänomen der Randabsprengung an der Außentafel der Einschußlücke unter Umständen Schwierigkeiten bereiten.

2.11.10 Randabsprengung

Das Phänomen der Randabsprengung zeigt sich deutlich und relativ häufig nach Mazeration des Schädels. Es ist dies eine bei zentralem Auftreffen des Geschosses etwa 2–3 mm messende ringförmige, oberflächliche flache Knochenabsprengung. Sie entsteht durch Seitendruckwirkung von Projektilen, die

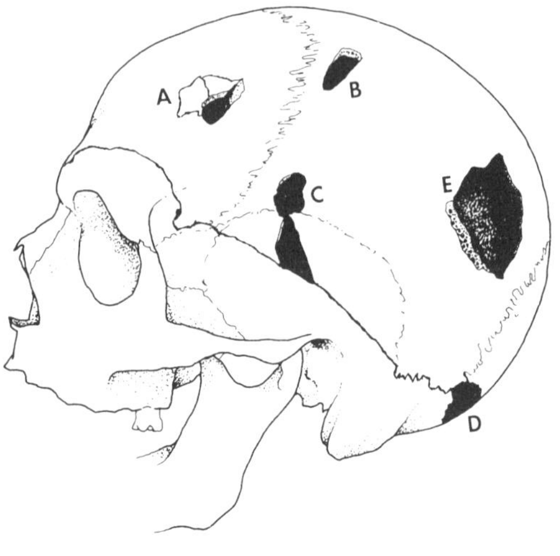

Abb. 11. Schädelschüsse. Am Stirnbein große Aussprengung der Außentafel bei schrägem Auftreffen des Projektils (A). Am Scheitelbein oben Einschuß durch Querschläger (B), darunter schräg eintretendes Geschoß ohne Randabsprengung (C); im Anschluß darunter Knochenteilausbruch bis zu dem von zwei dichtliegenden Genickschüssen ausgehenden schräg verlaufenden Schußbruch (D). Oberhalb der Hinterhauptsnaht am Scheitelbein liegende große Einschußlücke durch Geschoßgarbe (E).

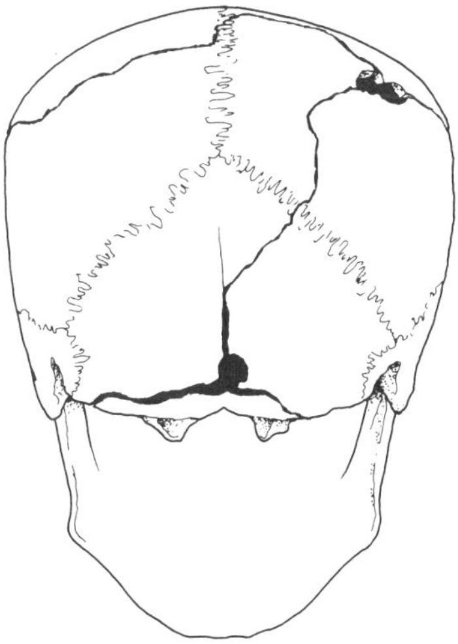

Abb. 12. Schußreihenfolge.
Zentraler Genickschuß mit symmetrischen dreiecksförmigen Schußbrüchen. Die von zwei ineinandergehenden Einschüssen ausgehende Bruchlinie endet im senkrecht aufsteigenden Bruch am Hinterkopf und ergibt somit die Schußfolge.

vorne etwa halbkugelförmig ausgebildet sind (Abb. 13). Anscheinend sind Randabsprengungen vornehmlich bei Nahschüssen anzutreffen.

Als Beweis für ,,Angesetzten Schuß" können sie nicht gelten.

Ihre Kenntnis ist deshalb wichtig, weil sie bei oberflächlicher Betrachtung – besonders ohne Mazeration – von weniger Erfahrenen wegen ihrer nur an der Außentafel bestehenden ,,Pseudo-Trichterform" als Ausschußverletzungen gedeutet werden könnten.

Die typische Trichterform durchgehend durch alle Schichten des Schädelknochens findet sich jedoch niemals.

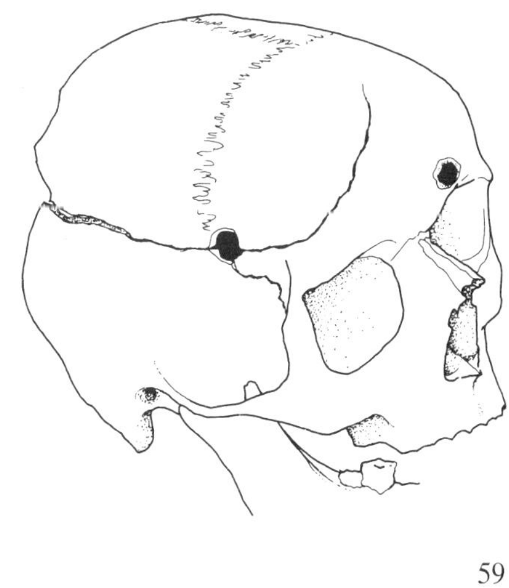

Abb. 13. Typische Randabsprengung an beiden Einschüssen durch Seitendruckwirkung bei senkrechtem Auftreffen.

2.11.11 Schrotschuß (Abb. 14)

Durch Schrotschüsse entstehen anders aussehende Verletzungen als bei „Kugel"schüssen, da Schrotpatronen eine Vielzahl kleiner Geschosse enthalten.

Der Schrot verläßt den Lauf zunächst als geballter Haufen, doch spritzt die Ladung alsbald kegelförmig auseinander und bestreut schließlich ein Feld von ca. 1–2 m^2. Die Streuung erfolgt im wesentlichen kegelförmig. Auf kurze Entfernung – bis etwa 2 m – wirkt ein Schrotschuß an der Einschußstelle wie ein übergroßes Geschoß und erzeugt eine einzige große Einschußlücke; doch ist ihr Rand stets eigenartig girlandenförmig gestaltet. Eine solche Schußlücke sieht etwa brombeerförmig aus. Bei etwas weiterer Schußdistanz lösen sich einzelne Schrotkörner vom geballten Haufen ab und erzeugen Einzeleinschläge neben der großen Einschußlücke. Auf Entfernungen von etwa 8 m aufwärts durchlöchert der Schrotschuß die Haut dann nur mehr siebförmig. Wegen der gleichmäßig kegelförmigen Ausbreitung des Schrotes ist die Entfernung bei Schrotschüssen leichter zu beurteilen als bei Kugelschüssen.

> Prinzipiell gilt aber für beide Schußarten, daß die Schußentfernung einigermaßen genau nur durch Probeschüsse mit derselben Waffe und mit gleichartiger Munition eruiert werden kann.

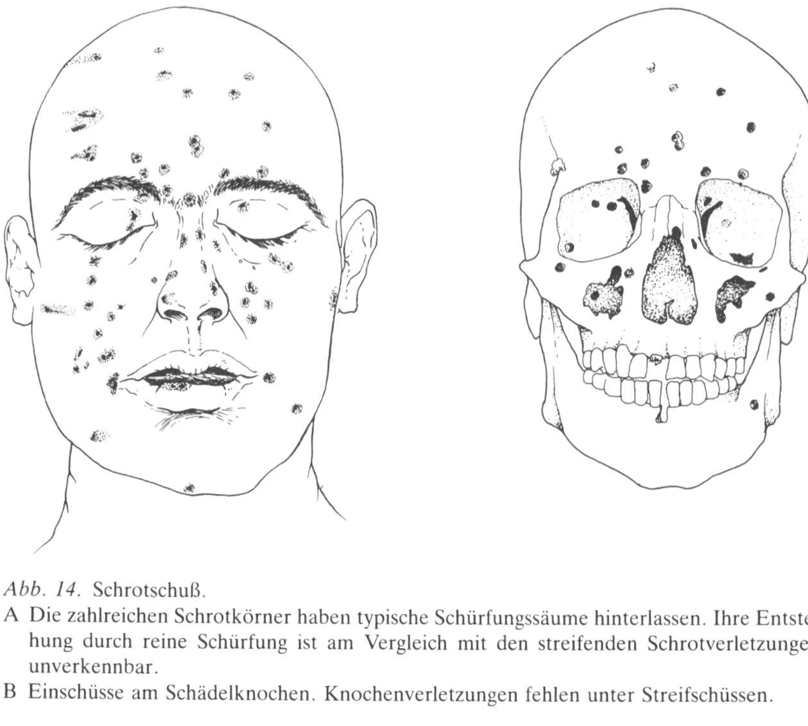

Abb. 14. Schrotschuß.

A Die zahlreichen Schrotkörner haben typische Schürfungssäume hinterlassen. Ihre Entstehung durch reine Schürfung ist am Vergleich mit den streifenden Schrotverletzungen unverkennbar.

B Einschüsse am Schädelknochen. Knochenverletzungen fehlen unter Streifschüssen.

2.11.12 Zur Frage Mord, Selbstmord oder Unfall bei Schußverletzungen

Zur Klärung der entscheidenden Frage, ob Mord, Selbstmord oder Unfall vorliegt, sind insbesondere die Schußdistanz, die Lage der Schußwunde und die Frage nach der „Schußhand" zu überlegen.

Daß Selbstmorde nur als angesetzte oder als Nahschüsse verübt werden können, liegt auf der Hand – es sei denn, daß eine eigene Schußvorrichtung konstruiert wurde, bei der Fernauslösung möglich ist. Bevorzugte Lokalisationen des Einschusses beim Selbstmord sind die Schläfen, die Stirn, der Mund und die Herzgegend. Alle anderen Körpergegenden sind seltener, doch ist, wie schon erwähnt, auch ein Selbstmord durch Genickschuß nicht gerade eine Rarität.

Schußhand

Von ganz besonderer Wichtigkeit ist die genaueste Untersuchung der Hände. Durch Austritt von Pulvergasen beim Auswerfen der Patrone entstehen an der Schußhand Schmauchbeschmutzungen; außerdem entstehen, bedingt durch die relativ ungünstige Haltung der Waffe bei Selbsttötung, durch den zurückgleitenden Verschlußteil der Waffe gar nicht selten kleine Verletzungen. Solche Klemmverletzungen liegen vorwiegend an der Schwimmhaut zwischen Daumen und Zeigefinger und lassen sich vom Untersucher, wenn er die Waffe zur Verfügung hat, gewöhnlich leicht an der eigenen Hand rekonstruieren. Aber nicht nur die Schußhand des Selbstmörders kann Beschmauchung aufweisen, sondern auch die andere Hand. Bei Selbstmord wird häufig der Lauf der Waffe zur Fixierung mit der „Nicht-Schußhand" festgehalten. Dadurch kommt es eventuell an dieser ebenfalls zur Beschmauchung, seltener auch zu Verletzungen, etwa durch das Korn oder durch bewegliche Teile der Waffe.

Daß umgekehrt Beschmauchung an der Schußhand eines eventuellen Täters für Mord spricht, braucht wohl nicht betont zu werden. Diese Beschmauchungen sind aber häufig mit freiem Auge nicht sichtbar, weil der Täter die Waffe ja sozusagen richtig – d. h. nicht gegen sich selbst – gehalten hat. Mittels kriminaltechnischer Untersuchungen (Paraffinprobe) gelingt der Nachweis auch solcher Spuren gewöhnlich.

2.11.13 Verletzungen durch Explosivkörper

Diese leider durch den Terrorismus wieder zunehmende Verletzungsart läßt eine Differenzierung aus den entstandenen Wunden kaum zu.

Solche Wunden sind u. a. kleine, unregelmäßige Außenwunden durch eingedrungene Fremdkörper oder – bei großen Splittern – entsprechend große

Zerreißungen. Vor allem aber kommt es durch den Explosionsdruck zu Zerreißungen, Abtrennungen von Körperteilen, Brandverletzungen usw.

An Leichen müssen die in den Körper eingedrungenen Fremdkörper immer aufgesucht und sichergestellt werden. Aus der Lokalisation der Splitterverletzungen kann die Stellung des oder der Opfer zum Explosionsort hin rekonstruiert werden.

2.11.14 Bolzensetzapparate und Schlachtschußapparate

> Schußverletzungen entstehen durch das Eindringen von festen Körpern mit großer Geschwindigkeit, üblicherweise durch Handfeuerwaffen abgeschossene Projektile.

Dieselbe Wirkung erzielen Bolzen, die aus Bolzenschußapparaten abgefeuert werden. Diese ihrer Verwendung nach besser als Bolzensetzapparat zu bezeichnenden Apparate werden im Baugewerbe verwendet, um Stahlbolzen in Betonwände hineinzuschießen. Diese Apparate sind so gesichert, daß ihre Sicherung nur durch Spontandruck gegen die Wand aufgehoben und dann erst der Schuß ausgelöst werden kann. Vorne angebrachte Metallplatten sollen überdies verhindern, daß abgellende Bolzen den Arbeiter treffen. Dennoch können Unfälle beim Durchschlagen einer Wand dahinterstehende Personen verletzen. Auch seitlich am Metallschutz vorbei abgellende Bolzen oder Bolzenteile können tödliche Schußverletzungen bewirken. Sogar Selbstmorde sind möglich, wenn auch der Druck zur Auslösung der Sicherheitssperre gegen die Brust fast unerträglich ist. Wir selbst haben alle diese erwähnten Verletzungsmöglichkeiten in Einzelfällen gesehen. Die Einschußwunden entsprechen hierbei durchaus dem klassischen Bild mit entsprechendem Schürfungssaum, jedoch fehlt eine Pulverbeschmauchung.

Verletzungen durch Schlachtschußapparate entstehen durch eine völlig andere Mechanik. Bei diesen wird eine Stahlstange, die vorne konkav eingeschliffen ist, durch Explodieren einer Art Platzpatrone in den Körper eingetrieben. Es gibt also keine Projektile und daher auch keine Steckschüsse. Die Einschußwunde ist aber durch die ausstanzende Wirkung des Werkzeugs kreisrund und zeigt völlig glatte Hautränder. Auch der Knochen weist meist ideal runde Form auf, allerdings zeigen die glatten Schädelknochen eine gewisse trichterförmige Erweiterung nach innen und manchmal auch geringe seitliche Ausbrüche. Der Schlachtschußapparat ist am ehesten zum Selbstmord geeignet, wobei der Apparat fast ausschließlich an der Stirn, sehr selten an der Schläfe angesetzt wird.

Als sicherlich extrem seltene Ausnahme hatten wir einen Unfall zu bearbeiten, der beim Hantieren mit dem Gerät entstand. Dabei löste sich irrtümlich der „Schuß“, so daß die Stange in den Oberschenkelknochen eintrat. Durch das sogenannte „Imprimat“, das in der Markhöhle des Oberschenkelknochens lag, war es sekundär zur tödlichen Osteomyelitis gekommen. Dieses Imprimat spielt als Infektionsquelle insbesondere beim „Schädelschuß“ eine bedeutende Rolle – wenn der Schuß nicht an sich tödlich war –, da das immer infizierte Hautstück zwangsläufig zur Hirninfektion führt. Dieses muß daher immer operativ entfernt werden.

Sicher noch extrem seltener dürften Morde durch Schlachtschußapparate sein. Tatsächlich hat sich auch ein solcher in unserem Bereich ereignet. Bei diesem Mord wurde der Schlachtschußapparat vom Soziusfahrer eines Rollers während der Fahrt an den Hinterkopf des Fahrers gedrückt und dieser dadurch getötet.

2.12 Erstickung

> Der Tod durch Ersticken wird durch Sauerstoffmangel und Atemstillstand herbeigeführt.

In der gerichtlichen Medizin versteht man unter Erstickung alle Erstickungsformen, bei denen der Tod durch mechanische Behinderung der Atmung oder durch Sauerstoffentzug herbeigeführt wird, nicht aber die sogenannte innere Erstickung, wie z. B. bei Zyanvergiftung infolge Blockierung des Atemferments oder beim Lungenödem.

Erstickung bzw. Luftmangel entsteht durch Verlegung der Atemwege, nämlich

a) durch Zuhalten von Mund und Nase,
b) Verlegung der oberen Atemwege im Inneren, etwa Knebeln,
c) Verlegung im Bereich des Kehlkopfeingangs als sogenannter Bolustod,
d) Verlegung der tiefen Luftwege durch Fremdkörper (durch Wasser beim Ertrinken, durch feste Körper bei Aspiration, z. B. Mehl, Sand, Kohlenstaub, Zement, Körnern u. dgl., aber auch z. B. von Blut).

Weiters entsteht Erstickung durch Abschnürung der Luftwege von außen (Strangulation oder „Angriff auf den Hals"): Erwürgen, wobei dieHand als Werkzeug dient, Erdrosseln durch Umschlingen des Halses mittels eines Drosselwerkzeugs, Erhängen durch Zusammenschnürung des Halses durch den Zug des Körpergewichts.

Eine andere Erstickungsursache ist die Verhinderung von Atembewegungen – entweder von außen (Thoraxkompression, wodurch die Perthessche Druckstauung ausgelöst wird) oder innerhalb des Brustkorbes durch Pneumothorax.

Schließlich gibt es noch den Sauerstoffmangel „im engen Raum". Dieser ist an sich selten und kommt am ehesten beim Versteckspiel vor, wenn sich Kinder etwa in außer Betrieb gesetzten Kühlschränken oder auch in abgestellten Koffern verbergen. Natürlich können auch Erwachsene durch Eingeschlossensein ersticken, z. B. eventuell im Kofferraum eines Autos.

Als Folge der Erstickungsvorgänge entstehen Erstickungsbefunde.

2.12.1 Wichtige äußere Erstickungsbefunde

Zyanose und *Dunsung* des Gesichtes finden sich vor allem an Erdrosselten, Erwürgten und Geknebelten sowie bei Thoraxkompression.

Die Zyanose entsteht durch Blutstauung im Kopfbereich, wobei die Blaufärbung außerordentlich variabel sein kann und an Erhängten und Ertrunkenen regelmäßig fehlt. Die Dunsung ist Ausdruck eines Ödems infolge Rückstauung.

Ein wichtiges Merkmal der Erstickung sind Ekchymosen.

Erstickungsekchymosen entstehen infolge kräftiger Rückstauung in der Krampfphase der Erstickung durch Kapillarrupturen. Sie sind punktförmige bis sprenkelartige, stecknadelspitz- bis höchstens stecknadelkopfgroße Blutungen, deren Verteilung sehr charakteristisch ist. Sie finden sich vorwiegend an der Haut der Lider, der Nasenwurzel, der Stirn und der Wangen und in den Bindehäuten der Augenlider und des Augapfels selbst. An den Konjunktiven sind sie auch für einen Ungeübten leicht zu erkennen und können hier ausnahmsweise reiskorngroß werden. Je oberflächlicher sie in der Haut liegen, um so röter sind sie, je tiefer, um so blasser und bläulicher erscheinen sie; oberflächliche pflegen vorzuherrschen.

Die *Perthessche Druckstauung* entsteht mechanisch durch Thoraxkompression bei Verschüttung oder Einklemmung des Brustkorbes etwa unter dem Auto oder anderen schweren Lasten. Entscheidend ist die Einklemmung von Brust und Bauch. Dadurch bildet sich eine extreme passive Hyperämie und ein ungeheures Ödem, so daß Kopf und Brust dunkelblau bis blauschwarz werden und durch Schwellung von Lidern, Lippen und Gesicht geradezu ein negerartiges Aussehen entsteht.

Erstickungsekchymosen können sich an allen Hautstellen der Brust, Schulter und Oberarme ausbilden, jedoch niemals unterhalb der Zwerchfellhöhe.

Innere typische Erstickungsekchymosen finden sich subepikardial und subpleural (niemals aber subendokardial!). Sie sind vereinzelt, unregelmäßig verteilt, eher schütter. Auch sie sind scharf, aber unregelmäßig begrenzt. Von punktförmig kleinen bis zu verschieden großen Fleckchen, die freilich kaum über Reiskorn-, allerhöchstens Linsengröße hinausgehen, weisen sie alle Größenstufen auf.

Der *Lungenbefund* bei Erstickung weist generell mehr oder weniger ausgeprägte Volumenvermehrung der Lungen (Volumen pulmonum auctum), Blauverfärbung durch Zyanose und vermehrte Blutfülle auf. Bei langsamem, sogenanntem protrahiertem Ersticken kann sich ein hämorrhagisches Lungenödem ausbilden. Weitere Lungenbefunde werden bei den einzelnen Erstickungsarten beschrieben.

2.12.2 Erstickung durch Verschluß der Atemöffnungen

> Die einfachste Art von Erstickung ist das *Zuhalten von Mund und Nase*. Es kann nur an wehrlosen oder bewußtlosen Personen durchgeführt

werden, am ehesten somit an Neugeborenen, an Säuglingen, an alten oder kranken Leuten – oder z. B. bei schwerer Alkoholisierung.

Als Mordwerkzeug dienen die Hände. Es können aber auch Decken oder Polster oder andere, in der Regel weiche Gegenstände dem Mund und der Nase aufgepreßt werden. Auch Ersticken durch Hineinpressen in Heu oder ähnliches ist möglich.

Die Erkennung derartiger Fälle kann dann relativ schwierig sein, wenn der Gegenstand, der auf Mund und Nase aufgepreßt wurde, sehr weich war.

Bei gewaltsamer Erstickung dieser Art entwickelt der Täter meist übermäßige Gewalt, die sich in Form von Blutunterlaufungen und braunen Hautvertrocknungen um Mund und Nase, also als Druckmale und eventuell auch als Kratzspuren, zu erkennen gibt. Auch Druckspuren an der Mundschleimhaut (Blutunterlaufungen, oberflächliche Schleimhautläsionen bis zu kleinen Rißquetschwunden) können vor allem dann entstehen, wenn Zähne vorhanden sind.

Das *Knebeln* geschieht durch Verlegung der Atemwege im Bereich der Mund- und Rachenhöhle. Verwendet werden Tücher, Papierknäuel, Laubbüschel, eben alle zufällig am Tatort vorhandenen und halbwegs geeigneten Gegenstände.

Knebeln findet man manchmal als Begleiterscheinung beim Erwürgen, da der Täter sowohl die Erstickung beschleunigen, als auch das Stöhnen des Opfers unterdrücken will. Durch das heftige Hineinstoßen des Knebels entstehen recht drastische Verletzungen der Mundhöhle und des Gaumens wie Schleimhautrisse, Abriß des Zungenbändchens, Beschädigung der Zähne und wiederum relativ häufig Kratzer und Druckspuren beim Zufassen mit der Hand im Gesicht, wie etwa auch der Versuch eines Erstickens durch Zuhalten von Mund und Nase durch Knebeln beendet wird.

2.12.3 Erwürgen

Das Erwürgen geschieht durch Zusammendrücken des Halses mit den Händen. Hierbei wird der Hals entweder mit beiden Händen umfaßt, so daß die Daumen etwa auf die Mitte des Halses, die übrigen Finger auf die seitlichen Halsteile zu liegen kommen. Ebenso kann der Hals auch mit der Hand umkrallt werden, so daß Daumen und andere Finger auf verschiedene Stellen des Halses zu liegen kommen. Druckspuren der Daumen einerseits und der übrigen Finger andererseits sind nicht unterscheidbar. Ebenso kann begreiflicherweise der Hals auch von hinten umgriffen werden. Auch dies ist an der Form der Würgemale nur selten zu erkennen.

Tod durch Erwürgen ist immer eine Tötung durch fremde Hand.

Würgemale

Die beim Würgen entstehenden Hautverletzungen des Halses bezeichnet man als Würgemale. Sie werden erst einige Zeit nach dem Tode durch Hautvertrocknung und Blutdiffusion deutlich. Durch den Druck der Finger, besonders der Fingerbeeren, entstehen münzenroße blaue Flecken (Hämatome) sowie allenfalls fingerkuppengroße braune Hautvertrocknungen, weil das Oberhäutchen durch den Druck geschädigt wird. Seine Zellen werden gelockert, so daß postmortal Flüssigkeit aus der Lederhaut abdampft. Diese Vertrocknungsflecken werden allmählich immer derber und können manchmal geradezu blau-schwärzlich werden, weil sich ja auch unter ihnen nicht selten Hämatome befinden.

Weitere Würgemale sind die sichelförmigen Abdrücke der Fingernagelränder des Täters sowie Kratzspuren. Sie entstehen durch festes Einsetzen der Fingerkuppen (Einkrallen) und die Losreißversuche des Opfers. Sie verfallen postmortal der braunen Hautvertrocknung. Die Kratzspuren weisen nicht selten auffallend gleichmäßige Breite und Länge auf: meist sind sie 2–3 mm breit und ca. 3–4 cm lang.

Würgemale am Vorderhals liegen bevorzugt über dem Kehlkopf. Sie sind allgemein dort stärker ausgebildet, wo ein gewisses Widerlager besteht, also auch über den großen Kopfnickern. Sie können auch am Nacken vorhanden sein, besonders bei Kindern, und finden sich gar nicht selten über dem Unterkieferrand.

Erstickungsekchymosen

Von ganz besonderer Bedeutung sind beim Erwürgen die *Erstickungsekchymosen*. Sie finden sich schon äußerlich an der Haut ungemein zahlreich, gerade eben noch mit freiem Auge erkennbar, da sie etwa stecknadelspitzgroß, höchstens metallstecknadelkopfroß sind. Man muß sozusagen „zerebral" schauen, d. h. bewußt nach ihnen suchen; dann hat man geradezu das Gefühl, sie würden unter dem Blick entstehen. Diese Eckchymosen finden sich an der Stirn, an den Lidern, schon viel seltener an den Wangen, niemals jedoch unterhalb der Verbindungslinie von Nasen- und Ohrenöffnungen; selbstverständlich auch in den Bindehäuten der Augen und Augenlider (Konjunktiven). Hier können sie durch Zusammenfluß ausnahmsweise bis reiskorngroß sein.

Aber auch wenn sie nur winzig sind, können sie an den Konjunktiven selbst von Unerfahrenen nicht übersehen werden, während jene an der Haut nur selten auffallen. Es gehört deshalb zu den unabdingbaren Pflichten eines gründlichen Totenbeschauers und natürlich auch jedes gerichtsmedizinischen Obduzenten, in jedem Fall die Bindehäute der Augen und Augenlider einer Leiche zu inspizieren.

Weitere Befunde

Wichtig, wie bei allen Leichenuntersuchungen, ist auch beim Erwürgten die genaue *Inspektion der Hände*.

Bei Abwehr des Angriffs können Verletzungen entstehen, und es können Hautteilchen, Blut, Haare und Kleiderfasern des Täters unter die Nägel gelangen. In der Praxis allerdings ist die Untersuchung auf unter den Nägeln zu findende Teilchen selten ergiebig und noch seltener aufschlußreich.

Gar nicht selten aber kniet sich der Täter während des Würgens auf den *Brustkorb* oder Bauch des Opfers, so daß Weichteilquetschungen, Blutunterlaufungen und Rippenbrüche entstehen können.

Nach Tatschilderungen dauert das Erwürgen relativ sehr lange, da es eine regelrechte Überwältigung des Opfers nötig macht und sich daher über einen Zeitraum von 5–10 Minuten, manchmal sogar noch länger, hinzieht. 3 Minuten anhaltendes Würgen ist jedenfalls das Minimum an Zeitaufwand für die Tötung eines Menschen. Das gilt auch für Kinder; nur bei erheblich Kranken, besonders bei Herzkranken, können kürzere Zeiten angenommen werden.

Innerer Befund bei Erwürgten

Bei der Obduktion von Erwürgten muß eine besondere Obduktionstechnik des Halses angewendet werden. Es ist nötig, die Halshaut und sodann alle Halsweichteile sorgfältig schichtweise zu präparieren, um unter der Haut und in der Tiefe liegende Hämatome als sogenannte innere Würgemale aufzufinden. Diese meist etwa fingernagelgroßen Blutunterlaufungen liegen subkutan unter den Faszien, an und in den vorderen Halsmuskeln, in der Schilddrüsenkapsel und in der Schilddrüse sowie an den Kehlkopf- und Zungenbeinbrüchen. Durch den Druck beim Erwürgen kommt es nämlich in der Regel zu solchen Brüchen. Diese fehlen wegen der Elastizität der Kehlkopfknorpel bei Kindern und Jugendlichen manchmal und sind um so ausgedehnter, je stärker der Kehlkopf verknöchert ist. Sie betreffen die Zungenbeinhörner, die Schildknorpelhörner und den Ringknorpel, während Brüche der Schildknorpelplatten äußerst selten sind. Insbesondere der Längsbruch des Ringknorpels ist eine typische Verletzung, die praktisch nur beim Erwürgen vorkommt.

Um diese Bruchstellen und die für Vitalität beweisenden Blutunterlaufungen derselben zu finden, ist die sorgfältige Präparation des Kehlkopfgerüstes in situ und unter einer gewissen Blutleere nötig. Letztere ist durch die bei uns allgemein übliche vorangegangene Sektion der Schädelhöhle in ausreichendem Maß gewährleistet.

Weiters finden sich subpleurale und subepikardiale Blutungen. Die Lunge ist überbläht, dunkelblaurot, sehr blutreich und zeigt manchmal interstitielles Emphysem. Bei protrahiertem Erwürgen kann es zu hämorrhagischem Lungenödem kommen.

2.12.4 Erdrosseln

Der Tod durch Erdrosseln erfolgt durch Abschnüren des Halses mit einem Drosselwerkzeug.

Durch Druck des Drosselwerkzeuges auf den Hals wird gleichzeitig der Blutabfluß vom Gehirn völlig unterbunden und die Blutzufuhr sehr stark eingeschränkt, da nur noch die Arteriae vertebrales Blut ins Gehirn bringen. Deshalb sind beim Erdrosseln die Zyanose und die Dunsung im Gesicht unter allen Erstickungsarten weitaus am stärksten ausgebildet. Die Zyanose schneidet scharf in Höhe der Drosselmarke ab. Die ungemein reichlich vorhandenen und eher etwas größeren Ekchymosen als beim Erwürgen gehen häufig sozusagen in der Blaufärbung der Gesichtshaut unter. An den Konjunktiven sind sie meist in höchster Dichte vorhanden und können bis reiskorn-, manchmal sogar linsengroß sein. Es gibt Fälle, in denen die Bindehaut der Lider wie schwarzblau gefärbt erscheint.

Durch Platzen von Gefäßen infolge des starken Rückstaus können Blutungen aus Mund, Nase und Ohren eintreten. Das können einzelne Tropfen sein, doch kann bis zu einem Liter Blut austreten. Besonders die Blutung aus Ohren ist auffällig, weil sie geradezu die Diagnose des Todes durch Erdrosseln ergibt. Sie ist ja sonst nur noch bei Schädelbasisbrüchen und bei direkten Ohrverletzungen zu beobachten, so daß keine differentialdiagnostischen Schwierigkeiten auftreten.

> Die Drosselfurche ist ein Negativabdruck des Drosselwerkzeugs.

Als Drosselwerkzeug kommen alle Arten von Stricken, Schnüren, Riemen, Tüchern, Schals oder Strümpfen in Betracht.

> Die Drosselfurche verläuft – im Gegensatz zur Strangfurche – in der Regel horizontal und vor allem in *einer* Ebene.

Sie ist meist geschlossen, so daß sie auch am Nacken sichtbar ist. Weiche, breite Drosselwerkzeuge wie Schals, Strümpfe, Tücher usw. machen breite, schwach ausgebildete Streifen am Hals, die oft nur als unregelmäßige Abblassungsstreifen (Falten des Drosselwerkzeugs!) unterhalb des zyanotisch gefärbten Gesichtes am Hals erscheinen.

Drähte, Stricke und Schnüre schneiden hingegen tief ein, wodurch die Drosselfurche in solchen Fällen der Strangfurche beim Erhängten ähnlich wird. Wie beim Erwürgen, sieht man in Mordfällen gelegentlich auch beim

Erdrosseln Druckspuren und Hautabschürfungen in der Umgebung von Mund und Nase, weil der Täter Schreien und Stöhnen verhindern wollte. Hierbei können wiederum durch Knien des Täters auf dem Brustkorb des Opfers Rippenbrüche, Blutunterlaufungen und andere Verletzungen entstehen.

Hände und Arme sind genauestens auf Abwehrverletzungen zu untersuchen. Nicht allzu selten erfolgt Drosseln nach vorherigem Niederschlagen, nach Würgen oder nach anderen, nicht rasch genug zum Tode führenden Verletzungen.

Bei der Tötung durch Erdrosseln überwiegt zahlenmäßig zumindest derzeit die Tötung durch fremde Hand. Selbstmord ist jedoch an sich leicht möglich, eine Tatsache, die anscheinend wenig bekannt ist.

Die Entscheidung, ob Mord oder Selbstmord vorliegt, ist in vielen Fällen nicht einfach. Aus der Art der Anlegung eines Drosselwerkzeugs allein einen Schluß zu ziehen, ist höchst bedenklich. Im allgemeinen kann man allerdings damit rechnen, daß sich ein Mörder kaum auf einen einfachen Knoten verläßt, so daß ein sorgfältiges Knoten eher auf Tötung durch fremde Hand schließen läßt.

Andererseits ist z. B. das Vorhandensein mehrerer übereinandergeknüpfter Tücher oder zahlreicher Touren des Strickes um den Hals eher als Selbstmord zu deuten. Auch aus der Art der Ausführung und der Kompliziertheit des Drosselwerkzeugs ist unter Umständen der Selbstmord erkennbar. Ein Selbstmörder hatte den Strick als Schlinge um den Hals gelegt, unterhalb des Rockes durchgezogen, eine Schlinge für den Fuß gebildet und dann erst durch Streckung des Beines die Drosselschlinge zusammengezogen.

Das Vorhandensein des Drosselwerkzeugs am Hals allein beweist keineswegs einen Selbstmord, da erfahrungsgemäß auch beim Mord durch Erdrosseln das verwendete Strangwerkzeug häufig am Opfer belassen wird.

Auch unfallsmäßiges Erdrosseln kommt immer wieder zur Beobachtung. Bei Erwachsenen kommt dies durch die Kleidung als Arbeitsunfall an rotierenden Maschinen vor; lange Schals, die zwischen die Speichen eines Motorrades oder an die Schiffsschraube eines Außenbordmotors gelangt waren, haben schon mehrmals Freizeitunfälle durch Erdrosselung bewirkt. Bei speziellen autoerotischen, oft mit merkwürdigen „Fesselungsarten" verbundenen Manipulationen kann auch Tod durch Erdrosseln eintreten.

Bei *Kleinkindern* kann Erdrosseln durch das Sicherheitsband, das das Herausfallen aus dem Kinderwagen oder aus dem Bett verhindern soll, vorkommen. Auch zahlreiche andere Kinderunfälle, etwa das Hineinstürzen in einen gabelförmigen Fahrradständer, das Einklemmen zwischen Gittern oder in einer Astgabel usw. haben wir zu untersuchen gehabt. Diese Verunglückungen stellen aber bereits Übergänge zum unfallsmäßigen Erhängen dar.

Der *innere Befund* am Erdrosselten bietet alle Zeichen der Erstickung in klassischer Weise. So finden sich blutreiche und zumindest leicht geblähte Lungen, die stark bläulich verfärbt sind, und nicht selten ein hämorrhagisches Lungenödem. Innere Ekchymosen finden sich am Zungengrund, an der Rachenschleimhaut, an der Rückseite des Kehldeckels, im Kehlkopf und in der Luftröhre sowie subpleural und subepikardial.

2.12.5 Erhängen

Der Tod durch Erhängen wird durch ein Strangwerkzeug bewirkt, welches um den Hals geschlungen und durch das Körpergewicht zusammengezogen wird.

Als Strangwerkzeuge werden Stricke, Drähte, Schals, Strümpfe, Leintücher, Riemen usw. verwendet.

> Das typische Erhängen ist eine eigene Todesart, deren Wesen die schlagartige Unterbrechung der Blutzu- und -abfuhr zum Gehirn ist. Das Entscheidende am Erhängungsvorgang ist also nicht die Abschnürung der Luftwege, sondern die Anoxie des Gehirns.

Man findet daher in den typischen Fällen von Erhängen keine Erstickungszeichen, also keine Zyanose oder Dunsung des Gesichtes, und auch keine Ekchymosen.

Daß trotzdem vereinzelte zarte Ekchymosen bei genauester Untersuchung im Hals-Kopf-Bereich gar nicht so selten zu finden sind, beruht darauf, daß doch häufig auch eine gewisse atypische Komponente, nämlich eine Erstikkungskomponente, mit zur Wirkung kommt.

Das äußere Charakteristikum des Erhängungstodes ist an der Leiche die Strangfurche. Die Strangfurche des Erhängten zeigt wesentlich andere Merkmale als die Drosselfurche des Erdrosselten. Beim Erdrosselten ist der Druck des Strangwerkzeugs um den Hals herum etwa gleichmäßig stark, bei dem auf typische Weise Erhängten hingegen ist der Druck auf den Vorderhals weitaus am stärksten.

Die österreichische Gerichtsmedizin hat schon immer Wert auf die Unterscheidung des sogenannten typischen und atypischen Erhängens gelegt.

Aus der gerichtsmedizinischen Praxis heraus gesehen, ist dies äußerst zweckmäßig. Die laienhafte Vorstellung geht nämlich dahin, daß der Erhängungstod ein freies Hängen des Körpers zur Voraussetzung habe.

Als typisches Erhängen bezeichnet man den frei hängenden Körper mit einem vom Nacken senkrecht aufsteigenden strickartigen Strangwerkzeug.

Alle anderen Erhängungsformen erwecken bei Laien vorerst den Verdacht auf Tötung durch fremde Hand. Erhängen in halb sitzender, sitzender oder gar liegender Stellung wird regelmäßig als völlig unvereinbar mit Selbstmord angesehen. Schon die Strangführung seitlich am Kopf, erst recht vorne vor dem Gesicht aufsteigend, wirkt verdächtig. Mit der Erklärung, daß hier eben atypisches Erhängen vorliegt, und mit den dazu nötigen Erläuterungen, daß schon ein relativ geringer Zug zur Unterbrechung der Blutversorgung des Gehirns genügt, läßt sich auch dem Laien ein solcher Selbstmord leicht verständlich machen.

Daß bei atypischen Lagen natürlich, abhängig von der Dauer des Hängens, auch die Lage der Totenflecke atypisch sein wird, sei nebenbei erwähnt.

Die üblichen Leichenerscheinungen beim Erhängten, der nicht frühzeitig abgenommen wurde, umfassen daher eine eigentümliche Verteilung der Totenflecke, der Lage entsprechend zuerst an den Füßen auftretend und am Unterschenkel, schließlich bis über die Knie ansteigend, und an den Händen und Unterarmen. Wenn aber die Leiche schon in den ersten Stunden nach dem Tode abgeschnitten wird, verschwinden – entsprechend dem Wandern der Totenflecke – diese an den ursprünglichen Stellen entweder völlig oder blassen zumindest ab und bilden sich gleichzeitig, der neuen Lage der Leiche entsprechend, in der Regel am Rücken aus, je nach Zeitablauf eventuell in abgeschwächter Form.

Ein nicht allzu häufiges Merkmal verschwindet allerdings nicht, nämlich Ekchymosen in der Knöchelgegend.

Häufig ist Speichelfluß aus dem Mund erfolgt, von dem manchmal ein sogenannter Speichelfaden erhalten bleibt. Der Speichelfluß und besonders der Speichelfaden kann mit gewisser Vorsicht als Vitalitätszeichen gewertet werden.

Innerer Befund bei Erhängten: Im Bereich des Halses, der, ebenso wie bei Erwürgen und Erdrosseln, schichtweise präpariert werden muß, darf man nicht unbedingt charakteristische Befunde erwarten. Gelegentlich findet man eine sogenannte innere Strangmarke in Form eines leichten Vertrocknungsstreifens unter der Haut und eines blassen und blutarmen Streifens in der oberflächlichen Halsmuskulatur. Häufig sind Brüche der Schildknorpelhörner und der Zungenbeinhörner, in deren Umgebung beim typischen Erhängen – sehr zum Unterschied von Erwürgen oder Erdrosseln – keine Blutungen vorhanden sind.

Vitalitätszeichen können vollkommen fehlen. Da Vitalitätszeichen aber gerade beim Erhängen außerordentlich wichtig sind, ist das Suchen nach allenfalls vorhandenen besonders wichtig. Sie finden sich relativ häufig innerhalb der Strangfurche als sogenannte Kammblutungen in Form kleinster, nur selten über stecknadelspitzgroßer Ekchymosen auf den schräg verlaufenden Hautkämmen, die durch gedrehte Stricke zustande gekommen sind, oder bei doppelter Schlingenführung auf den Hautkamm zwischen den beiden Strangfurchen. Bei Verwendung von Riemen (Hosenriemen) kann dieser einen nicht allzu tief eingezogenen Vertrocknungsstreifen am Hals erzeugen, wobei im Bereich der Löcher rötlich erscheinende Erhebungen auffallen, an denen bei genauer Betrachtung die vitalen Blutungen der Kapillarrupturen, also Analoga zu den Kammblutungen, zu sehen sind.

Bei weichen Tüchern als Erhängungswerkzeug muß überhaupt keine Furche vorhanden sein; man wird unter Umständen nur einen blassen Streifen am Hals erkennen, oberhalb dessen häufiger als sonst schwach ausgebildete Totenflecke zu erkennen sein können. Durch Faltendruck entstehen aber auch hierbei meist sowohl braune Hautvertrocknungen als auch eventuell Ekchymosen in den Faltentälern.

Beim atypischen Erhängen kann der stärkste Druck des Strangwerkzeugs seitlich oder sogar hinten liegen. Durch doppelte Führung der Schlinge kann auch eine geschlossene und daneben eine zarte unterbrochene Strangfurche gebildet werden.

Beim typischen Erhängen liegt der Knoten oder die laufende Schlinge am Nacken und steigt dann zum Befestigungspunkt senkrecht auf. Man sieht daher, daß die am Vorderhals tief eingezogene, braunrot vertrocknete Strangfurche seitlich unten und hinter den Ohren stark aufsteigt. Ob dann die Strangfurche am Nacken geschlossen ist oder nicht, hängt nur davon ab, wie weit sich der Strick zusammenziehen kann. Wenn der Strang also etwa durch eine Schlaufe gezogen und schon vor dem eigentlichen Hängen um den Hals etwas zusammengezogen wurde, so ist auch am Nacken eine Strangfurche zu erkennen.

Die *Strangfurche* stellt einen Negativabdruck des Strangwerkzeugs dar. Ihre Form und Ausdehnung ist daher von der Art des verwendeten Werkzeugs abhängig. Ein dünner Draht schneidet tief in den Hals ein, während etwa zusammengedrehte Tuchstreifen einen entsprechend breiten und wenig eingezogenen, kaum noch furchenartigen Abdruck hinterlassen. Hierbei wird ein rauhes Tuch eine wesentlich stärkere braune Hautvertrocknung hervorrufen als etwa ein weicher Schal.

> In jedem Fall ist somit genauestens zu prüfen, ob die Strangfurche dem angeblich verwendeten Strangwerkzeug entspricht.

Bei sogenanntem typischen Erhängen hängt der Körper senkrecht und frei, so daß das ganze Körpergewicht das Zusammenziehen des Strangwerkzeugs bewirkt.

Nicht selten ruhen jedoch die Füße zumindest teilweise am Boden auf. Der Zug, der auf die Karotiden ausgeübt werden muß, um diese völlig zu verschließen, ist relativ gering und wurde durch Aufhängen von Leichen mit 3½ kg gemessen. Die Unterbrechung der Arteriae vertebrales benötigt eine Zugwirkung von ca. 17 kg. Sie wird durch Verschiebung der Halswirbel gegeneinander bewirkt.

> Das Erhängen gilt als typische Selbstmordart. Gerade deshalb ist die genaueste Analyse jedes Erhängungstodes wichtig. Der vorgetäuschte Selbstmord durch nachträgliches Aufhängen des Toten oder Bewußtlosen hätte sonst Chancen, unentdeckt zu bleiben.

Die Untersuchungen am Auffindungsort des Erhängten müssen daher als erstes die Möglichkeiten einer Selbsterhängung überprüfen. So müssen die Weite der Schlinge, die Art der Knüpfung, die Höhe des Fixationspunktes beurteilt werden. Besondere Aufmerksamkeit ist auch der Überprüfung des Befestigungsortes des Strangwerkzeugs zu widmen. Bevorzugte Befestigungsstellen sind Dachsparren, Fensterkreuze, Äste, aber selbstverständlich auch jegliche Form von Haken an Plafond, Wänden usw.

Da das Aufhängen eines toten oder wehr- und bewußtlosen Körpers nur mittels Aufziehen des durch das Körpergewicht belasteten Strickes möglich ist – ein Hineinheben des Toten in die Schlinge ist zumindest für einen Einzeltäter undenkbar –, entstehen naturgemäß Beschädigungen an den Befestigungsstellen. So finden sich Aufziehspuren wie Glättung bis völlige Ablösung der Rinde von Ästen oder mehrfache tiefe Rillenbildung am Holz, insgesamt eben starke Abschleifungen an jenen Stellen, über die der Strick unter Belastung gezogen wurde.

Außer dieser Auffaserung von Holzkanten entsteht dabei regelmäßig Auffaserung oder andere Beschädigung am Strick selbst.

Weiter ist selbstverständlich eine genaue Untersuchung des Leichnams auf Verletzungsspuren durchzuführen, da ja ein auf irgendeine Weise wehrlos Gemachter nachträglich aufgehängt worden sein kann. Besonders ist auch auf Würgemale und Drosselspuren zu achten.

Es muß aber erwähnt werden, daß gar nicht so selten ein Selbstmörder das Erhängen als letzte Sicherung für seinen Selbstmord benutzt. Wir kennen zahlreiche kombinierte Selbstmorde, in denen die Selbsttötung zuerst durch Stich, Schnitt, Vergiftung, Hackenhiebe auf den Kopf usw. versucht und dann durch Erhängen beendet wurde, oder in denen der Selbstmörder zuerst den Hals durch die Schlinge gesteckt und sich dann in den Kopf geschossen hatte.

Das atypische Erhängen führt vor allem dann zu weiteren Vitalitätszeichen als nur zu Erstickungsblutungen, wenn durch atypische Strickführung etwa die Arteria carotis an einer Seite unverschlossen bleibt; es können vitale Blutungen entstehen. Muskelrisse etwa am großen Kopfnicker oder an anderen Halsmuskeln sind sehr selten, ebenso auch makroskopisch erkennbare Intimarisse der Karotis. Abrisse der Halswirbelsäule sind bei Selbsterhängung praktisch nur bei Sprung aus der Höhe oder Absturz mit dem bereits um den Hals gelegten Strangwerkzeug zu beobachten.

Erhängen als Unfall ist selten, kommt aber doch z. B. beim sogenannten Indianerspiel oder bei anderen Erhängungsspielen leider immer wieder einmal vor.

Es kann auch zufällig jemand in ein hängendes Seil stürzen oder sich durch Hineinlaufen etwa in einem schlaffen Wäscheseil verwickeln und auf diese Weise erhängen.

Eine Besonderheit des Unfalltodes durch Erhängen stellt der Tod bei autoerotischer Betätigung dar. Ein derartier Unfall ist aus der jeweiligen, meist sehr eigenartigen Situation gewöhnlich leicht zu erkennen. So werden z. B. zur bewußten Dosierung des Druckes auf den Hals zusätzlich komplizierte Schlingenführungen um die Brust, um den Bauch oder um ein Bein vorgenommen, oder es wurde eine Polsterung der Schlinge angefertigt. Eine solch komplizierte autoerotische Betätigung wird weniger häufig im Klosett, als vielmehr in anderen verborgenen Räumen und Hütten durchgeführt, in welche nach Voraussicht des Betreffenden niemand Einlaß begehren wird. Relativ häufig findet man an der Verunglückungsstätte Spiegel und erotische Bilder.

2.12.6 Erstickung durch Verlegung der Luftwege von innen her durch Fremdkörper

Bolustod

Der Ausdruck „Bolustod" leitet sich vom Begriff Bolus ab, was nichts anderes als Brocken oder Bissen bedeutet. Er ist ein Tod, der durch Verlegung des Kehlkopfeingangs durch einen Speisebrocken oder auch durch Gegenstände wie Stöpsel, Schnuller, Verschlußkappen von Flaschen, Schutzkappen eines Kugelschreibers oder ähnliches eintritt. – Letztere Möglichkeiten haben wir nur bei Kindern oder Geistesgestörten realisiert gesehen.

Speisebrocken, wie hastig gekautes Fleisch, Semmelbrocken, Würstelteile, Sauerkrautpropfen, marinierter Fisch („Russen"), können beim hastigen Essen derart in den Kehlkopfeingang hineingeraten, daß sie krampfhaft festgeklemmt und nicht mehr ausgehustet werden können und den Luftröhreneingang völlig verlegen. Meistens liegt hierbei Alkoholisierung vor, wodurch Reflexabschwächung eintritt und das Aushusten von vornherein zentral gestört ist.

Nach unseren Erfahrungen überwiegt innerhalb der Bolustodesfälle der Erstickungstod, der sich über Minuten hinzieht und relativ leicht an Dunsung und Zyanose des Gesichtes, Ekchymosen und am Lungenbefund erkennbar ist. Nur selten tritt der Tod perakut als Folge des sogenannten Larynxschocks ein. Man soll nur bei Fehlen eines Erstickungsbefundes an der Leiche einen Schocktod diagnostizieren.

Erstickung im Brechakt

Eine weitere Möglichkeit des Erstickens durch Verlegung der Luftwege von innen her ist die Erstickung im Brechakt. Sie tritt an Bewußtlosen ein, die infolge Reflexlosigkeit Erbrochenes in reichlicher Menge einatmen. Ursachen hierfür sind u. a. Gehirnverletzungen, schwere Berauschungen, Vergiftungen durch Medikamente (insbesondere Schlafmittel) sowie auch fehlerhaft vorgenommene Narkosen.

Selbstverständlich muß die vitale Aspiration von Erbrochenem vom Befund eines postmortal in die Lungen gelangten Magen-Darm-Inhaltes unterschieden werden.

2.12.7 Ertrinken

Ertrinken ist Erstickung in einer Flüssigkeit. Es kann auch in ganz seichten Gewässern erfolgen.

So ist z. B. der Neusiedlersee so seicht, daß das Wasser stellenweise nur knietief, selten tiefer als brusthoch ist. Trotzdem ertrinken Leute infolge Erschöpfung auch darin.

Bei Verkehrsunfällen mit Sturz in seichte Gewässer ist Ertrinken durch Einklemmen unter dem Auto begreiflicherweise möglich.

Daß überhaupt durch Unfall auch in Wasserlachen Leute ertrinken können, ist bekannt, etwa ein schwer Berauschter, ein Epileptiker oder ein durch

Unfall bewußtlos Gewordener, der beim Sturz mit dem Gesicht in einer Pfütze zu liegen gekommen ist. Erstaunlicherweise sind sogar Selbstmorde in seichten Gewässern, ja sogar in Waschschüsseln vorgekommen.

Befunde

> Der Tod durch Ertrinken ist an frischen Leichen äußerlich meist durch den *Schaumpilz* vor Mund und Nase erkenntlich. Dieser Schaumpilz ist üblicherweise reinweiß, feinblasig und steif, etwa dem Bierschaum entsprechend.

Er entsteht durch Mischung von Bronchialschleim, Luft und Wasser während des Erstickungsvorgangs innerhalb der Lungen, ist aber, wie gleich unten erklärt werden wird, relativ sehr wasserarm.

Bei sogenanntem protrahiertem Ertrinken wird der Schaumpilz durch Blutbeimengung blaßgelblich bis blaßgelbrosa; bei Ertrinken etwa in Jauche ist er eher bräunlich verfärbt.

Bei der Obduktion ist der Zustand der Lungen der sicherste makroskopische Erstickungsbefund, wenn nicht starke Fäulnis die Lungen weitgehend verändert hat. Beim Eröffnen des Brustkorbs sinken die Lungen durch Überblähung nicht wie üblich zurück, sondern treten geradezu aus dem Brustkorb etwas hervor. Sie zeigen das klassische Bild des Volumen pulmonum auctum. Auch nach Herausnahme sinken die Lungen nicht zusammen, weshalb sie sich durch ihre Überblähung wie Kegel auf ihre Basis stellen lassen. Äußerlich ist die Lunge beim Erwachsenen grauweißlich, bei Kindern gelbrosaweißlich. Durch das Lungenfell hindurch sieht man – besonders der Kurzsichtige – die gleichmäßig geblähten Alveolen. Sie sind gerade so groß, daß sie mit freiem Auge eben noch erkennbar sind.

Überdies können subpleurale Ertrinkungsekchymosen gesehen werden. Sie sind größer und unschärfer als sonstige Erstickungsblutungen, nämlich bis linsengroß, unregelmäßig begrenzt, mit verwaschenen Rändern, und finden sich besonders in den Spalten zwischen den Lungenlappen.

An der Lungenschnittfläche findet sich, entgegen der laienhaften Vorstellung, keine Flüssigkeit. Vielmehr ist die Schnittfläche ausgesprochen trocken. Die Erklärung liegt darin, daß beim Ertrinkungstod das Herz noch zu schlagen pflegt, wenn irreversibler Stillstand der Atmung bereits eingetreten ist. Dadurch wird Ertrinkungsflüssigkeit noch vom Kapillarstrom aufgesaugt und durch den Kreislauf abtransportiert, wenn keine Flüssigkeitsaspiration mehr erfolgt. Das Blut beim Ertrunkenen ist auch deutlich flüssiger und wird wegen der Wasserbeimischung rascher hämolytisch. Beim Abstreifen der Lungenschnittfläche mit dem Messer läßt sich der gleiche weiße, feinblasige, leicht klebrige Schaum, der auch den „Schaumpilz“ vor Mund und Nase bildet, erhalten.

Lediglich beim sogenannten protrahierten Ertrinken, wenn also ein Ertrinkender gegen das Untergehen ankämpft, immer wieder auftaucht und dabei Luft schöpfen kann, sind die Lungen durch ein leicht hämorrhagisches Lungenödem feucht. Der austretende Schaum ist dann blaßrötlich verfärbt.

Beim Ertrinken in Teichen, Flüssen, Bächen werden mit der Ertrinkungsflüssigkeit reichlich *Kieselalgen (Diatomeen)* eingeatmet. Diese müssen mikroskopisch nachgewiesen werden.

Bei Ertrinken in Abortjauche ist überdies der Nachweis von Ausscheidungen von Tieren und Menschen möglich. So finden sich Pflanzenzellverbände, Stärkekörner, quergestreifte Muskelfasern, feinste Wollfasern, Parasiteneier u. ä. bei der Untersuchung des aus der Lunge gewonnenen Gewebssaftes vor.

Diatomeennachweis (Erweiterte Revenstorfsche Probe)

Der Nachweis der Diatomeen bzw. deren aus Kieselsäure bestehenden Skelette in den Organen erfolgt mikroskopisch am feucht veraschten Material. Dazu werden Proben des Lungengewebes sowie Proben aus Organen des großen Kreislaufs mit Salpetersäure und Schwefelsäure gekocht, bis alles organische Material aufgelöst ist. Nach Verdünnen mit Wasser wird durch ein Membranfilter (Sartorius, Millipore u. a.) filtriert, mit Petroleumbenzin und Isopropanol nachgewaschen und entweder dieser Filter oder nach erneuter Veraschung und nochmaliger Filtration ein zweiter Filter nach Trocknen mit Immersionsöl transparent gemacht und direkt mikroskopiert, am günstigsten mit dem Phasenkontrastmikroskop.

Auf diese Weise können alle in der Gewebsprobe enthaltenen Kieselalgenskelette erfaßt werden. Durch Hochrechnen – z. B. auf 1 g Gewebe – kommt man zu exakt vergleichbaren Zahlen.

Es kann zweckmäßig und manchmal sogar notwendig sein, zu Vergleichszwecken auch eine Probe der mutmaßlichen Ertrinkungsflüssigkeit mitzuuntersuchen.

Hierzu ist als „Vergleichswasser“ am besten das im Magen vorhandene verschluckte Wasser geeignet, da die am Auffindungsort aus dem Fluß entnommene Wasserprobe ja nicht identisch mit der Ertrinkungsflüssigkeit sein muß. Dies gilt besonders für über längere Strecken abgetriebene Wasserleichen.

Beim Ertrinken in Jauchegruben oder Kläranlagen muß die Untersuchung ähnlich der alten Revenstorf-Probe, also ohne Veraschung, durch Mikroskopieren des Zentrifugats bzw. wiederum nach Filtrierung auf dem Membranfilter vorgenommen werden. In diesen Fällen finden sich nämlich Parasiteneier, Pflanzenzellen, Muskelfasern usw., wie sie eben in jauchigen Flüssigkeiten vorzukommen pflegen.

Das Auszählen der Diatomeen ist unumgänglich nötig, da jeder Mensch einzelne Kieselalgen in den Organen aufweist.

Wasserleichen

> Die Veränderungen, die durch das Verbleiben im Wasser an Leichen entstehen, müssen streng von jenen des Ertrinkungstodes getrennt werden.

> Als *erstes Zeichen* der Wasserleichenveränderungen findet sich schon nach wenigen Minuten – sicherlich nach 10 Minuten – das bekannte Trüb- und Weißlichwerden an Handflächen und Fußsohlen, das sehr rasch von der sogenannten Waschhautbildung, also von weißlicher Verdickung und Runzelung – weil Quellung – der obersten Hautschichten der Handflächen und Finger und der Fußsohlen und Zehen gefolgt wird.

Anfänglich ist die Waschhautbildung noch reversibel, deshalb muß bei Leichen, die schon vor Stunden aus dem Wasser geborgen wurden, besondere Vorsicht bei der Todeszeitbestimmung geübt werden.

Durch das Treiben im Wasser können überdies zahlreiche Verletzungen entstehen. Da die Leiche immer mit dem Rücken zuoberst, Arme, Beine und Kopf tief hängend, und mit dem Kopf voraus im Wasser treibt, entstehen durch Anstreifen am Boden charakteristische *Treibverletzungen*. Dies sind Abschürfungen und postmortale Rißquetschwunden an der Stirn und am Vorderhaupt, an den Handrücken – wobei hier nicht selten ein flächenhaftes Abschleifen bis auf Sehnen und Knochen erfolgen kann – und manchmal auch an den Knien.

Es kommen aber auch vitale Verletzungen zur Beobachtung, die durch die begleitenden Blutunterlaufungen als solche erkennbar sind. Sie können schon beim Hineinspringen oder Hineinstürzen in das Wasser entstanden sein, sie können aber auch Treibverletzungen sein, die bei noch tätigem Kreislauf zustande gekommen sind. Beim Hinwegspülen über Wehranlagen und in besonders reißenden Flüssen können die Treibverletzungen – die vitalen wie die postmortalen – auch Schädelbrüche umfassen.

Das Fehlen von Vitalitätszeichen sowie lappenförmige großflächige Abhebung am Schädeldach mit reichlich eingedrungenem Sand in den Wundtaschen spricht für Treibverletzungen. Daß die Beurteilung vitaler Verletzungen unter Umständen äußerst schwierig sein kann, liegt auf der Hand.

Abtrennungen von Gliedmaßen und andere schwere stumpfe Verletzungen könnten durch Schiffsschrauben, durch Hängenbleiben an Ketten im strömenden Fluß und allenfalls auch am sogenannten Rechen vor Kraftwerken entstehen.

Insgesamt muß somit die Wasserleiche sorgfältig auf Verletzungen untersucht werden. Mord durch Ertränken ist, abgesehen von Neugeborenen, selten. Andererseits ist die Beseitigung einer Leiche durch Ins-Wasser-Werfen relativ leicht zu bewerkstelligen, weshalb immer wieder nach Tötung durch fremde Hand Leichen in Gewässern aufgefunden werden.

Wie immer, müssen ganz besonders Hände und Arme auf allfällige Abwehrverletzungen untersucht werden. Wegen der auffälligen Treibverletzungen an den Händen kann auch diese Beurteilung sehr schwierig sein.

Unfälle durch Ertrinken sind bekannterweise häufig. Der sogenannte Badetod benötigt als Sonderform des Ertrinkungstodes eine eigene Besprechung.

Bei dem ebenfalls häufigen Selbstmord durch Ertrinken muß auch daran gedacht werden, daß gar nicht selten das Ertränken erst der Abschluß eines Selbstmordes ist, der auf andere Weise begonnen wurde. Hierbei kommen fast alle denkbaren Kombinationsmöglichkeiten auch praktisch vor: Hals- und Pulsaderschnitt, Anschießen, Versuch des Selbstmordes durch Stich, durch Vergiftung usw.; solche kombinierten Selbstmorde sind keineswegs selten.

Das Bergen einer gefesselten Leiche aus dem Wasser, welches immer sofort Mordverdacht erweckt, kann durchaus einen Selbstmord zugrunde haben, da der Selbstmörder Schwimmbewegungen durch diese Fesselungen vermeiden wollte. Hier wird es bei der Beurteilung sehr weitgehend auf die Art der Fesselung ankommen.

Auch Beschweren mit Steinen, besonders das Hineinstopfen von Steinen in Taschen der Kleidung, spricht nicht unbedingt gegen Selbstmord. Eine Klärung wird dann nur aus der Erfahrung, vor allem durch Zusammenarbeit mit der die Untersuchung führenden Behörde, möglich sein. Auf die unbedingte Notwendigkeit solcher Zusammenarbeit soll auch an dieser Stelle hingewiesen werden.

Badetod

Der sogenannte Badetod ist nach unserer Erfahrung in überwiegender Mehrzahl ebenfalls ein Ertrinkungstod.

> Er beginnt als Kreislaufkollaps im Wasser, wodurch der Badende sozusagen sang- und klanglos, ohne daß Mitbadende dies bemerken müssen, untergeht und in seiner durch Kollaps hervorgerufenen Bewußtlosigkeit ertrinkt.

Der Badetod tritt häufig nach langer Sonnenbestrahlung dadurch ein, daß die plötzliche Abkühlung durch das Wasser einen Kreislaufkollaps schockartig herbeiführt.

Die von altersher bekannte Tatsache, daß das Baden in unmittelbarem Anschluß an reichliche Mahlzeit ebenfalls schockartig zum Tode führen kann, ist zweifellos auch richtig. Hier ist es wohl die Blutverschiebung in das Bauchgebiet, die die Voraussetzung für den Kollaps darstellt.

In allen *diesen* Fällen ist selbstverständlich ein klassischer Ertrinkungsbefund an den Lungen erkennbar. Das Vorhandensein von Diatomeen hängt begreiflicherweise von der Ertrinkungsflüssigkeit ab. Sie fehlen also in völlig sauberem Wasser; doch ist in der Praxis wohl immer mit einem positiven Diatomeenbefund zu rechnen, auch dann, wenn das Ertrinken in Badeanstalten oder im Swimmingpool erfolgt. – Nur in seltenen Fällen tritt der sogenannte Badetod tatsächlich schockartig durch plötzliches Herzversagen ein, und nur dann fehlen die Zeichen des Ertrinkungstodes.

Die Auffindungssituation im Wasser kann dabei manchmal Hinweise auf den Herztod ergeben. In seichteren Gewässern, etwa am Rande von Seen oder Teichen, stehen die Leichen im Wasser, da die lufthaltigen Lungen einen „tonnenartigen" Auftrieb erzeugen.

2.13 Verbrennung

Die übliche klinische Einteilung der Verbrennung in vier Stadien ist für gerichtsmedizinische Fragen minder bedeutungsvoll, zumal das erste Stadium, die Rötung, meist an der Leiche nicht erkennbar ist.

> Hingegen ist die Lokalisation von Verbrennungen und Verbrühungen zur Klärung der Verletzungsentstehung entscheidend.

Hat etwa die Verbrennung nur die nicht von Kleidung bedeckten und somit ungeschützten Körperpartien von Gesicht und Händen betroffen, so ist erwiesen, daß die Hitze nur ganz kurz, explosions- oder aufflammartig erfolgte.

Bei in Brand geratener *Kleidung* wiederum wäre die Verteilung der Brandwunden – wenn sie z. B. bei Frauen nur den Unterkörper betreffen und bis zur Gürtel- oder Schürzenbandhöhe reichen würde – auf Brandentstehung durch Entflammen des Rockes beim Einheizen eines Ofens hinweisend.

Insgesamt schützt die eng anliegende Kleidung der Männer besser vor Brandwirkung als typische Frauenbekleidung.

Die *Berußung* des Körpers kann zusätzliche Hinweise auf das Brandmaterial ergeben, ebenso ein dem Körper oder der Kleidung anhaftender Geruch von Benzin oder Petroleum.

Voraussetzung zur Klärung des Hergangs ist die Feststellung, ob die Brandwirkung den Lebenden oder erst die Leiche erfaßt hat. Dies ist an den direkten Brandveränderungen bei der Obduktion in der Regel nicht erkennbar, insbesondere dann, wenn – wie bei Großbränden – nur ein Brandtorso übriggeblieben ist.

Die bei Laien herrschende Meinung, die Obduktion einer solchen Leiche sei zwecklos, ist falsch. Zunächst besteht die Möglichkeit, durch Untersuchung von Blut oder Blutresten auf ihren CO-Gehalt das Einatmen von Rauchgasen und somit das Gelebthaben nach der Brandentstehung zu erweisen. Eine zusätzliche Bestätigung kann durch den Nachweis eingeatmeter Rußteilchen in Bronchien und Alveolen erfolgen. Die Gewinnung von Blut zur Blutgruppenbestimmung für Identifikationszwecke ist übrigens aus tiefliegenden Gefäßen selbst bei relativ kleinen, äußerlich völlig verkohlten Leichenteilen durchaus möglich. Die inneren Organe in Brust- und Bauchhöhle sind zumindest teilweise – sogar bei aufgebrannten Körperhöhlen – in verkochtem oder verbratenem Zustand recht gut erhalten. An ihnen können insbesondere Schußkanäle und Stichverletzungen durchaus erkannt werden. Arme und Beine sind bei Brandleichen, die in abgebrannten Häusern oder Scheunen gefunden werden, meist völlig weggebrannt. Der Rumpf ist durch Brandwirkung stark geschrumpft, so daß die Bestimmung der Körperlänge schwierig oder sogar nicht möglich sein kann.

> Besondere Beachtung und genaueste Untersuchung benötigt der Schädel.

Die Schädelhöhle ist bei Leichen, die aus dem Brandschutt z. B. eines Hauses geborgen werden, sehr oft aufgebrannt. Das Gehirn kann bis auf Faustgröße geschrumpft sein. Am Schädeldach entsteht durch die Brandwirkung nicht selten eine charakteristische Trennung der Knochenschichten, besonders deutlich an den Rändern der durch Wegbrennen zustande gekommenen großen Knochendefekte. Hier ist die Tabula externa ausgedehnter weggebrannt als die Tabula interna, so daß der Knochenrand sehr stark abgeschrägt ist; die Tabula interna ragt also erheblich stärker in den Defekt hinein als die Tabula externa. Diese kann sogar in größeren Bezirken, ausgehend vom Defektrand, flächenhaft abgesprengt sein, so daß die verkohlte Schwammschicht bis in Handflächengröße freiliegen kann.

Das häufig zu findende *Brandhämatom* beweist lediglich die Brandwirkung als solche, weil es immer erst postmortal entsteht. Obwohl es epidural liegt, gleicht seine Form jener der Subduralblutung, ist an der Schnittfläche also mondsichelförmig. Das Blut des Brandhämatoms ist verkocht, bröselig bis krümelig und braunrot, zeigt also nicht etwa die kirschrote Farbe des CO-Hämoglobins.

Von besonderer diagnostischer Bedeutung sind die *Schädelbrüche* der Brandleiche. Die Brandwirkung führt nicht zu jenen Biegungs- und Berstungsbrüchen, die für Traumen typisch sind; vielmehr sieht man am Schädeldach vom Branddefekt ausgehende feine kurze Sprünge, so daß die Tabula externa craqueléeartig gesprungen ist. Ausgedehnte Brüche, insbesondere an der Schädelbasis, sind nur durch stumpfe Gewalteinwirkung zu erklären. Sie können vital sein, können aber ebenso gut durch herabstürzende Balken, grobe Verputzstücke, Dachziegel usw. zustande gekommen sein. Und sie können – wie auch andere schwere Beschädigungen der Leiche – vielleicht erst bei der Bergung aus dem Brandschutt zugefügt worden sein.

Jedenfalls muß aber geklärt werden, ob möglicherweise ein *Mordbrand* vorliegt, also eine Tötung mit nachfolgendem Versuch der Leichenbeseitigung durch Verbrennen. Morde allein durch Verbrennen gibt es auch, sie sind aber sehr selten. Zur Erkennung eines Mordbrandes aber geben gerade die Schädelbrüche, je nach Art und Lage, häufig wichtige Aufschlüsse (Abb. 15 und 16).

Nicht nur am Kopf, sondern überall am Körper können durch das hitzebedingte Schrumpfen der Haut geradlinige, scharfrandige Aufplatzungen entstehen. Von Unkundigen werden sie nicht selten fälschlich als Schnittverletzungen gedeutet.

Eine allgemeine Brandwirkung ist die sogenannte *Fechterstellung* des Leichnams. Sie entsteht durch Hitzeschrumpfung der Muskulatur, so daß eine Art Mittelstellung der Gliedmaßen zustande kommt.

Der *Tod beim Brand* ist ein primärer Schocktod (Hitzeschock) oder ein sogenanntes Ersticken in Rauchgasen, dessen Wesen aber meist die CO-Einatmung ist. Wird das Brandgeschehen kurze Zeit überlebt, so ist der Tod in der Regel an hypovolämischem Schock eingetreten; tritt er erst nach vielen Stunden oder Tagen auf, so hat er seine Ursache in der toxischen Schädigung durch das denaturierte Eiweiß bzw. dessen Abbauprodukte.

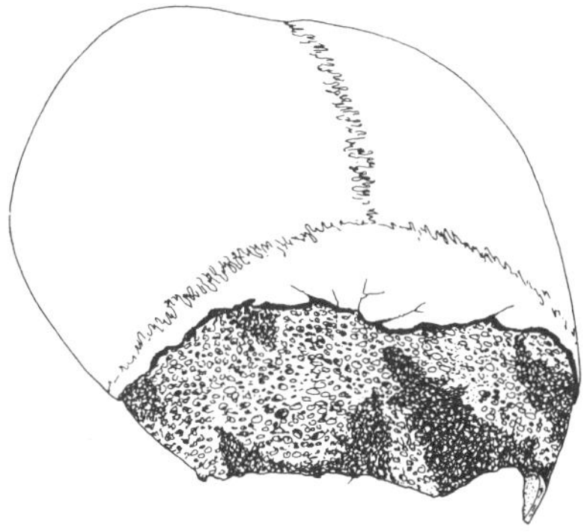

Abb. 15. Aus dem Brandschutt geborgener aufgebrannter Schädel. Das in Rückenlage aus dem Schutt herausragende Stirnbein zeigt die „Absprengung der Tabula externa" durch direkte Brandwirkung.

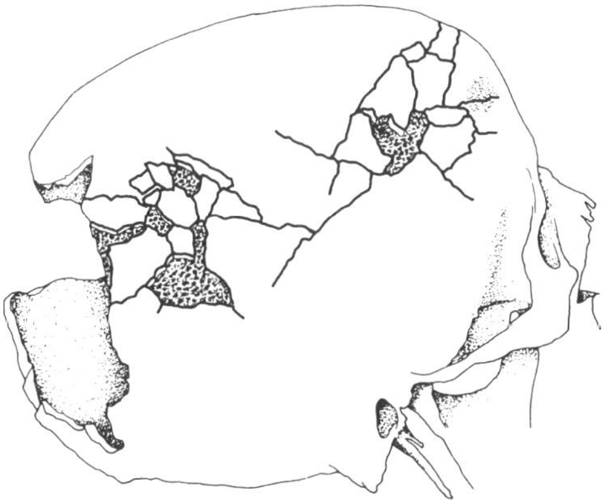

Abb. 16. Mord durch stumpfe Hackenhiebe gegen das Hinterhaupt, anschließend Brandlegung. Der große Knochendefekt am Hinterkopf durch stumpfen Hackenhieb zeigt keine Knochenschichttrennung an den Rändern. Davor ist die durch direkte Brandeinwirkung entstandene krakeleartige Absplitterung der Tabula externa erkennbar.

2.14 Verbrühung

Noch stärker als vom Verbrennungstod sind kleine Kinder vom Tod durch Verbrühung bedroht. Im Krabbelalter ist die Gefährdung durch Herunterziehen von Gefäßen, die heiße Flüssigkeiten enthalten, besonders groß.

> Gerade auch Verbrühungen erkennt man an der Leiche in erster Linie an der Verteilung der „Brandwunden". Entsprechend dem Abfließen der heißen Flüssigkeit markieren diese Hautbeschädigungen charakteristische Abrinnspuren.

Die Kleidung bietet nur kurze Zeit einen Schutz; sie stellt im Gegenteil bei rascher Durchtränkung eine zusätzliche Gefahr durch Wärmestauung dar und soll deshalb von allfälligen Augenzeugen sofort heruntergerissen werden.

Auch bei Verbrühungen können alle drei Grade der Verbrennung zustande kommen, aber natürlich nicht der sogenannte IV. Grad, die Verkohlung.

> Sowohl durch Verbrühung als auch sonst durch Verbrennung sind Kleinkinder besonders gefährdet; schon eine einzige, etwa handflächengroße Verbrennung kann zum Sekundärtod auch bei mehrere Jahre alten Kindern führen.

Im allgemeinen ist jedoch die Prognose der Verbrennung und Verbrühung vom Ausmaß der betroffenen Teile der Körperoberfläche abhängig.

2.15 Erfrieren oder Unterkühlung

Die laienhafte Vorstellung, daß der Tod durch Erfrieren nur bei Minusgraden eintrete, ist deshalb unrichtig, weil es bei der allgemeinen Kältewirkung viel mehr auf die Dauer als auf die Intensität der Einwirkung ankommt, und weil besondere Voraussetzungen und besondere Gegebenheiten häufig die entscheidende Rolle spielen. Deshalb kommt das sogenannte Erfrieren, das besser als „Tod durch Unterkühlung" zu bezeichnen ist, vorwiegend bei Erschöpfung, Durchnässung, Hilflosigkeit – z. B. bei Verirrten im Gebirge – oder bei Bewußtlosigkeit zustande.

Nur selten sind an der Leiche Kälteschäden, nämlich die lokalen Erfrierungen I., II. oder III. Grades, vorhanden. Die drittgradigen Erfrierungen sind an der Leiche praktisch überhaupt nicht zu erkennen; Blasenbildungen kommen kaum jemals zur Beobachtung, und selbst das bescheidene Symptom der Handrückenschwellung kann keineswegs immer beobachtet werden. Die Diagnose des Unterkühlungstodes ist deshalb in erster Linie aus den Umständen des Falles zu stellen. Alkoholisierung als Voraussetzung spielt dabei zahlenmäßig eine sehr große Rolle. Das sogenannte Ausschlafen eines Rausches im Freien führt wegen der alkoholbedingten Erweiterung der peripheren Gefäße zu einer beschleunigten Abkühlung des Körpers und somit zur erhöhten Gefahr des Unterkühlungstodes.

Die immer wieder bei der Besprechung des Erfrierungstodes erwähnten hellroten Totenflecke sagen über die Todesursache überhaupt nichts aus. In praxi sieht man zwar nach dem Unterkühlungstod gewöhnlich eine teilweise heller rötliche Färbung der Totenflecke, doch hat dies im wesentlichen nur postmortale Gründe. In der Kälte ist die Sauerstoffbindungsfähigkeit des Hämoglobins erhöht; die postmortale Sauerstoffdiffusion macht sich also verstärkt bemerkbar und wird überdies durch die ja so gut wie immer vorhandene Durchnässung der Haut des Unterkühlten gefördert. Deshalb sind diese Totenflecke auch praktisch niemals gleichmäßig hellrot (wie etwa bei der CO-Vergiftung), sondern man sieht regelmäßig neben den heller-roten Totenflekken auch bläulichere, und zwar besonders dort, wo der Luftzutritt zur Leiche verhindert war, also an jenen Totenfleckenbereichen, die die Aufliegeflächen umranden. Die Verfärbung in Richtung Rot tritt meist von den Rändern der Totenflecke her ein, so daß eigentümlich zonenförmige Unterschiede an den Totenflecken entstehen.

Tötung durch Unterkühlung kommt verständlicherweise fast ausschließlich bei Neugeborenen, Säuglingen und Kleinkindern vor, allenfalls noch bei hilflosen älteren Personen. Meist ist der Unterkühlungstod ein Unfalltod, doch sind auch Fälle von Selbstmord – durch Abschiedsbriefe belegt – bekannt. Dabei ist regelmäßig höhergradige Alkoholisierung festzustellen; einmal wurde der Unterkühlungstod durch Schlafmitteleinnahme (Barbiturateinnahme) eingeleitet.

2.16 Tod durch elektrischen Strom

Todesfälle durch elektrischen Strom sind in unserem Bereich relativ selten. Man kann sie in solche unterteilen, die bei hohen Spannungen infolge Ausbildung eines Lichtbogens mit schwersten Verbrennungen einhergehen, und in solche, bei denen ohne Brandwirkung der Durchfluß des Stroms durch den Körper tödlich geworden ist. Zumindest bei den letzteren tritt der Tod meist nach Kammerflimmern durch Herzstillstand ein.

Jene Veränderungen, die Strom an der Haut erzeugt, werden als *Strommarken* bezeichnet. Ihre Ausbildung hängt nicht nur von den Stromqualitäten, von der Form des Leiters und von der Durchflußzeit ab, sondern sehr wesentlich auch vom Widerstand, den die Haut dem eintretenden wie dem austretenden Strom entgegensetzt. Ist dieser Widerstand gering – bei feuchter Haut, bei der der Stromübertritt flächenhaft erfolgt – können diese an sich sehr charakteristischen Strommarken gänzlich fehlen.

Ein punktförmiger Kontakt erzeugt rundliche, ein stromführender Draht längliche derbe Hautveränderungen, die wallartige Ränder und eine zentrale

Eindellung besitzen. Die aufgeworfenen Ränder sind fast immer weißlich bis blaßgrau und porzellanartig, die zentralen Dellen sind meist verschmort und deshalb graubraun – von blaßgrau-bräunlich bis schwarzbraun. Manche Strommarken können auf den ersten Blick für Warzen gehalten werden. Die kleinsten Strommarken sind etwa stecknadelkopfgroß, weshalb sehr sorgfältig nach ihnen gesucht werden muß; diesen winzigen Veränderungen fehlt nicht selten die zentrale Eindellung, so daß sie lediglich eine weiße Vorwölbung bilden.

Begreiflicherweise werden Strommarken häufig an den Händen (Eintrittsstellen) und an den Füßen (Austrittsstellen) gefunden, doch lassen sich aussehensmäßig Ein- und Austrittsstellen beim Wechselstrom niemals unterscheiden, und selbst beim Gleichstrom sind die im Experiment darstellbaren Unterschiede viel geringer als jene Unterschiede, die durch die Hautbeschaffenheit und Hautfeuchtigkeit bedingt sind. Selbstverständlich aber kann der Stromkontakt an jeder Körperstelle erfolgen, auch durch die Kleidung hindurch.

Tod durch Blitzeinwirkung

Bei Blitzschlägen sind die Ein- und Austrittsstellen des Stromes meist wesentlich größer, können aber z. B. bei völlig Durchnäßten ebenfalls weitgehend fehlen.

Die sogenannten Blitzfiguren, die auf sonst unveränderter Haut lediglich braun-rötliche Verfärbungen, oft von farnkrautähnlicher Gestalt, darstellen, sind selten. Ihre mannigfach verzweigten „Äste" zeigen häufig Unterbrechungen durch Überspringen von Hautpartien.

Im Körperinneren können ganz eigentümliche Durchschlagungen entstehen, die etwa an der Lunge wie Schrotschüsse aussehen, wobei aber die darüberliegende Haut – wie auch die Thoraxwand – unbeschädigt sein kann oder nur streifenförmige Blitzspuren aufweist.

Durch Blitzwirkung werden häufig Kleidungsstücke, besonders die Schuhe, weitgehend zerfetzt und vom Körper gerissen. An ihnen können – ebenso wie am Körper – Brandspuren vorhanden sein. Der Tod erfolgt ebenfalls durch Herzstillstand.

3 Verkehrsunfall

Die Zunahme der Verkehrsunfälle hat der Gerichtsmedizin zusätzliche Aufgaben gebracht.

Merkwürdigerweise besteht gerade bei Ärzten häufig relatives Unverständnis für die medizinischen Möglichkeiten der Rekonstruktion von Verkehrsunfällen und die Rolle, die damit geradezu zwangsläufig der Gerichtsmedizin zufällt.

Seit eh und je ist es ihre Aufgabe, rekonstruktiv einen Tatablauf aus Verletzungsbefunden und Spurenanalysen objektiv zu erweisen. Das gilt für die Mordrekonstruktion ebenso wie für die Klärung eines Verkehrsunfalls.

Beim Mord etwa sollen aus Wundbildern Rückschlüsse auf das verletzende Werkzeug ebenso gegeben werden, wie etwa an diesen Werkzeugen beweisende Spuren zu untersuchen sind.

3.1 Ablauf der Untersuchung

Nun entsteht gerade beim Verkehrsunfall eine besonders große Anzahl von Spuren am Unfallort, am Auto (dem „Werkzeug") und an den Verletzten.

> Eine möglichst lückenlose Rekonstruktion hat daher das gesamte Unfallgeschehen zu erfassen. Im Idealfall sollte daher die Untersuchung an der Unfallstelle beginnen, durch die Obduktion fortgesetzt werden und durch Spurenuntersuchungen jeglicher Art abgeschlossen werden.

> Hierzu ist eine enge Zusammenarbeit zwischen Polizei oder Gendarmerie, Gericht und dem gerichtsmedizinischen und kraftfahrtechnischen Sachverständigen nötig.

In unserem Bereich hat sich diese Teamarbeit seit Jahren eingespielt und bestens bewährt. Aus rein personaltechnischen Gründen kann dieser Idealzustand bei der großen Zahl der Verkehrsunfälle nicht immer erreicht werden.

Prinzipiell sollte jeder Verkehrsunfall-Tote obduziert werden und, wenn möglich, auch sofort die nötigen Feststellungen im Beisein der Sachverständigen am Unfallort getroffen werden. Man sollte sich nicht scheuen, diesen Arbeitsaufwand auf sich zu nehmen, wenn er auch zweifellos eine große Belastung ergibt. Es wäre durchaus falsch anzunehmen, dieser Aufwand für die

Gerichtskommission insgesamt sei übertrieben. Im Gegenteil, nach jahrelanger Erfahrung können wir nur darauf hinweisen, daß insgesamt mit dieser Arbeitsweise ein enormer Zeitgewinn und eine Verringerung des Arbeitsaufwands verbunden sind. Der gerichtsmedizinische und der kraftfahrtechnische Gutachter werden in der Regel sofort im Anschluß an Obduktion und Lokalaugenschein die Gutachten erstatten, so daß sie dem Gericht sofort zur Verfügung stehen. Nur Spurenuntersuchungen, Blutalkoholbestimmungen und allfällige technische Untersuchungen müssen dann nachgereicht werden.

Die Annahme, daß auch noch so genaue Skizzen, wie sie von den Behörden angefertigt werden, den persönlichen Eindruck an Ort und Stelle ersetzen können, ist irrig.

Selbst fotografische, sogar fotogrammetrische Aufnahmen enthalten häufig jene Details nicht, die entscheidend für die Unfallrekonstruktion sind. Aufnahmen des Kraftfahrzeugs zeigen zwar meist die groben technischen Beschädigungen, aber fast niemals genügend Details hinsichtlich gerichtsmedizinisch relevanter Spuren, wie Blut, Haare, Haut- oder Stoffteilchen und ähnliches.

Freilich versterben nicht alle Verunfallten sofort. In diesen Fällen ist ein Lokalaugenschein unter Beziehung der Sachverständigen nicht möglich, und man muß sich auf die vorhandenen Skizzen und Aufnahmen stützen. In solchen Fällen wird häufig die Anwesenheit des gerichtsmedizinischen Sachverständigen bei der Verhandlung nötig, da nur durch gezielte Fragen an die Zeugen und die zur Tatbestandsaufnahme gerufenen Beamten Aussicht auf Erfolg besteht. Wenn allerdings bei späteren Todesfällen keine Obduktion vorgenommen wurde, also nicht einmal die Kausalität zwischen Unfall und Tod feststeht, wird die Kardinalfrage des Zusammenhangs oft genug unbeantwortbar.

Gerade bei solchen Spättodesfällen darf keinesfalls auf die Obduktion verzichtet werden. Gegen diesen Grundsatz wird allerdings besonders in „institutsferneren“ Landesteilen häufiger verstoßen.

3.2 Obduktionstechnik

Welche Fragestellungen müssen im Rahmen von Verkehrsunfällen durch die gerichtsmedizinische Obduktion geklärt werden? – Natürlich vorerst einmal die Todesursache, obwohl diese in vielen Fällen – etwa bei Schädelzertrümmerung mit Gehirnaustritt – auch laienmäßig erkennbar wäre. Zur Rekonstruktion des Unfallablaufs wird damit so gut wie nichts gewonnen.

Nach der Statistik sind besonders Fußgänger von tödlichen Verkehrsunfällen betroffen. Die Mehrzahl von ihnen wurde dabei von hinten angefahren und getötet (Abb. 17A).

Die Feststellung der Anfahrrichtung ist aber generell von rechtlicher Bedeutung, ebenso auch, ob der Fußgänger von rechts oder links die Fahrbahn überqueren wollte.

Bei entsprechender Sektionstechnik ist es durchaus möglich, die Anfahrsituation zu erfassen. Das Anfahren vollzieht sich derart, daß durch Primäranstoß der Fußgänger erfaßt, dann gegen oder auf das Fahrzeug geworfen, von diesem häufig eine kurze Strecke mitgenommen und danach abgeworfen oder aber gleich weggeschleudert wurde.

Der allgemeinen Fahrzeugkonstruktion entsprechend, entstehen dabei sehr häufig recht typische Verletzungen durch Stoßstangen, Motorhaubenkanten, Scheinwerferring, also im wesentlichen von in der vorderen Ebene liegenden Teilen, in der zweiten Phase dann durch Aufschlagen an die Windschutzscheibe, an den Windschutzscheibenrahmen, durch Seitenwände, Außenspiegel usw. Die Verletzungen können ihrer Lage und Ausdehnung nach die Form etwa des Scheinwerferrings, des Außenspiegels, um nur einige Beispiele zu nennen, an den Auftreffstellen am Körper wiedergeben.

Aus der Praxis haben wir daher folgende, speziell auf Verkehrsunfälle ausgerichtete Sektionstechnik entwickelt:

Wir beginnen regelmäßig mit der Sektion des Rückens und führen die in Abb. 17B angeführten Schnitte aus. Durch Ablösen und Wegklappen der Haut bekommt man eine geradezu landkartenartige Übersicht über Anordnung und Ausdehnung von Blutunterlaufungen, wobei vor allem diese Gesamtübersicht entscheidend ist. Durch schichtweise Präparation in der Tiefe lassen sich sämtliche Blutungen auch in Muskelschichten, aber auch Knochenbrüche, zur Darstellung bringen. Insbesondere am Nacken finden sich dann die durch Schleuderbewegungen hervorgerufenen Blutungen erstaunlich oft in großer Ausdehnung.

Beim Anfahren von Fußgängern von hinten findet man regelmäßig die Anstoßverletzung durch die Stoßstange in Form von im Unterhautzell- und Fettgewebe befindlichen Blutunterlaufungen, die man dann nicht nur ihrer Höhe, sondern ebenso auch der Breite nach abmessen kann (Abb. 17B).

Weiters sind häufig durch Aufprall des Gesäßes an Motorhaubenkante, Kotflügel oder Scheinwerfer im Glutealbereich eine ausgedehnte Quetschung und Blutung im Unterhautfettgewebe und Blutungen in der Muskulatur vorhanden. Häufig entstehen dann durch Aufschlagen des Rückens im Bereich der Motorhaube oder der Windschutzscheibe Blutungen über dem Schulterblatt. Verletzungen im Bereich des Nackens und Hinterkopfs stellen sich sowohl von unten her als auch bei der üblichen Ablösung der weichen Schädeldecken dar.

Auch bei Anfahrverletzungen von der Seite oder von vorne ergeben sich durch entsprechende Lokalisation von Blutunterlaufungen ähnliche Hinweise. Sogar bei tödlichen Verletzungen von Personen im Wageninneren ist diese Sektionstechnik aufschlußreich, weil sie z. B. Anprallverletzungen an den Sitzen erkennbar macht, zumal Schleudertraumen bei Wageninsassen sehr häufig sind. Diese Sektionstechnik ist überdies vorteilhaft, weil man durch sie dem Richter, aber auch den anwesenden erhebenden Beamten augenfällig beweisen kann, daß trotz der Wucht des Anpralls äußerlich keine Verletzungen entstehen müssen, selbst dann nicht, wenn darunter Knochen-

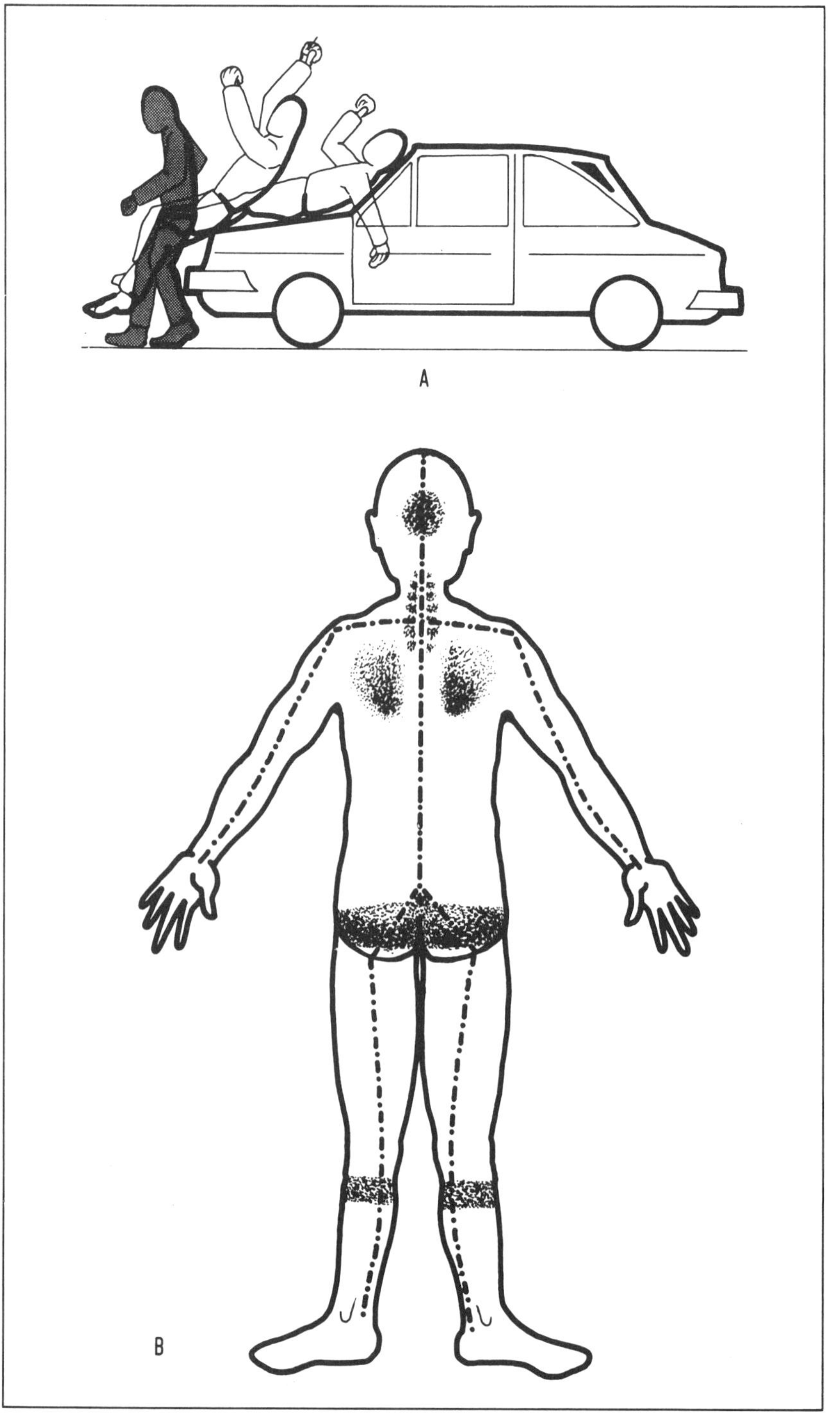
A
B

brüche – etwa Serienrippenbrüche – oder Organverletzungen bestehen. Dies ist leicht verständlich, da die Haut ja durch die Kleidung von direkter Einwirkung des meist großflächig auftreffenden Karosserieteiles geschützt ist.

Die Frage, ob Weichteilverletzungen durch direkten Anprall oder den nachfolgenden Sturz auf die Straße erfolgt sind, ist ebenfalls meist dadurch zu klären, daß im Bereich des direkten Anstoßes das Unterhautzell- und Fettgewebe wie zerquetscht und mit Blutungen durchsetzt erscheint, während an Sturzstellen mehr die Form von Blutunterlaufungen ohne diese Fettzerquetschungen zu beobachten ist. Gerade jene träubchenförmigen, den Fettläppchen aus einzelnen kugelförmigen Blutungen der Anstoßstelle entsprechenden „Blutungsbezirke" können zusätzlich auch als Vitalitätszeichen gewertet werden.

Die Bedeutung der Knochenbrüche soll dabei nicht abgewertet werden. An sich ist der Biegungsbruch des Schienbeins, besonders aber des Oberschenkels, eine typische Anprallverletzung, wobei die Spitze des Knochenkeils die Stoßrichtung angibt. Keilbrüche können aber überall, besonders am Oberarm, auch indirekt entstehen und zeigen dann einen sogenannten umgekehrten Bruchkeil.

◁

Abb. 17 Verkehrsunfall.
Die Skizzen zeigen den Ablauf eines Unfalls beim Anfahren eines Fußgängers von hinten durch einen PKW bzw. die dabei regelmäßig entstehenden Blutunterlaufungen.
Der Primäranprall erfolgt an den Waden durch die Stoßstange und praktisch gleichzeitig am Gesäßbereich durch die Motorhaubenkante (A).
Charakteristisch geformte Teile des Fahrzeugs können entsprechend gestaltete Beschädigungen erzeugen, z. B. der Scheinwerferring bogen- bis kreisförmige Blutunterlaufungen.
Anschließend schlägt der Rumpf auf der Motorhaube auf, so daß Blutunterlaufungen am Rücken, besonders in der Kreuzgegend und im Schulterbereich, entstehen.
Die Abknickung der Halswirbelsäule bewirkt in einer dritten Phase fast regelmäßig Blutungen in die Nackenmuskulatur.
Schließlich schlägt in der letzten Phase vor dem Abwerfen das Hinterhaupt an der Windschutzscheibe oder deren Umrandung auf, so daß Blutunterlaufungen am Hinterkopf zustande kommen.
Die aus der Skizze B ersichtliche Obduktionstechnik der Körperhinterseite läßt einen topographischen Überblick über die Hauptanprallstellen erkennen, auch wenn äußerlich keine Verletzungsspuren vorhanden sind.
Daß in jeder Verletzungsgruppe auch ausgedehnte Weichteilzerreißungen und Knochenbrüche (insbesondere tödliche Schädelbrüche beim Anprall des Kopfes an den Windschutzscheibenrahmen) zustande kommen können, bedarf wohl keiner näheren Erläuterung.
Das Abwerfen erfolgt entweder über das Kraftfahrzeug hinweg durch Darübergleiten über das Dach – insbesondere bei höherer Geschwindigkeit – oder selten wegen Abbremsung des Fahrzeuges nach vorne hin, am häufigsten aber seitlich, wobei Verletzungen z. B. durch Außenspiegel und andere Gegenstände entstehen können.
Der schließliche Aufprall auf den Boden pflegt nur selten schwerwiegende Verletzungen zu erzeugen.

Diese sogenannten Messerer-Brüche an Röhrenknochen (Abb. 18 und 19) sind in der Beurteilung in klassischen Fällen des Bruchkeils einfach, nicht aber bei sogenannten unvollständig ausgebildeten Brüchen. Ausnahmen bei diesen Keilbrüchen sind bekannt. Eine sofortige Beurteilung am Obduktionstisch ist häufig nicht möglich. Die Knochen müssen entnommen und nach Mazeration untersucht werden, ihre Untersuchung benötigt also beträchtlichen Zeitaufwand.

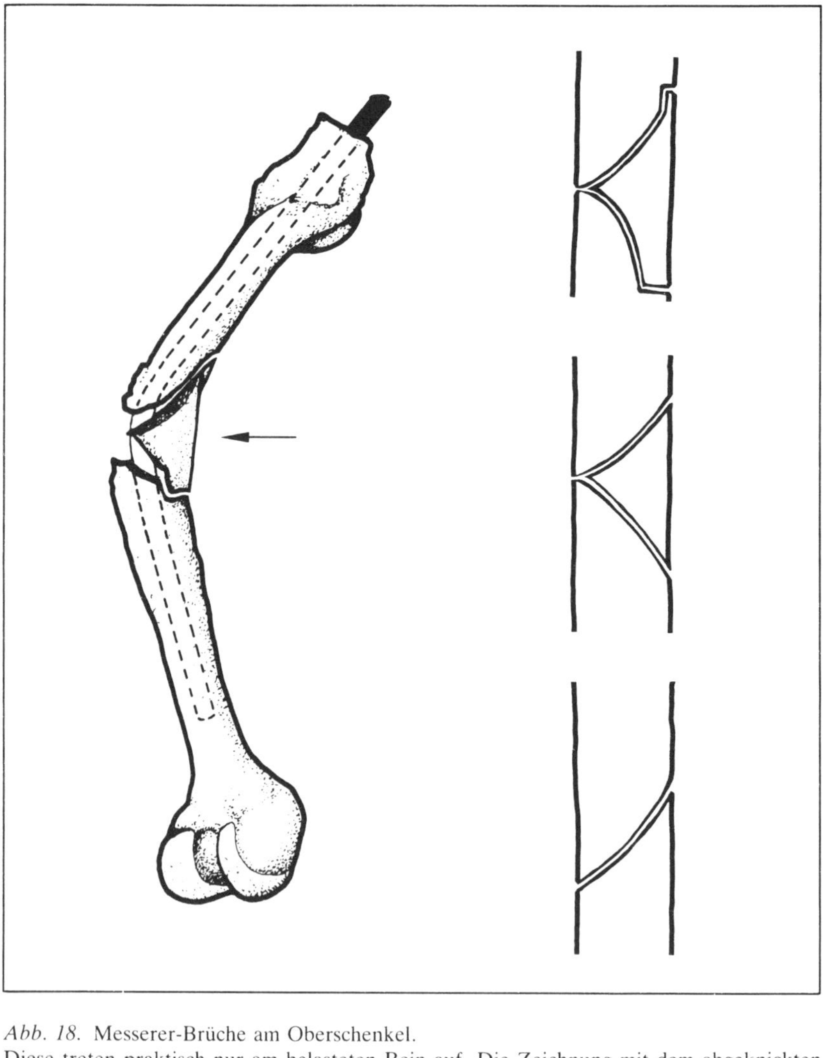

Abb. 18. Messerer-Brüche am Oberschenkel.
Diese treten praktisch nur am belasteten Bein auf. Die Zeichnung mit dem abgeknickten Marknagel – wegen eines vor Monaten erlittenen anderen Bruchs – läßt das sonst meist deutlich verschobene keilförmige Knochenbruchstück in seiner ursprünglichen Lage fixiert erkennen.

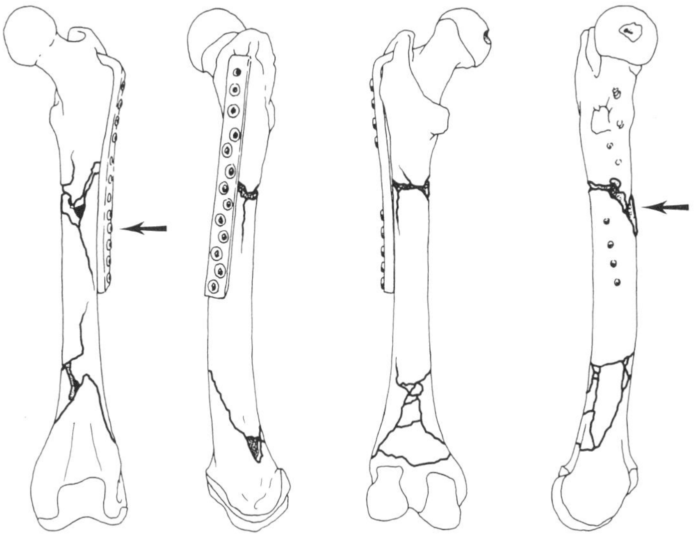

Abb. 19. Operativ versorgter Messerer-Keilbruch.
A Die Keilform des Bruches ist deutlich erkennbar.
B Keine Keilform sichtbar.
C Keine Keilform sichtbar.
D Sogenannter halber Keilbruch.

Um diese immer wieder in vereinfachtem Schema gezeigten Messerer-Brüche wirklich beurteilen zu können, ist jedoch eine Betrachtung der Bruchlinien in mindestens vier Ebenen erforderlich. Das gilt insbesondere auch für Röntgenaufnahmen.

Die in den Abbildungen 20–22 dargestellten Beispiele demonstrieren anhand von mazerierten Knochen direkt abgezeichneten Bruchformen ihr tatsächliches Aussehen. In einem Zifferblattschema ist dann eine Rekonstruktion der Anfahrrichtung möglich. (Einzelheiten siehe Maresch/Maurer „Der Verkehrsunfall in gerichtsmedizinischer Sicht".)

Zur Untersuchung der Leiche gehört in der Gerichtsmedizin regelmäßig die Besichtigung der Kleidung. Auch aus diesem Grund ist die baldige Anwesenheit am Unfallort nötig, weil keineswegs immer die Kleidung asserviert wird und auch nach Aufforderung nicht immer beschafft werden kann.

Im Idealfall muß noch am Unfallort oder am nahe vorhandenen Fahrzeug die Gegenkontrolle aus dem Verletzungsbild gebenüber den Fahrzeugbeschädigungen erfolgen. Diese müßte Übereinstimmung ergeben.

In Fällen von Fahrerflucht können wiederum aus dem Verletzungsbild oft erstaunlich genaue Angaben der am flüchtigen Fahrzeug zu erwartenden Beschädigungen gemacht werden. In zahlreichen Fällen führt dies dann zur Ausforschung des Fahrerflüchtigen.

Die weitere Frage, ob nicht der Verunglückte schon am Boden liegend überrollt wurde, ist praktisch in jedem Fall zu klären, da hierbei Anfahrverletzungen fehlen müssen. Ob allerdings das Liegenbleiben durch ein vorangegangenes Niederstoßen durch ein anderes Fahrzeug zustande kam oder überhaupt mehrfaches Überfahren vorlag, ist wesentlich kritischer. Allenfalls erbringen Reifenspuren aus der Verschiedenartigkeit des Verletzungsmusters Aufschlüsse. Auch die Doppelreifen eines LKW können begreiflicherweise andere Reifenspuren erzeugen als ein PKW.

Bei hochgradig Alkoholisierten kommt es immer wieder vor, daß der Berauschte auf der Straße liegend von einem Fahrzeug überrollt wird. Hier wird es einfach sein, durch die Höhe des Blutalkoholgehalts das Liegen auf der Straße zu erklären.

Ebenso können krankhafte Veränderungen, wie etwa Schlaganfälle, das Zusammenstürzen erklären.

Ob eine Hirnblutung spontan oder traumatisch entstanden ist, muß auf die übliche, pathologisch-anatomische Weise geklärt werden. Ein Herzinfarkt wird ebenfalls in der Regel erkennbar sein.

Beim Niederstoßen vom Fahrrad oder Motorrad müssen am Fahrer selbst keine primären Anfahrverletzungen entstehen, da der Anstoß nur am Fahr- oder Kraftrad erfolgen kann, welches dann entsprechende Beschädigungen aufweist. Der Fahrer wird entweder gegen das anfahrende Fahrzeug oder aber auch direkt abgeworfen.

Verletzungen von Fahrzeuginsassen

> Durch die Karosserie des Kraftfahrzeuges sind die Fahrzeuginsassen von direkter Einwirkung geschützt.

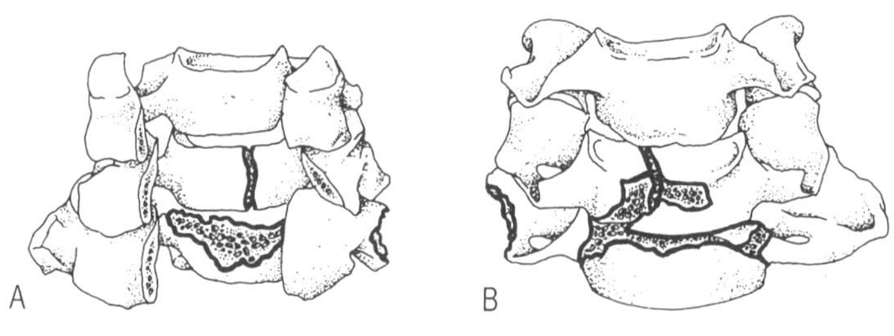

Abb. 20. Halswirbelsäulenbrüche bei Anstoß von hinten.

A Abknickung der Halswirbelsäule nach hinten durch Rückschleudern des Kopfes. Die Zeichnung zeigt die Ansicht nach Aufsägen von rückwärts. Erkennbar sind Querbruch und Absprengung am Wirbelkörperrand.

B „Peitschenschlag" nach vorne mit Längsbruch des Wirbelkörpers und Randabsprengung vorne.

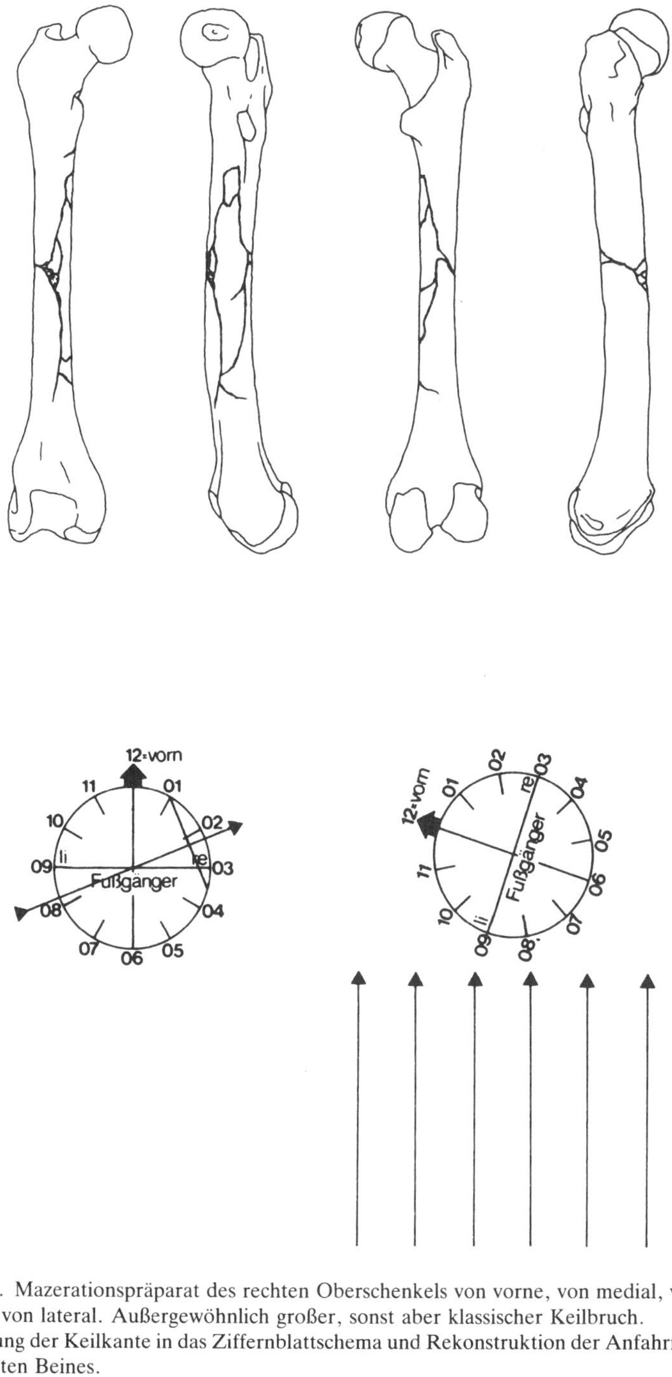

Abb. 21.. Mazerationspräparat des rechten Oberschenkels von vorne, von medial, von hinten und von lateral. Außergewöhnlich großer, sonst aber klassischer Keilbruch.
Eintragung der Keilkante in das Ziffernblattschema und Rekonstruktion der Anfahrrichtung des rechten Beines.
Rekonstruktion der Anfahrrichtung des rechten Beines bei fahrbahnparalleler Fahrt.

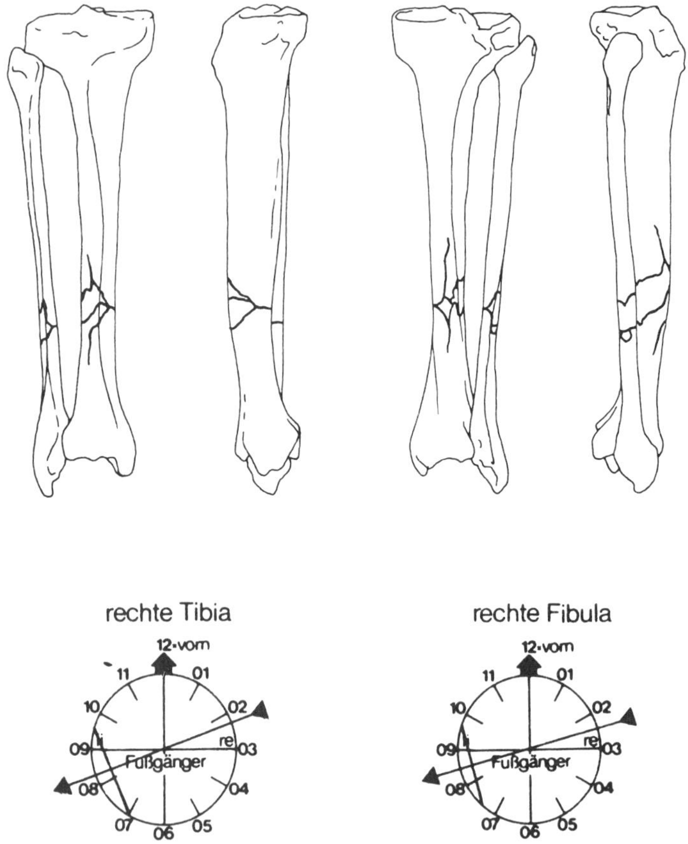

Abb. 22. Mazerationspräparat des rechten Unterschenkels von vorne, von medial, von hinten und von lateral. Beide Unterschenkelknochen rechts zeigen je einen Keilbruch; die Keilkante („Keilspitze") erstreckt sich an der Tibia von 7^{00}–9^{30} und an der Fibula von 7^{30}–9^{30}.
Eintragung der Keilkante in das Ziffernblattschema und Rekonstruktion der Anfahrrichtung des rechten Unterschenkels. Die Winkeldifferenz, die natürlich nicht real ist, sondern auf Schätzungsungenauigkeiten zurückgeht, beträgt 7½°.

In der gerichtsmedizinischen Praxis ist beim Tod von Fahrzeuginsassen häufig die Frage zu klären, wer eigentlich der Fahrzeuglenker gewesen sei. Aus der Sitzposition allein ist dies selten zu klären, wobei noch die Möglichkeit einer bewußten Lageveränderung zu berücksichtigen ist. Wiederum kann das Verletzungsbild über die Sitzposition Anhaltspunkte ergeben.

Knautschzonen, Gurte, Aufprallplatten am Lenkrad und Polsterung des Armaturenbrettes mildern die Wucht des Aufpralles. Verletzungen der Insassen sind daher einigermaßen von der Sitzposition abhängig, womit aus dem Verletzungsbild häufig die rechtlich wichtige Sitzposition, also die Frage, wer der Lenker war, geklärt werden kann.

Beim Lenker sind in erster Linie Verletzungen des Brustkorbes – wie Rippen- und Brustbeinbrüche – und von Thoraxorganen zu erwarten. Gurte können diese Verletzungen teilweise verhindern, zumindest aber abschwächen.

Abstützverletzungen sind ebenfalls rekonstruktiv von Bedeutung, weil sie beim Fahrer eher zu finden sind als beim Beifahrer, da der Lenker die Unfallsituation meistens eher erfaßt als der Beifahrer. Zu solchen Abstützverletzungen zählen Stauchungsbrüche im Fußgelenksbereich, aber auch an Armen und Händen. Besonders bei Frontpassagieren sind überdies Anprallverletzungen des jeweiligen Außenarmes an seitlichen Karosserieteilen häufig, besonders aber naturgemäß beim Schrägzusammenstoß. Wegen der topographischen Lage der Verletzungen sind daher auch die Beschädigungen am Kraftfahrzeug von besonderer rekonstruktiver Bedeutung. Wann immer möglich, sollte sich auch der medizinische Sachverständige diese Beschädigungen ansehen. Die üblichen Aufnahmen erfassen nämlich leider meist nur die äußere Beschädigung des Kraftfahrzeuges.

Spuren wie Haare, Kleiderfasern und vor allem Blutspuren im Kraftfahrzeuginneren können selbstverständlich die Sitzposition zusätzlich klären.

Rechtlich von Bedeutung ist weiters, ob der Verunglückte zum Zeitpunkt des Unfalls angegurtet war oder nicht, weil dadurch strafrechtlich Mitverschulden, zumindest aber zivilrechtlich vorwiegend versicherungsrechtliche Folgen entstehen könnten.

3.3 Alkohol und Verkehrsunfall

Der Gefahr entsprechend, die von alkoholisierten Fahrzeuglenkern ausgeht, hat der Gesetzgeber besondere Sicherungsmaßnahmen gegen Beeinträchtigung durch Alkohol getroffen. Zum Unterschied zu manchen anderen Staaten, etwa zur Bundesrepublik Deutschland, wurde in Österreich eine fixe Grenze des Blutalkoholwertes gesetzmäßig festgelegt, ab der die „Beeinträchtigung durch Alkohol" als erwiesen gilt. Der Begriff der Fahrfähigkeit kommt im Wortlaut des § 5 der StVO 1960 in diesem Zusammenhang nicht vor.

Bereits an dieser Stelle muß jedoch mit aller Deutlichkeit darauf hingewiesen werden, daß unter bestimmten Voraussetzungen eine solche Beeinträchtigung auch unter der 0,8‰-Grenze bestehen und somit auch zu einer Verurteilung im Sinne dieses Paragraphen führen kann.

3.3.1 Gesetzesbestimmungen

§ 5 der österreichischen Straßenverkehrsordnung

105. Bundesgesetz vom 19. Feber 1986, mit dem die Straßenverkehrsordnung 1960 geändert wird (13. StVO-Novelle)

Artikel I

Die Straßenverkehrsordnung 1960, BGBl. Nr. 159, zuletzt geändert mit dem Bundesgesetz BGBl. Nr. 450/1984, wird wie folgt geändert:

2. § 5 Abs. 1 lautet:

„(1) Wer sich in einem durch Alkohol beeinträchtigten Zustand befindet, darf ein Fahrzeug weder lenken noch in Betrieb nehmen. Bei einem Alkoholgehalt des Blutes von 0,8 g/l (0,8 Promille) oder darüber oder bei einem Alkoholgehalt der Atemluft von 0,4 mg/l oder darüber gilt der Zustand einer Person als von Alkohol beeinträchtigt."

(2) Organe des amtsärztlichen Dienstes oder besonders geschulte und von der Behörde hierzu ermächtigte Organe der Straßenaufsicht sind berechtigt, die Atemluft von Personen, die ein Fahrzeug lenken, in Betrieb nehmen oder zu lenken oder in Betrieb zu nehmen versuchen, auf Alkoholgehalt zu untersuchen, wenn vermutet werden kann, daß sich diese Personen in einem durch Alkohol beeinträchtigten Zustand befinden. Die Untersuchung ist mit geeigneten Geräten vorzunehmen.

(3) Die Organe der Straßenaufsicht sind berechtigt, Personen, die sich offenbar in einem durch Alkohol beeinträchtigten Zustand befinden (Abs. 1), an der Lenkung oder Inbetriebnahme eines Fahrzeuges zu hindern. Zu diesem Zweck sind, falls erforderlich, je nach Lage des Falles und Art des Fahrzeuges Zwangsmaßnahmen, wie etwa Abnahme der Fahrzeugschlüssel, Absperren oder Einstellen des Fahrzeuges u. dgl., anzuwenden. Solche Zwangsmaßnahmen sind unverzüglich aufzuheben, wenn bei der Person, gegen die sie angewendet worden sind, der durch Alkohol beeinträchtigte Zustand nicht mehr gegeben und ihr auch nicht ein zum Lenken des betreffenden Fahrzeuges allenfalls nötiger Führerschein nach den kraftfahrrechtlichen Vorschriften abgenommen ist oder wenn eine andere Person, bei der keine Hinderungsgründe gegeben sind, beabsichtigt, das Fahrzeug in Betrieb zu nehmen und zu lenken.

3. Im § 5 Abs. 2 entfällt der letzte Satz.

4. Im § 5 wird nach Abs. 2 folgender Abs. 2a eingefügt:

„(2a) Die Untersuchung der Atemluft auf Alkoholgehalt ist entweder

a) mit einem Gerät, das nur den Verdacht der Beeinträchtigung durch Alkohol ergibt, oder
b) mit einem Gerät, das den Alkoholgehalt der Atemluft mißt und entsprechend anzeigt,

vorzunehmen."

5. § 5 Abs. 4 lautet:

„(4) Die Organe der Straßenaufsicht sind weiters berechtigt, einem im öffentlichen Sanitätsdienst stehenden oder bei einer Bundespolizeibehörde tätigen Arzt zwecks Feststellung des Grades der Alkoholeinwirkung vorzuführen:

a) Personen, bei denen eine Untersuchung nach Abs. 2a lit. a den Verdacht der Beeinträchtigung durch Alkohol ergeben hat, es sei denn, daß sie das Fahrzeug noch nicht in Betrieb genommen und in Kenntnis des Untersuchungsergebnisses von der Inbetriebnahme Abstand genommen haben,
b) Personen, die ein Fahrzeug lenken oder in Betrieb nehmen oder zu lenken oder in Betrieb zu nehmen versuchen und sich offenbar in einem durch Alkohol beeinträchtigten Zustand befinden, wenn eine Untersuchung nach Abs. 2a nicht möglich ist,
c) Lenker von Fahrzeugen oder Fußgänger, die verdächtig sind, in einem durch Alkohol beeinträchtigten Zustand einen Verkehrsunfall verursacht zu haben, wenn nicht eine Untersuchung nach Abs. 2a lit. b vorgenommen wird."

6. Im §5 werden nach Abs. 4 folgende Abs. 4a und 4b eingefügt:

„(4a) Wird eine Untersuchung der Atemluft nach Abs. 2a lit. b vorgenommen, so gilt deren Ergebnis als Feststellung des Grades der Alkoholeinwirkung, es sei denn, daß eine Bestimmung des Blutalkoholgehaltes (Abs. 4b, 6, 7 oder 7a) etwas anderes ergibt. Im Falle einer Untersuchung der Atemluft nach Abs. 2a lit. b hat eine Vorführung nach Abs. 4 zu unterbleiben.

(4b) Wenn eine Untersuchung der Atemluft nach Abs. 2a lit. b einen Alkoholgehalt der Atemluft von 0,4 bis 0,5 mg/l ergeben hat, haben die Organe der Straßenaufsicht auf Verlangen des Untersuchten eine Blutabnahme zum Zwecke der Bestimmung des Blutalkoholgehaltes zu veranlassen."

„(5) Wer einem im öffentlichen Sanitätsdienst stehenden oder bei einer Bundespolizeibehörde tätigen Arzt zwecks Feststellung des Grades der Alkoholeinwirkung vorgeführt worden ist (Abs. 4), hat sich dieser Untersuchung zu unterziehen."

„(7) Ein im öffentlichen Sanitätsdienst stehender oder bei einer Bundespolizeibehörde tätiger Arzt hat eine Blutabnahme zum Zwecke der Bestimmung des Blutalkoholgehaltes auch vorzunehmen, wenn sie ein Vorgeführter verlangt oder ihr zustimmt, oder
a) wenn eine Person, bei der eine Untersuchung der Atemluft nach Abs. 2a lit. b vorgenommen worden ist, oder
b) wenn sonst eine Person, die im Verdacht steht, eine Verwaltungsübertretung gemäß §99 Abs. 1 lit. a begangen zu haben, oder
c) wenn ein Fußgänger, der im Verdacht steht, in einem durch Alkohol beeinträchtigten Zustand einen Verkehrsunfall verursacht zu haben,

eine solche Blutabnahme verlangt.

(7a) Zum Zwecke einer Blutabnahme sind die Organe der Straßenaufsicht berechtigt, die im Abs. 4 genannten Personen erforderlichenfalls auch einem diensthabenden Arzt einer öffentlichen Krankenanstalt vorzuführen. Desgleichen können die Organe der Straßenaufsicht auf eine Blutabnahme nach Abs. 4b bei einem diensthabenden Arzt einer öffentlichen Krankenanstalt veranlassen. Dieser hat in den Fällen der Abs. 4b, 6 und 7 eine Blutabnahme zum Zwecke der Bestimmung des Blutalkoholgehaltes vorzunehmen."

9. §5 Abs. 8 bis 11 lauten:

„(8) Die Bestimmungen des Abs. 3 und des Abs. 4 lit. b und c sind sinngemäß auch auf Personen anzuwenden, die sich in einem durch Suchtgift beeinträchtigten Zustand befinden; der dem Arzt Vorgeführte hat sich der Untersuchung zu unterziehen.

(9) Hat eine Untersuchung nach Abs. 2a lit. a den Verdacht einer Alkoholbeeinträchtigung ergeben oder ist bei den Untersuchungen nach Abs. 2a lit. b, 4b, 5, 6, 7 und 7a eine Alkoholbeeinträchtigung festgestellt worden, so sind die Kosten der Untersuchung vom Untersuchten zu tragen. Das gleiche gilt im Falle der Feststellung einer Suchtgiftbeeinträchtigung.

(1) Dieses Bundesgesetz tritt mit 1. Mai 1986 in Kraft.

3.3.2 Blutabnahme und Blutalkoholgehalt

Die Regierungsvorlage zur Straßenverkehrsordnung 1960 sah keinen *Zwang zur Blutabnahme* vor. Diesen Standpunkt hat die Regierungsvorlage vor allem aus Achtung vor der Integrität des menschlichen Körpers bezogen. Der Nationalrat hat diesen Standpunkt – wie der Text zeigt – nicht übernommen, sondern einen Kompromiß zwischen den widerstreitenden Interessen gezogen und diese seine Auffassung wie folgt niedergelegt: „Bei der strafrechtlichen Verfolgung von Verkehrsdelikten kommt der Frage, ob der Täter im Zeitpunkt der Tat durch Alkohol beeinträchtigt war, große Bedeutung zu. Die verläßlichste Methode zur Klärung dieser Frage ist die Blutalkoholprobe. Diese Methode macht es notwendig, dem Täter möglichst bald nach der Tat Blut abzunehmen. Der Ausschuß, der den Gesetzesentwurf ausgearbeitet hat, hatte sich mit der Frage auseinanderzusetzen, ob die Blutalkoholprobe in der StVO vorgesehen und eine Rechtspflicht, die Blutabnahme zu dulden, begründet werden soll. Auf Grund eingehender Untersuchungen ist der Ausschuß zu der Auffassung gelangt, daß eine Rechtspflicht, die Blutabnahme zum Zwecke der Alkoholprobe zu dulden, in den Fällen zu begründen ist, in denen eine Person im Verdacht steht, in einem durch Alkohol beeinträchtigten Zustand einen Verkehrsunfall verursacht zu haben, bei dem eine Person getötet oder erheblich verletzt worden ist. In allen anderen Fällen soll hingegen eine Blutabnahme nur stattfinden, wenn dies die betroffene Person verlangt oder wenn sie zustimmt (Abs. 7)."

> Ist der *Blutalkoholgehalt nicht bestimmt worden*, so kann trotzdem von der Behörde auf Grund einer – durch keinerlei Regeln gebundenen – Würdigung der sonstigen Beweismittel ein durch Alkohol beeinträchtigter Zustand angenommen werden.

In diesem Zusammenhang sind folgende zum § 5 StVO 1960 ausgesprochene Rechtssätze von Bedeutung:

a) Der Tatbestand nach § 5 Abs. 1 wird nicht nur durch die Feststellung eines Blutalkoholgehaltes von 0,8 Promille oder darüber hergestellt, sondern auch – ohne Rücksicht auf die Höhe des Blutalkoholspiegels – bei Vorliegen einer derartigen Beeinträchtigung durch Alkohol, bei der der Lenker infolge seiner körperlichen und geistigen Verfassung ein Fahrzeug nicht zu beherrschen und die beim Lenken eines Fahrzeuges zu beobachtenden Rechtsvorschriften nicht zu befolgen vermag.

b) § 5 Abs. 1 kommt auch dann zum Tragen, wenn die Fahruntauglichkeit nicht ausschließlich auf Alkoholgenuß zurückzuführen ist (z. B. gleichzeitige Einnahme von Medikamenten). (Auch wenn die Fahruntüchtigkeit nicht allein durch die Alkoholmenge, sondern auch oder *sogar überwiegend* durch die Einnahme eines Medikamentes verursacht war – z. B. Baldriantropfen.)

c) Es ist denkmöglich, daß ein durch Alkohol beeinträchtigter Zustand auch bei einem Blutalkoholgehalt von weniger als 0,8 Promille angenommen werden kann.

d) Ein Kraftfahrer muß den einem von ihm eingenommenen Medikament innewohnenden Alkoholgehalt bei Beurteilung seiner Fahrfähigkeit entsprechend mitwerten, im Zweifelsfall aber von der Lenkung eines Kfz Abstand nehmen.

e) Ein sog. Sturz(Schluß-trunk[1]) liegt dann vor, wenn jemand noch kurz (unmittelbar) vor Inbetriebnahme bzw. Lenkung eines Fahrzeuges alkoholische Getränke zu sich nimmt, deren Alkoholgehalt zum Zeitpunkt der Fahrzeuglenkung noch nicht ins Blut übergegangen ist. Für die Annahme einer Alkoholbeeinträchtigung i. S. des § 5 Abs. 1 ist ein sog. Sturztrunk unerheblich, weil der anflutende Alkohol zumindest bei Werten, welche 0,8 Promille oder mehr ausmachen, dieselben Störungen der Fahrtüchtigkeit hervorruft wie der schließlich errechnete Endwert.

f) Einem Arzt muß zugemutet werden, daß er zwischen einwandfreien untrüglichen Merkmalen einer Alkoholisierung und denen aus mitgeteilten körperlichen Leiden sich ergebenden mangelnden Fähigkeiten, gewisse Probleme in befriedigender Weise auszuführen, zu unterscheiden vermag.

g) Einem Wachebeamten ist zuzumuten, zu beurteilen, ob die Alkoholisierung einer Person einen solchen Grad erreicht hat, daß diese zur Lenkung eines Fahrzeuges ungeeignet erscheint.

h) Der Alkotest darf noch so lange verlangt werden, als er ein verwertbares Ergebnis bringen kann.

i) Aus dem positiven Alkotest allein kann ein Blutalkoholgehalt von mindestens 0,8 Promille nicht abgeleitet werden.

Über den seinerzeit umstrittenen Begriff der „erheblichen Verletzung“ hat man sich inzwischen geeinigt: Eine Person ist dann erheblich verletzt, wenn *ärztliche Hilfe* indiziert ist.

Durch das Gesetz (§ 5 der Straßenverkehrsordnung) sind die Modalitäten zur Feststellung einer Beeinträchtigung durch Alkohol geregelt. Während der

[1] Korrekter und wissenschaftlicher wäre es, zu sagen: Eine sogenannte Nachresorption ...

Abs. 1 allein auf den Blutalkohol abgestellt ist, ist in Abs. 2 die Untersuchung der Atemluft vorgesehen. Sie wird zumindest bisher allein durch den landläufig als sogenanntes „Röhrlblasen" bezeichneten Alkotest mittels Alkotest-Röhrchen durchgeführt.

Abs. 4 regelt weitere ärztliche Untersuchungen durch im öffentlichen Sanitätsdienst stehende Ärzte.

Die in Abs. 5 geforderte Untersuchung betrifft die sogenannte klinische Untersuchung, also Untersuchungen, die die Alkoholbeeinträchtigung durch bestimmte Tätigkeiten, die der Untersuchte ausführt, erfassen sollen.

Angaben über klinische Untersuchungen
Puls, Pupillenreaktion, Nystagmus, Rötung der Bindehäute; Zeichen von Ataxie: Nach Drehen Finger-Finger-Versuch und Finger-Nasen-Versuch;
verschärfte Rombergsche Probe;
Sprache, Benehmen, Vorstellungsvermögen;
Alkoholgeruch der Atemluft, Erbrechen;
Krankheiten: Diabetes, Epilepsie, Hirnblutung, Psychosen, Erschöpfung, Verletzung durch das Ereignis;
womöglich Schriftprobe.

Von Amts- und Polizeiärzten ist überdies noch ein vorläufiges Gutachten darüber, ob der Untersuchte nicht merkbar alkoholisiert oder leicht, mittel- oder hochgradig alkoholisiert ist, abzugeben sowie schließlich die Feststellung fahrtüchtig, nicht fahrtüchtig bzw. nicht feststellbar zu treffen.

Abs. 6 besagt, daß dann, wenn ein tödlicher Verkehrsunfall verursacht oder eine Person – ausgenommen der Beschuldigte selbst – erheblich verletzt worden ist, diese Untersuchung auch die Blutabnahme zu umfassen hat.

Die Fassung dieses Artikels hat zu den größten praktischen Schwierigkeiten geführt, da die Regierungsvorlage und letztlich auch der Verordnungstext keinen Zwang zur Blutabnahme vorgesehen hatte.

Fazit daraus ist jedenfalls, daß die Blutprobe letztlich sehr wohl verweigert werden kann, was vom Standpunkt des abnehmenden Arztes zwar begrüßenswert erscheinen mag, faktisch aber eine große Rechtsunsicherheit bedeutet. In der Bundesrepublik Deutschland und in der Schweiz werden hingegen Blutabnahmen sehr wohl erzwungen. Bei dem nach wie vor hohen Blutzoll durch den Straßenverkehr sollten sich unserer Meinung nach die zuständigen Politiker schnellstens an diese Vorgangsweise anpassen und die zwangsweise Blutabnahme gesetzlich regeln.

Zusätzliche Schwierigkeiten entstehen in der Praxis immer wieder dadurch, daß Ärzte auf dem Land häufig nicht erreichbar sind und überdies ein praktischer Arzt auch nicht verpflichtet ist, die Blutabnahme zum Zweck der Feststellung des Alkoholisierungsgrades auszuführen. In den Städten stehen hierfür Polizei- oder Amtsärzte zur Verfügung.

Ein weiterer Punkt, der vielen Ärzten nicht bekannt ist, ist durch Abs. 7a des § 5 des StVO eindeutig geregelt: Diensthabende Ärzte an öffentlichen Krankenanstalten sind verpflichtet, Blutabnahmen auch zu diesem Zweck durchzuführen.

Besonders umstritten war die Vornahme einer Blutabnahme an *Bewußtlosen*. Ein gängiger Kompromiß wäre, die Blutabnahme gleichzeitig mit den aus diagnostischen Gründen ausgeführten Blutabnahmen zu verbinden und das Blut bis zum Erwachen des Patienten aufzubewahren. Von dem aus der Bewußtlosigkeit erwachten Patienten könnte dann seine Einwilligung zur Blutuntersuchung nachträglich eingeholt werden.

3.3.3 Blutabnahme an Bewußtlosen zum Zweck der Alkoholbestimmung

Die alte Streitfrage, ob man an einem Bewußtlosen ohne seine Einwilligung eine Blutabnahme vornehmen darf, scheint nunmehr durch eine Gesetzesinterpretation des Bundesministeriums für Gesundheit und Umweltschutz vom 28. 9. 1981, Zu. IV–50.995/2-2/81, im wesentlichen bereinigt.

Danach ist bei der vorliegenden Frage davon auszugehen, daß § 5 Abs. 6 StVO 1960 die Rechtspflicht begründet, sich unter bestimmten Voraussetzungen Blut abnehmen zu lassen. Diese Rechtspflicht trifft jedermann (unabhängig, ob der Betreffende seines Willens mächtig ist oder nicht), der in Verdacht steht, in einem durch Alkohol beeinträchtigten Zustand einen Verkehrsunfall verursacht zu haben, bei dem eine Person getötet oder erheblich verletzt worden ist, die mit dem im Verdacht der Alkoholisierung stehenden Lenker nicht identisch ist. Es entspricht nicht der Gesetzeslage, daß im Falle des § 5 Abs. 6 StVO die Blutabnahme verweigert werden darf. Die Straßenverkehrsordnung verzichtet allerdings auf die Anwendung von unmittelbarem Zwang zur Durchsetzung dieser Rechtspfiicht im Falle der Weigerung der in Verdacht stehenden Person. Daraus kann jedoch keineswegs abgeleitet werden, es sei zulässig, die Blutabnahme zu verweigern. Vielmehr stellt die Verweigerung der Blutabnahme gem. § 99 Abs. 1 lit. c StVO 1960 eine streng zu bestrafende Verwaltungsübertretung dar. Wenngleich nun nicht bewußtlosen Personen faktisch die Möglichkeit zukommt, die Blutabnahme zu verweigern und damit die genannte Verwaltungsübertretung zu begehen, so kann dennoch nicht einem Bewußtlosen von vornherein unterstellt werden, daß er sich möglicherweise rechtswidrig verhalten werde. Da somit weder dem Bewußtlosen noch dem Nicht-Bewußtlosen ein „Recht zur Weigerung" zusteht, stellt die ohne Zustimmung vorgenommene Blutabnahme an einem Bewußtlosen unter den vorerwähnten Voraussetzungen keine Durchbrechung des Gleichheitsgrundsatzes dar.

Eine Furcht der Ärzte vor zivilrechtlichen Schadensersatzansprüchen wegen Vornahme von Blutabnahmen an Bewußtlosen zum Zweck der Bestimmung des Blutalkohols ist unter den vorerwähnten Voraussetzungen somit unbegründet. Es handelt sich hierbei um die Befolgung einer absoluten Rechtspflicht, die darüber hinaus sogar im Verfassungsrang steht.

3.3.4 Durchführung der Blutabnahme

Die Blutabnahme hat mittels Venüle oder sterilisierter Flügelnadel möglichst aus der Kubitalvene zu erfolgen. Die Hautdesinfektion hat unter Hinweglassung alkoholischer Desinfektionsmittel ausgeführt zu werden, womöglich unter Verwendung von Sublimat- oder Oxycyanattupfern. Die Einsendung in bruchsicherer, einwandfreier Verpackung muß gleichzeitig ein ordnungsgemäß ausgefülltes Protokoll enthalten. *Protokoll-Vordrucke* sind bei Amtsärzten, Polizei- und Gendarmerieposten vorhanden, können aber auch von den Landesdruckereien angefordert werden. Leider sind sie nicht einmal in den einzelnen österreichischen Bundesländern einheitlich.

Protokolle müssen zumindest folgende Angaben enthalten:
Personalangaben,
Beginn der sogenannten klinischen Untersuchung
Zeitpunkt der Blutabnahme
Anlaß der Untersuchung: Verkehrsunfall; kriminelles Delikt
Zeitpunkt des Unfalls oder Deliktes
Bei Verkehrsunfällen: Fußgänger, Lenker, Beifahrer; PKW, LKW, Traktor, Motorrad, Moped, Fahrrad
Beginn und Ende des Alkoholgenusses
Angaben über Art und Menge der Getränke
Einnahme von Medikamenten
Zeit der Nahrungsaufnahme; Art und Menge
Körpergröße und Gewicht

3.3.5 Bestimmung des Blutalkoholgehaltes

Als Untersuchungsmethoden wurden seinerzeit in den Erläuterungen zur StVO ausdrücklich die Widmark- und die ADH-Methode als für die Praxis geeignet angegeben. Nunmehr muß allerdings wohl in jedem Fall die gaschromatographische Bestimmungsmethode als wichtigste angewendet werden.

In Österreich ist zwar die Bestimmung durch zwei unabhängige Methoden nicht unbedingt vorgeschrieben – wie etwa in der BRD –, wohl aber allgemein üblich. Wir würden vor Gericht jedenfalls die Bestimmung mit einer Methode allein als unzureichend bezeichnen.

Widmark-Methode

In einem Destillierkölbchen wird der Alkohol aus der Blutprobe bei 60° in Dichromatschwefelsäure übergetrieben und dort zu Essigsäure oxydiert. Der Schwefelsäureüberschuß wird danach jodometrisch titriert und daraus der Blutalkoholwert errechnet.

Die Widmark-Methode ist nicht spezifisch, sondern erfaßt alle reduzierenden Substanzen des Blutes. Praktisch kommt dabei freilich nur Azeton (bei Diabetikern) in Frage.

ADH-Methode

Die ADH-Methode beruht auf dem Abbau des Alkohols durch das Ferment Alkohol-Dehydrogenase zu Acetaldehyd. Der gebildete Acetaldehyd wird mittels Semicarbacid gebunden und freiwerdender Wasserstoff auf Nikotinamid-Adenindinucleotid übertragen. Dieses nunmehr gebildete NADH kann mittels Extinktion bei 340 nm fotometrisch bestimmt werden. Daraus läßt sich die Blutalkoholkonzentration an einer Eichkurve ablesen.

Die ADH-Methode ist alkoholspezifisch.

Gaschromatographie

Prinzip: Aus einer Druckflasche strömt ein inertes Gas, das sogenannte Trägergas (z. B. Stickstoff oder Helium) durch eine Glas- oder Stahlsäule, die mit einem feinkörnigen Trägermaterial gefüllt ist.

Auf dem Träger ist als stationäre Phase eine hochsiedende Flüssigkeit aufgebracht (= gepackte Säule). Diese Flüssigkeit kann auch ohne Trägermaterial auf die Innenwand der Säule aufgetragen werden (= Kapillarsäule).

Die Trennsäule wird auf eine bestimmte Temperatur gebracht und das zu untersuchende Substanzgemisch mit einer Spritze durch Durchstoßen einer Membran am Beginn der Trennsäule in diese eingebracht. Die Substanzen lösen sich teils in der stationären Phase, teils befinden sie sich in der Gasphase und werden mit dem strömenden Trägergas weitertransportiert. Durch die unterschiedliche Verweildauer werden die Substanzen verschieden schnell durch die Säule transportiert und dadurch aufgetrennt. Am Ende der Säule befindet sich der sogenannte Detektor, der anzeigt, wann eine Substanz aus der Säule austritt.

Bei der gaschromatographischen Alkoholbestimmung werden die Blutproben mit einem inneren Standard (z. B. tert. Butanol) in Fläschchen einpipettiert, diese mit einer Gummi- und Alukappe verschlossen und in einem Thermostat auf eine bestimmte Temperatur (60 Grad) gebracht. Von der Gasphase aus dem Dampfraum über der Flüssigkeit wird entweder manuell mit einer gasdichten Spritze oder durch ein automatisches Dosiersystem ein bestimmtes Volumen auf die Säule aufgebracht und die Trennung durchgeführt (= GC-Dampfraumanalyse, Hard-space-Technik).

Aus dem Verhältnis der Peakhöhen des inneren Standards und Alkohols bzw. aus dem Flächenverhältnis dieser beiden kann anhand einer Eichreihe der Alkoholgehalt der Blutproben ermittelt werden.

Die Blutalkoholbestimmung hat in der Regel aus dem Blutserum zu erfolgen, von diesem wird dann auf Vollblut umgerechnet.

3.3.6 Resorption und Elimination des Alkohols

Der mit den verschiedensten alkoholischen Getränken genossene Alkohol wird vom Magen-Darmtrakt resorbiert. Diese Resorption beginnt sofort von Mund und Magen aus, fällt also mit dem Trinkbeginn praktisch zusammen. Die Resorptionsgeschwindigkeit hängt von der Menge und Konzentration der genossenen Getränke und von der Magenfüllung ab. Hochkonzentrierte Getränke – besonders in größerer Menge – werden schlechter resorbiert. Die weit verbreitete Meinung, daß die übliche Verdünnung des Whiskys mit Sodawasser oder Wasser die Alkoholwirkung abschwächen würde, ist daher falsch. Die in manchen Gegenden verbreitete Sitte, ,,ein Bier, ein Korn" ist besonders fatal.

Das sogenannte *Resorptionsdefizit*, also die Tatsache, daß scheinbar weniger Alkohol ins Blut übertritt, als es der getrunkenen Alkoholmenge entsprechen würde, entsteht bei mit Nahrung gefülltem Magen. Der bäuerliche Rat, besonders schwer verdauliche Speisen wie Speck mit Schwarzbrot zum Schnaps zu essen, ist also zweckmäßig. Dieses Resorptionsdefizit kann durchaus bis 20%, manchmal, nach sehr reichlichem Essen, bis 30, ja sogar 50% betragen. Die Resorptionsgeschwindigkeit ist, wie schon erwähnt, von Konzentration und Dosis abhängig. Daher können vom leeren Magen aus kleinere Getränkemengen so rasch resorbiert werden, daß der höchste Alkoholspiegel im Blut schon nach 10 bis 20 Minuten erreicht werden kann. Im Durchschnitt muß man aber mit ca. 30 Minuten bis zur Erreichung des Alkoholgipfels rechnen. Besonders beim landesüblichen, über längere Zeit sich erstreckenden Genuß größerer Bier- oder Weinmengen bei gleichzeitiger Nahrungsaufnahme kann der Gipfel auch erst nach einer Stunde nach Trinkende oder sogar noch später erreicht werden. Der Zeitpunkt der höchsten Alkoholkonzentration im Blut ist also von vielen äußeren und inneren Umständen abhängig, so daß eine genaue Fixierung desselben im Einzelfall nicht immer möglich ist.

Die *Verteilung des Alkohols im Körper* erfolgt durch den Blutstrom und durch Diffusion ins Gewebe. Die Verteilung entspricht dann dem Wassergehalt der einzelnen Gewebsarten. Aus der somit unterschiedlichen Verteilung des Alkohols im Körper errechnet sich der Widmarksche Verteilungsfaktor – r (für reduzierte Körpermasse) – als theoretischer mittlerer Wert mit 0,7 bei Männern bzw. 0,65 bei Frauen. Wegen des hohen Wassergehaltes ist der Alkoholgehalt im Blutserum um 20% höher als im Vollblut, was für die Umrechnung von Bedeutung ist. Noch höhere Werte erreicht der Harnalkohol. Der Quotient Urinalkoholkurve zur Blutalkoholkurve beträgt am Beginn der postresorptiven Phase 1,2 bis 1,4, später sogar mehr als 2,0.

Sofort nach der Resorption beginnen der *Alkoholabbau* und die *Ausscheidung*. Der Alkohol wird im Körper zu 90–95 % verbrannt, der übrige geringe Teil ausgeschieden. Dadurch erscheint Alkohol in der Atemluft, im Harn, Schweiß und Speichel.

3.3.7 Rückrechnung

Der durch Blutalkoholuntersuchung festgestellte Wert ergibt selbstverständlich nur den Blutalkoholwert zum Zeitpunkt der Blutabnahme. Da in der Regel zwischen Delikt und Blutabnahme beträchtliche Zeit vergangen ist, gewinnt die Rückrechnung auf die Unfalls- oder Deliktzeit große Bedeutung.

Der Blutalkoholspiegel steigt im wesentlichen exponentiell an, fällt aber linear wieder ab. Selbstverständlich gibt es Abweichungen von dieser Idealkurve, abhängig vom Trinkverhalten im Einzelfall und von Körperreaktionen (z. B. Erbrechen).

Begreiflicherweise ergibt langsames Trinken – etwa dem Trinkverhalten der Romanen entsprechend (gemeint ist gewohnheitsmäßiges Weintrinken während der ganzen zeitlich ausgedehnten Mahlzeit) – einen gradezu wellenförmigen Verlauf der Blutalkoholkurve. Die sogenannte Plateaubildung der Kurve, etwa durch Übelkeit, kann ebenfalls eine Rolle spielen.

Für die Praxis der Rückrechnung ist somit die Kenntnis von Zeitablauf und den Umständen der Alkoholaufnahme wichtig.

Seit Widmark wird der Abfall des Blutalkohols pro Stunde mit β oder β_{60} bezeichnet. Dieser Rückrechnungsfaktor β ist aber individuell von der Abbau- und Eliminationsfähigkeit des einzelnen abhängig. Als Minimum dafür kann man 0,1‰ pro Stunde annehmen, als Maximum kommt in der Praxis 0,3‰ in Betracht, obwohl auch Abbauwerte bis 0,25‰ angegeben werden. Für die BRD ist ein Alkoholeliminations-Mindestwert bei Verkehrsstraftaten von 0,1‰ üblich.

Wir selbst geben in unseren Gutachten, weil wir den individuellen Abbaufaktor β im Einzelfall nicht kennen, bei der Rückrechnung unter Verwendung beider Werte, also 0,1‰ *und* 0,2‰, einen oberen und einen unteren Grenzwert an. Es bleibt daher dem Richter zu entscheiden, an welchen der Werte er sich für die Urteilsfindung hält. Auf alle Fälle weiß der Richter somit, daß der tatsächliche Blutalkoholwert zur Tatzeit zwischen diesen beiden Werten liegen muß.

3.3.8 Berechnung der Blutalkoholkonzentration aus der Trinkmenge

Vorweg ist zu betonen, daß wir generell den Berechnungen aus der Trinkmenge skeptisch gegenüberstehen. Die Angaben über die genossenen Getränke nach Art und Menge sind in der Regel derart vage, daß sie zwangsläufig zu falschen Ergebnissen führen müssen. Daß der – gleich welchen Deliktes – Beschuldigte falsche Angaben macht, liegt in der Natur der Sache. Ebenso sind aber auch sogenannte Zeugenaussagen von ,,Mittrinkern"– wie auch jene von Wirten und Kellnern – meist unbrauchbar.

Die theoretische Möglichkeit der Berechnung besteht aber durch die Widmarksche Formel $c = \frac{A}{p \times r}$ A bedeutet hierbei die aufgenommene Alkoholmenge in Gramm, p das Körpergewicht und r den Verteilungsfaktor. Dieser Verteilungsfaktor gleicht dem Verhältnis der Alkoholkonzentration im Gesamtkörper gegenüber jener, welche im Blut vorhanden ist, nach dem Wassergehalt.

Bei den Berechnungen, ausgehend von den angegebenen Trinkmengen, auf den Blutalkoholwert zur Tatzeit sind sowohl das variable Resorptionsdefizit als auch der vom Trinkbeginn an einsetzende Abbau zu berücksichtigen. Wenn zwischen Trinkbeginn und dem Unfall also drei Stunden verstrichen sind, muß vom errechneten Wert, je nach angenommenem β (0,1–0,2‰) 0,3–0,6‰ abgezogen werden.

Der sogenannte Nachtrunk, also die Behauptung, erst nach dem Unfall sei noch – etwa wegen des erlittenen Schocks – Alkohol getrunken worden, wird immer wieder, wohl mehr als Schutzbehauptung, in Einzelfällen bei Gericht vorgebracht. Es ist Sache des Richters, zu beurteilen, ob diese Behauptung richtig sein kann oder nicht. Würde ein Nachtrunk tatsächlich angenommen, so müßte der aus der Nachtrinkmenge errechenbare Promillewert abgezogen werden.

3.3.9 Atemalkohol

Zur raschen Feststellung der Alkoholbeeinträchtigung im Straßenverkehr bediente man sich bisher des sogenannten Alcoteströhrchens, häufig in Kombination mit der sogenannten klinischen Untersuchung, die durch im öffentlichen Sanitätsdienst stehende Ärzte durchzuführen ist (§ 5 (2) der österreichischen Straßenverkehrsordnung, S. 83).

Diese Ärzte haben dann ein ärztliches Gutachten zu erstellen, welches etwa lautet: Laut Alcotest und klinischem Untersuchungsbefund war der Untersuchte zur Tatzeit

1. alkoholbeeinträchtigt (in einem Zustand, der mindestens 0,8‰ Blutalkoholgehalt entspricht): ja – nein
2. fahruntüchtig: nein – ja – nicht mit Sicherheit feststellbar.

Die tatsächlichen Ergebnisse in der Praxis sind aber so schlecht, daß der Wunsch nach einer Verbesserung der Bestimmung des Atemalkohols verständlich ist. Versuche, die im Gesetz geforderten geeigneten Geräte den Anforderungen der Praxis anzupassen, sind daher seit langer Zeit im Gange.

Seit einiger Zeit glaubte man nun, eine Patentlösung in den jüngst entwikkelten Alcotestgeräten gefunden zu haben, insbesondere jener mittels Analysenmethoden, welche durch Messung der Absorption der C-H-Schwingungen in mit Infrarot arbeitenden Apparaturen.

Theoretische Grundlagen zur Messung des Atemalkohols

Der im Magen aufgenommene Alkohol tritt aus dem Blut durch einfache Diffusion in die mit Atemluft gefüllten Alveolen über. Die Alkoholkonzentration in der Ausatemluft ist daher von der Alkoholkonzentration im Lungenblut abhängig. Die theoretische Möglichkeit, von der Atemalkoholkonzentration (AAK) auf die Blutalkoholkonzentration (BAK) rückzuschließen, besteht daher. Voraussetzung hierfür ist aber absolut gleichmäßige Atmung vor und während des Blasens, keine Diffusionshindernisse durch Membranveränderungen der Lunge, keine herdförmige unterschiedliche Lungenentfaltung und Lungendurchblutung sowie konstante Bedingungen in den oberen Luftwegen. Da aber die Atemfunktion keine konstante Größe ist und auch willkürlich beeinflußt werden kann, ist die Alkoholkonzentration in der Ausatemluft Schwankungen unterworfen. Hierzu kommen noch äußere Einflüsse von Luftdruck, Luftfeuchtigkeit und Temperatur. Besondere rechtliche Schwierigkeiten treten daher vor allem im Grenzbereich auf.

Die österreichische Gesetzgebung nimmt eine alkoholbedingte Beeinträchtigung der Fahrtüchtigkeit ab einem Promillegehalt von 0,8 als erwiesen an. Praktisch alle bisherigen Untersuchungen ergaben aber, daß erst bei AAK von unter 0,4‰ ein BAK von 0,8‰ angenommen werden kann. Die Schwankungen in diesem Bereich sind besonders groß, so daß Einzelergebnisse bei einem BAK von 0,8‰ zwischen 0,0‰ und 2,0‰ selbst bei unter Laborbedingungen durchgeführten Messungen vorkommen können.

Umgekehrt kann erst auf einen Blutalkoholwert von 0,8‰ und darüber geschlossen werden, wenn das Alcomatergebnis wenigstens 1,5‰ ergab. Zusätzlich sind Störungen durch andere Substanzen oder etwa durch den sogenannten Mundhaftalkohol möglich.

Bei gleicher Blutalkoholkonzentration zeigte etwa bei den Innsbrucker Versuchen das Blasergebnis eine Schwankungsbreite von 50–60% um den Mittelwert.

Insbesondere im Gerichtsverfahren kann wegen der großen Variationsbreite dieser Analysenergebnisse die AAK in der Ausatemluft im Vergleich zu einer definierten BAK nicht von ausreichender Beweissicherheit gesprochen werden.

3.3.10 Blutabnahme an Leichen

Die Blutabnahme an Leichen hat ausnahmslos aus der Schenkelvene zu erfolgen. Diese ist durch einen Schnitt am Oberschenkel leicht zu erreichen, wonach das Blut entnommen werden kann.

Völlig abzulehnen ist die immer noch vereinzelt geübte Methode, Blut aus dem Herzen zu entnehmen. Einmal ist bei Abnahme mittels Spritzen nicht festzustellen, ob überhaupt das Herz getroffen wurde, und zweitens ist Herzblut wegen allfälliger Diffusion von Alkohol aus dem Magen ungeeignet.

Die Blutalkoholwerte an Leichen bleiben bis zum Einsetzen von Fäulnis praktisch unverändert. Für die in solchen Fällen immer anzuwendende gaschromatographische Methode spielt aber auch Fäulnis keine Rolle, weil Verfälschung durch Begleitalkohole erkannt wird. Beim Fehlen solcher ist der analytisch gewonnene Äthanolwert uneingeschränkt verwertbar.

Bei der insgesamt komplizierten Materie ist es dringend anzuraten, daß zur gerichtlichen Gutachtenerstattung nur entsprechend apparativ ausgestattete Institute und versierte Gutachter herangezogen werden.

4 Beendigung der Schwangerschaft

4.1 Fruchtabtreibung

Die alten §§ 144, 145, 146 StG. wurden durch die §§ 96, 97, 98 des StGB. 1974 ersetzt.

Als kriminelle Fruchtabtreibung bezeichnet man jede Schwangerschaftsunterbrechung, die nicht aus medizinischen, eugenischen oder sozialmedizinischen Indikationen bzw. nicht innerhalb der gesetzlich festgesetzten Frist vorgenommen wird.

Automatisch wird auch ein Schwangerschaftsabbruch kriminell, wenn er nicht von einem Arzt ausgeführt wurde (§ 92, 2) oder etwa die Frau den Abbruch ihrer Schwangerschaft selbst vornimmt.

In allen Fällen wird vorerst die Frage zu klären sein, ob überhaupt eine Gravidität vorgelegen hat. Dies könnte allenfalls durch Untersuchung der Frau nach Anzeichen einer durchgemachten Schwangerschaft geschehen. Diese Untersuchungen kommen in der Praxis meist zu spät.

Der Beweis der erfolgten Abtreibung wird daher in der Regel nur bei Vorliegen einer abgegangenen Frucht möglich sein. Danach ergibt sich die rechtliche Frage, ob nicht etwa ein Spontanabort vorliegt.

Diese Frage ist wohl am besten unter Beiziehung eines geburtshilflich-gynäkologischen Fachmannes zu beantworten. Die gemeinsame Gutachtenerstattung mit einem erfahrenen Gerichtsmediziner wird in diesem und vielen anderen speziellen Fachfragen die besten Ergebnisse erbringen.

Der kriminelle Abortus kann auf sehr vielfältige Weise vorgenommen werden. Dabei können sogenannte *innere Abtreibungsmittel*, also chemische Substanzen, angewendet werden. Ihre Zahl ist an sich unerschöpflich. Allerdings gibt es innere Fruchtabtreibungsmittel, die selektiv ohne Gesundheitsgefährdung auf die schwangere Gebärmutter wirken, nicht. Sie wirken alle mehr oder minder toxisch. Auch typische wehenfördernde Mittel, wie etwa Chinin oder in letzter Zeit zunehmend Prostaglandine, wirken nur auf den wehenbereiten Uterus. Absolut verläßliche und ungefährliche innere Abtreibungsmittel sind nach wie vor nicht erhältlich.

Die früher zweifellos gar nicht so seltenen schweren Vergiftungen durch Anwendung sogenannter Abtreibungsmittel sind derzeit kaum noch zu erwarten. Die Besprechung dieser einst so zahlreichen, in der Bevölkerung bekannten pflanzlichen Mittel erübrigt sich somit. In älteren Lehrbüchern findet man seitenweise Ausführungen darüber.

Anders sieht es bei den sogenannten äußeren, also *mechanischen Abtrei-*

bungsmethoden aus. Auch diese sind selten geworden, können als Einzelfälle jedoch jederzeit zur Untersuchung kommen, praktisch aber auch nur dann, wenn hierbei tödliche Komplikationen eingetreten sind. Alle diese mechanischen Abtreibungsmethoden wirken durch direkten Eingriff an der schwangeren Gebärmutter.

Durch den sogenannten *Eihautstich* entsteht eine direkte Schädigung des Eies. Durch die Einführung langer, schmaler Gegenstände wie Sonden, Stricknadel, Drahtstücke, Bleistifte, Katheter usw. kann sowohl die Eiblase zerstört werden, als auch mechanische Reizung der Gebärmutter entstehen. Es können hierbei auch Chemikalien direkt in die Eiblase eingespritzt werden, wie etwa Formalin oder Salzlösungen, die ein Absterben der Frucht bewirken. Diese Methode wird am ehesten in späteren Schwangerschaftsmonaten angewendet. Hingegen führt das früher übliche Einführen und Liegenlassen eines männlichen Katheters in die Gebärmutterhöhle zwischen Eiblase und Uteruswand durch Fremdkörperreiz zu Wehentätigkeit und Frühausstoßung der Frucht.

Naheliegenderweise entstehen bei diesen mechanischen Eingriffen häufig Verletzungen, wie etwa Durchstoßung des Uterus mit nachfolgender Peritonitis oder Sepsis. Heftige Blutungen bis zur Verblutung sind bei derartigen Verletzungen möglich, jedoch eher selten. In letzter Zeit sind derartige Eingriffe kaum noch bekannt geworden.

Am ehesten ist eine Abtreibung durch *Einspritzen von Flüssigkeiten* zu erwarten. Mittels eines Gummiballons, wie er zur Scheidenspülung dient, wird mit etwa bleistiftdickem, entsprechend langem Ansatzrohr Flüssigkeit direkt in den Gebärmutterhalskanal eingespritzt. Die unter Druck eingepreßte Flüssigkeit bewirkt dann rein mechanisch die Ablösung der Eiblase von der Uteruswand. Das Ei stirbt ab und wird anschließend ausgestoßen. Nicht selten werden dem Wasser Chemikalien zugesetzt, die bei entsprechender Konzentration Reizungen der Uterusinnenfläche erzeugen können.

Besonders typisch für diese Art ist der sogenannte *Seifenabort*. Bei diesem kann es durch Eindringen der Seifenlösung in die Blutbahn zu schwersten bis tödlichen Schädigungen kommen. Lokale Folge dieser Seifenlösungseinspritzung kann hämorrhagische Infarzierung der Gebärmutter sein. Beim Eindringen einer größeren Menge der Seifenlösung in die Blutbahn entsteht schwere, durch Methämoglobinbildung hervorgerufene Nierenschädigung, die sogenannte Methämoglobinnephrose. Diese führt häufig zum tödlichen Nierenversagen. Sogar plötzlicher Tod bei massiver Einschwemmung als sogenannter „Seifenschock“ ist möglich.

Bei allen Fällen mechanischer Abtreibung, naturgemäß ganz besonders bei Verwendung des erwähnten Gummiballons, kann eine *Luftembolie* eintreten. Gerade vom Uterus her ist Luftembolie in protrahierter Form nicht allzu selten.

Der immer wieder behauptete Fruchtabgang durch Massieren der Bauchdecken, heiße Sitzbäder, Herabspringen von hohen Möbelstücken ist skeptisch zu beurteilen. Im Einzelfall sollten diese Möglichkeiten nicht völlig von der Hand gewiesen werden, besonders dann, wenn zusätzlich auch noch an sich wenig wirksame innere Abtreibungsmittel angewendet wurden.

4.2 Schwangerschaftsabbruch

4.2.1 Begriff der Schwangerschaft

Im Gesetzeswortlaut des neuen Strafgesetzbuches wird an Stelle der ungenauen Bezeichnung „Abtreibung“ der Begriff des *Schwangerschaftsabbruchs* verwendet. Darunter ist jedes Einwirken auf die Schwangere und die Leibesfrucht zu verstehen, das entweder das Absterben der Frucht im Körper der Schwangeren bewirkt oder dazu führt, daß die Frucht in nicht lebensfähigem Zustand abgeht.

Die Motive, die zu diesen Änderungen geführt haben, sind wegen des politisch brisanten Themas in den Erläuterungen zur Gesetzesnovellierung besonders eingehend ausgeführt. Ihre Grundsätze wurden letztlich wie folgt zusammengefaßt: Die Abtreibung soll grundsätzlich weiterhin strafbar sein.

4.2.2 § 96 Schwangerschaftsabbruch

(1) Wer mit Einwilligung der Schwangeren deren Schwangerschaft abbricht, ist mit Freiheitsstrafe bis zu einem Jahr, begeht er die Tat gewerbsmäßig, mit Freiheitsstrafe bis zu drei Jahren zu bestrafen.

(2) Ist der unmittelbare Täter kein Arzt, so ist er mit Freiheitsstrafe bis zu drei Jahren, begeht er die Tat gewerbsmäßig oder hat sie den Tod der Schwangeren zur Folge, mit Freiheitsstrafe von sechs Monaten bis zu fünf Jahren zu bestrafen.

(3) Eine Frau, die den Abbruch ihrer Schwangerschaft selbst vornimmt oder durch einen anderen zuläßt, ist mit Freiheitsstrafe bis zu einem Jahr zu bestrafen.

Die weiteren Bestimmungen über den Schwangerschaftsabbruch brachten entscheidende Veränderungen gegenüber den früheren §§ 144–146 StG. Sie haben u. a. eine Erweiterung der Indikationsstellung gebracht, insbesondere dadurch, daß im Gegensatz zu früher nunmehr auch eine Indikation von seiten des Kindes besteht. Bei Gefahr einer schweren geistigen oder körperlichen Schädigung des Kindes wäre nach § 97 (2) der Schwangerschaftsabbruch straffrei.

Die wichtigste, weil am häufigsten zum Tragen kommende Veränderung brachte jedoch die sogenannte Fristenlösung nach § 97 (1).

Die auszugsweise zitierten Bemerkungen aus den Erläuterungen lassen Motive, Begriffsbestimmung und Zeitbegrenzung erkennen.

4.2.3 § 97 Straflosigkeit des Schwangerschaftsabbruchs

(1) Die Tat ist nach § 96 nicht strafbar,

1. wenn der Schwangerschaftsabbruch innerhalb der ersten drei Monate nach Beginn der Schwangerschaft nach vorheriger ärztlicher Beratung von einem Arzt vorgenommen wird; oder

2. wenn der Schwangerschaftsabbruch zur Abwendung einer nicht anders abwendbaren ernsten Gefahr für die körperliche oder seelische Gesundheit

der Schwangeren erforderlich ist oder eine ernste Gefahr besteht, daß das Kind geistig oder körperlich schwer geschädigt sein werde, oder die Schwangere zur Zeit der Schwängerung unmündig gewesen ist und in allen diesen Fällen der Abbruch von einem Arzt vorgenommen wird; oder

3. wenn der Schwangerschaftsabbruch zur Rettung der Schwangeren aus einer unmittelbaren, nicht anders abwendbaren Lebensgefahr unter Umständen vorgenommen wird, unter denen ärztliche Hilfe nicht rechtzeitig zu erlangen ist.

(2) Kein Arzt ist verpflichtet, einen Schwangerschaftsabbruch durchzuführen oder an ihm mitzuwirken, es sei denn, daß der Abbruch ohne Aufschub notwendig ist, um die Schwangere aus einer unmittelbar drohenden, nicht anders abwendbaren Lebensgefahr zu retten. Dies gilt auch für die im Krankenpflegefachdienst, in medizinisch-technischen Diensten oder im Sanitätshilfsdienst tätigen Personen.

(3) Niemand darf wegen der Durchführung eines straflosen Schwangerschaftsabbruchs oder der Mitwirkung daran oder wegen der Weigerung, einen solchen Schwangerschaftsabbruch durchzuführen oder daran mitzuwirken, in welcher Art immer, benachteiligt werden.

4.2.4 § 98 Schwangerschaftsabbruch ohne Einwilligung der Schwangeren

(1) Wer ohne Einwilligung der Schwangeren deren Schwangerschaft abbricht, ist mit Freiheitsstrafe bis zu drei Jahren, hat die Tat den Tod der Schwangeren zur Folge, mit Freiheitsstrafe von sechs Monaten bis zu fünf Jahren zu bestrafen.

(2) Der Täter ist nach Abs. 1 nicht zu bestrafen, wenn der Schwangerschaftsabbruch zur Rettung der Schwangeren aus einer unmittelbaren, nicht anders abwendbaren Lebensgefahr unter Umständen vorgenommen wird, unter denen die Einwilligung der Schwangeren nicht rechtzeitig zu erlangen ist.

4.2.5 Erläuterungen zu § 96 Schwangerschaftsabbruch

Die Schwangerschaft im gesetzlichen Sinn beginnt – sehr zum Unterschied von der gynäkologischen Abgrenzung der Schwangerschaftsdauer – mit dem Abschluß der *Nidation*, was vierzehn Tage nach der Zeugung der Fall ist. Handlungen, die der Einnistung des befruchteten Eies in der Gebärmutterschleimhaut entgegenwirken sollen, und Handlungen zur Verhinderung der Befruchtung selbst sind daher kein ,,Abbrechen der Schwangerschaft" und somit nicht mit Strafe bedroht. Entsprechend dem allgemeinen und ärztlichen Sprachgebrauch liegt ein Schwangerschaftsabbruch weiters nicht vor, wenn eine Behandlung zu dem Zweck vorgenommen wird, die Geburt eines lebensfähigen Kindes herbeizuführen. Solche Behandlungen zielen auf die bestimmungsgemäße Vollendung der Schwangerschaft und nicht auf einen ,,Abbruch" ab.

Unmittelbarer Täter nach Abs. 1 ist der Arzt, der mit Einwilligung der Schwangeren den Abbruch durchführt. Der Nichtarzt fällt unter die strengere

Strafbestimmung des Abs. 2. Handelt der Täter gewerbsmäßig, so soll er sowohl in den Fällen des Abs. 1 als auch in den Fällen des Abs. 2 mit strengerer Strafe bedroht sein. In den Fällen des Abs. 1 trifft die qualifizierte Strafdrohung gegen gewerbsmäßige Begehung den Arzt, der die Tat in der Absicht vornimmt, sich durch wiederkehrende Begehung strafbarer Schwangerschaftsabbrüche eine fortlaufende Einnahme zu verschaffen. Die Frau, die ihre Schwangerschaft selbst abbricht oder durch einen anderen abbrechen läßt, fällt stets unter die Strafdrohung des Abs. 3. Damit wird klargestellt, daß eine Frau, die ihre Gesundheit selbst gefährdet, nicht der Qualifikation des Abs. 2 unterliegt.

4.2.6 Erläuterungen zu § 97 Straflosigkeit des Schwangerschaftsabbruchs

Sind die Voraussetzungen einer der drei Ziffern gegeben, so ist die Rechtswidrigkeit des Schwangerschaftsabbruchs und die Strafbarkeit jedes an der Tat Beteiligten, also nicht nur der Schwangeren, sondern auch des den Abbruch durchführenden Arztes, ausgeschlossen.

Straflosigkeit nach Ziff. 1 tritt ein, wenn drei Voraussetzungen gegeben sind: Abbruch innerhalb einer Dreimonatsfrist, vorhergehende *ärztliche Beratung* und Durchführung des Abbruchs durch einen Arzt. Unter „Monaten" sind *Kalendermonate* zu verstehen. Sie sind vom Zeitpunkt der abgeschlossenen Nidation an zu rechnen. Die Pflicht der Schwangeren, sich von einem Arzt beraten zu lassen, ist keine Pflicht zum Aufsuchen irgendeiner Beratungsstelle. Die Frau kann den Arzt ihrer Wahl aufsuchen. Der Arzt, der sie berät, kann, wenn er die erforderliche fachliche Ausbildung besitzt, den Abbruch selbst vornehmen oder sie an einen anderen Arzt überweisen.

Straflosigkeit nach Ziff. 2 tritt ein, wenn zwei Voraussetzungen gegeben sind: Vorliegen einer Indikation und Durchführung durch einen Arzt.

Die Umschreibung der medizinischen Indikation geht von dem Gesundheitsbegriff, wie er der Interpretation durch die Weltgesundheitsorganisation entspricht, aus. Die befürchtete gesundheitliche Schädigung des Kindes wird als selbständige Indikation eingestuft. Während die eugenisch-kindliche Indikation zumeist erst in einer späten Phase der Schwangerschaft erkannt werden kann, kommt die Konfliktsituation, daß die Leibesfrucht durch eine gewaltsame Schwängerung erzeugt worden ist, vom Beginn der Schwangerschaft an zum Tragen, so daß für diese Fälle die Regelung der Ziff. 1 ausreicht. Anders sind hingegen Fälle zu beurteilen, in denen die Schwangere zur Zeit der Schwängerung das 14. Lebensjahr noch nicht vollendet hatte. Solchen Fällen wird die Ziff. 1 deshalb nicht gerecht, weil Mädchen dieses kindlichen Alters ihre Schwangerschaft oft selbst erst spät erkennen und auch dann solange verheimlichen, bis sie offenkundig wird. Auch wenn in diesem Zeitpunkt sofort ärztliche Beratung aufgesucht wird, kann schon der vierte Kalendermonat seit Beginn der Schwangerschaft gegeben sein.

4.3 Kindesmord

Unter Kindesmord versteht man die Tötung des eigenen Kindes durch die Mutter während der Geburt.

4.3.1 Gesetzliche Regelung

Der frühere § 139 wurde durch den § 79 im neuen StGB 1974 ersetzt. Er lautet:

Eine Mutter, die das Kind während der Geburt oder solange sie noch unter der Einwirkung des Geburtsvorganges steht, tötet, ist mit Freiheitsstrafe von einem bis zu fünf Jahren zu bestrafen.

Die Erläuterungen hierzu führen aus:

Die mildere Behandlung des Kindesmordes entspringt der Berücksichtigung des Überlegung und Willenskraft der Kindesmutter lähmenden Einwirkens des Geburtsaktes auf deren Geistes- und Gemütszustand. Die Privilegierung des Kindesmordes kommt, wie nach bisher geltendem Recht, nur der Mutter selbst zugute. Der Anstifter und der Gehilfe sind wegen Mordes oder Totschlags zu bestrafen. Die Worte des § 139 StG „bei der Geburt tötet oder . . . umkommen läßt" wurden von Lehre und Rechtsprechung dahin ausgelegt, daß dadurch sowohl die während der Geburt als auch die kurz nachher, aber noch unter der Einwirkung des Geburtsvorgangs gesetzte Tötungstat begünstigt werden soll. Dies wird nun im Wortlaut des Tatbestands selbst zum Ausdruck gebracht. Es kommt – so heißt es in den „Erläuterungen" sinngemäß – nicht mehr nur auf ein zeitliches Moment an, sondern es wird im Einzelfall festzustellen sein, ob die Mutter, die ihr Kind getötet hat, im Zeitpunkt der Tat noch unter der besonderen *Einwirkung des Geburtsvorgangs* stand. Die Anführung der absichtlichen Unterlassung des bei der Geburt nötigen Beistands kann mit Rücksicht auf § 2 unterbleiben.

Diesen Erläuterungen ist nur insofern vom gerichtsmedizinischen Standpunkt zu widersprechen, als das „zeitliche" Moment auch bisher schon keineswegs allein maßgebend für die Erfüllung des Tatbestands war. Man könnte sonst durchaus aus den Formulierungen der Erläuterungen den falschen Schluß ziehen, daß es bisher eine fixe Zeitgrenze gegeben hätte. Dies war jedoch auch bisher nicht so, da in jedem Einzelfall dieses „zeitliche Moment" völlig auf den Beeinträchtigungszustand der Mutter abgestimmt und damit sehr variabel angenommen wurde. Der Zeitraum, innerhalb dem der Paragraph des Kindesmordes zur Anwendung kam, wurde jeweils nach Handlungs- und Einsichtsfähigkeit der Gebärenden bemessen. Selbstverständlich spielte und spielt hierbei nicht nur der rein körperliche, sondern ebenso der psychische Ausnahmezustand als Folge der Geburt eine entscheidende Rolle. Sinngemäß ist somit durch die Neufassung des Paragraphen keine prinzipielle Änderung für die ärztliche Begutachtung eingetreten.

Die Weglassung des Passus „oder durch absichtliche Unterlassung des bei der Geburt nötigen Beistands umkommen läßt" könnte allenfalls zur Ansicht verleiten, daß der sogenannte *passive Kindesmord* nunmehr nicht mehr strafbar wäre. Diese Ansicht wäre jedoch unrichtig.

Die Erläuterungen klären diese Frage eindeutig mit dem Satz: „Die Anführung der absichtlichen Unterlassung des bei der Geburt nötigen Beistands kann mit Rücksicht auf § 2 StGB 1974 unterbleiben".

Dieser im allgemeinen Teil des Gesetzes zu findende Paragraph lautet: „Begehung durch Unterlassung. § 2. Bedroht das Gesetz die Herbeiführung eines Erfolges mit Strafe, so ist auch strafbar, wer es unterläßt, ihn abzuwenden, obwohl er zufolge einer ihn im besonderen treffenden Verpflichtung durch die Rechtsordnung dazu verhalten ist und die Unterlassung der Erfolgsabwendung einer Verwirklichung des gesetzlichen Tatbildes durch ein Tun gleichzuhalten ist."

Die Unterteilung in den sogenannten aktiven Kindesmord, also Tötung durch die Mutter durch aktives Handeln gegenüber „Umkommenlassen" durch Unterlassung des bei der Geburt nötigen Beistands, bleibt somit aufrecht.

> Fälle von Kindesmord sind offensichtlich seltener geworden, jedoch stellen sie wie bisher besondere Anforderungen an den gerichtsmedizinischen Untersucher, da ganz spezielle, rechtlich relevante Fragen beantwortet werden müssen.

4.3.2 Verheimlichung oder Nichterkennung der Schwangerschaft

Die Frage nach der Verheimlichung der Schwangerschaft oder deren Nichterkennung durch die Schwangere ist eine solche rechtlich relevante Frage. Es wäre jedenfalls grundfalsch, aus der Tatsache eines Verbergens einer Schwangerschaft allein auf einen von vornherein bestehenden Vorsatz zur Kindestötung zu schließen.

Dieses Verheimlichen oder auch Nicht-Wahrhabenwollen einer unerwünschten Schwangerschaft hat vorwiegend psychologische Gründe. Ein Verdrängungskomplex aus Nicht-Wahrhabenwollen, Schuld- und Schamgefühlen, häuslichen oder beruflichen Gründen kann eine Frau so beherrschen, daß sie sich tatsächlich erst mit dem Ereignis der Geburt vor die nicht mehr zu verheimlichende Tatsache der abgelaufenen Schwangerschaft gestellt sieht.

Wenn dann noch der an sich seltene, aber durchaus mögliche Fall zutrifft, daß eine sogenannte Scheinregel bis zum Geburtstermin bestanden hat, wird dieses Verkennen einer Schwangerschaft erst recht erklärlich.

4.3.3 Obduktion des Neugeborenen

> Bei der Obduktion eines Neugeborenen sind vorerst folgende Kardinalfragen zu beantworten:
> a. Ist das Kind lebend geboren worden, und war es lebensfähig?
> b. Wie lange hat es nach der Geburt gelebt?
> c. Woran ist es gestorben?

Zum Nachweis des Gelebthabens dienen die physiologischen Veränderungen, die mit der Geburt, also im wesentlichen bei der Übernahme der selbständigen Atmung durch das Neugeborene, erkennbar werden. Die Veränderungen im Zustand der Lungen beweisen somit extrauterine Atmung und extrauterines Leben, da mit der Luftfüllung der Lungen sich schon makroskopisch das Aussehen der Lungen derartig verändert, daß die Unterscheidung zwischen fetaler und beatmeter Lunge möglich ist.

Die fetale Lunge ist anämisch, besitzt eine gelbbräunliche Farbe und hat eine fleischige Konsistenz; sie sieht drüsenartig aus. Diese typisch *fetale Lunge* findet man bei reifen Neugeborenen kaum, wohl aber bei Frühgeburten. Die Lungen der reif geborenen Neugeborenen zeigen häufig durch vorzeitige Unterbrechung der Plazentaratmung teilweise Entfaltung des Lungengewebes als Folge einiger Atembewegungen. Weiters wird der Blutgehalt sehr rasch verändert, so daß die Farbe der Lungen nunmehr rosafarben bis blaurot erscheint. Das Lungenvolumen nimmt mit den ersten Atemzügen rasch zu, die ursprünglich scharfen Lungenränder werden stumpf, die entfalteten Aveolen sind sichtbar, und die Lungenoberfläche ist nicht mehr glatt, sondern leicht uneben. In vielen Fällen sieht man eine teilweise Beatmung – also Entfaltung –, so daß lufthaltige Partien als hellrosa bis rötliche Bezirke über das Niveau der luftleeren fleischigen bläulichen Abschnitte deutlich erhaben erscheinen. Die völlig beatmeten Lungen schließlich sind luftkissenartig und hellrot, ihre Läppchenzeichnung ist durch die Felderung der Oberfläche deutlich erkennbar, und die mit Luft gefüllten Alveolen sind als kleinste, gleichmäßig große Bläschen durch das zarte Lungenfell gerade eben sichtbar. Ein erfahrener Obduzent muß die Beatmung schon makroskopisch erkennen und kann daraus die Diagnose des Gelebthabens stellen.

Durch die geschilderte Luftaufnahme wird das Lungengewebe leichter als Wasser und schwimmt nunmehr.

Die bekannten *Lungenschwimmproben* können daher Atmung und Gelebthaben beweisen, was besonders für medizinische Laien eindrucksvoll ist. Die *Durchführung* dieser Schwimmproben ist jedoch für ihre Auswertung entscheidend.

Technik der Lungenschwimmprobe

Man entnimmt die Brusteingeweide in toto und taucht Lungen und Herz derart in Wasser, daß man das Organpaket an Zunge und Halsorganen haltend eintaucht. Nicht beatmete Lungen gehen ohne Verzögerung unter, während beatmete Lungen am Lungenstiel hängend seitlich hochsteigen. Sodann trennt man beide Lungen vom Lungenstiel ab und legt sie getrennt in Wasser ein. Nicht beatmete gehen sofort unter; ganz, aber auch nur teilweise beatmete schwimmen.

Da es selbstverständlich alle graduellen Übergänge zwischen beatmeten und teilweise beatmeten Lungen gibt, finden sich lufthaltige Lungenabschnitte neben nicht entfalteten, also luftleeren Abschnitten vor. In solchen Fällen müssen dann einzelne Lungenteilchen dieses unterschiedlichen Zustands getrennt ins Wasser eingebracht werden. Hierzu entnimmt man nach

Farbe und Konsistenz unterschiedlich erscheinende Lungenstückchen. Die hellroten, lufthaltigen Bezirke werden dann im Wasser schwimmen, während die dunklen, fleischigen, luftleeren im Wasser untersinken. Der Grad der Beatmung läßt sich daraus relativ leicht abschätzen.

Mit der Möglichkeit, daß durch Fäulnis die Lungenschwimmprobe beeinträchtigt ist, muß man rechnen. Die Unterscheidung zwischen Beatmung oder Schwimmen durch Fäulnis ist gar nicht schwer. Bei Fäulnis sind meist unter dem Lungenfell große Blasen erkennbar, wobei der Allgemeinzustand der Leiche hinsichtlich der Fäulnis mitzuberücksichtigen wäre. Weiters kann man aus den Lungenstückchen durch leichtes Massieren die Fäulnisgase ausdrükken, so daß diese Teilchen dann untergehen. Bei den durch Beatmung entfalteten Lungenteilchen gelingt dies nicht; letztere schwimmen auch noch nach Massieren.

Schwimmprobe des Magen-Darm-Traktes

Außer der Lungenschwimmprobe müssen noch Schwimmproben des Magen-Darm-Traktes vorgenommen werden. Hierzu werden der untere Teil der Speiseröhre, der Magen und der gesamte Dünndarm abgetrennt und ins Wasser gelegt. Eine Unterbindung am oberen und unteren Ende dieses ,,Schlauches" ist üblich. Bei Einlegen in Wasser sieht man nun, daß entweder das gesamte ,,Schlauchpaket" untergeht, oder daß etwa nur der Magen, oder aber Magen und anschließende Darmteile schwimmen und dann von einer sehr variablen Grenze abwärts der Dünndarm untersinkt. Aus der Länge der verschluckten Luftsäule ist eine grobe Schätzung der ,,Lebenszeit" möglich.

Ob man auch noch den Dickdarm einer solchen Probe unterzieht, wird im Einzelfall zu entscheiden sein.

Da Schluckbewegungen schon vor dem Atmen besonders bei asphyktischen Neugeborenen vorkommen, kann durchaus die Magen-Darm-Schwimmprobe positiv, die Lungenschwimmprobe dagegen negativ sein. Als Richtlinie kann man etwa annehmen, daß längstens nach 10–15 Minuten Luft im Duodenum vorhanden ist. Luft im Magen ist schon nach wenigen Schluckbewegungen, also praktisch innerhalb der ersten Minute, vorhanden.

Bei Fäulnis sinkt der ,,Magen-Darm-Schlauch" girlandenförmig ab; das heißt, abwechselnd schwimmen einzelne Teile, andere gehen unter. Bei Fäulnis können unter Umständen auch Teile des *aufgeschnittenen* Magens oder Darms schwimmen, wenn sich Fäulnisblasen in der Wand gebildet haben.

Untersuchung von Hautnabel und Nabelschnur

Da der rechtlich relevante Zeitraum des Gelebthabens – aus den vorgenannten Gründen – im Einzelfall möglichst genau erfaßt werden muß, ist die Untersuchung des Nabels von Bedeutung. Der Hautnabel ist eine Ausstülpung der Bauchhaut, der nach der Geburt gesetzmäßigen Veränderungen unterworfen ist (Abb. 23). Die anschließende Nabelschnur ergibt hinsichtlich der Dauer des Gelebthabens weitere Aufschlüsse.

Wenn Kind, Nabelschnur und Mutterkuchen in nicht unterbrochener Ver-

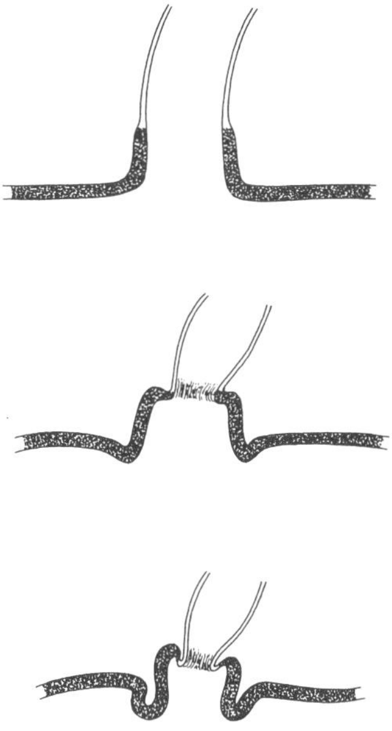

Abb. 23. Veränderung des Nabels nach der Geburt.

bindung zur Untersuchung gelangen, ist damit schon der Zustand des Neugeborenseins erwiesen. Dies gilt auch für eine vertrocknete Nabelschnur, da Vertrocknung und Fäulnis den Zustand der Nabelschnur am toten Kind sehr rasch verändern. Am lebenden Kind wird der Nabelschnurrest nach wenigen Stunden welk, die Vertrocknung beginnt am zweiten Tag, und die Nabelschnur mumifiziert schließlich und wird zum trockenen derben dunkelbraungrauen Strang. Das Abfallen der Nabelschnur erfolgt am 4. bis 6. Tag.

Die Abstoßung des Nabelschnurrestes wird durch eine demarkierende Entzündung bewirkt. Schon einige Stunden nach der Geburt sieht man diese an der Grenze des Hautnabels zur Nabelschnur als ringförmige Rötung und Schwellung. Rötung und Schwellung erreichen ihr Maximum am 3. Tag, doch ist schon am 2. Tag die beginnende Einziehung des Nabelschnuransatzes in die Kuppe des Hautnabels erkennbar. Aber auch der am Neugeborenen ursprünglich zylinderförmige, faltenlose Hautnabel sinkt wegen der Retraktion der Nabelschnurgefäße zunehmend ein; ebenfalls bereits am 2. Tag ist seine Basis am Übergang zur Bauchhaut von einem nicht mehr ganz ausgleichbaren ringförmigen Graben umgeben.

Während also für die Abschätzung der Dauer des Gelebthabens innerhalb der ersten 12 bis 24 Stunden in erster Linie die Obduktionsbefunde wichtig sind, insbesondere die Länge der Luftsäule im Darm, geben nach dem ersten Tag besonders die Befunde am Nabel und an der Nabelschnur Aufschluß über das „Alter" des Kindes.

Der Zustand der *Nabelschnur* (Abb. 24) hat zusätzlich noch Bedeutung zur Klärung des Geburtsvorgangs. Bei der sogenannten Geburt en bloc bleiben

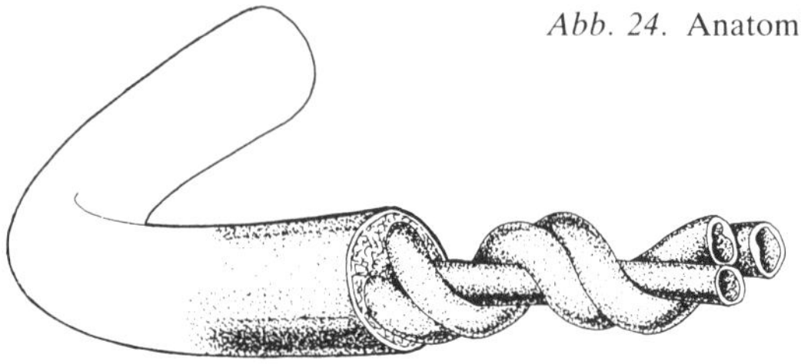

Abb. 24. Anatomie der menschlichen Nabelschnur.

Kind, Nabelschnur und Plazenta im Zusammenhang, was einen wichtigen Hinweis für eine Sturzgeburt ergäbe.

Üblicherweise wird die Nabelschnur von der Hebamme, von der Gebärenden oder von einer Hilfsperson durchtrennt. Eine glatte Durchtrennung ist am freien Ende der Nabelschnur leicht erkenntlich. Bei Durchschneiden mit der Schere besteht eine glatte Durchtrennung in einer Ebene (Abb. 25 A), so daß die Nabelschnurgefäße in gleicher Länge enden. Bei Durchschneidung mit einem Messer kann eine zipfelförmig auslaufende Verlängerung des Nabelschnurendes entstehen (Abb. 25 B). Dennoch sind in der Regel die Nabelschnurgefäße in gleicher Länge und die Nabelschnur bis zu dieser Zipfelbildung glatt durchschnitten. Eine abgerissene Nabelschnur zeigt dagegen fetziges Auslaufen, schräge Abrißfläche, so daß ein völlig uneinheitliches Bild des Nabelschnurendes entsteht, da die Gefäße in verschiedener Länge abgerissen sind (Abb. 25 C).

Bei vertrockneter Nabelschnur kann man diese durch Einlegen in Wasser wieder aufquellen lassen und somit die Nabelschnur insgesamt und besonders auch das Nabelschnurende zur Darstellung und Beurteilung bringen.

Weiters ist bei jedem Neugeborenen auf die sogenannten Reifezeichen zu achten.

Reifezeichen

Das wichtigste Reifezeichen ist die Geburtslänge. Reife männliche Neugeborene sind 49–51 cm, weibliche 48–50 cm lang.

Das *Geburtsgewicht* kann auch bei völlig reifen Neugeborenen um 100% schwanken. Als übliches Durchschnittsgewicht kann man etwa 3000–3200 Gramm annehmen. Bei reifen Neugeborenen sollen die *Fingernägel* die Fingerkuppen überragen, die Zehennägel die Zehenkuppen eben erreichen. Das Kopfhaar soll dicht und etwa 2–3 cm lang sein. Die *Lanugobehaarung* soll im Gesicht geschwunden und höchstens noch an den Schultern reichlicher vorhanden sein.

Alle diese Reifezeichen sind jedoch, mit Ausnahme der Geburtslänge, äußerst variabel und daher unsicher.

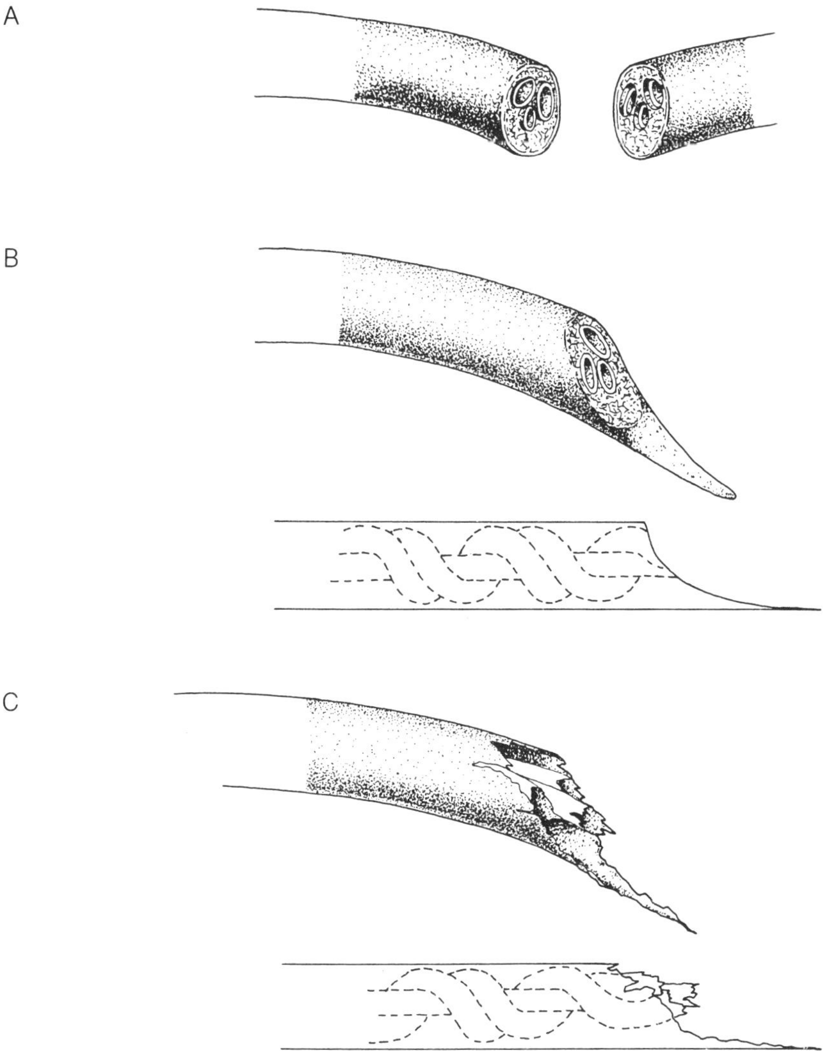

Abb. 25. Nabelschnur.
A Glatte Durchtrennung mit der Schere. B Durchtrennung mit dem Messer
C Abgerissen.

Knochenkerne ergeben etwas verläßlichere Reifezeichen und sind besonders bei fauligen Kindesleichen noch gut verwertbar. Der Knochenkern im unteren Oberschenkelknorpel wird bei stark abgebeugtem Kniegelenk durch paralleles, scheibenförmiges Abschneiden des Knorpels senkrecht zur Längsachse des Femurs erfaßt. Man findet dann bei reifen Neugeborenen einen netzförmig verknöcherten, etwa linsengroßen rötlichen Verdichtungskern vor. Ebenso können etwas größere Knochenkerne im Kalkaneus und Talus durch einen schräg geführten einzigen Schnitt zur Darstellung gebracht werden.

4.3.4 Tötungsarten

Tötung des Neugeborenen ist prinzipiell auf jegliche Weise möglich. Bevorzugt werden Ertränken, Erwürgen oder Erdrosseln, Knebelung und alle weiteren Erstickungsarten; schon seltener sind Erschlagen, Erstechen oder Tötung durch Schnittverletzungen. Ersticken kann durch Bedecken von Mund und Nase herbeigeführt werden, z. B. durch Anpressen an die mütterliche Brust oder durch Aufpressen von Tüchern, Bettzeug usw.

Der Nachweis kann in allen Fällen von Ersticken durch Überdecken schwierig sein. Allerdings wird das Aufpressen von all diesen Gegenständen – auch von weichen Tüchern – mit genügend großer Kraft ausgeführt, so daß zumindest zarte Blutunterlaufungen und braune Hautvertrocknungen als Folge von Abschürfungen im Gesicht entstehen. Häufig finden sich auch Fingernägeldruck- oder -kratzspuren.

Ersticken durch Knebeln ist nicht allzu selten. Auch hierbei entstehen üblicherweise Verletzungen, besonders im Bereich des Mundes und des Rachens oder an den Lippen. Als „Knebel" wird auch der Finger verwendet, wobei gerade dadurch Verletzungen an Mund- und Rachenschleimhaut bis zu schweren Zerreißungen in Mund, Rachen und am Kehlkopfeingang entstehen können.

Die Unterlassung der Unterbindung der Nabelschnur kann, muß aber keinesfalls zum Verbluten führen. Die gerichtsmedizinische Erfahrung spricht eher gegen diese Möglichkeit.

4.4 Sturzgeburt

Unter Sturzgeburt versteht man – zum Unterschied vom Partus praecipitatus, der überstürzten Geburt – einen Geburtsvorgang, bei dem das Kind aus den mütterlichen Geburtswegen sturzförmig austritt. Hierbei kommt Geburt en bloc ebenso vor wie Abreißen der Nabelschnur durch das Gewicht des Kindes bei noch adhärenter Plazenta. Ein solches Abreißen würde für Sturzgeburt, eine scharf durchtrennte Nabelschnur gegen Sturzgeburt sprechen.

Derartige Sturzgeburten haben sich früher öfter in ländlichen Aborten ereignet, wobei das Neugeborene direkt in die Jauche stürzte und darin ertrank. In solchen Fällen fanden sich keine Beatmungszeichen, lediglich Ertrinkungsbefund mit mikroskopischem Nachweis von aus der Jauche stammenden Pflanzenzellen, quergestreiften Muskelfasern, Wurmeiern u. a.

Ähnliche Verhältnisse finden sich bei Geburt am Wasserklosett oder der sogenannten Kübelgeburt. Die mikroskopischen Untersuchungen können hierbei negativ sein, weil das Ertrinken in purem Wasser stattfindet.

Bei der Kübelgeburt finden sich meist Fruchtwasserbestandteile in den

Lungen, weil ja im Kübel auch Fruchtwasser und Blut vorhanden sind. Beatmungszeichen an den Lungen fehlen, wenn genügend Flüssigkeit im Kübel vorhanden war. Die Standardbehauptung der Kindesmütter, sie hätten wegen Harn- und Stuhldranges den Abort oder Kübel aufsuchen müssen, ist schwer widerlegbar.

Verletzungen an der Neugeborenenleiche

Bei Sturzgeburt kann es durch Aufschlagen des Kindes auf den Boden zu Schädelbrüchen kommen; aber auch beim Versuch des Durchpressens eines Neugeborenen durch den engen Abortschlauch kommen Schädelverletzungen vor. Hierbei muß bedacht werden, daß Schädelbrüche beim Neugeborenen nicht den Gesetzen der Brüche am Erwachsenenschädel folgen. Der Neugeborenenschädel stellt – entgegen dem Erwachsenenschädel – keine feste, geschlossene Hohlkugel dar, da die einzelnen Schädelknochen nur häutig miteinander verbunden sind. Durch Übereinanderschieben der Schädelknochen können daher parallel zu den Schädelnähten verlaufende Bruchlinien entstehen. Vor allem aber kommt es zu radiär verlaufenden Bruchlinien, vom Ossifikationszentrum hinweg in die Peripherie des Knochens. Weist ein Schädeldachknochen zwei radiäre Brüche auf, so stehen sie winkelförmig zueinander, gar nicht selten annähernd rechtwinkelig.

Weiters sind Ossifikationslücken und embryonale Spalten zu beachten, da durch erstere Lochbrüche vorgetäuscht werden können. Solche Ossifikationslücken sind in ihrer Begrenzung durch allmählich dünner werdende Ränder erkennbar. Sie liegen meist an typischen Stellen. Ebenso ist die Lage der embryonalen Spalten recht charakteristisch. Überdies ist im Spaltenbereich die Dura mit der Knochenhaut zwischen den einzelnen Ossifikationsstrahlen verwachsen.

Zur Beurteilung von Knochenbrüchen oder diesen genannten angeborenen Knochenveränderungen muß unbedingt die Knochenhaut vom Knochen abgezogen werden.

5 Kindesmißhandlungen

Das Delikt der Kindesmißhandlung, bei der meist die Eltern des Kindes, aber auch andere zur Obsorge Verpflichtete ihre autoritäre Gewalt derart mißbrauchen, daß dem Kind ein nicht selten bleibender physischer und psychischer Schaden zugefügt wird, stellt ein sehr vielschichtiges Problem dar.

Der Nachweis eines kausalen Zusammenhangs von klinischer Symptomatik oder den bei der Leichenöffnung vorgefundenen pathologisch-anatomischen Veränderungen mit einer möglicherweise vorausgegangenen Mißhandlung setzt sowohl beim Gerichtsmediziner als auch beim Kinderarzt die gründliche Kenntnis der Eigenart von Mißhandlungsfolgen voraus.

> Für das Beweisverfahren und zur Sicherung eines aufkommenden oder bereits bestehenden klinischen Verdachts ist die gezielte und mit dem nötigen Geschick erhobene Aufnahme der *Vorgeschichte* besonders wichtig, da bereits aus der Anamnese mitunter behauptete Hinweise auf das Vorliegen einer Mißhandlung zu erhalten sind.

Als solche sind der häufige Wechsel von Pflegeplätzen zu werten, wobei die betroffenen Kinder zwischendurch jeweils nur für kurze Zeit bei den Eltern untergebracht werden, um hierauf wiederum auf einen Pflegeplatz abgeschoben zu werden. Ebenso werden auch Ärzte immer wieder gewechselt, um etwaige Verdachtsmomente zu verwischen. Verdacht erwecken auch offensichtliche Widersprüche in der Aussage von behaupteten Ursachen von Selbstverletzungen und dem tatsächlichen Ausmaß vorhandener, womöglich gehäufter Erkrankungen. Überdies kann schon allein mangelnde Betreuung in Verbindung mit allgemeiner Vernachlässigung schwere Gedeihstörungen bewirken.

5.1 Veränderungen der Haut

Unter den vorhandenen und nachweisbaren klinischen Veränderungen imponieren am eindrucksvollsten die Veränderungen der Haut. Die meist multiplen Blutunterlaufungen werden hauptsächlich am behaarten Kopf, im Bereich der Augen als Brillenhämatom und an den Extremitäten angetroffen. An den Beinen sind die äußerlich sichtbaren Hämatome mitunter mit subperiostalen Blutungen vergesellschaftet, die zu frühzeitiger, röntgenologisch erkennbarer Verkalkung neigen. Am Rumpf können diese Hämatome durch die Anwendung grober stumpfer Gewalt auch flächenhaft ausgedehnt sein.

Nahezu regelmäßig lassen sich bei genauerer Betrachtung nebeneinander verschiedenfarbige Hämatome nachweisen, was durch das unterschiedliche Alter der Verletzungen bedingt ist. Durch diese Verfärbungen werden die wiederholt zu verschiedenen Zeiten ausgeführten Mißhandlungen erwiesen. Gerade die Wiederholungen sind charakteristisch für Mißhandlungen, ihre Erkennung und Bewertung können somit die Urteilsfindung erleichtern.

Weitere Verdachtsmomente ergeben sich beim Vorliegen der so typischen doppelt konturierten Prügelmarken oder Striemen, besonders dann, wenn sie ebenfalls die bereits erwähnten unterschiedlichen Farbnuancen aufweisen. Druckspuren am Hals, Fingernagelabdrücke sowie Quetschungen, Hautabschürfungen, Brandwunden, aber auch Narben nach derartigen Verletzungen ergeben ebenfalls wichtige Hinweise. Es können Haarbüschel ausgerissen werden, wodurch kahle Stellen oder allgemeine schüttere Kopfbehaarung entstehen. Schließlich sind auch noch Einrisse oder andere Verletzungsspuren an den Ohren nicht allzu selten.

5.2 Veränderungen am Skelett

Außer an der Haut sind vor allem am Skelett Auswirkungen von Mißhandlungen erkennbar.

Bei Säuglingen und Kleinkindern werden daher auch Brüche eines oder mehrerer Knochen an den Extremitäten oder am Brustkorb ohne erklärendes vorhergegangenes Trauma in solchem Maß typisch für Mißhandlungen, daß von einem Baby-Prügelsyndrom („battered-child-syndrome“) gesprochen wird.

Massive Gewalteinwirkungen auf den Schädel führen stets zu ausgebreiteten Blutunterlaufungen an der Kopfhaut, lassen jedoch meist die Schädelkapsel auch dann, wenn eine tödliche Blutung in das Schädelinnere eintrat, wegen der hohen Elastizität kindlicher Knochen intakt.

Schädel-Hirn-Traumen sind als Todesursache leider nicht allzu selten.

5.3 Weitere Befunde

Als weitere Todesursachen kommen vor allem Formen stumpfer Gewalteinwirkungen auf den Rumpf mit massiven Läsionen oder sogar Zerreißungen viszeraler Organe und die dadurch hervorgerufenen Blutungen in die großen Körperhöhlen in Betracht. Vielfach ist jedoch der Tod die Folge des Zusammenwirkens mehrerer Ursachen. Fettembolie als Todesursache ist besonders nach multiplen Knochenbrüchen oder bei zahlreichen durch Verprügeln entstandenen Quetschungen des Unterhautfettgewebes zu beobachten.

Keineswegs unterschätzt werden darf überdies der Blutverlust, der durch multiple Hämatome entsteht. Tod durch innere Verblutung ist daher durch

Massierung von Blutunterlaufungen möglich, da das etwa ins subkutane Gewebe ausgetretene Blut dem Kreislauf entzogen ist.

Rechtlich definiert ist der Begriff „Kindesmißhandlung" im § 92 StG.

Quälen oder Vernachlässigen eines Unmündigen, Jugendlichen oder Wehrlosen

§ 92. (1) Wer einem anderen, der seiner Fürsorge oder Obhut untersteht und der das achtzehnte Lebensjahr noch nicht vollendet hat oder wegen Gebrechlichkeit, Krankheit oder Schwachsinns wehrlos ist, körperliche oder seelische Qualen zufügt, ist mit Freihheitsstrafe bis zu zwei Jahren zu bestrafen.

(2) Ebenso ist zu bestrafen, wer seine Verpflichtung zur Fürsorge oder Obhut einem solchen Menschen gegenüber gröblich vernachlässigt und dadurch, wenn auch nur fahrlässig, dessen Gesundheit oder dessen körperliche oder geistige Entwicklung beträchtlich schädigt.

(3) Hat die Tat eine schwere Körperverletzung (§ 84 Abs. 1) zur Folge, so ist der Täter mit Freiheitsstrafe bis zu drei Jahren, hat sie eine Körperverletzung mit schweren Dauerfolgen (§ 85) zur Folge, mit Freiheitsstrafe bis zu fünf Jahren, hat sie den Tod des Geschädigten zur Folge, mit Freiheitsstrafe von einem bis zu zehn Jahren zu bestrafen.

Zur Erläuterung ist in der Dokumentation zum Strafgesetzbuch hinzugefügt: Dem Quälen sollen bestimmte Fälle der Vernachlässigung der Fürsorge oder Obhut gleichgestellt werden.

Wegen der hohen Dunkelziffer wird an dieser Stelle besonders auf die Anzeigepflicht in § 27 Ärztegesetz, Seite 164, hingewiesen. Auch § 26 „Berufsgeheimnis" ist in diesem Zusammenhang wesentlich, da daraus die Rechtfertigung für die Verletzung der Geheimhaltungspflicht für Ärzte abzuleiten ist.

6 Vergiftungen

Als Gifte bezeichnet man Stoffe, die, in relativ kleinen Mengen in den Körper eingebracht, durch chemische Wirkung Gesundheitsstörungen hervorrufen.

In großen Dosen eingenommen, werden auch lebensnotwendige Substanzen, wie etwa Kochsalz oder sogar Wasser, zu tödlichen „Giften". Etwa ¼ kg NaCl, oral eingenommen, führt durch die enorme Wasserentziehung zum Tod.

6.1 Allgemeine Vergiftungslehre

Die Giftwirkung ist generell von verschiedenen Faktoren abhängig. So bedingen chemische Eigenschaften der einzelnen Substanzen ihre jeweilige Wirkung. Bariumsulfat (Barium sulfuricum) ist deshalb ungiftig, weil es unlöslich ist; Bariumsulfid (Barium sulfuratum) als lösliche Substanz wirkt dagegen sehr giftig. Verwechslungen dieser Metallsalze führen daher zu Vergiftungen.

Von Bedeutung sind ferner die Reinheit und die Haltbarkeit der Substanz. So schwächt sich die Wirkung von Zyankali bei der Stangenform des Zyankalis durch Vermengung mit unwirksamen Substanzen wie auch durch Verwitterung bei Luftzutritt ab. Altes KCN besteht daher oft nur noch zum größten Teil aus Kaliumcarbonat.

Bei Pflanzengiften spielt schon allein der Standort der Pflanze für die Ausbildung ihrer Wirkstoffe eine wesentliche Rolle, noch mehr natürlich der Zeitpunkt der Ernte wegen des Wachstumsstadiums und/oder des Alters der Pflanze.

Das *Vehikel*, also das Lösungs- oder Aufschwemmungsmittel, ist ebenso entscheidend. Wirkungsänderungen können auch durch Inhaltsstoffe von Nahrungs- und Genußmitteln eintreten. So werden z. B. manche Alkaloide durch die im Tee enthaltenen Tannine gefällt.

Unter den *Applikationsarten* ist die Aufnahme per os die häufigste. Für heimliche Beibringung sind besonders farblose, geruchlose und geschmacklose Substanzen geeignet; Arsenik ist das klassische Beispiel hierfür.

Zur Inhalation eignen sich Gase, Dämpfe und nebelförmige Giftstoffe (Aerosole).

Alle nur irgend möglichen Beibringungsarten kommen beim Suchtgiftmißbrauch vor. Rauchen und Schlucken sind beim Haschisch am meisten verbreitet, Kokain wird geschnupft oder injiziert – und bei Heroin z. B. ist es keineswegs gleichgültig, ob eine Injektion subkutan, intramuskulär oder intravenös erfolgt.

Beibringung per Clysma kommt in erster Linie bei Selbstmorden durch Schlafmittel, vaginale oder uterine Aufnahme bei Abtreibungshandlungen vor, doch sind auch schon tödliche Sublimatvergiftungen im Rahmen falsch verstandener Intimhygiene beobachtet worden.

> Im allgemeinen ist die Giftwirkung um so stärker, je rascher die Resorption der Substanz erfolgt und je langsamer die Ausscheidung vor sich geht.

Unter den Wirkungsbedingungen, die im Vergifteten selbst gelegen sind, sind vor allem *Alter, Konstitution und Disposition* zu nennen. Kinder sind insgesamt und etwa gegen Opiate und Strychnin besonders empfindlich. Kranke werden in der Regel schneller, Unterernährte schwerer geschädigt, und dispositionell sind u. a. Menses, Gravidität und Laktation zu nennen.

Bei manchen Giften tritt *Gewöhnung* an die Giftwirkung ein, so daß bei längerem Gebrauch steigende Dosen angewendet werden müssen, um dieselbe Wirkung zu erzielen. Typisches Beispiel sind die Suchtgifte sowie Alkohol und Nikotin.

Der *Füllungszustand des Magens* kann Giftwirkungen wesentlich beeinflussen. Im allgemeinen tritt durch raschere Resorption bei leerem Magen die Wirkung rascher ein. Ebenso ist der Gehalt an freier Salzsäure im Magen für gewisse Giftwirkungen von Bedeutung.

Der Zustand der Leber beeinflußt bei sehr vielen Giften den Abbau, jener der Nieren die Ausscheidung, so daß der Zustand jener Organe auch zur Giftspeicherung Beziehungen aufweist.

Zur Erleichterung der Vergiftungsdiagnose wird man immer bemüht sein, eine Anamnese zu erhalten. In der gerichtsmedizinischen Praxis ist dies allerdings häufig nicht möglich, abgesehen davon, daß die Angaben auch bewußt falsch sein können.

6.2 Leichenbefunde

Äußerlich – also schon durch die Totenbeschau erkennbar – bewirkt eigentlich nur die CO-Vergiftung einen so charakteristischen Befund, daß eine Diagnose von vornherein möglich ist.

> Die inneren Leichenbefunde sind bei mehreren Vergiftungen doch so charakteristisch, daß eine Diagnose durch Obduktion möglich ist. In jedem Fall aber muß die chemische Untersuchung den Giftnachweis erbringen, wie es in der österreichischen Strafprozeßordnung auch ausdrücklich verlangt wird.

Das ist nicht immer leicht, und trotz der großen Fortschritte der analytischen Chemie muß der Obduzent in jedem Fall bemüht sein, wenigstens die Richtung angeben zu können, in welche die chemischen Untersuchungen zu erfolgen haben. Hierzu ist die Kenntnis zahlreicher Veränderungen an der Leiche nötig.

6.2.1 Ätzwirkungen

Ätzgifte erzeugen allgemein sofort heftige Schmerzen. Bei peroraler Aufnahme folgen Erbrechen – meist schwarz-brauner Massen – und Schweißausbruch. Das Bewußtsein kann bis knapp vor dem Tode erhalten bleiben.

Charakteristische Bilder von Säuren zeigen sich vorwiegend an Schleimhäuten. Die verätzte Speiseröhrenschleimhaut bildet starre Falten, die Magenschleimhaut weist braun bis schwarzbraun verfärbte Nekrosen auf, die eigentümlich höckerig sind.

Ein solches Ätzbild des Magens ist insbesondere bei Schwefelsäure- und Salzsäurevergiftung zu finden, während Salpetersäure sehr hellgelbe Schorfe (Xanthoproteinbildung) erzeugt; erst nach Abstoßung der Schorfe ist in der Tiefe die braune Verfärbung durch saures Hämatin zu erkennen.

Prinzipiell führt Säureeinwirkung zu Koagulationsnekrosen. Die Eiweißausfällung bewirkt Trübung des Gewebes, die Schleimhäute werden starr, teilweise weißgrau und trübe und sehen wie verkocht aus.

Laugen hingegen bewirken Kolliquationsnekrosen von mehr brauner Farbe. Zunächst entstehen zwar trübe Schorfe, doch bleibt dieses sogenannte primäre Ätzbild nur in seltenen Fällen bei Karbolsäure, Lysol, Salpetersäure und ätzenden Metallgiften bestehen, vor allem in den sogenannten Schlingenwegen. Die eigentliche Kolliquationsnekrose aber verleiht der Schleimhaut ein durchscheinendes Aussehen und eine seifenartige Schlüpfrigkeit. Das sekundäre Ätzbild, wie es bei der Obduktion zu sehen ist, ist sowohl durch vitale als auch durch postmortale Veränderungen bedingt.

Das *Ausmaß der Tiefenwirkung* der Ätzmittel hängt von der chemischen Beschaffenheit und von der lokalen Verweildauer ab. Deshalb gehen die Verätzungen im Mund und in der Speiseröhre gewöhnlich nicht sonderlich in die Tiefe. Die Depotfunktion des Magens kann sehr tiefreichende Nekrosen – und somit einen Magendurchbruch – zur Folge haben, doch spielt hier der Grad der Verdünnung des Ätzstoffes durch allfälligen Mageninhalt eine dominierende Rolle.

Die sekundäre Farbänderung des Ätzbildes ist Folge der Entstehung von saurem bzw. alkalischem Hämatin, welches die Schorfnekrosen braun inhibiert. Dabei ist das saure Hämatin mehr schwärzlich, also schwarzbraun, das alkalische Hämatin aber dunkelbraun-kastanienfarben.

Zumindest in unserem Bereich sind Todesfälle durch Ätzgifte in den letzten Jahrzehnten kaum noch zur Beobachtung gekommen. Mit Einzelfällen muß aber doch immer wieder gerechnet werden, deshalb sollen die verschiedenen Ätzbilder nicht gänzlich in Vergessenheit geraten, denn in allerletzter Zeit haben wir wieder mehrere Fälle von Vergiftungen durch Ätzgifte gesehen.

Äußerlich können Ätzmittel braune Hautverfärbungen und Vertrocknungen in charakteristischer Form und Verteilung als Abrinnspuren vom Mund über das Kinn zur Brust und eventuell zum Bauch erzeugen, besonders Schwefelsäure, Salpetersäure, Karbol, Lysol und Laugen, aber auch die sogenannte technische Salzsäure sind geeignet, derartige Abrinnspuren zu erzeugen.

Innerlich entstehen schwere und auffallende Veränderungen vom Mund an bis einschließlich Speiseröhre praktisch immer, im Magen fast immer; auch in den Dünndarm reichen sie mehr oder weniger weit hinab, bis sich die Ätzwirkung allmählich erschöpft hat.

6.2.2 Karbolsäure

Karbol und Karbolspray werden auch heute noch in Haushalten als Desinfektionsmittel verwendet. Die Diagnose ist meist leicht zu stellen, weil am Körper insgesamt und bei der Obduktion auch am Gehirn, im Magen und an den Lungen – nicht jedoch im Harn – intensiver Karbolgeruch wahrnehmbar ist. Bei einigermaßen reinem Karbol ist der Ätzschorf der Magenschleimhaut der weißeste Schorf aller Ätzmittel; ist das Karbol aber durch Teerstoffe verunreinigt, dann ist der Schorf leicht bräunlich verfärbt.

6.2.3 Lysol

Lysol war vor rund einem Jahrhundert ein geradezu massenhaft verwendetes Selbstmordmittel in den unteren sozialen Schichten („Dienstmädchengift“). Analog zur Karbolleiche ist hier der Lysolgeruch erkennbar. Die Schorfe – besonders im Magen – sind durch alkalisches Hämatin leicht bräunlich gefärbt.

6.2.4 Sublimat

$HgCl_2$ führt schon in 1%iger Lösung, in welcher es als Desinfektionsmittel verwendet wird, zu schweren Vergiftungen. Die lokal irritierende Wirkung ist gering, die resorptive hingegen sehr schwer und macht sich vor allem am Darm bemerkbar („Quecksilberdysenterie“). Zu Lebzeiten sind schwere enteritische und kolitische Erscheinungen zu beobachten, an der Leiche sieht man eine katarrhalische Ileitis und selten auch Schleimhautnekrosen des unteren Dünndarms sowie starke Schwellung der Dickdarmwand mit hochgradig geröteter bis düster roter und wulstig gefalteter Schleimhaut. Manchmal weist diese Blutungen auf; doch sind insbesondere die Schleimhautnekrosen des Dickdarms auffällig, die durch Giftausscheidung in den Darm hinein entstehen. Die Schorfe sehen aus wie bei bazillärer Ruhr.

Die Quecksilberausscheidung erfolgt durch den Speichel und führt zur Quecksilberstomatitis sowie zu Veränderungen im unteren Ösophagus. Die besonders gefürchtete Quecksilberwirkung aber betrifft die Nieren im Sinne einer toxischen Nephrose, die – nicht selten gegen Ende der 2. Woche – über ein Crush-Syndrom zum Tode an Urämie führt. Pathologisch-anatomisch besteht das Bild der „großen weißen Niere". „Weiß" ist natürlich relativ zu verstehen, denn Oberfläche und Rinde sind blaßgelb-rötlich bis gelb-bräunlich. An der Luft nimmt die obduzierte Niere allmählich einen merkbar grauen Farbton an, überdies sind die „Sublimatnieren" ausgesprochen schlaff.

Die Sublimatschorfe sind massiv, weißlich, relativ sehr fest und trocken. Auch sie nehmen an der Luft eine leichte Graufärbung an. Im Magen kann man manchmal die rötliche Farbe des Eosins erkennen, das als Warnfarbstoff den Sublimatpastillen zugesetzt ist.

6.2.5 Essigsäure

Essigessenz, aber auch höher konzentrierter Speiseessig (Salatessig), kann in entsprechender Dosierung zur tödlichen Essigsäurevergiftung führen. Nach einem freien Intervall sehr unterschiedlicher Dauer beginnen leichte, aber dann ständig zunehmende Schmerzen. Erbrechen, Durchfall, Krämpfe und Somnolenz gehen dem Tod voraus. Charakteristisch sind weißgraue „schmutzige" bis eigentümlich schmutzig-silbrige Schorfe. Nach Eröffnung der Bauchhöhle ist die grau-silbrige Verfärbung des Magens schon von außen, d. h. an der Serosa, zu erkennen.

6.2.6 Ammoniak und Salmiakgeist

Ammoniak und Salmiakgeist, die z. B. als Putzmittel verwendet werden, zählt man zu den irritierenden Giften. Sie bewirken Schleimhautrötungen, aber wegen zu geringer Konzentration der Lösung nur äußerst selten Verätzungen.

Salmiak wirkt laugenartig; das entstehende Hämatin ist anfänglich ausgesprochen hellrot und wird erst allmählich braun. Die starke Rötung und Schwellung der Schleimhaut betrifft auch Kehlkopf und Luftröhre, und es können croupartige Veränderungen, nämlich Fibrinausschwitzungen, zustande kommen. In der Magenschleimhaut können schwere Blutungen auftreten und eine düsterrote Verfärbung bewirken.

6.2.7 Nitrose-Gase

Nitrose-Gase sind Stickoxid und Stickstoffdioxid mit Beimengungen von Salpetersäure und salpeteriger Säure. Vergiftungen entstehen am ehesten bei Kesselreinigungsarbeiten mit Salpetersäure, bei der Explosion von Salpetersäureballons, aber auch bei Sprengarbeiten mit Nitropulver. Die Vergiftung ist deshalb besonders tückisch, weil schwere Erkrankungserscheinungen erst nach Stunden, manchmal 8 bis 10 Stunden nach dem Ereignis, eintreten. Es kommt zu Reizhusten, Atemnot, Angstgefühlen, fleischfarbenem Auswurf. Allmählich treten Verfall mit grauem Gesicht, quälendem Husten und hochgradiger Atemnot ein. Zum Tode führende Vergiftungen werden kaum länger als 24 Stunden überlebt.

Röntgenologisch ist die Lungenschädigung durch Reizwirkung der Dämpfe an der disseminiert fleckförmigen Verschattung beider Lungen erkennbar.

An der Leiche sind Rötung und Schwellung der Schleimhaut der Luftwege, entzündliches Lungenödem, Larynxödem festzustellen.

6.3 Habent sua fata venena

Gifte haben ihre Schicksale, Gifte und Giftmorde beschäftigen schon wegen ihrer Unheimlichkeit – ein scheinbarer Widerspruch, weil sie ja zu Mordzwekken immer heimlich beigebracht werden – die Menschheit seit eh und je. Zu allen Zeiten gab es Giftmörderinnen und Giftmörder, und zu gewissen Zeiten waren sie zur Beseitigung mißliebiger Konkurrenten geradezu hoffähig.

Nicht wenige Giftstoffe sind in irgendeinem geschichtlichen Zeitabschnitt – einschließlich der Gegenwart – als „Modegifte" plötzlich aufgetaucht und dann wieder gänzlich verschwunden oder haben sich unter die anderen Gifte an einsehbarer Stelle eingereiht.

Die wichtigste Voraussetzung für die Entwicklung zum Modegift ist gar nicht so sehr die Wirksamkeit, als vielmehr die leichte Erreichbarkeit der Substanz. Die Erreichbarkeit ändert sich verständlicherweise im Laufe der Kultur- und Zivilisationsgeschichte. Das klassische Modegift, dessen Geschichte sich über Jahrhunderte erstreckt, war Arsen bzw. Arsenik. Besonders in den Alpenländern war Arsenik als Hüttenrauch durch den „Hittrach"-Handel vom 14. Jahrhundert an stark verbreitet, weil vorerst aus den böhmischen Bergbaugebieten Arsenik auf dem Weg zu den venezianischen Glasfabriken die Alpenländer passierte. Wegen der reichen Arsenerzvorkommen in den Ostalpen entstanden dann sehr bald in der Steiermark, in Kärnten und Salzburg die sogenannten Hittrach-Gewerken, die reichlich Arsenik erzeugten.

Inzwischen sind Schlafmittel praktisch jedem beschaffbar geworden, wenn auch nur unter Trickanwendung; sie stellen heute die häufigste Giftgruppe dar. Gleiches gilt für Pflanzenschutzmittel, die für Obst- und Weinbauern leicht zu erlangen sind und aus deren Vorratsschuppen ebenso leicht entwendet werden können.

Auch das simple Problem der Quantität führt zu einer Art Auslese. Das benötigte Volumen eines schlafmittelhaltigen Medikamentes ist für Mordzwecke in der Regel zu groß, für Selbstmörder aber relativ belanglos.

Unfälle entstehen in der Regel durch Verwechslung. Das leichtsinnige Abfüllen giftiger Flüssigkeiten in Getränkeflaschen führt immer wieder zu Schädigungen und auch zu tödlichen Vergiftungen, wobei es sich meist um Erwachsene handelt. Kinder verwechseln insbesondere Dragees mit Zuckerln.

6.4 Häufigkeit der einzelnen Vergiftungen

Gliedert man tatsächlich zur Beobachtung gelangte Fälle tödlicher Vergiftungen einerseits nach der Art des Giftes und andererseits nach Selbstmord, Unfall und Mord, so treten Schwerpunkte in geradezu frappierender Deutlichkeit hervor.

Unter jenen 961 Vergiftungstodesfällen, die wir im Laufe von 35 Jahren (1950–1985) obduktionsmäßig zu beurteilen hatten, steht der Selbstmord mit 531 Fällen an der Spitze, gefolgt von 320 unfallhaften Geschehen. Der Giftmord – so spektakulär er im Einzelfall auch sein mag – liegt mit 15 Fällen zahlenmäßig an letzter Stelle. In 95 Fällen ist es nicht gelungen, sie eindeutig in eine dieser Gruppen einzureihen.

In Wahrheit kommen freilich auf 320 unfallshafte Vergiftungen weit mehr als 531 Selbstmorde. Während nämlich bei den ersteren so gut wie immer eine Obduktion angeordnet wird, werden klare Selbstmorde – z. B. mit Abschiedsbrief – meist ohne unsere Zuziehung von der Staatsanwaltschaft freigegeben.

Die Zahl der tatsächlich zur Anwendung gelangten Giftmittel ist auch in unserem Material groß; aber nur ganz wenige Stoffe haben gehäuft zu tödlichen Vergiftungen geführt.

Schlafmittel

Deutlich an erster Stelle stehen die Schlafmittel. Die 314 tödlichen Schlafmittelvergiftungen umfassen 260 Selbstmorde, 2 Morde und 8 Unfälle; 44 Fälle waren nicht zuzuordnen.

Kohlenoxid

An zweiter Stelle befinden sich die Kohlenoxidvergiftungen. Hier überwiegen begreiflicherweise die Unfälle, nämlich 138 Unfälle bei 204 CO-Vergiftungen insgesamt.

Selbstmord durch CO ist seit dem Verschwinden des Leuchtgases selten geworden, wobei aber in letzter Zeit – interessanterweise gehäuft in bestimmten Gegenden – die CO-Vergiftungen durch Auspuffgase zunehmen, und zwar sowohl als Verunglückungen als auch als Selbstmorde (52). Bis 1985 zählten wir aber nur 13 CO-Unfälle gegenüber 35 Selbstmorden durch Auspuffgase.

Bei den Rauchgasvergiftungen („Brandgasvergiftungen") sind exakte Grenzen zum Verbrennungstod (Tod durch Hitzeeinwirkung) stets problematisch. In den Fällen weitgehender Verkohlung von Leichen konnte regelmäßig als Todesursache Verbrennungstod angenommen werden, da die erhaltenen CO-Werte für eine tödliche Kohlenmonoxidvergiftung nicht ausreichten.

Als Mord durch Kohlenoxid konnten wir in jüngster Zeit einen Doppelmord mit gleichzeitigem Selbstmord des Täters beobachten. Die Tat wurde mit einer äußerst kompliziert gebauten Apparatur vorgenommen, die, elektronisch gesteuert, Kohlenoxid zur Nachtzeit in zwei getrennt liegende Schlafzimmer einblies.

Insektizide

An dritter Stelle unserer Statistik tödlicher Vergiftungen stehen die Insektizide, wozu bemerkt werden muß, daß unser Einzugsgebiet große Obst- und Weinbaugebiete umfaßt.

Unter den 105 einschlägigen Obduktionsfällen überwiegen die Vergiftungen durch E 605 bzw. nach der Tötungsart die Selbstmorde mit 90 Fällen. Die 9 Unfälle teilen sich gleichmäßig auf Verunglückung bei der Anwendung der Insektizide (Arbeitsunfälle) und auf Verwechslungen mit trinkbaren Flüssigkeiten auf.

Als Mordmittel kam E 605 dreimal zur Anwendung; 3 Insektizidvergiftungen blieben hinsichtlich ihrer Verursachung fraglich.

Alkohol

Die Zählung tödlicher Alkoholvergiftungen ist deshalb problematisch, weil die Abgrenzung sehr schwierig ist. Die Mehrzahl dieser Todesfälle ereignet sich nämlich als Folge hochgradiger Alkoholisierung durch andere letzte Ursachen wie Liegenbleiben in der Kälte mit nachfolgendem Unterkühlungstod, Ersticken im Brechakt, Ertrinken in Pfützen u. a.

Auch die Abgrenzung des Selbstmordes vom Unfalltod läßt sich in diesen Fällen oft nicht mit Sicherheit treffen; wir nahmen deshalb Selbstmord nur dann an, wenn ein Abschiedsbrief aufgefunden oder eine mündliche Willenserklärung eruiert werden konnte. Von den 88 alkoholbedingten Todesfällen vermochten wir 9 nicht eindeutig einzureihen; nur viermal konnten wir Selbstmord annehmen; die übrigen 75 Fälle müssen als Unfall angesehen werden.

Dazu kommt noch eine erhebliche Dunkelziffer bei den Verkehrsunfällen: Das geradlinige Hinausfahren aus einer Kurve gegen eine Hausmauer kann ebensogut ein echter Verkehrsunfall unter Alkoholbeeinträchtigung sein wie ein Selbstmord; Liegen auf der Fahrbahn kann unbeabsichtigte Alkoholisierungsfolge sein, aber auch ein Selbstmordversuch.

Tödliche Vergiftungen durch andere Alkohole als durch Äthanol kamen bei uns in den letzten Jahrzehnten nicht zur Beobachtung.

Cyanide; Strychnin

Cyanidvergiftungen (ausnahmslos durch Cyankalium) finden sich in der 25-Jahres-Statistik elfmal; 10 waren Selbstmorde, einer ein Unfall.

Auch die 7 Strychninvergiftungen umfassen einen Unfall; die restlichen 6 waren Selbstmorde.

Pharmaka

Die große Zahl der tödlichen Vergiftungen durch Pharmaka umfaßte in dem Berichtszeitraum von 35 Jahren 119 Fälle. Von diesen waren 60 Selbstmorde, 34 Unfälle, 1 Mord und 24 nicht einzuordnende Fälle. In der nun folgenden speziellen Vergiftungslehre soll dafür sofort mit der häufigsten Pharmakagruppe begonnen werden, nämlich mit den Schlafmitteln.

6.5 Spezielle Vergiftungslehre

6.5.1 Schlafmittelvergiftung

Die Vergiftung durch Schlafmittel steht heute in allen Statistiken an erster Stelle. Noch viel mehr als für die Todesursachenstatistik gilt das für die Klinik: Die Zahl der Selbstmordversuche ist praktisch gar nicht zu erfassen, deshalb ist im klinischen Bereich das Überwiegen dieser Vergiftungsart noch ungemein größer. Ein Ansteigen ist immer noch zu beobachten und auch weiter zu erwarten.

In unserer Selbstmordstatistik finden sich in den Jahren 1950–1965 40,5% Schlafmittelvergiftungen, in den Jahren 1966–1975 aber 68,0%.

> Die tödliche Wirkung der Schlafmittel ist die zentrale Lähmung, nämlich die Lähmung des Atem- und Kreislaufzentrums.

Tatsächlich überwiegt diese klassische Form des Schlafmitteltodes, doch gibt es auch andere unmittelbare Todesursachen als Folge einer Schlafmittelüberdosierung, und zwar vor allem den Tod durch Erstickung bei massiver *Aspiration* von Mageninhalt sowie den Tod durch die Spätfolge Aspirationspneumonie.

Die Unterscheidung dieser Arten des „Schlafmitteltodes" erleichtert die Diagnostik und bewährt sich auch bei allfälligen rechtlichen Fragestellungen, weil der Zeitpunkt zwischen Gifteinnahme und Todeseintritt entsprechend diesen letzten Todesursachen deutlich variiert. Am raschesten tritt der Tod durch Erstickung bei Aspiration von Mageninhalt ein.

Die suizidale Einnahme großer Schlafmittelmengen – das gilt übrigens generell für praktisch alle Medikamente – kann durch Reizung der Magenschleimhaut schon nach wenigen Minuten massives Erbrechen auslösen. Wenn durch die zentrale Wirkung des Schlafmittels bereits Reflexlähmung besteht, dann atmet der Vergiftete hemmungslos Erbrochenes ein und erstickt.

Wesentlich länger dauert es, bis die zentrale Lähmung unmittelbar tödlich wird, und noch längere Zeit pflegt zu verstreichen, bis der Tod an Aspirationspneumonie eingetreten ist, wobei freilich Abgrenzungen gegenüber einer ausgesprochenen Spätfolge, nämlich der hypostatischen Pneumonie, nicht immer möglich sind.

Bei der Schlafmittelvergiftung aber ist die *Unterscheidung der drei unmittelbaren Todesursachen* schon allein durch den Obduktionsbefund möglich:

Im Fall des Erstickens an Aspiriertem sieht man bereits äußerlich wichtige Hinweise, wie reichlich ausgeflossene erbrochene Massen, die mit Tabletten- oder Drageeresten untermischt sind; es bestehen Zyanose und Dunsung des Gesichtes, Ekchymosierung und sehr ausgedehnte dunkelblaue Totenflecke, also die typischen Erstickungszeichen.

In diesen Fällen ist kaum jemals ein Schlafmittelexanthem zu sehen, weil die Zeit für dessen Ausbildung zu kurz zu sein pflegt.

Ganz anders bietet sich das *Bild des zentralen Todes*. Hier sieht man in klassischen Fällen eine blasse Leiche mit eher blasseren Totenflecken als üblich, und es ist eine Andeutung eines Hautödems als Folge diffuser Kapillarschädigung erkennbar. Vor allem findet man häufig – aber keineswegs immer – das mit Recht so genannte Schlafmittelexanthem. Seine Einzeleffloreszenzen bilden sich an jenen Körperstellen, an denen die Haut einem Druck von innen oder außen ausgesetzt ist. An den Fußknöcheln, weiters über den Knien, den Ellenbogen, Darmbeinstacheln usw. ist die Haut durch den Druck der Knochen von innen her an sich schon schlechter durchblutet und deshalb zur Ausbildung der Exanthemflecken prädestiniert. Aber auch die Aufliegestellen des Körpers sowie jene Hautstellen, die durch Gürtel, Hosenträger, Büstenhalter usw. einem erhöhten Druck ausgesetzt sind, können Exanthembildung zeigen. Die Exanthemflecken sind am Knöchel und an vielen anderen Stellen etwa fingernagelgroß, können aber im Bereich ausgedehnterer Druckstellen erheblich größer werden – sogar bis handflächengroß.

Die Einzelveränderung ist eine wenig auffällige blaßblau-rötliche Hautverfärbung, die von der Farbe blasser Totenflecke kaum unterscheidbar, vielleicht etwas rötlicher gefärbt zu beobachten ist. Diese Exanthemflecken sind eher rundlich, etwas unscharf begrenzt und nicht erhaben, bei größerer Ausdehnung unregelmäßig begrenzt.

Meist sind nur ganz wenige solcher Veränderungen vorhanden, selten mehr als ein Dutzend. Wird dieses Stadium überlebt, dann entwickeln sich aus den Flecken Blasen, die entsprechend erhaben sind und sich zunächst noch etwas vergrößern, schließlich aber eintrocknen. Solche Spätstadien eines Schlafmittelexanthems sieht man relativ selten.

Wieder anders ist das Bild nach Tod an *Aspirationspneumonie*; auch ist es unterschiedlich – je nachdem, ob eine Behandlung stattgefunden hat oder nicht. Die verbesserten Behandlungsmöglichkeiten haben in den letzten Jahrzehnten zu Rückgang der Schlafmitteltodesfälle an Aspirationspneumonie geführt.

Die Totenflecke sind – wie allgemein bei Pneumonie – dunkler blaurot als üblich. Exanthemflecken und -blasen finden sich nach Behandlung selten, sonst aber bei längerer Überlebenszeit – etwa bei tagelangem Liegen in einer versperrten Wohnung – mitunter reichlich.

Der innere Leichenbefund gleicht am ehesten einem mitigierten Erstickungsbefund.

Bei allen Schlafmitteltodesfällen, vorzugsweise natürlich nach frühem Todeseintritt, sind *Magen- und Darminhalt* besonders zu beachten. Im Magen und im Duodenum findet man häufig Medikamentenreste, manchmal auch ganze Tabletten, Dragees oder Kapseln.

Beim zentralen Tod besteht gewöhnlich ein auffallend blasses Hirnödem. Die volle bis übervolle Harnblase ist, wie überhaupt bei Todesfällen nach längerer Bewußtlosigkeit, sehr häufig; bestehen keine erkennbaren Hirnschäden, so ist die übervolle, manchmal fast bis zum Nabel reichende Harnblase ein Hinweiszeichen auf Schlafmittelvergiftung.

Sonst aber bietet der makroskopische Obduktionsbefund im Vergleich zu den anschließend beschriebenen Vergiftungsarten die dürftigsten Hinweise (CO, Insektizide, Arsen, Cyankalium). Die chemische Analyse aus Blut, Harn, Liquor, Erbrochenem, Leber, Gehirn usw. ist letztlich entscheidend für die Diagnose einer Schlafmittelvergiftung.

In verdächtig gelagerten Fällen soll man aber immer bedenken, daß ein positiver Befund allein aus dem Mageninhalt oder aus dem Erbrochenen noch kein voller Beweis dafür ist, daß es tatsächlich zu einer Vergiftung gekommen ist. Die Untersuchung wenigstens eines Organs (Leber) sollte deswegen im allgemeinen nicht unterlassen werden.

6.5.2 Vergiftung durch Beruhigungsmittel und Psychopharmaka

Schlafmittel (Hypnotika) und Beruhigungsmittel (Sedativa und Tranquillanzien) lassen sich nicht aus dem makroskopischen Leichenbefund auftrennen. Alles, was für die Schlafmittelvergiftungen – unter denen die Barbiturate immer noch am häufigsten vorkommen – ausgeführt wurde, gilt somit im wesentlichen auch für Beruhigungsmittel. Ihre Auftrennung ist nur durch die chemische Analyse möglich.

Dasselbe gilt praktisch für Psychopharmakavergiftungen, die durch die häufige ärztliche Anwendung und damit allgemeine leichte Erreichbarkeit der Medikamente zugenommen haben. Diese in höheren Dosen wie Schlafmittel wirkenden Arzneimittel haben daher auch wegen ihrer häufigen Anwendung für Selbstmordzwecke stark zugenommen. Erkennungsmöglichkeit für derartige Vergiftungen ist bei Obduktionen höchstens unter dem Generalbegriff „Medikamentenvergiftung" vor allem nach Auffindung von Tablettenresten im Magen oder Darmtrakt und per exclusionem gegeben.

Relativ häufig bringen jedoch die Umstände des Falles, vor allem die Auffindungssituation, Hinweise in Richtung solcher Medikamentenvergiftungen.

6.5.3 Drogenvergiftung

Todesfälle nach Drogenmißbrauch sind vor allem aus der *Auffindungssituation* vermutbar, da diese in der Regel recht charakteristisch ist.

Die Einzelvergiftung, derzeit vorwiegend durch Heroin, Morphin, aber auch Kokain usw., erfolgt naheliegenderweise an abgeschlossenen Orten, wie Waschräumen, Schlafräumen usw., oder aber bei gemeinsamer Verwendung bei sogenannten Drogenpartys in Wohnungen. Die Auffindung des Toten geschieht entweder zufällig, oder der Vergiftete wird etwa am nächsten Tag von den ,,Partyteilnehmern" leblos aufgefunden, die allenfalls Rettungsversuche unternehmen oder die Leiche einfach zurücklassen. Die Auffindungssituation ist auch in diesen Fällen recht charakteristisch, weil häufig Geräte oder Tabletten bzw. deren Verpackung zurückbleiben. Aber auch das Milieu der Wohnsituation ist meist recht hinweisend.

6.5.4 Kohlenoxidvergiftung

Die Kohlenoxidvergiftung ist die zweithäufigste Vergiftung; sie ist an der Leiche in der Regel leicht zu erkennen.

> Die besondere Heimtücke dieser Vergiftung ergibt sich aus der hohen Bindungsfähigkeit des geruch- und reizlosen Kohlenmonoxids an den Blutfarbstoff.

Die CO-Bindungsfähigkeit des Hämoglobins wird als 200- bis 300mal höher als jene des Sauerstoffs angegeben. Die kohlenoxidbeladenen Erythrozyten sind dadurch blockiert, fallen für den Sauerstofftransport aus, und es kommt zum Tode an allgemeiner Hypoxie.

Das fast gleiche Gewicht des CO wie die Luft (wenn Luft gleich 1, so CO 0,967) bewirkt volle Mischbarkeit mit der Raumluft, verhindert also ein Absinken (wie CO_2) oder ein Aufsteigen. Deshalb bewirken Luftströmungen innerhalb von Wohn- und Aufenthaltsräumen recht verschiedengradige Konzentrationen; deshalb können Vergiftungen verschiedenen Grades von Personen eintreten, die im selben Raum schlafen.

Hergang

Abgesehen von der Konzentration in der Raumluft, spielt bei der CO-Vergiftung der *Zeitfaktor* eine große Rolle. Der Unterschied zwischen den Folgen kurzzeitiger Einatmung hoher Konzentrationen und lange dauernder Einatmung niedrigerer Konzentrationen wird vor allem bei überlebten Vergiftungen deutlich: Die Hirnschädigung ist nach längerer Hypoxiedauer stärker.

Kohlenmonoxid entsteht prinzipiell bei der Verbrennung von Kohlenstoff – d. h. praktisch bei der Verbrennung von organischem Material – unter Sauerstoffmangel.

Gewöhnlich wird bei den Kohlenoxidvergiftungen die Leuchtgas-, die Rauchgas- und die Auspuffgasvergiftung besprochen. Die Leuchtgasvergiftung ist aber so gut wie verschwunden, weil das heutzutage an seiner Stelle verwendete ,,Stadtgas" – meist Erdgas – kaum Kohlenoxid enthält. Es entsteht aber bei jeder unvollständigen Verbrennung derartiger Gase – entweder durch schadhafte Koch- oder Heizgeräte oder aber infolge Sauerstoffverbrauchs auch bei an sich einwandfreien Geräten „im engen Raum" – Kohlenmonoxid, also auch bei Erdgasverwendung oder Verwendung von reinem Propan oder Butan usw.

Aus diesen Gründen nehmen Kohlenoxidvergiftungen mit der Zunahme des Fernfahrerberufs und mit der Ausbreitung des Campingwesens zu. Sogenannte Campingbrenner werden in Wohnwagen und in den Kabinen der Fernfahrer verwendet. In diesen oft zu kleinen Räumen kann rasch Sauerstoffmangel auftreten, ebenso wie in zu kleinen und zu schlecht durchlüfteten Badezimmern, in die im Eigenbau oder im Pfusch Gasdurchlauferhitzer mit unzureichenden Abzügen installiert worden sind. Dem regelmäßigen Benutzer ist in einem solchen Badezimmer oft schon „schlecht geworden"; er läßt deshalb beim Baden oder Duschen die Türe offen; ein ahnungsloser Besucher schließt natürlich die Tür und fällt der CO-Entstehung zum Opfer.

Rauchgasvergiftungen sind nach wie vor häufig. Rauchgase bilden sich bei Bränden in Räumen, bei sogenannten Schwelbränden, etwa als Zwischendeckenbrand – also wieder bei jeglichem Brand ohne genügende Sauerstoffzufuhr. Schlecht ziehende Öfen oder schafhafte Kamine – besonders gefährlich bei Niederdruckwetter – lassen CO entstehen; zum Trocknen zu nahe an Öfen aufgehängte Kleidung, zu nahe gelagertes Heizmaterial und viele andere Ursachen bewirken glosenden Brand und somit CO-Bildung.

Besonders *Kinder* fallen immer wieder solchen Geschehnissen zum Opfer; manchmal haben sie selbst durch Zündeln einen Brand erzeugt, oder es führen unterlegte Heizmatten durch Wärmestau zu Glosbränden der Bettücher. Alte, hilflose Personen sind durch jegliche Art von Feuer vermehrt gefährdet. Beim Rauchen im Bett ist es die Zigarettenglut, die Schwelbrände erzeugt; Alkoholisierte schlafen nicht selten mit der brennenden Zigarette ein. Und wieder sind Campingbrenner und Behelfsbrenner zu erwähnen, weil sie durch Überheizung zu Schwelbränden führen können.

Die *Auspuffgasvergiftungen* haben ihre besondere Form im *Garagentod*: Das Laufenlassen des Motors bei geschlossenem Garagentor reichert die Luft sehr rasch mit CO an; Bewußtlosigkeit und Tod sind die Folge. Obwohl die Gefahr der Auspuffgase allgemein bekannt ist, kommt es immer wieder zu Unfällen dadurch, daß alkoholisierte „Spätheimkehrer" ihren Rausch im Wagen ausschlafen wollen und den Motor zu Heizzwecken laufen lassen.

Die Unterscheidung, ob Unfall oder Selbstmord vorliegt, ist nicht immer einfach; nicht selten freilich läßt sich der Selbstmord an den Abdichtungen der Abzüge oder Fenster der Garage ohne weiteres erkennen. Noch eindeutiger ist die Situation, wenn ein Schlauch direkt vom Auspuff durch eine enge Fensteröffnung, deren Rest eventuell auch noch verstopft ist, in das Wageninnere führt.

Aber selbst im Freien kann der Selbstmord durch Überdecken von Körper (Kopf) und Auspuffrohr mittels Tüchern oder Kleidungsstücken ausgeführt werden. In manchen Gegenden ist in letzter Zeit eine Zunahme solcher Tatausführungen zu beobachten.

Analog dazu die Unfallsituation des eingeschneiten Wagens, in welchem sich die Insassen mit Hilfe der Autoheizung erwärmen wollten.

Auch ohne jedes sonstige Hilfsmittel konnten schon Selbstmorde beobachtet werden – einfach durch Laufenlassen des Motors und Hinlegen des Kopfes in die Nähe des Auspuffs.

Leichenbefunde

Die CO-Vergiftung ist an der Leiche schon von außen an der Farbe der Totenflecke zu erkennen; sie sind gleichmäßig hell-kirschrot.

In der Regel sehen die Leichen aber auch abseits der Totenflecke etwas anders aus als üblich. Sie sind nicht so blaß, die Lippenfarbe ähnelt jener von Lebenden. Häufig sieht man, daß die Nagelbetten zyklamefarben durch die Fingernägel hindurchschimmern. Nicht selten ist hellrosafarbene schaumige Ödemflüssigkeit aus Mund oder Nase ausgetreten.

Am leichtesten ist die Farberkennung bei Tageslicht. Künstliche Beleuchtung kann heute wegen der sehr verschiedenen Tönung von Leuchtstoffröhren die Farbwahrnehmung mehr stören denn je. Wegen der hohen Verantwortung des Arztes, die das Erkennen oder Übersehen einer CO-Vergiftung mit sich bringt – gegebenenfalls muß ja der Raum, ja vielleicht sogar ein ganzes Hotel gesperrt werden, bis die Gasquelle entdeckt und beseitigt ist! –, und wegen der individuell sehr verschieden ausgeprägten Fähigkeit, Farbnuancen zu erkennen, sollte der Farbsinn speziell im Hinblick auf die Erkennung der CO-Vergiftung bewußt geübt werden.

Auch der *innere Leichenbefund* ist kennzeichnend. Weil das CO-Hämoglobin eine kräftige hell-kirschrote Farbe besitzt, weist nicht nur das Blut diese Farbe auf, sondern erweisen sich alle blutreichen Organe in Farbberichtung rot verändert.

Das betrifft auch das Gehirn. Es zeigt eine Rottönung, so daß Rindengrau und Stammkerne deutlich graurot erscheinen. Sogar die weiße Substanz zeigt wegen der hellen Rotfärbung des Blutes einen leichten Rotstich. In der Muskulatur gilt diese Farbänderung auch für das Myoglobin selbst; die Muskulatur ist regelmäßig lachsrot gefärbt. In Grenzfällen bestätigt diese Muskelfarbe die Diagnose, die an Hand der Totenflecke vielleicht nur als Mutmaßung geäußert werden konnte.

Der Nachweis der Kohlenoxidvergiftung ist spektrofotometrisch am hämolysierten Blut leicht zu erbringen. In der Regel liegen die tödlichen Werte zwischen 60 und 80% Kohlenoxidhämoglobin, selten höher, weniger selten darunter. Bei den Werten unter 60% ist sehr häufig Blutalkohol nachweisbar, weil zwischen Alkohol und Kohlenoxid Wirkungspotenzierung besteht. Das gleiche gilt für Schlafmittel, auch in therapeutischen Dosen; oder es finden sich Anämie, Herzfehler, Emphysem usw.

Für die Differentialdiagnose der Rauchgasvergiftung ist aber bei der Obduktion immer auf Rußteilchen in den tieferen Atemwegen zu achten.

6.5.5 Vergiftung durch Insektizide

Hergang

Die Vergiftungen durch Insektizide stehen in der Häufigkeitsstatistik tödlicher Vergiftungsfälle, die in der Zeit von 1960 bis 1975 an unserem Institut obduziert wurden, an dritter Stelle. Eine Zeitlang – in unserem Bereich insbesondere 1954/55 – waren Insektizide ausgesprochene Modegifte. Seither ist die Häufigkeit dieser Vergiftungen zwar wieder zurückgegangen, doch nehmen sie wegen der leichten Beschaffbarkeit dieser Stoffe immer noch einen prominenten Platz in der Statistik ein.

Bis vor wenigen Jahren kamen fast ausschließlich E-605- und einzelne Systoxvergiftungen vor; in letzter Zeit mehrten sich Todesfälle durch andere Cholinesterasehemmer wie Metasystox, Birlane, Gesal, Diphterex, Phosdrin, Malathion, Ultrazid, Folimat. Insgesamt sind 56 Wirkstoffe im Austria Codex registriert.

E 605 oder Parathion ist ein Phosphorsäureester, der eine starke Hemmwirkung auf die Cholinesterase besitzt. Dem Wirkungseintritt geht auch bei reichlicher Aufnahme dieser Substanz ein freies Intervall von beispielsweise 10 Minuten Dauer voran. An den parasympathischen Nervenenden, an den intermediären Ganglien und an den motorischen Endplatten der quergestreiften Muskulatur wird bekanntlich der Überträgerstoff Azetylcholin frei; normalerweise wird er raschest durch Cholinesterase wieder abgebaut. Ein Cholinesterasehemmer führt deshalb zu einer endogenen Azetylcholinvergiftung.

Die tödliche Dosis kann mit ungefähr 1–2 ml des ölig-flüssigen Spritzmittels angenommen werden, was etwa 0,5 bis 1 g Reinsubstanz entspricht. Bei den Selbstmorden werden freilich meist viel größere Mengen getrunken.

Unter den Todesfällen durch Cholinesterasehemmer überwiegen die Selbstmorde weitaus. In unserer Statistik stehen den 90 Selbstmorden 9 Unfälle, 3 Morde und 3 unklare Fälle gegenüber. Dabei fällt auf, daß seit 1966 in unserem Einzugsgebiet nur noch Selbstmorde beobachtet wurden, was auf mehr Vorsicht beim Hantieren mit diesem Gift zurückzuführen sein dürfte.

Klinisches Bild

Das klinische Bild ist durch das Überwiegen des Parasympathikus bedingt: Miosis, Tränen- und Speichelfluß, Bradykardie, Bronchospasmus, Darmspasmen, tonisch-klonische Krämpfe und Lungenödem. Der Tod wird durch Lähmung von Atem- und Vasomotorenzentrum herbeigeführt.

Leichenbefund

Bei genügend Erfahrung ist die Vergiftung durch E 605 und andere Cholinesterasehemmer relativ leicht zu erkennen. Schon äußerlich sind die Krampfstellung der Füße und die auffallende Modellierung der verkrampften Muskeln an den Unterschenkeln, Oberschenkeln und manchmal auch an den

Armen wichtige Hinweiszeichen; sie kommen durch direktes Übergehen der Acetylcholinstarre der Muskulatur in die Totenstarre zustande. Weiters fallen regelmäßig die ungemein ausgebreiteten dunkelblauen bis tief dunkelgraublauen Totenflecke auf. Manchmal steht vor Mund und Nase ein grobblasiger Schaumpilz, in den in klassischen Fällen blaue bis dunkelblaue Stippchen und Sprenkel eingelagert sind, die vom Warnfarbstoff herrühren, der dem E 605 nunmehr schon seit Jahrzehnten zugesetzt wird. An dem Schaum ist auch der typische eigenartige Geruch des E 605 wahrzunehmen. Die zu Lebzeiten obligate Pupillenenge verschwindet an der Leiche meist; bleibt die Miosis jedoch erhalten, denn ist sie besonders auffallend.
An den inneren Organen steht die hochgradige Blutfülle im Vordergrund. Sie wurde durch die Muskelkrämpfe bzw. die dadurch bewirkte Blutverschiebung aus der Muskulatur ins Gefäßsystem erzeugt. Da das Blut überdies flüssig zu bleiben pflegt, rinnt es z. B. aus den obduktionsmäßig durchschnittenen Blutleitern der harten Hirnhaut und eher noch stärker von den durchtrennten Lungenstielen ab. Weiters fallen die Blutfülle der Gefäße der Leptomeninx, die hochgradige blaustichige Hyperämie des Gehirns und das stets vorhandene Hirnödem auf. Hirnrinde und Stammkerne erscheinen deshalb grauviolett und wesentlich dunkler als gewöhnlich. Dieses Phänomen blaßt am entnommenen Gehirn rasch ab, zeigt sich also am deutlichsten am bei uns üblichen Hauptschnitt durch das Gehirn in situ.

Bei der zahlenmäßig weit überwiegenden oralen Aufnahme zeigen schon Zungengrund und Kehlkopfeingang deutliche Schleimhautschwellung und meist auch kräftige blaugrau-rötliche Farbe. Am Magen und noch stärker an der Dünndarmserosa besteht ausgeprägte Injektion der Blutgefäße, wobei das Nebeneinander der dunkelgraublauen venösen Hyperämie und der viel feineren hellroten arteriellen Hyperämie bei keinem anderen Krankheitsgeschehen so ausgeprägt ist wie in diesbezüglich voll ausgeprägten Fällen von E-605-Vergiftung.

Der Befund an der Magenschleimhaut ist eher enttäuschend und erschöpft sich meist in einer gewissen Schleimhautschwellung und in einer oft nur geringen Rötung durch Erweiterung der Mukosagefäße. Unübersehbar ist dagegen die kräftige Rötung und starke schlotterige Auflockerung der Dünndarmschleimhaut, die bis zu düsterrot sein kann. Rötung und Schwellung nehmen – abhängig vom Ausmaß des Gifttransportes durch die Peristaltik – im Laufe des Dünndarms allmählich ab. Gar nicht selten sind noch reichliche Mengen der blaugefärbten E-605-Lösung im Magen und im Dünndarm zu finden und zu riechen. Die pH-Änderung bewirkt einen Farbumschlag ins Bläulichgrüne.

Ein schweres Lungenödem, das ebensogut weißlich wie hämorrhagisch sein kann, und die allgemeine Blutfülle der Organe vervollständigen das Bild. Diese Blutfülle der inneren Organe ist zweifellos durch das Auspressen aus den verkrampften Skelettmuskeln verursacht, weshalb diese auffallend blutleer und eher blasser erscheinen. Diese Blutleere ist besonders an der Beinmuskulatur zu erkennen.

Bei der Vergiftung durch Cholinesterasehemmer darf nie vergessen werden, daß die Giftaufnahme auch durch Inhalation oder perkutan erfolgt sein kann.

6.5.6 Arsenvergiftung

Hergang

Die Arsenvergiftung ist selten geworden. Völlig verschwinden wird sie wohl nie; deshalb ist die Kenntnis der charakteristischen Leichenbefunde nach wie vor wichtig. Die Vergiftung erfolgt praktisch immer durch Arsenik (Arsentrioxyd, As_2O_3), und zwar vormals durch den sogenannten Hüttrach (Hüttenrauch) aus der Erzverhüttung oder aus dem Hüttrach-Handel in den Alpenländern, in letzter Zeit allerdings nur noch durch Arsenikpulver. Das Zurückgehen der Arsenvergiftung erklärt sich einfach daraus, daß Arsenik kaum noch vorhanden ist. Der Hüttrach, den wir noch vor etwa 25 Jahren bei Bauern in alten Kisten versteckt vorfanden, ist völlig verschwunden. Lediglich in der Umgebung von Glasfabriken kann pulverförmiges Arsenik aufgefunden werden. Sonst wird Arsenik nur noch von Jägern zur Raubzeugvertilgung verwendet.

Die tödliche Giftmenge beträgt 0,1–0,2 g. Vergiftungen mit Arsenfarben sahen wir nie.

Unsere bereits mehrfach genannte 25-Jahre-Statistik umfaßt 21 tödliche Arsenvergiftungen, nämlich 12 Selbstmorde, 6 Morde und 3 Unfälle. Insgesamt kamen in jenen 25 Jahren 12 Giftmorde zur Beobachtung; Arsen war also auch in jüngerer Zeit immer noch das bevorzugte Mordgift.

Erscheinungsbild

Die übliche Einteilung in akute, subakute und chronische Arsenvergiftung ist sicherlich beizubehalten, doch sind tödliche chronische Arsenvergiftungen äußerst selten. Die Aufteilung in die sogenannte zerebrospinale – also akuteste – und in die gastrointestinale Form ist nicht sehr glücklich, weil zu starke Übergänge bestehen. Bei einem Dreifachmord, bei dem die gleiche Speise zur gleichen Zeit gegessen wurde, verstarb der erste Vergiftete schon nach zwei Stunden, der zweite am nächsten und der dritte am übernächsten Tag. Obwohl man den schon nach zwei Stunden erfolgten Tod der zerebrospinalen Form zuordnen müßte, waren die Befunde bei allen drei Leichen nahezu gleich; lediglich die Exsikkose fehlte beim Frühtod. Im allgemeinen sind aber bei tödlichen Arsenvergiftungen die Exsikkosezeichen sehr wohl festzustellen: Kahnbauch, trockene Haut, halonierte Augen und spitze Nase – nur eben nicht in den ganz rasch zum Tode führenden Fällen.

Leichenbefund

In ihrer Gesamtheit sind die Leichenbefunde meist durchaus typisch. Wesentlich hierbei ist es, wie bei allen Vergiftungsbildern, sich die Befunde nach der Reihenfolge der üblichen Sektionstechnik sozusagen „zerebral gespeichert“ zu erhalten, um Vergiftungen schon rein makroskopisch erfassen zu können.

In der Regel ergibt schon der erste Blick nach Eröffnung des Bauchraums einen recht charakteristischen Hinweis auf Arsenikvergiftung. Die *Dünn-*

darmschlingen liegen, flachbandartig in ein Niveau eingestellt, mit schwappendem Inhalt erfüllt im Bauchraum. Die Dünndarmserosa ist hierbei charakteristisch blaß-himbeerrosa verfärbt. Diese eigentümliche Verfärbung kommt anscheinend durch Eindickung des Blutes bei gleichzeitiger Gefäßerweiterung zustande.

Der Reihenfolge der obduzierten Organe entsprechend, finden sich dann im Herzen die absolut charakteristischen, in der Kammerscheidewand im Ausströmungsteil der linken Herzkammer liegenden fleckförmigen bis kleinfingernagelgroßen kräftigen *subendokardialen Blutungen*. Dabei ist gerade diese fleckartige Form auffällig, obwohl manchmal der Eindruck entsteht, daß sie durch Zusammenfließen von ursprünglich mehr streifenförmigen Blutungen entstanden sein könnten. Ausnahmslos waren diese subendokardialen Blutungen in allen Fällen vorhanden, und zwar so kräftig, daß sie keinesfalls übersehen werden können. Ein einziger Fall nur zeigte etwas blassere und schwächer ausgebildete derartige Blutungen.

> Ein Fehlen von subendokardialen Blutungen läßt somit akute Arsenvergiftungen praktisch ausschließen.

Da dieser auffallende und wichtige Befund in der Reihenfolge der Obduktion noch vor Eröffnung von Magen und Darm zur Beobachtung kommt, hat er für den Obduzenten die Bedeutung eines Signals, insbesondere auch den Mageninhalt zu sichern.

Der *Magen* zeigt häufig, aber nicht regelmäßig, erweiterte subseröse Gefäße und somit verstärkte Gefäßzeichnung, durch die Bluteindickung manchmal noch zusätzlich hervorgehoben. Die Magenschleimhaut pflegt aufgelokkert und ödematös gewulstet zu sein, ist aber meist nicht sonderlich gerötet. An jenen Stellen aber, an denen noch Arsenkörnchen liegen (eingebettet in den zähen glasigen Schleim, der die ganze Schleimhaut bedeckt), bestehen kleinfleckige auffallende Rötungen. Mit der Fingerkuppe spürt man sandartig das oder die Arsenkörnchen, meistens mitten in der Rötung gelegen. Blutungen der Magen- und Darmschleimhaut kommen vor, sind aber ausgesprochen selten.

Der Dünndarm zeigt die bereits erwähnte himbeerrosafarbene Serosa. Er ist mit reiswasserähnlichem, trübem, graugelbem Inhalt gefüllt. Seine Schleimhaut ist in der Regel sehr stark aufgelockert, schlotterig-ödematös und meist deutlich gerötet, selten blaßgraugelblich, wie ausgewaschen.

Die Befunde am Dickdarm sind in der Regel unauffällig. Meist ist er eng und leer, manchmal mit zarter Schleimhautrötung, selten mit Schleimhautblutungen.

Der chemische Nachweis von Arsen pflegt einfach zu sein und ist uns in jedem Fall zur Bestätigung der makroskopischen Diagnose gelungen.

Bei Exhumierungen sind auch Erde, Sarg und Beigaben auf Arsen zu untersuchen.

6.5.7 Zyankali-Vergiftung

Gar nicht so selten und zunehmend kommen Cyanid-Vergiftungen zur Obduktion. Die insgesamt 24 tödlichen Vergiftungen durch Cyanide ergaben als Ursache 22 Selbstmorde, 1 Unfall und einen fraglichen Fall. Wegen der schlechten Zugänglichkeit zu diesem Giftstoff sind Vergiftungen am ehesten im Bereich bestimmter Berufsgruppen, wie Chemiker, Fotografen, Uhrmacher und Juweliere oder galvanische Betriebe, zu finden. Die Vergiftungen erfolgten durch Cyankalium oder Cyannatrium.

Äußerlich sind an der Leiche allenfalls Ätzspuren an Lippen, Mundwinkeln oder Wangenhaut möglich. Hellroter Schleim oder angetrocknete Schleimreste vor dem Mund, in der Mundhöhle oder im Rachen können allenfalls besonders durch den ihnen anhaftenden Bittermandelgeruch oder das eigentümlich adstringierende Kratzen im Hals als Zyankali-Vergiftungen erkannt werden.

Die Farbe der Totenflecken ist kaum verändert; allerdings werden besonders farbempfindliche Personen häufig einen eben erkennbaren Rotstich der Totenflecke bemerken. Schon an der Mundschleimhaut, am Kehlkopfeingang und in der Speiseröhre können Ätzspuren, vor allem aber deutliche Rötung, festgestellt werden. Recht auffallend ist der Magenbefund.

Die gesamte Magenwand findet sich mächtig verdickt vor und kann bis zu 2 cm stark werden. Die Schleimhaut ist sehr stark gewulstet und zeigt eine auffallend düster-rote, manchmal durch Alkaliwirkung ins bräunliche übergehende Verfärbung. Die Rotfärbung entsteht durch direkte Veränderung des örtlichen Farbstoffes durch Cyanhämoglobin, welches eine leuchtend rote Farbe hat, und durch Bildung von alkalischem Hämatin, das eine braune Farbe besitzt.

Bei sehr stark mit Speisebrei gefülltem Magen kann die Wirkung abgeschwächt und daher die Verfärbung der Magenschleimhaut geringer sein. Der Bittermandelgeruch oder das „Halskratzen" ist beim Eröffnen des Bauchraums und des Magens am ehesten bemerkbar; viel seltener am Gehirn.

6.5.8 Thallium-Vergiftung

Verwertbare eigene Erfahrungen mit Thallium-Vergiftungen besitzen wir nicht. Der Obduktionsbefund wird als ausgesprochen uncharakteristisch beschrieben. Schleimhautrötungen bis zu Blutungen auf der Höhe der Schleimhautfalten sollen jedoch zu beobachten sein. Subendokardiale Blutungen an der Herzscheidewand und an den Papillarmuskeln scheinen ziemlich regelmäßig vorzukommen. Überdies sind Meessche Nagelbäder und Entzündungen der Mundschleimhaut beschrieben worden. – Zur Erkennung am Lebenden kommt dem Symptom des Haarausfalls wesentliche diagnostische Bedeutung zu. Thallium-Vergiftungen scheinen in der Regel eher subakut bis chronisch zu verlaufen.

6.5.9 Strychnin-Vergiftung

Die von uns in den Jahren 1950–1985 obduzierten 11 Strychnin-Vergiftungen – 6 Selbstmorde und 5 Unfälle, insbesonders die durch gegen Pseudo-Croup verabreichten Strychnin-Zäpfchen hervorgerufene Serie von Kindertodesfällen, ergaben eine erstaunliche Gleichförmigkeit der Obduktionsbefunde. In allen Fällen, selbst bei *Exhumierungen*, war die Krampfstellung vorwiegend der Füße, aber auch der Beine unübersehbar vorhanden. Sie bestand insbesonders in Einwärtsdrehung der Fußsohle oder extremer Überstreckung im Fußgelenk, seltener auch im Bereich des Kniegelenkes. Sonst bestanden die dem Erstickungstod entsprechenden dunkelblauen Totenflecke, hochgradige Hyperämie von Lungen und Gehirn. Am raschen Eintritt der Totenstarre kann ebensowenig gezweifelt werden wie am langen Anhalten derselben. Nach unseren Erfahrungen reichen die Obduktionsbefunde insgesamt zur Vermutung der Strychnin-Vergiftung aus.

Die klinischen Symptome sind, wie allgemein bekannt, absolut charakteristisch und zeigen sich vor allem in rasch auftretenden starrkrampfartigen Krämpfen, Opisthotonus, die anfallsartig auf leichtesten Reiz eintreten. Die Atmung steht während dieser Krämpfe still, der Tod tritt durch Erstickung während eines solchen Anfalls auf.

6.5.10 Vergiftung im Kindesalter

Es bedarf wohl keiner Begründung, daß für Vergiftungen im Kindesalter andere Voraussetzungen bestehen als bei Vergiftungen Erwachsener. Jeglicher *Selbstmord*, besonders aber der Selbstmord durch Gift, stellt in der Altersgruppe bis 15 Jahren ein seltenes Einzelereignis dar. In unserer Vergiftungsstatistik scheint ein einziger Selbstmord eines Kindes auf: Ein 12jähriges Mädchen hat im Anschluß an den Selbstmord seiner Mutter durch Einnahme der verbliebenen Tabletten seinem Leben ein Ende gesetzt; es hat einen erschütternden Abschiedsbrief hinterlassen.

Häufiger ist der sogenannte erweiterte Selbstmord von Müttern, die gemeinsam mit ihren Kindern aus dem Leben scheiden. Zur Obduktion gelangen derartige Fälle selten, weil in der Regel ein Abschiedsbrief aufgefunden wird.

> Somit kommt für die gerichtsmedizinische Praxis als Ursache der Vergiftungen im Kindesalter fast nur der Unfall in Betracht.

Diese akzidentellen Vergiftungen bereiteten vor Jahrzehnten auf der ganzen Welt große Sorgen, weil überall eine Zunahme derartiger Kinderunfälle zu beobachten war. Einer amerikanischen Statistik aus dem Jahre 1955 ist zu entnehmen, daß 43% aller tödlichen Unfälle von Kindern des zweiten und dritten Lebensjahres Vergiftungen waren. Besonders alarmierend war die starke Zunahme von Medikamentenvergiftungen, die auf Hortung und auf unzureichende Verwahrung der Medikamente zurückging.

Auch aus unserer Sektionsstatistik sind für die Jahre 1950–1965 dieselben Tendenzen festzustellen; nachher nahm die Zahl der tödlichen Kindervergiftungen wieder ab. Bessere ärztliche Versorgung, Aufklärung der Bevölkerung zur besseren Verwahrung von Giftstoffen und die sogenannte kindersichere Verpackung der Medikamente sind die Ursachen dieses Rückgangs.

Trotzdem stehen auch heute noch die Medikamentenvergiftungen an erster Stelle unter den Vergiftungstodesfällen von Kindern, während die früher überwiegenden Rauchgasvergiftungen von Kindern wesentlich abgenommen haben. Akzidentelle Vergiftungen durch Insektizide sind nur noch Einzelfälle. Erstaunlich sind die immer wieder vorkommenden Alkoholvergiftungen von Kindern; auch sie sind natürlich nur der mangelhaften Aufsicht zuzuschreiben.

6.5.11 *Therapeutische, toxische und letale Konzentrationen von Wirkstoffen* (Übersicht)

	therapeut. Einzeldosis per os g	kleinste letale Dosis per os g	therapeut. Blutspiegel mg/l	toxischer Blutspiegel mg/l	letaler Blutspiegel mg/l
Antiepileptika					
Diphenylhydantoin, Phenytoin	0,1–0,6	2–5	5–22	30–60	45–110
Barbiturate langwirkend:					
Barbital (Veronal®)	0,3–0,5	2	10–20	50–80	80–150
Phenobarbital (Luminal®)	0,1–0,2	1,5	10–30	40–60	80–150
mittellang wirkend:					
Amobarbital (Amytal®)	0,1–0,2	1,5	0,3–5	8–40	> 40
Cyclobarbital (Phanodorm®)	0,1–0,3	2	1–5	10–30	30
kurzwirkend:					
Heptabarbital (Medomin®)	0,2	2	1–2,5	7	10
Secobarbital (Seconal®)	0,1–0,2	2	2–5	10–25	30
Pentobarbital (Nembutal®)	0,1–0,2	1	1–4,5	10–30	25–75
Hexobarbital (Evipan®)	0,2–0,5	2	2–5	10–20	> 20
Carbamate					
Meprobamat (Miltaun®)	0,2–0,4	12	10–20	100	90–330

(Fortsetzung)

	therapeut. Einzeldosis per os g	kleinste letale Dosis per os g	therapeut. Blutspiegel mg/l	toxischer Blutspiegel mg/l	letaler Blutspiegel mg/l
Chinazolone					
Methaqualon (Revonal®, Mozambin®)	0,2–0,4	8	3–5	10–30	10–50
Piperidinderivate					
Glutethimid (Doriden®)	0,2–0,5	5	0,2–2,5	10–30	30–100
Methyprylon (Nodular®)	0,2–0,3	4	10–30	30–60	70–100
Ureide					
Carbromal (Adalin®)	0,5–1,0	10–25	1–6	20	> 40
Analgetika, Antipyretika					
Acetylsalicylsäure (Aspirin®)	0,5–1,0	5–40	50–250	350	
Paracetamol Acetaminophen	0,3–0,5	5–20	2–20	40	150–380
Pentazocin (Fortral®)	0,05		0,14–0,16	2–5	10–20
Phenylbutazon (Butazolidin®)	0,1–0,2	5–30	50–100	200–500	
Salicylsäure (als Natriumsalz: Salitin®)	0,5	3–10	20–120	150–300	500–3300
Antihistaminika					
Diphenyhdramin (Benadryl®)	0,05	20	0,05–0,5	10	5–30
Kardiaka					
Propranolol (Inderal®)	0,010–0,08		0,025–0,2		4–29
Verapamil (Isoptin®)	0,040–0,08		0,03–0,2		8
Psychopharmaka					
Benzodiazepine:					
Chlordiazepoxid (Librium®)	0,005–0,025		1–3	5,5	20
Diazepam (Valium®)	0,002–0,010	7–30	0,15–2,5	3–20	> 20
Flurazepam (Dalmadorm®)	0,015–0,030		0,01–0,02		0,5–1,8
Übrige:					
Amitriptylin (Tryptizol®)	0,010–0,025	2	0,05–0,2	0,4–5	10–20
Chlorpromazin (Largactil®)	0,025–0,1	1	0,5	1–2	3–12

(Fortsetzung)

	therapeut. Einzeldosis per os g	kleinste letale Dosis per os g	therapeut. Blutspiegel mg/l	toxischer Blutspiegel mg/l	letaler Blutspiegel mg/l
Imipramin (Tofranil®)	0,010–0,025	0,75	0,05–0,16	0,7	2
Alkaloide					
Kokain		1,0		5	0,9–21
Codein	0,03–0,05	0,8	0,025		1,4–5,6
Morphin	0,02	0,2–0,4	0,01–0,05	0,1–0,5	0,2–4,0
Strychnin	0,008	0,06–0,1		2,0	5
Sonstige					
Kaliumcyanid		0,15–0,25	0,016–0,041*	1–5	> 5
Parathion, E 605®		0,35–1,0			0,5–34
(E 605 forte = 50%ig)		0,7–2,0			

* „Normal"-Wert

Element	Letaldosis per os g	Normalwerte mg/l Blut	chronische bzw. subakute Intox. mg/l Blut	akute Intox. mg/l Blut
Arsen		0,002–0,062 (max. 0,28)	0,27	1–1,5
Arsenik (As_2O_3)	0,06–0,3			
Blei		0,05–0,35	0,5–0,8	1–3,5
Bleiacetat	5–50			
Bleiweiß, Bleicarbonat	20			
Quecksilber		< 0,005–0,02 (max. 0,1)	0,2	> 0,5
Kalomel HgCl	2–3			
Sublimat $HgCl_2$	0,2–1			
Organ. Quecksilberverb. (z. B. Methyl-Quecksilber)	0,1			
Thallium		0,003–<0,009	0,08–0,2	0,08–8
Thallium-I-sulfat	1,0 (0,5–3,0)			
Celio-Paste enthält pro Tube 0,7 g Tl_2SO_4				

7 Forensische Serologie

7.1 Historisches

1901 publizierte Landsteiner in Wien seine Beobachtung, daß das Blutserum bestimmter Menschen die Eigenschaft hätte, die Blutkörperchen anderer Menschen zu agglutinieren. Er hat für diese Entdeckung der klassischen Blutgruppen des AB0-Systems 1930 den Nobelpreis erhalten.

Während Landsteiner zunächst die Existenz dreier Blutgruppen angenommen hatte, wurde in den folgenden Jahren das Vorhandensein einer vierten erkannt. Logischerweise wurden diese Blutgruppen daher vorerst mit den Ziffern 1–4 bezeichnet.

1910 gelang Dungern und Hirszfeld der Nachweis der Erblichkeit der Blutgruppen; ihr Erbgang wurde jedoch erst erstaunlich spät – 1924 – durch die 3-Gen-Theorie des Göttinger Mathematikers Bernstein geklärt. Die Einführung der internationalen Nomenklatur (A, B, AB, 0) erfolgte 1928.

Seither hat sich nicht nur die Zahl der bekannten erblichen Merkmale der roten Blutkörperchen auf etwa 160 erhöht, sondern zusätzlich wurden in der Folge zahlreiche erbliche Serum- und Enzymgruppen sowie solche der weißen Blutkörperchen entdeckt.

Die Zahl der neuen Systeme und Einzelmerkmale nimmt heute noch ständig zu.

Das Wissensgebiet Serologie ist infolgedessen so umfangreich geworden, daß die Kenntnisse nur durch das Studium spezieller Fachliteratur erworben werden können. Eine ständige Beschäftigung mit dem Wissensgebiet ist daher unumgänglich nötig, insbesondere deshalb, weil immer neue, auf anderen Gebieten gewonnene Erkenntnisse – etwa aus der Transplantationsmedizin – für gerichtsmedizinische Zwecke zur Anwendung kommen.

Ein klassisches Beispiel hierfür ist das HLA-System.

Nachdem nunmehr der Erbgang des AB0-Systems gesichert war und in der Folge die Untergruppen A_1 und A_2 durch Dungern und Hirszfeld sowie die Blutfaktoren M, N und P durch Landsteiner und Levine entdeckt worden waren, erkannte man die immense Bedeutung der Blutgruppenserologie sowohl für die klinische als auch für die forensische Medizin.

An dieser Stelle muß erwähnt werden, daß schon 1926 Werkgartner, damals noch in Wien, durch Familienuntersuchungen die Vererbungstheorie Bernsteins bestätigen konnte und die Blutgruppenbestimmung zur Klärung strittiger Abstammungsfragen endgültig einführte.

Somit wurde in Österreich bereits 1927 dem serologischen Gutachten im Vaterschaftsprozeß Beweiskraft zuerkannt.

7.2 Blutmerkmale. Vaterschaftsgutachten

Das derzeitige Blutgutachten stützt sich auf die Kenntnis der Vererbung der Blut- und Serumgruppen, der erblichen Enzymeigenschaften und schließlich der vererbbaren Eigenschaften der weißen Blutkörperchen des sogenannten HLA-Systems.

> Danach kann nach dem heutigen Stand der Forschung noch immer *nicht* der *Beweis* für eine Vaterschaft, sondern nur der Ausschluß derselben erbracht werden.

> Für die Anwendung im Vaterschaftsgutachten dürfen jedoch nur solche Blutmerkmale verwendet werden, die nachstehende Voraussetzungen erfüllen:
> Der Erbgang muß gesichert sein.
> Die einzelnen Merkmale müssen unveränderlich und unabhängig von Geschlecht, Alter und äußeren Einflüssen sein.
> Die Untersuchungsergebnisse müssen jederzeit reproduziert werden können.
> Die Systeme müssen polymorph sein, d. h., es müssen mindestens zwei verschiedene Merkmale vorliegen.
> Die Verteilung in der Bevölkerung, die sogenannte Genfrequenz, muß relativ günstig sein.
> Es müssen geeignete Antisera vorhanden sein.

Von allen bekannten Blutmerkmalsystemen erfüllt nur eine relativ geringe Anzahl diese Voraussetzungen. Die Zahl der routinemäßig verwendeten und von den Gerichten anerkannten Systeme ist von Land zu Land verschieden. Derzeit sind es etwa 25 erbliche Systeme mit ungefähr 120 *Einzelmerkmalen*.

Sie umfassen

die klassischen Blutgruppen	(AB0-System einschließlich A-Untergruppen)
die Blutfaktoren	MNSs, Rhesusfaktoren, K(Kell), P, Fy(Duffy), Jk(Kidd), Le(Lewis), Lu(Lutheran), Xg^a
die Serumgruppen	Hp, Gc, Gm, InV(Km), C_3, GBG u. a.
die Enzymgruppen	SEP, PGM, ADA, AK, GPT, GLO, EsD,
das Sekretorsystem	6-PGD, Gt
das HLA-System.	(Ausscheidereigenschaften AB0, Le)

Wie aus dieser Aufstellung ersichtlich ist, befinden sich diese „Bluteigenschaften“ in verschiedenen Fraktionen des Blutes. Sie sind entweder an den roten Blutkörperchen, im Serum oder aber an den weißen Blutkörperchen vorhanden und nachweisbar.

Die Merkmale der roten Blutkörperchen sind an der Erythrozytenmembran lokalisiert und lassen ihr Vorhandensein durch Reaktion mit entsprechenden Antikörpern erkennen. So wird die Eigenschaft A mittels eines Serums Anti-A, der Rhesusfaktor D mit Anti-D-Serum, das Merkmal M mit Anti-M-Serum reagieren.

Diese Antikörper bezeichnet man als Agglutinine, das entsprechende Blutmerkmal als Agglutinogen oder Antigen.

Die Enzymeigenschaften werden ebenfalls aus den roten Blutkörperchen bestimmt und für die Untersuchung durch Zerstörung der Erythrozytenmembran und Hämolyse freigesetzt.

Die Serumeigenschaften sind ihrem Proteincharakter nach überwiegend Globuline.

Die HLA-Antigene gehören zu den Glycoproteinen und sind in der Zellmembran aller kernhaltigen Körperzellen vorhanden.

Die Ausscheideeigenschaft ist in den verschiedenen Körperflüssigkeiten nachweisbar und wird in der Praxis aus dem Speichel bestimmt.

7.3 Methoden zur Bestimmung der Merkmale

Die Bestimmung der einzelnen Merkmale erfolgt auf unterschiedliche Weise. Während die klassischen Blutgruppen (Abb. 26) und die Faktoren M, N und P mit agglutinierenden Antiseren in salinem Milieu (Zusatz von physiologischer Kochsalzlösung) bestimmt werden, reagieren andere Blutfaktoren, wie etwa die Rhesusteilfaktoren, am besten in Anwesenheit von Komplement, z. B. in Form von Albumin.

Bestimmte Merkmale wiederum können nur mit dem sogenannten Coombs-Test bestimmt werden, einem Zwei-Stufen-Test, bei welchem die zu untersuchenden Blutkörperchen zunächst mit spezifischen Antikörpern (Immunglobulinen) „beladen" und erst dann durch Anti-Globulinserum (Coombs-Serum) zur Konglutination gebracht werden. Diese Technik verwendet man meist bei den „spät entdeckten" Bluteigenschaften wie s, Fy, Jk etc.

Die Serumgruppen sowie die erblichen Enzymeigenschaften werden durch elektrophoretische Auftrennung in unterschiedlichen Trägermaterialien (Stärke-, Agar- und Polyacrylamidgel, Celluloseacetatfolie etc.) und anschließende Darstellung durch spezifische Fällung oder Färbung bestimmt.

Eine Sonderstellung nehmen die Gm- und InV-Eigenschaften ein. Sie haben die Fähigkeit, durch die Bindung von Antikörpern die Reaktion zwischen Antiserum und speziell vorbehandelten Blutkörperchen zu hemmen, so daß bei Vorhandensein der blockierenden Gm- oder InV-Eigenschaft keine Agglutination eintreten wird.

Ähnlich verfährt man bei der Bestimmung der sogenannten Ausscheidereigenschaften des Sekretorsystems: Spezifisches agglutinierendes Antiserum wird vor und nach der Zugabe einer Speichelprobe auf seine Wirksamkeit geprüft. Ist in der Probe Blutgruppensubstanz vorhanden, so bindet sie die Antikörper, und die Testblutkörperchen werden nicht mehr agglutiniert.

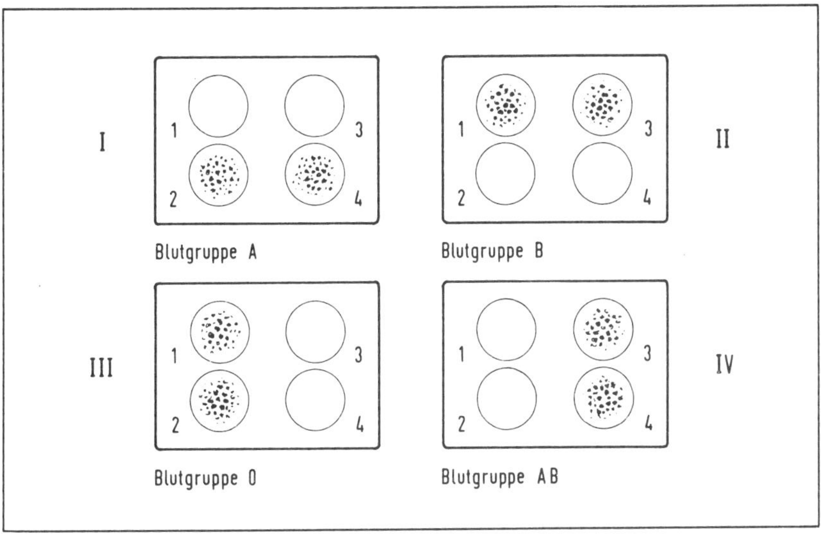

Abb. 26. AB0-Blutgruppenbestimmung.
Die links stehenden Näpfchen übereinander enthalten jeweils die Test-Erythrozyten, zu denen das zu untersuchende Blutserum zugesetzt wird. Die rechts übereinanderstehenden beiden Näpfchen enthalten die Testseren, in die die zu untersuchenden Blutkörperchen eingebracht werden.
Näpfchen 1 (links oben) enthält jeweils Testblutkörperchen A, Näpfchen 2 (links unten) Test-Erythrozyten B, Näpfchen 3 (rechts oben) Testserum Anti-B (β), Näpfchen 4 (rechts unten) Testserum Anti-A (α).
Schema I: Ergebnis: Blutgruppe A
Schema II: Ergebnis: Blutgruppe B
Schema III: Ergebnis: Blutgruppe 0
Schema IV: Ergebnis: Blutgruppe AB

Die Bestimmung der HLA-Merkmale erfolgt hauptsächlich mit Lymphozyten. Nach Inkubation mit HLA-Antiserum tritt bei antigenhaltigen Zellen als Folge der Antigen-Antikörper-Reaktion eine Schädigung der Membran ein, worauf zugesetzter Farbstoff eindringen kann. Zellen ohne Antigen bleiben durch die unverletzte Membran geschützt und ungefärbt.

Die Methodik beruht somit auf der Lymphotoxizität der verwendeten spezifischen Leukozyten-Antikörper.

Die für die Bestimmung verwendeten Antiseren sind entweder natürliche, oder sie stammen von immunisierten Menschen oder Tieren; gelegentlich werden sogenannte Phytagglutinine oder Lectine verwendet – aus Pflanzensamen gewonnene Eiweißkörper –, welche mit Blutgruppenantigen reagieren.

Antikörper bilden sich in der Regel nur gegen körperfremde Substanz, die im eigenen Organismus nicht vorhanden ist. Sie können ohne erkennbares Eindringen eines fremden Antigens in den Kreislauf gebildet werden, wie es beispielsweise im AB0-System der Fall ist, in welchem jeder Mensch der Blutgruppe A Antikörper gegen Gruppe B und umgekehrt jeder B-Mensch Anti-A besitzt. Derartige Antikörper werden daher als Normalagglutinine bezeichnet.

Immunantikörper entstehen hingegen erst nach Provokation durch ein Antigen.

So können etwa Rhesusantikörper durch Immunisierung von Müttern durch den Übertritt von kindlichen Erythrozyten in den mütterlichen Kreislauf während der Geburt, aber auch bei Fehlgeburten gebildet werden.

Erst recht können begreiflicherweise solche Antikörper durch Transfusion rhesusunverträglichen Blutes entstehen. Diese Immunantikörper reagieren dann mit dem entsprechenden Antigen spezifisch nur mit diesem und keinem anderen Antigen.

Antigen und Antikörper passen zusammen wie der Schlüssel zum Schloß.

Antigen-Antikörperreaktion tritt dann durch Agglutination, Präzipitation oder durch Hämolyse in Erscheinung.

Komplette Antikörper nennt man jene Agglutinine, die fähig sind, ihnen entsprechende Blutkörperchen direkt zur Agglutination zu bringen. Sie reagieren auch in Kochsalzlösung und werden deshalb auch saline Antikörper genannt. Sie reagieren meist am besten bei Zimmertemperatur.

Inkomplette Antikörper sind solche, die erst in Gegenwart von Komplement die entsprechenden Blutkörperchen zur Zusammenballung bringen. Ihr Reaktionsoptimum erreichen sie gewöhnlich bei Körpertemperatur.

7.4 Vererbung der Blutmerkmale. Allgemeines

Die Vererbung der Blutmerkmale erfolgt nach den von Gregor Mendel entdeckten allgemeinen Vererbungsregeln durch allele Gene, wobei infolge der Keimzellenteilung das Kind für jede Eigenschaft von seinen Eltern je ein Gen erhält. Die einzelnen Merkmale sind unabhängig voneinander vererbbar. Träger der Gene sind die Chromosomen, in welchen jedes Gen einen ganz bestimmten Platz – Locus – einnimmt. Einzelne Gene haben die Fähigkeit, ein anderes, mit welchem sie ein Paar bilden, zu überdecken. In solchen Fällen spricht man von dominanten bzw. rezessiven Genen. Meist sind die Blutgruppenallele, wie die Partnergene genannt werden, jedoch gleichwertig oder codominant. Bei der Besprechung der Merkmalsysteme soll darauf im einzelnen eingegangen werden. Sind beide Allele gleichartig, so liegt Reinerbigkeit oder Homozygotie vor; sind sie ungleich, so besteht Mischerbigkeit oder Heterozygotie. Der sogenannte Genotyp, das Erbbild, entspricht nicht immer dem Phänotyp, dem Sichtbild, sondern ist unter Umständen nur durch Untersuchung und Kenntnis des Erbganges feststellbar.

Das serologische Gutachten im Vaterschaftsprozeß beruht auf der Möglichkeit des Ausschlusses.

Ein sogenannter *klassischer Ausschluß*, auch Faktorenausschluß, Mischerbigkeitsausschluß oder Ausschluß erster Art genannt, liegt dann vor, wenn ein

Kind eine erbliche Bluteigenschaft besitzt, die beiden Elternteilen fehlt. So wie Negereltern keine weißen Kinder haben können, weil ihnen die Erbanlage „weiß“ fehlt, und umgekehrt weiße Eltern keine Kinder mit schwarzer Hautfarbe, so kann ein Kind der Blutgruppe A nicht von einem Elternpaar der Gruppe 0 abstammen. Zumindest einer der beiden müßte die Erbanlage A aufweisen. Ebenso können Eltern mit dem Blutfaktor M nur Kinder mit der Erbformel MM, jedoch kein mischerbiges Kind des Genotyps MN haben.

Der sogenannte *Reinerbigkeitsausschluß* ist dann gegeben, wenn zwischen dem Kind und dem fraglichen Vater entgegengesetzte Reinerbigkeit besteht. Ist etwa ein Kind reinerbig M mit der Genformel MM, der Vater hingegen reinerbig N mit dem Genotyp NN, so ist er von der Vaterschaft auszuschließen, da er obligatorisch an alle seine Kinder das Merkmal N vererben muß. Ein Vaterschaftsausschluß durch entgegengesetzte Reinerbigkeit ist also auch ohne Kenntnis der mütterlichen Eigenschaften möglich, was durchaus von praktischer Bedeutung ist.

Hierzu sei noch bemerkt, daß auf die gleiche Weise durch serologische Untersuchungen der sehr seltene Verdacht einer Kindesvertauschung entkräftet oder aber durch „Mutterschaftsausschluß“ bestätigt werden kann.

Gelegentlich besteht die Notwendigkeit, Abstammungsverhältnisse durch Einbeziehung weiterer Familienangehöriger in die Untersuchung zu klären. Man schließt dabei durch die bei Großeltern oder Geschwistern festgestellten Blutmerkmale auf das Vorliegen bestimmter Genkomplexe. Auf diese Art zustande gekommene „indirekte Ausschlüsse“ müssen jedoch mit äußerster Zurückhaltung bewertet werden, da die Möglichkeit einer illegitimen Zeugung dieser Probanden immer in Betracht gezogen werden muß.

7.5 AB0-System

Da die Kenntnis des Systems der sogenannten klassischen Blutgruppen die absolut nötige Grundlage zum Verständnis der Blutgruppenserologie bildet, muß dieses System eingehend besprochen werden (Bestimmung s. Abb. 30).

Die vier Blutgruppen des AB0-Systems – nämlich A, B. AB, 0 – beruhen auf dem Vorhandensein dreier Erbanlagen, A, B und 0, von denen jeweils zwei Anlagen in einem Chromosomenpaar lokalisiert sind. Die Gene A und B sind dominant über die Anlage 0, so daß die Genotypen AA und A0 sowie BB und B0 serologisch nicht voneinander unterschieden werden können. Sie erscheinen serologisch nur als A oder B. Dominanz bedeutet also, daß im Phänotyp die Eigenschaft A oder B die rezessive Eigenschaft 0 überdeckt. Dies hat keinen Einfluß auf die Vererbung.

Die Eigenschaften A und B überdecken sich gegenseitig nicht; sie verhalten sich kombinant. – Es können demnach nur vier Phänotypen festgestellt werden, obwohl sechs Genotypen vorhanden sind (unter Einbeziehung der A-Untergruppen sechs Phänotypen gegenüber zehn Genotypen).

Der Blutgruppe A entsprechen die Genotypen AA oder A0, der Gruppe B die Genotypen BB oder B0; bei den Blutgruppen AB und 0 sind Phänotyp und Genotyp identisch, nämlich AB bzw. 00.

Ein Mensch der Blutgruppe A mit dem Genotyp AA hat demnach von jedem Elternteil je ein Merkmal A geerbt, während ein Mensch mit dem Erbbild A0 von einem Elternteil das Merkmal A, von dem anderen die Eigenschaft 0 geerbt hat. Er kann an seine Kinder also entweder die Anlage A oder aber die Anlage 0 vererben.

Gleiches gilt für Angehörige der Genotypen BB oder B0; sie können im ersten Fall nur das Merkmal B, im zweiten beide Eigenschaften, entweder B oder 0, an ihre Nachkommen weitergeben.

Menschen der Blutgruppe AB müssen immer eines dieser beiden Merkmale vererben, Menschen der Gruppe 0 naturgemäß nur die Eigenschaft 0.

Bald nach der Entdeckung der Blutgruppen beobachteten Dungern und Hirszfeld, daß die Eigenschaft A in den Blutgruppen A und AB in verschiedener Stärke auftritt. Man bezeichnet diese Untergruppen als A_1 und A_2 bzw. A_1B und A_2B, wobei A_1 serologisch stärker und A_2 schwächer ausgeprägt ist. Bei gleichzeitiger Vererbung der beiden Gene A_1 und A_2 verhält sich A_1 dominant über das rezessive A_2, dieses wird überdeckt. Für die Vaterschaftsbegutachtung ergeben sich dadurch zusätzliche Ausschlußmöglichkeiten (z. B. Mutter 0, Kind A_1, ,,Vater" A_2).

Im AB0-System stehen also den nachstehend angeführten sechs Phänotypen zehn Genotypen gegenüber:

Phänotyp	*Genotypen*		
A_1	A_1A_1	A_1A_2	A_10
A_2	A_2A_2	A_20	
B	BB	B0	
A_1B	A_1B		
A_2B	A_2B		
0	00		

Da nach den Gesetzen der Vererbung ein Kind immer nur jene Erbanlagen besitzen kann, die auch bei seinen Eltern vorhanden sind, ergeben sich für das AB0-System folgende *Vererbungsregeln* (Abb. 27).

Ein Elternpaar der Blutgruppe A oder A und 0 kann nur Kinder der Gruppe A oder 0, jedoch keine der Gruppe B haben.

Ein Elternpaar der Gruppe B bzw. B und 0 kann nur B- und 0-Kinder, aber keine A-Kinder zeugen.

Ein Mensch der Blutgruppe AB kann keine Kinder der Gruppe 0 und umgekehrt ein Mensch der Gruppe 0 kein AB-Kind haben.

Schließlich können Eltern, die beide der Gruppe 0 angehören, selbstverständlich nur 0-Kinder zeugen.

Mit den sechs Einzelmerkmalen (Phänotypen) des AB0-Systems beträgt die Ausschlußchance, also die Möglichkeit, einen ,,Nichtvater" auszuschließen, 19,5%.

Die Verteilung der Frequenzen der AB0-Blutgruppen in der Bevölkerung Mitteleuropas ist relativ konstant. Als allgemeine Regel kann man annehmen,

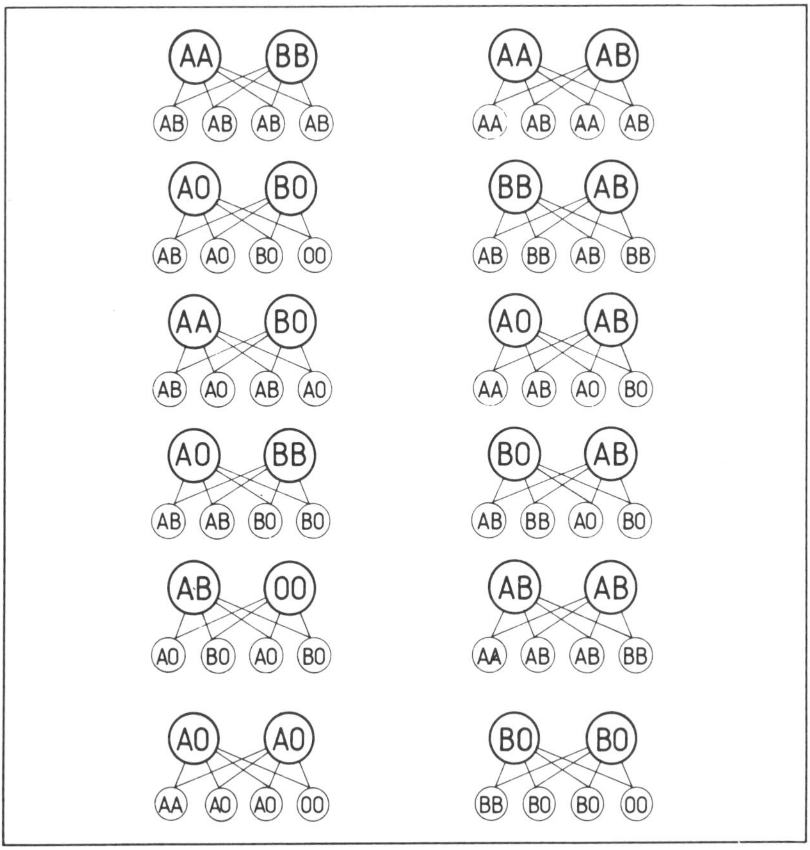

Abb. 27. Vererbung des AB0-Systems.
Nebenstehend sind Vererbungsmöglichkeiten entsprechend dem Genotyp der Eltern angegeben. Allerdings ist es im AB0-System nur ausnahmsweise möglich (bei Gruppe 0 oder AB), den Genotyp serologisch zu bestimmen. Bei Phänotyp (Sichtbild) A oder B bleibt offen, ob der Genotyp homozygot (reinerbig) oder heterozygot (gemischterbig) ist, woraus sich die mehrfachen Erbmöglichkeiten ergeben.
Durch diese Art der Ableitung der Vererbungsmöglichkeiten, die sich auf alle anderen Erbsysteme übertragen läßt, soll die Grundlage für das Verständnis der Erbregeln illustriert werden.
Die Darstellung der Vererbung bei Eltern, die beide der Blutgruppe 0 angehören, ist bewußt weggelassen, weil nach Studium des Schemas jedem klar sein muß, daß 0-Eltern nur 0-Kinder haben können.

daß die Blutgruppe A nach Norden zunimmt und nach Süden sowie Osten abnimmt, während für die Eigenschaft B das Umgekehrte gilt. In Österreich ist die Gruppe A mit etwas über 40% die häufigste, gefolgt von 0 mit knapp unter 40%, während etwa 15% der Bevölkerung die Blutgruppeneigenschaft B und 5% die Eigenschaft AB aufweisen.

Das AB0-System ist serologisch dadurch charakterisiert, daß obligatorisch im Blutserum jedes Menschen sogenannte Isoagglutinine gegen jene Eigenschaften vorhanden sind, die er selbst in seinem Blut nicht aufweist – anders ausgedrückt also Antikörper, die gegen die „fremde“ Eigenschaft gerichtet sind. So besitzt jeder Mensch der Gruppe A in seinem Serum Antikörper gegen B, als β bezeichnet, ein Mensch der Gruppe B hingegen Anti-A, α genannt. Träger der Gruppe 0 weisen sowohl Anti-A als auch Anti-B (αβ) auf, während bei Menschen der Gruppe AB naturgemäß keine Isoagglutinine im Serum auftreten, da diese Antikörper gegen das eigene Blutmerkmal gerichtet wären. Diese agglutinierenden Antikörper sind imstande, die entsprechenden Antigene zur Verklumpung zu bringen, d. h.: Anti-A agglutiniert A-Erythrozyten, während Anti-B die Blutkörperchen der Gruppe B verklumpt. Man gewinnt daher von Menschen der Gruppe A Anti-B-Serum, von Menschen der Gruppe B wiederum Anti-A-Serum zum Nachweis der Blutgruppeneigenschaften des AB0-Systems.

Die an der Oberfläche der Erythrozyten gebundenen Blutmerkmale A bzw. B sind die Agglutinogene, d. h. verklumpbare Eigenschaften; ihr Vorhandensein zeigt sich nach Reaktion mit den ihnen entsprechenden Antikörpern durch Agglutination.

Blutkörperchen der Gruppe 0 werden normalerweise durch menschliches Serum nicht agglutiniert, wohl aber durch sogenannte Phytagglutinine oder Lectine, aus bestimmten Pflanzensamen gewonnene antikörperähnliche Eiweißkörper, die mit Blutgruppenantigenen reagieren. Lectine werden auch zur Unterscheidung der Untergruppen A_1 und A_2 verwendet.

Zur Verdeutlichung zeigt nachstehende Skizze die verschiedenen Reaktionsbilder, die durch Isoagglutination entstehen (Abb. 26).

Für eine sichere Bestimmung der Blutmerkmale des AB0-Systems müssen nicht nur die *Erythrozyteneigenschaften*, sondern auch die Eigenschaften des *Blutserums* festgesetllt werden. Während die Eigenschaften der Blutkörperchen mit Testseren Anti-A und Anti-B bestimmt werden, prüft man gleichzeitig durch bekannte sogenannte Test-Erythrozyten der Gruppen A und B die Isoagglutinine des Probanden. Als Reaktion tritt in beiden Fällen das Phänomen der Agglutination ein, makroskopisch erkennbar durch Verklumpung der (roten) Blutkörperchen. Die jeweiligen Befunde müssen sich immer ergänzen; d. h., bei Feststellung der Blutgruppe A muß im Blutserum Anti-B nachweisbar, umgekehrt müssen bei Vorliegen der Gruppe B die entsprechenden Isoantikörper Anti-A vorhanden sein. Gruppe 0 wird mit Testserum Anti-A und Anti-B keine Reaktion zeigen, das Blutserum jedoch wird A- und B-Test-Erythrozyten agglutinieren.

Eine Ausnahme bilden Säuglinge in den ersten Lebensmonaten oder, äußerst selten, sehr alte Menschen, bei welchen die Isoagglutinine noch nicht oder nicht mehr entsprechend ausgebildet sind.

Die Bestimmung der klassischen Blutgruppen erfolgt in der Regel auf Glasplatten und muß bei Zimmertemperatur vorgenommen werden, da schon bei Temperaturen unter 18°C unter Umständen Kälteantikörper zur Verfälschung der Resultate führen können.

Nicht nur für das gerichtlich-serologische Gutachten, sondern insbesondere auch für Bluttransfusionen, muß die Blutgruppenbestimmung mit größter Sorgfalt erfolgen und dürfen nur einwandfreie Untersuchungsergebnisse verwertet werden.

7.6 Rhesus-System

7.6.1 Definition. Einteilung

Die Entdeckung neuer Blutmerkmale erfolgt fast immer durch die Entdekkung von Antikörpern, die mit keinem der bekannten Blutgruppensysteme in Zusammenhang gebracht werden können. Meist führen in der Folge die weiteren serologischen Untersuchungen zur Identifizierung eines ganzen Systems mehrerer Einzelmerkmale und der korrespondierenden Antikörper.

Als Landsteiner und A. Wiener 1940 in New York Kaninchen und Meerschweinchen mit Blut von Rhesusaffen immunisierten, fanden sie, daß die daraus resultierenden Antikörper nicht nur das Blut der Affen, sondern auch die Blutzellen von 85% der weißen Bevölkerung agglutinierten. Sie bezeichneten diese 85% als Rhesus-positiv, die verbleibenden nichtagglutinierten als Rhesus-negativ und die neuentdeckte Bluteigenschaft als den Rhesus-Faktor.

Das Rhesus-positive Antigen wird heute mit D, das negative mit d bezeichnet, nach der amerikanischen Nomenklatur Rh_0 bzw. hr_0.

Schon 1939 hatten die amerikanischen Forscher Levine und Stetson Antikörper im Serum einer Frau festgestellt, die nach Entbindung von einer Totgeburt und nach einer Transfusion gruppengleichen Blutes ihres Ehegatten eine hämolytische Reaktion erlitten hatte. Schon damals waren sie überzeugt, daß die Antikörper durch ein Blutmerkmal des Kindes provoziert worden seien, welche dieses von seinem Vater geerbt hatte. Später stellte sich heraus, daß diese Antikörper die gleichen waren wie die von den Kaninchen gegen die Rhesus-Eigenschaft produzierten und daß Erythroblastosis foetalis auf Rhesus-Unverträglichkeit zwischen Mutter und Kind zurückzuführen ist. Wiener konnte auch nachweisen, daß nach Übertragung Rhesus-positiven Blutes auf einen Rh-negativen Empfänger bei diesem Antikörper auftreten und bei späteren Transfusionen zu schweren hämolytischen Reaktionen führen können. Das Rhesus-System hat dadurch für die klinische Medizin größte Bedeutung erlangt.

Obwohl unterdessen neben dem Faktor D fünf weitere Eigenschaften gefunden wurden, die sich im Rhesus-System gleichwertig gegenüberstehen, hat sich die ursprüngliche Einteilung in Rhesus-positiv und Rhesus-negativ erhalten, was serologisch unrichtig ist und noch heute zu Fehlmeinungen führt. Ein Rh-negatives Individuum besitzt nämlich, wie jeder Mensch, sechs Rhesus-Teilfaktoren; es fehlt ihm lediglich der Faktor D. Für klinische Zwecke wird diese Einteilung immer noch verwendet, und tatsächlich ist der Rhesus-Faktor D insofern der wichtigste, als er das „stärkste" Antigen zu sein scheint. 94%

der Sensibilisierungen im Rhesus-System – sei es durch unverträgliche Blutübertragung oder durch Schwangerschaft – werden durch die Eigenschaft D hervorgerufen.

Im Rhesus-System gibt es sechs Antigene, denen spezifische Antikörper entsprechen. Im Gegensatz zu den Isoagglutininen des AB0-Systems sind die Rhesus-Antikörper jedoch keine natürlich vorkommenden, sondern entstehen ausschließlich durch Sensibilisierung. Inzwischen sind bereits mindestens 40 Rhesus-Antigene bekannt geworden, und ihre Zahl steigt ständig weiter an.

Das Verständnis dieses Systems wird durch zwei verschiedene Nomenklaturen kompliziert. Der amerikanischen Schreibweise nach A. Wiener steht die der englischen Forscher Fisher und Race gegenüber:

Teilfaktoren des Rhesus-Systems

Wiener	Fisher	Frequenz in der Bevölkerung (in %)
rh'	C	70
Rh_o	D	85
rh''	E	30
hr'	c	80
hr_o	d	65
hr''	e	96

Daneben sind noch die Varianten D^u und C^w (etwa 1,5%) zu erwähnen – neben einer Anzahl sehr seltener Varianten, die an dieser Stelle nicht berücksichtigt werden müssen.

Erschwerend für das Verständnis sind vor allem auch die beiden verschiedenen *Vererbungstheorien*: Nach Wiener sind die sechs Rhesus-Faktoren das Produkt nur eines Genpaares in einem Chromosomenpaar, während Fisher und Race drei eng benachbarte Genpaare in einem Chromosomenpaar annehmen, also insgesamt sechs Erbanlagen, jeweils drei auf einem Chromosom. Demnach wird nach der amerikanischen Nomenklatur eine Genkombination mit einem Symbol, der Genotyp mit zwei Symbolen bezeichnet, während die englische Schreibweise dafür drei bzw. sechs Zeichen verwendet.

mögliche Genkombinationen (ohne D^u, C^w)

Schreibweise nach Wiener (modernisierte Kurzform)	englische Schreibweise	Frequenz (in %)
r	cde	38,8
r'	Cde	0,98
r''	cdE	1,2
r_y	CdE	0,01
R_o	cDe	2,5
R_1	CDe	40,7
R_2	cDE	14,1
R_z	CDE	0,24

Im allgemeinen hat sich bei uns die englische Schreibweise eingebürgert, da sie anschaulicher und leichter verständlich ist.

7.6.2 Bestimmung der Rhesus-Faktoren

Die Bestimmung der Rhesus-Faktoren erfolgt mittels menschlicher Antiseren, wobei für jeden Teilfaktor ein eigenes spezifisches Antiserum verwendet wird. So reagiert C mit Anti-C-Serum, D mit Anti-D-Serum, e mit Anti-e usw. Lediglich gegen die Eigenschaft d wurde bisher noch kein Antikörper gefunden, vielleicht, weil das Antigen zu schwach ist, um solche zu provozieren. Man muß daher bei negativer Reaktion des Blutes mit Anti-D auf das Vorhandensein von d schließen. – Durch die positive (Verklumpung) oder negative (Homogenität) Reaktion zwischen Blutkörperchen und Antiserum lassen sich die verschiedenen Faktorenkombinationen, zumindest der Phänotyp, bestimmen.
Rhesus-Antikörper sind, wie schon erwähnt, durch Immunisierung entstandene und in der Regel sogenannte univalente, inkomplette Antikörper, d. h., sie benötigen zur Reaktion mit dem Antigen ein Komplement aus Eiweißkörpern, z. B. Albumin. Das Reaktionsoptimum liegt bei 37°C, und die Rhesus-Bestimmung muß daher auch bei dieser Temperatur erfolgen (Rhesus-Schaukel, Brutschrank etc.), um nicht falsche negative Ergebnisse zu erhalten.

7.6.3 Auswertung der Bestimmung

Für das serologische Vaterschaftsgutachten ergibt sich durch die Vielzahl der Einzelmerkmale im Rhesus-System eine Ausschlußchance von 29,31 %.

Ein *klassischer Ausschluß* ist dann gegeben, wenn das Kind eine Eigenschaft aufweist, die beiden Elternteilen fehlt, etwa:

Mutter	Kind	angeblicher Vater
Cc D. ee	Cc D.Ee	cc dd ee

In diesem Fall muß das beim Kind nachgewiesene Merkmal E, welches weder bei der Kindesmutter noch bei dem fraglichen Vater vorhanden ist, von einem anderen Erzeuger stammen.

Ein Reinerbigkeitsausschluß, der, wie schon erwähnt, auch ohne Untersuchung des mütterlichen Blutes möglich wäre, würde sich beispielsweise aus folgenden Konstellationen ergeben:

Kind	fraglicher Vater
cc dd ee	CC D. ee

Dieser Mann müßte, da er hinsichtlich des Rhesus-Teilfaktors C reinerbig ist, diese Eigenschaft auf alle seine Kinder vererben. Das Kind ist jedoch reinerbig hinsichtlich des Faktors c (Erbformel cc), woraus sich ein Vaterschaftsausschluß infolge entgegengesetzter Reinerbigkeit ergibt.

Zusätzliche Ausschlußmöglichkeiten ergeben sich durch die allerdings seltenen Varianten D^u und C^w.

7.7 MN Ss-System

7.7.1 Einteilung. Definitionen

Das MN-System wurde 1927 von Landsteiner und Levine entdeckt. Der Vererbung liegen die allelen Gene M und N zugrunde, die sich gegenseitig nicht überdecken, sich also kombinant verhalten. Da jeder Mensch auf einem Chromosomenpaar ein Anlagenpaar besitzt, sind folgende drei Typen möglich:

Phänotyp	Genotyp	Frequenz (Deutschland) ca.
M	MM	30%
N	NN	20%
MN	MN	50%

Auch in diesem System sind sowohl der ,,klassische" als auch der Reinerbigkeitsausschluß möglich. Ein Elternpaar des Genotyps MM kann keine Kinder des Typs MN haben; das gleiche gilt für eine Elternverbindung des reinerbigen Typs NN. Ein Mensch mit den Merkmalen MM kann keine NN-Kinder haben und umgekehrt. – Die Ausschlußchance bei MN allein liegt bei etwa 18%.

M-Antikörper kommen bei Menschen als Kälteagglutinine öfter, N-Antikörper selten vor und haben klinisch wenig Bedeutung. Auch pflanzliche M- und N-spezifische Eiweißkörper wurden gefunden.

Nachdem die MN-Blutgruppe 20 Jahre lang als abgeschlossenes System betrachtet worden waren, entdeckten 1947 Walsh und Montgomery in Sydney einen Antikörper gegen ein Blutmerkmal, das S genannt wurde. Bald wurde offenbar, daß es sich um ein mit dem MN-System assoziiertes Antigen handeln mußte, und 1951 fanden Levine und Mitarbeiter den korrespondierenden Antikörper Anti-s.

Auch die Blutmerkmale S und s werden durch ein gleichwertiges Genpaar kombiniert vererbt. Die drei möglichen Erbbilder sind dementsprechend

Phänotyp	Genotyp	Frequenz etwa
S	SS	11%
s	ss	45%
Ss	Ss	44%

Auch hier gilt die Regel, daß ein Mensch des homozygoten Typs SS keine Kinder des reinerbigen Typs ss haben kann – und umgekehrt, daß ein Elternpaar mit den Merkmalen SS bzw. eine Elternverbindung des Typs ss keine mischerbigen Kinder Ss haben kann. Die Ausschlußchance für das Ss-System beträgt ca. 17%. S-Antikörper können agglutinierend als Kälteantikörper verkommen oder aber ein Reaktionsoptimum von 37°C haben. Im letzteren Fall reagieren sie nur in Eiweißmilieu oder im Antiglobulintest.

Anti-s ist relativ selten und immer durch Immunisierung entstanden. Es reagiert nur im indirekten Coombs-Test.

Beide Antikörper können Ursache von Morbus haemolyticus neonatorum oder von Transfusionszwischenfällen sein.

Wie schon erwähnt, sind die allelen Gene M und N mit dem Genpaar S und s eng gekoppelt. Durch Verwendung der vier Antisera Anti-M, Anti-N, Anti-S und Anti-s lassen sich die folgenden neun Phänotypen unterscheiden, denen zehn Genotypen entsprechen:

Phänotyp	Genotyp	Häufigkeit
M S	MS MS	6,1%
M s	Ms Ms	8,0%
M Ss	MS Ms	14,0%
N S	NS NS	0,6%
N s	Ns Ns	15,2%
N Ss	NS Ns	6,3%
MN S	MS NS	4,0%
MN s	Ms Ns	22,0%
MN Ss	MS Ns oder	19,3% bzw.
	Ms NS	4,5%

Die Vererbung dieser Genverbindungen erfolgt immer in der Weise, daß beispielsweise ein Mensch des Genotyps MS/Ns von jedem Elternteil eine dieser Genkombinationen geerbt haben muß und seinerseits auch nur in dieser Verbindung an seine Kinder vererben kann.

Wurde etwa bei einer Kindesmutter der Typ NS/NS festgestellt und ihr Kind als MN Ss bestimmt, so muß der Genotyp des Kindes Ms/NS lauten und nicht etwa MS/Ns, da die Mutter keine dieser letztgenannten Genverbindungen aufweist. Das Kind kann also von seiner Mutter nur die Kombination NS geerbt haben; die Genverbindung Ms hingegen muß von seinem Erzeuger stammen.

7.7.2 Bestimmung

Die Bestimmung der Faktoren MN erfolgt durch agglutinierende Antiseren, die durch Immunisierung von Kaninchen gewonnen werden.

Anti-S und Anti-s sind menschliche Immunseren.

Im MN-System sind als Fehlerquellen bei der Bestimmung ein ,,schwaches" N, welches mit manchen Antiseren nicht reagiert, sowie der seltene Faktor M^g zu erwähnen, der mit Anti-M nicht erfaßt werden kann. In beiden Fällen kann Reinerbigkeit vorgetäuscht werden. Abweichungen im Ss-System werden bei Negern gefunden, welche sowohl S- als auch s-negativ reagieren können, was auf das Vorhandensein zweier als S^u bezeichneter Gene zurückzuführen ist.

Die Ausschlußchance des MNSs-Systems beträgt insgesamt ca. 32%. Der Beweiswert kann mit ,,Vaterschaft ausgeschlossen" angenommen werden.

7.8 Kell-System

Obwohl seit der Entdeckung des Faktors Kell durch Coombs, Mourant und Race im Jahre 1946 weitere Faktoren in diesem System gefunden wurden, kommt man mit den beiden Merkmalen K und k (Kell und Cellano genannt, nach den Patientinnen, bei welchen die Antikörper erstmals gefunden wurden) und der einfachen Einteilung in drei Phänotypen aus. Aus der Reaktion mit den Seren Anti-K und Anti-k ergeben sich die möglichen Erbbilder KK, Kk und kk.

Die Eigenschaft Kell läßt sich in der Bevölkerung Europas bis zu einem Prozentsatz von 10% nachweisen; alle anderen reagieren Kell-negativ. Es handelt sich um ein relativ starkes Antigen, weshalb Morbus haemolyticus neonatorum infolge Mutter-Kind-Inkompatibilität sowie Antikörperbildung nach Bluttransfusionen gar nicht so selten sind. Auch im Kell-System ist eine Erweiterung gegenüber dem ursprünglichen einfachen Diallele-System eingetreten, da weitere Gen-Loci nachgewiesen werden konnten.

Ein ,,klassischer" Ausschluß im Kell-System (Kind K+, KM und Beklagter K−) ist unbestritten und wäre nach der österreichischen Nomenklatur mit ,,Vaterschaft ausgeschlossen", nach der deutschen mit ,,Vaterschaft offenbar unmöglich" zu bewerten.

Bei einem Ausschluß infolge entgegengesetzter Reinerbigkeit, der allerdings außerordentlich selten vorkommt, sind jedoch erweiterte Untersuchungen mit Spezialseren notwendig sowie der Versuch, zusätzliche Ausschlüsse in anderen Blutmerkmalsystemen zu finden.

Die Ausschlußchance im Kell-System beträgt 3,8%.

7.9 Kidd-System

Auch das Kidd-System gehört zu den spät entdeckten Blutmerkmalen. Das erste Beispiel eines Kidd^a-Antikörpers wurde 1951 im Serum einer Frau gefunden, die ein Kind mit Morbus haemolyticus neonatorum geboren hatte.

Durch Bestimmung mit den beiden Antiseren Anti-Jk^a und Anti-Jk^b lassen sich drei Genotypen unterscheiden:

Genotyp	Frequenz
Jk^a/Jk^a	25%
Jk^a/Jk^b	50%
Jk^b/Jk^b	25%

In diesem Blutgruppensystem bestehen ebenfalls große rassische Unterschiede, und es wird die Existenz eines dritten, modifizierten oder stummen Gens angenommen, da Fälle von negativer Reaktion mit beiden Antiseren berichtet wurden. – Die Ausschlußchance im Kidd-System beträgt 18,7%. Der Beweiswert wird mit ,,Vaterschaft unwahrscheinlich" angegeben.

7.10 Duffy-System

Das Blutmerkmal Duffy^{a} wurde 1950 im Londoner Lister-Institut entdeckt, das korrespondierende Merkmal Duffy^{b} 1951. Die beiden allelen Gene werden mit den Symbolen Fy^{a} und Fy^{b} bezeichnet.

Durch positive bzw. negative Reaktion mit den entsprechenden Antiseren Anti-Fy^{a} und Anti-Fy^{b} lassen sich in der weißen Bevölkerung drei Genotypen unterscheiden:

Genotyp	Frequenz
Fy^{a}/Fy^{a}	17,2%
Fy^{a}/Fy^{b}	48,5%
Fy^{b}/Fy^{b}	34,3%

Das Duffy-System ist dasjenige, in welchem die größten Unterschiede innerhalb der Rassen bestehen. Von den amerikanischen Negern reagieren 68% mit beiden Antiseren Anti-Fy^{a} und Anti-Fy^{b} negativ, afrikanische Neger je nach Rasse sogar bis zu 90%. Als Grund dafür werden weitere Gene, Fy^{3}, Fy^{4} und Fy^{5}, angenommen.

Chinesen und Pakistaner hingegen reagieren fast zu 100% Fy^{a}-positiv.

Fy^{a} und Fy^{b} sind relativ schwache Antigene; trotzdem können sie Ursache von Transfusionsreaktionen oder Mutter-Kind-Unverträglichkeit (Erythroblastose) sein.

Duffy-Antikörper werden ausschließlich bei Menschen gefunden und entstehen immer durch Immunisierung. Sie reagieren nur im indirekten Antiglobulintest (Coombs-Test).

Aus den oben angeführten Gründen besitzt nur der Faktorenausschluß im Duffy-System, d. h. Mutter und Vater negativ, Kind positiv hinsichtlich eines Faktors, Beweiskraft. Isolierte Reinerbigkeitsausschlüsse dürfen nicht verwertet werden.

Die Ausschlußchance beträgt 18,38%; der Beweiswert ist mit „Vaterschaft sehr unwahrscheinlich" anzusetzen. Transfusionszwischenfälle sind möglich.

7.11 P-System

Der Blutfaktor P wurde von Landsteiner und Levine 1927 entdeckt. Durch die von immunisierten Kaninchen produzierten Antikörper wurden 78% der Bevölkerung als P-positiv, 22% als P-negativ bestimmt. Da ein korrespondierender Antikörper Anti-p nicht gefunden wurde, schien zunächst nur ein Einzelfaktor und kein System vorzuliegen; durch die spätere Entdeckung eines Antikörpers Anti-Tj^{a} (Jay) zeigte sich jedoch, daß P den wesentlichen Teil eines etwas komplizierten Systems bildet. Das Merkmal Tj^{a} kommt allerdings für die Vaterschaftsbegutachtung nicht in Betracht, da 99,9% aller Menschen Tj^{a}-positiv reagieren.

Im P-System gibt es nunmehr folgende, durch drei Antiseren bestimmbare

P-Phänotypen: P1 (80%), P2 (20%) und die sehr seltenen Phänotypen p, p_1K und p_2K.

Hämolytische Transfusionszwischenfälle sind Einzelfälle; einen Morbus haemolyticus neonatorum können P1-Antikörper wahrscheinlich nicht auslösen.

Die Ausschlußchance beträgt überdies nur 2,98%, weshalb man allenfalls auf die P-Bestimmung verzichten könnte.

Anti-P-Seren werden relativ häufig gefunden und sind besonders bei Tieren (Schweine, Pferde, Schafe) oft von Natur aus vorhanden.

Die Bestimmung des Merkmals P erfolgt durch Agglutination in salinem Milieu bei Zimmertemperatur.

7.12 Merkmal Xg^a

Da die Gene aller bisher bekannten Blut- und Serumgruppen autosomal, d. h. geschlechtsunabhängig vererbt werden, bedeutete die Entdeckung des Merkmals Xg^a 1972 insofern eine Besonderheit, als dadurch der Beweis der Lokalisation eines Blutgruppen-Gens auf einem Geschlechtschromosom erbracht wurde.

Weibliche Individuen besitzen in ihren Zellkernen je ein Paar X-Chromosomen (Genformel X/X), wodurch über die Eizelle in jedem Fall das weibliche Merkmal X vererbt wird.

In männlichen Zellen ist ein weibliches X-Chromosom und ein männliches Chromosom Y enthalten (Genformel X/Y). Infolge der Zellteilung wird über die Samenzelle entweder ein weibliches Chromosom X oder ein männliches Chromosom Y vererbt und bestimmt so das Geschlecht des Kindes.

Demnach lassen sich mit dem Antiserum Xg^a folgende Erbbilder unterscheiden:

	weiblich	*männlich*
Xg^a positiv	Xg^a/Xg^a oder Xg^a/Xg	Xg^a/Y
Xg^a negativ	Xg/Xg	Xg/Y

Daraus ergibt sich, daß
1. ein Xg^a-positiver Mann keine Xg^a-negative Tochter haben kann und
2. ein Xg^a-negatives Elternpaar kein Xg^a-positives Mädchen zeugen kann.

Bei Vaterschaftsausschlüssen durch das Merkmal Xg^a muß jedoch auf Anomalien der Geschlechtschromosomen im Sinne des Turner-Syndroms (XO) oder Klinefelter-Syndroms (XXY) geachtet werden. Wenn möglich, sollten solche Ausschlüsse durch Chromosomenuntersuchungen abgesichert werden.

Die Ausschlußchance beträgt 11%; der Beweiswert wäre mit „Vaterschaft sehr unwahrscheinlich" anzugeben.

7.13 Sekretor-Eigenschaft Se (Ausscheider-Eigenschaft)

Schon 1910 wurde beobachtet, daß auch im menschlichen Serum wasserlösliche Blutgruppensubstanzen A und B vorhanden sein können, und 1926 wurden solche in Speichel und Sperma nachgewiesen. Schließlich wurde 1930 bekannt, daß das Vorhandensein oder Fehlen von Blutgruppensubstanzen in Körperflüssigkeiten genetisch gesteuert ist. Die Fähigkeit, Gruppensubstanzen auszuscheiden, ist an ein dominantes Erbmerkmal gebunden und wird mit dem Symbol Se bezeichnet, während für Nichtausscheider die Bezeichnung se verwendet wird.

Dem Phänotyp Se entsprechen die beiden Genotypen Se/Se und Se/se, bei Nichtausscheidern sind Phäno- und Genotyp identisch se bzw. se/se. Die Häufigkeit der Ausscheider in der Bevölkerung liegt zwischen 75 und 78%.

Sekretoren scheiden Blutgruppensubstanzen entsprechend ihrer Gruppenzugehörigkeit im AB0-System aus. Wurden anfangs A- und B-Ausscheider gefunden, so stellte man nach Identifizierung der sogenannten H-Substanz („Heterogenetische Grundsubstanz", Morgan und Watkins, 1949) fest, daß dieselbe von Menschen der Blutgruppe 0 ausgeschieden wird. Diese H-Substanz ist übrigens auch bei Trägern der übrigen klassischen Blutmerkmale vorhanden, allerdings in geringerer Menge.

Diese Erkenntnisse waren und sind begreiflicherweise für die Gerichtsmedizin in erster Linie für Spurenuntersuchungen interessant. Nähere Einzelheiten finden sich daher im Kapitel Spurenkunde.

Für die Vaterschaftsbegutachtung ist die Unterscheidung Sekretor oder Nichtsekretor besonders in Kombination mit den Merkmalen des Lewis-Systems brauchbar, da alle Menschen des Typs Lewis (a+b−) Nichtausscheider, Träger des Merkmals Lewis (a−b+) hingegen Ausscheider von AB0-Gruppensubstanzen sind.

Die Bestimmung der Ausscheidereigenschaft erfolgt aus dem Speichel, der auf Filterpapierstreifen aufgenommen und getrocknet wird. Im sogenannten Absättigungsversuch wird festgestellt, ob Antikörper Anti-A, Anti-B bzw. Anti-H durch die in der Speichelprobe vorhandenen Gruppensubstanzen abgesättigt und dadurch wirkungslos werden, oder ob die Antiseren unverändert bleiben, da die Speichelprobe von einem Nichtausscheider stammt.

Die Ausschlußchance im Sekretorsystem beträgt in Verbindung mit dem Lewis-System 2,14%; der Beweiswert ist mit „Vaterschaft unwahrscheinlich" anzusetzen.

7.14 Lewis-System

Das Lewis-System gehört zu jenen Systemen, deren Genetik noch nicht restlos geklärt ist. Seine Anwendung im Vaterschaftsgutachten ist daher nicht einheitlich. Durch Koppelung mit den Sekretoreigenschaften ist das System jedoch serologisch interessant.

Zwei Einzelmerkmale können mit den entsprechenden Antiseren nachgewiesen werden, Le^a und Le^b, wodurch sich die Typen Le(a+b−), Le(a−b+), Le(a−b−) und der seltene Typ Le(a+b+) bestimmen lassen.

Sind die Eigenschaften voll ausgebildet, was bei Kindern erst nach vier Jahren der Fall sein kann, wird bei gleichzeitigem Vorhandensein von Le^a und Le^b das Le^a von Le^b überdeckt und ist trotz Vorhandenseins nicht nachweisbar. Es handelt sich also um ein dominantes und rezessives Merkmal. So kann es vorkommen, daß eine Mutter wohl beide Faktoren besitzt, bei der Bestimmung aber als Le(a−b+) erscheint (a wird von b überdeckt), während ihr Kind Le(a+b−) reagiert.

Die einzige Ausschlußmöglichkeit im Lewis-System besteht daher durch folgende Konstellation:

Mutter Le(a+b−)
Kind (Le(a−b+)
„Vater" Le(a+b−)

Dieser Ausschluß wird stets durch einen Ausschluß im Sekretorsystem bestätigt. Die Lewis- und Ausscheidereigenschaften sind nämlich insofern gekoppelt, als alle Personen des Typs Le b+ Ausscheider von Blutgruppensubstanzen sind (Se), solche des Typs Le a+ hingegen Nichtausscheider hinsichtlich ihrer AB0-Substanzen (se). Sie scheiden aber große Mengen Le^a-Substanz aus.

In dem oben angeführten Beispiel würde die Formel für die Sekretoreigenschaften also lauten: Mutter und Vater se (Nichtausscheider, Kind Se (Ausscheider), wodurch sich ein kombinierter Le^b-Se-Ausschluß ergibt.

Der Beweiswert kann mit „Vaterschaft unwahrscheinlich" angegeben werden. Die Ausschlußchance des Lewis-Systems beträgt in Verbindung mit den Sekretoreigenschaften 2,14%.

7.15 Lutheran-System

Für die 1946 bzw. 1956 entdeckten Lutheran-Blutgruppenmerkmale wurden die Symbole Lu^a und Lu^b gewählt. Aus der positiven oder negativen Reaktion mit den Antiseren Anti-Lu^a und Anti-Lu^b ergeben sich nachstehende Erbbilder:

Lu^a/Lu^a (0,15%)
Lu^a/Lu^b (7,5%)
Lu^b/Lu^b (92,35%)

Die Ausschlußchance beträgt 2,82%; der Beweiswert im Fall eines Ausschlusses kann als „Vaterschaft sehr unwahrscheinlich" bezeichnet werden. Die Verwertung isolierter Ausschlüsse sollte aber nur in sogenannten Problemfällen erfolgen.

Erbliche Serumgruppen

7.16 Haptoglobin-System

Eine bedeutende Erweiterung der Untersuchungsmethoden in der forensischen Serologie brachte die Entdeckung der erblichen Serumgruppen des Menschen.

1955 ermöglichte die von Smithies entwickelte Serumelektrophorese in Stärkegel erstmals die Bestimmung der schon länger bekannten erblichen Haptoglobintypen.

Haptoglobine gehören zur Gruppe der α_2-Glycoproteine. Für die genetische Steuerung sind zwei kodominante allele Gene, Hp^1 und Hp^2, verantwortlich. Die sich daraus ergebenden drei Phänotypen, Hp 1, Hp 2-1 und Hp 2, lassen sich durch ihre unterschiedliche elektrophoretische Wanderungsgeschwindigkeit bestimmen, wobei Hp 1 die am raschesten wandernde Fraktion, Hp 2 die langsamste ist.

Die Haptoglobine haben die physiologische Funktion, das beim Blutkörperchenzerfall freiwerdende Hämoglobin durch Bildung eines Hp-Hb-Komplexes zu binden und aus der Blutbahn zu eliminieren. Gleichzeitig wird dadurch Eisen im Organismus retiniert und die Nierenschwelle für Hb beeinflußt.

Die Bindungsfähigkeit Hp-Hb macht man sich zur Darstellung der Haptoglobintypen zunutze. Die Serumproben werden mit Hämoglobinlösung versetzt, in Stärkegel elektrophoretisch aufgetrennt und anschließend die verschiedenen Haptoglobinmuster durch Hb-spezifische Färbung wie Benzidin, Tolidin sichtbar gemacht.

Vaterschaftsausschlüsse im Haptoglobin-System ergeben sich sowohl in Form des klassischen Ausschlusses, wenn das Kind eine Eigenschaft aufweist, die beiden Elternteilen fehlt, als auch durch entgegengesetzte Reinerbigkeit.

Klassischer Ausschluß	Reinerbigkeitsausschluß
Mutter 2-2 oder 1-1	Kind 1-1
Kind 2-1	Vater 2-2
Vater 2-2 oder 1-1	oder umgekehrt

Bei Reinerbigkeitsausschlüssen muß jedoch an die Möglichkeit eines sogenannten „stummen" Gens Hp^0 gedacht werden.

Gelegentlich werden Ahaptoglobinämien beobachtet; auch verschiedene Varianten sind bekannt und müssen bei der Bestimmung berücksichtigt werden. Sie können sich durch zusätzliche Banden oder als Hypo-Hp manifestieren.

Die Ausschlußchance im Haptoglobin-System beträgt 17,86%; der Beweiswert wird mit „Vaterschaft ausgeschlossen" angegeben.

7.17 Gc-System

1959 entdeckte Hirschfeld, daß sich mittels der Immunelektrophorese in Agargel nach der Methode von Grabar und Williams in menschlichem Serum drei noch nicht identifizierte Komponenten darstellen ließen. Sie wurden als gruppenspezifisch erkannt und ,,Group-specific component" = Gc benannt. Ähnlich wie die Haptoglobine liegen sie im Bereich der α_2-Globuline. Hirschfeld legte dem Gc-Polymorphismus das genetische Modell zweier Allele Gc^1 und Gc^2 an einem autosomalen Genort zugrunde, welche die drei Phänotypen Gc 1-1, Gc 2-2 und Gc 2-1 bedingen. Seltene Varianten und ein stummes Gen Gc^o wurden in der Folge publiziert.

Die Bestimmung der Gc-Merkmale erfolgt durch elektrophoretische Auftrennung in Agarosegel und anschließende Fällung der Komponenten durch Gc-spezifisches Immun-Antiserum tierischer Herkunft. In den Berührungszonen von Antigen und Antikörpern bilden sich im Gel Präzipitationsbogen, die nach ihrer Lage als das schnellwandernde Gc 1, das langsam wandernde Gc 2 sowie als langgestreckter Doppelbogen des Gc 2-1 identifiziert werden können.

Wie in fast jedem durch ein Gen-Paar bedingten System, ergeben sich durch die Bestimmung der Gc-Merkmale Ausschlüsse durch Einzelfaktoren wie auch infolge entgegengesetzter Reinerbigkeit.

Die Ausschlußchance beträgt 16,04%. Der Beweiswert ist mit ,,Vaterschaft ausgeschlossen" angegeben.

Durch neue Untersuchungsmethoden mit hohem Auflösungsvermögen (Elektrophorese in Agarosegel mit anschließender Immunfixation, Isoelektrofokussierung) gelingt die Subtypisierung des Genproduktes von Gc^1, wodurch nunmehr drei Allele unterschieden werden können: Gc^{1S} (slow), Gc^{1F} (fast) und Gc^2. Ihnen entsprechen die sechs Phänotypen Gc1F, Gc1S, Gc1F-1S, Gc2, Gc2-1F und Gc2-1S. Die Ausschlußchance des Systems steigt durch diese Erweiterung der Typisierung auf 29,7%.

7.18 Gm-System

Das 1956 von Grubb und Laurell entdeckte Gm-System ist ohne Frage das weitaus komplizierteste der Serumgruppen. Es erscheint daher im Rahmen der Besprechung forensisch-serologischer Untersuchungsmethoden unmöglich, eine auch nur halbwegs umfassende Übersicht zu geben. Auch auf die Nomenklaturschwierigkeiten soll hier nicht eingegangen werden. Bisher sind über 20 verschiedene Faktoren gefunden worden, die zunächst mit Buchstaben, später jedoch mit Zahlen bezeichnet wurden.

Die Gm-Eigenschaften sind auf den Gammaglobulinen lokalisiert. Die entsprechenden Gm-Antikörper werden in menschlichen Seren gefunden, können aber auch von Tieren gewonnen werden.

Die Vererbung erfolgt offenbar ähnlich wie im Rhesus-System in Komplexen, ist jedoch noch nicht restlos geklärt. Für das serologische Vaterschaftsgutachten wäre daher zu empfehlen, sich auf die Bestimmung der Eigenschaften Gm^a (bzw. Gm1), Gm^x (Gm2), Gm^f (Gm3), Gm^b (Gm5 und Gm10) zu beschränken und nur Ausschlüsse durch Einzelfaktoren zu berücksichtigen. Reinerbigkeitsausschlüsse sollten mit größter Zurückhaltung bewertet werden.

Die Technik zur Bestimmung der Gm-Merkmale unterscheidet sich grundlegend von anderen serologischen Untersuchungsmethoden. Die Gm-Merkmale besitzen sozusagen „hemmende" Eigenschaften; ihre Reaktion mit den Gm-Antikörpern ist nicht sichtbar. Der Nachweis erfolgt daher durch ein sogenanntes Indikatorsystem. Hierfür werden Rhesus-positive Erythrozyten (Gruppe 0) mit Rhesus-Antikörpern (Anti-D) beladen, welche gleichzeitig das gesuchte Gm-Merkmal enthalten. Nach dieser „Beladung" tragen die Blutkörperchen auf ihrer Membran die Gm-Eigenschaften und können durch Gm-Antikörper agglutiniert werden.

Zur Bestimmung der Gm-Eigenschaften in Serumproben mischt man diese zunächst mit Anti-Gm-Testserum. Enthält das Probandenserum Gm-Antigen, werden die Gm-Antikörper im Testserum dadurch abgesättigt, und die anschließend zugesetzten Gm-markierten Blutkörperchen werden nicht agglutiniert.

Hemmung der Verklumpung bedeutet also ein positives Ergebnis und beweist das Vorhandensein der Gm-Eigenschaft im Probandenserum. Agglutination der Testblutkörperchen bedeutet dementsprechend fehlende Hemmung und Fehlen der Gm-Eigenschaft.

Für jedes einzelne Gm-Merkmal ist ein eigenes Indikatorsystem notwendig; sowohl die Rhesus-Antikörper als auch das Gm-Antiserum müssen spezifisch für den jeweils gesuchten Gm-Faktor sein (Anti-D/Gm^a und Anti-Gm^a, Anti-D/Gm^x und Anti-Gm^x usw.).

Die Ausschlußchance im Gm-System beträgt für Gm^a 7,85%, für Gm^x 5,5%, für Gm^b und Gm^f 0,03%.

Ein Ausschluß durch die Faktoren Gm^a, Gm^x und Gm^f wird mit „Vaterschaft ausgeschlossen" bewertet. Für Gm^b-Ausschlüsse gilt das Prädikat „Vaterschaft unwahrscheinlich".

7.19 InV-System (Km-System)

Die Serumeigenschaft InV wurde erstmals 1960 beschrieben. Bisher wurden nur drei Allele gefunden, InV 1, InV 2 und InV 3 (neue Nomenklatur Km1, Km2, Km3). Sie sind wie die Gm-Eigenschaften auf den Gammaglobulinen lokalisiert.

Derzeit wird wegen der günstigen Verteilung in der Bevölkerung nur das Merkmal InV 1 in der Vaterschaftsbegutachtung verwendet. Die Bestimmungstechnik entspricht jener des Gm-Systems.

Ausschlußchance: 5,6%. Beweiswert: „Vaterschaft ausgeschlossen".

7.20 Erbliche Enzymsysteme

Neben der Entdeckung der Serumgruppen hat sich der Nachweis erblicher Enzymsysteme im Blut als bedeutende Erweiterung der Untersuchungs- und Ausschlußmöglichkeiten in der forensischen Serologie erwiesen.

Durch Hämolyse der roten Blutkörperchen – gelegentlich auch Leukozyten – werden die Enzyme freigesetzt und können nach elektrophoretischer Auftrennung in einzelne Komponenten entsprechend ihrer Wanderungsgeschwindigkeit typisiert werden. Als Trägermedium wurde ursprünglich Stärkegel verwendet, wobei die Technik für die einzelnen Enzymsysteme wenig variierte, jedoch jeweils verschiedene Puffersysteme verwendet wurden.

Unterdessen erfolgt die Darstellung der Typen, aus Gründen der Zeit- und Materialersparnis und vor allem der besseren Auftrennung, in Agarose- bzw. Polyacrylamid-Dünnschichtgel oder auch auf Celluloseacetatfolien. Den größten Fortschritt in der Bestimmungstechnik erbrachte die Anwendung der Isoelektrofokussierung (IEF), wobei die einzelnen Komponenten entsprechend ihrem Isoelektrischen Punkt im Gel zu schmalen Zonen fokussieren.

7.20.1 Saure Erythrozyten-Phosphatase (SEP, ACP)

1963 berichteten Hopkinson und Mitarbeiter erstmals über die Darstellung verschiedener Typen der sauren Erythrozyten-Phosphatase in der Stärkegel-Elektrophorose. Für die genetische Steuerung nahmen sie drei Allele auf einem Genort an, ACP_1^A, ACP_1^B und ACP_1^C, die sich co-dominant (kombinant) verhalten.

Daraus ergeben sich sechs Phänotypen mit entsprechenden Genotypen:

A	P^a/P^a
AB	P^a/P^b
B	P^b/P^b
AC	P^a/P^c
BC	P^b/P^c
C	P^c/P^c

Auch seltene Phänotypen (RA, RB, RC etc.) und ein stummes Gen ACP_1^0 wurden gelegentlich beobachtet. Die elektrophoretische Auftrennung erfolgt im Agarosedünnschichtgel, kann aber auch in Stärkegel oder auf Folien durchgeführt werden. Die Enzymmuster werden durch Substrate dargestellt, welche Fluoreszenz- oder Farbreaktionen bewirken, wobei sowohl die Wanderungsgeschwindigkeit als auch die Intensität der einzelnen Komponenten für die Unterscheidung der Typen ausschlaggebend sind.

Ausschlüsse ergeben sich sowohl durch Einzelfaktoren (klassischer Ausschluß) als auch durch entgegengesetzte Reinerbigkeit, wobei allerdings auf die Möglichkeit stummer Gene oder Varianten geachtet werden muß.

Die Ausschlußchance beträgt 24,89%. Der Beweiswert eines SEP-Ausschlusses kann mit „Vaterschaft ausgeschlossen" angenommen werden.

7.20.2 Phosphoglucomutase (PGM)

1964 erfolgte die Entdeckung des erblichen Enzymsystems der Phosphoglucomutase (PGM), deren Isoenzymmuster ebenfalls durch Stärkegel-Elektrophorese dargestellt wurden. Obwohl neben PGM_1 weitere Genprodukte (PGM_2 und PGM_3) nachweisbar sind, kommen für die forensische Praxis derzeit nur die Varianten des PGM_1-Systems zur Auswertung.

Zunächst konnten drei Typen unterschieden werden: PGM 1-1, PGM 2-1 und PGM 2-2, die Ausschlußchance betrug 14,88%. Durch die Auftrennung mittels Isoelektrofokussierung wurde jedoch die Unterscheidung von 10 Subtypen möglich, wonach dem früheren Typ 1-1 nun die Subtypen 1-1, 3-1 und 3-3, dem Typ 2 die Subtypen 2-2, 4-2 und 4-4 entsprechen, während anstelle des Typs 2-1 nun vier Subtypen unterschieden werden können: 2-1, 3-2, 4-1 und 4-3.

Die Ausschlußchance stieg hierdurch auf 30%, der Beweiswert wird mit „Vaterschaft ausgeschlossen" angegeben.

7.20.3 Adenylatkinase (AK)

Der Polymorphismus der Adenylatkinase wurde 1966 beschrieben; der codominante Erbgang der beiden Allele AK_1 und AK_2 wurde durch Familienuntersuchungen bewiesen.

Da 92% der mitteleuropäischen Bevölkerung den Typ AK_1/AK_1 aufweisen, ist die Ausschlußchance mit 3–4% entsprechend gering. Der Beweiswert eines Ausschlusses in diesem System ist allerdings unbestritten und wird als „Vaterschaft ausgeschlossen" klassifiziert.

7.20.4 Adenosindesaminase (ADA)

Die in Erythrozyten und verschiedenen Körpergeweben enthaltene Adenosindesaminase kann mittels horizontaler Stärkegel-Elektrophorese ebenso wie in Agarosegel oder auf Acetatfolie dargestellt werden. Das Enzym ist jedoch unstabil, und gealterte Blutproben können falsche Ergebnisse liefern.

Die Steuerung durch die allelen Gene ADA_1 und ADA_2 erbringt die drei Merkmaltypen ADA 1-1, ADA 2-1 und ADA 2-2. Seltene Sondertypen wie ADA 3-1, 4-1, 5-1 und ein stummes Gen wurden beschrieben, sind jedoch für die Praxis unbedeutend.

Die Ausschlußchance liegt mit 4,74% nur wenig höher als bei den AK-Typen. Ein Ausschluß im ADA-System wird mit „Vaterschaft ausgeschlossen" bewertet.

7.20.5 Glutamat-Pyruvat-Transaminase (GPT)

Der Polymorphismus des Enzyms GPT, welches im Aminosäure-Stoffwechsel eine große Rolle spielt, wurde 1971 entdeckt. Auch für dieses System wurden die allelen Gene GPT_1 und GPT_2 identifiziert – und dementsprechend die drei Phänotypen GPT 1-1, GPT 2-1 und GPT 2-2. Eine Reihe seltener Varianten wurde beschrieben; relativ häufig tritt ein stummes Gen, GPT_0, in Erscheinung und kann entgegengesetzte Reinerbigkeit vortäuschen.

Da die Verteilung der Merkmaltypen in Mitteleuropa sehr günstig ist, sind die Ausschlußchancen mit 18,71% relativ hoch. Für den Beweiswert gilt das Prädikat „Vaterschaft ausgeschlossen".

7.20.6 Esterase D (EsD)

Das System EsD eignet sich durch günstige Verteilung der Genfrequenzen und problemlose Darstellung in der Elektrophorese gut für die Verwendung in Paternitätsgutachten. Im Gegensatz zu anderen Enzymsystemen erfolgt die Ablesung der drei Merkmaltypen EsD 1, EsD 2-1 und EsD 2 nicht durch Farbreaktion, sondern durch eine Fluoreszenz-Reaktion unter UV-Licht.

Ausschlußchance: ca. 9%.

Durch verbesserte Auftrennungstechnik (Agarosegel-Elektrophorese, Isoelektrofokussierung) lassen sich weitere Phänotypen ESD 5-1. 5-2, 3-1 etc. nachweisen.

7.20.7 Glyoxalase (GLO)

Wie die Esterase D gehört auch die Glyoxalase zu den Systemen, deren Polymorphismus und Eignung für das forensisch-serologische Gutachten erst relativ spät festgestellt wurden. Die Darstellung der GLO-Typen GLO 1, GLO 2-1 und GLO 2 kann durch elektrophoretische Auftrennung in Stärkegel, Agarosegel oder auf Celluloseacetatfolien erfolgen.

Die Ausschlußchance ist entsprechend den Genfrequenzen gut. Sie beträgt 18,6%

7.21 Weitere forensisch relevante Enzym- und Proteinpolymorphismen

7.21.1 6-Phosphogluconat-Dehydrogenase (6-PGD)

Den drei Phänotypen PGD A, AB und B liegen zwei autosomale codominante Allele PGD^A und PGD^B zugrunde. Daneben wurden zahlreiche seltene Varianten gefunden. Wegen der ungünstigen Genverteilung liegt die Ausschlußchance in Mitteleuropa nur knapp über 2%. Darstellung: Elektrophorese in Agarosegel oder auf Cellogelfolie.

7.21.2 Galaktose-1-Phosphat-Uridyltransferase (GALT oder Gt)

Die GALT-Varianten unterscheiden sich außer durch ihre elektrophoretische Mobilität auch durch unterschiedliche spezifische Aktivität. Nach den bisher vorliegenden Untersuchungsergebnissen werden drei Phänotypen Gt 1, Gt 2 und Gt 2-1 von zwei autosomalen codominanten Genen Gt^1 und Gt^2 gesteuert (frühere Bezeichnung $GALT^N$ und $GALT^D$ bzw. $GALT^{LA}$). Seltene Varianten wurden auch in diesem System beschrieben. Die allgemeine Ausschlußchance liegt bei 6–7%.

7.21.3 α-1-Fucoidase (FUC)

Die drei Phänotypen FUC 1, 2, und 2-1 gehen auf die beiden Allele FUC^1 und FUC^2 an einem autosomalen Locus zurück. Die Frequenz beträgt für FUC^1 0,75 und für FUC^2 0,25, ein stummes Gen, die Ursache des Krankheitsbildes Fucoidose, hat eine Frequenz von 0,005.

Die Darstellung der Phänotypen erfolgt aus Leukozytenlysaten durch Isoelektrofokussierung. Die isolierte Ausschlußchance dieses Systems beträgt 15,4%.

7.21.4 Phosphoglycolat-Phosphatase (PGP)

Bisher sind drei codominante autosomale Gene gefunden worden: PGP^1 mit einer Frequenz von etwa 0,83, PGP^2 mit ungefähr 0,12 sowie PGP^3 mit ca. 0,045. Allein im deutschsprachigen Raum sind die gefundenen Werte unterschiedlich. Sechs Phänotypen sind nachweisbar: PGP 1, 2, 3, 2-1, 3-1 und 3-2.

Wegen bestimmungstechnischer Schwierigkeiten wurde dieser Polymorphismus trotz der günstigen Genverteilung und einer Ausschlußchance von 13% noch nicht allgemein in die Routineuntersuchungen einbezogen.

7.21.5 C3-System

C3, früher als β_{1c}-Globulin bezeichnet, ist die dritte Komponente des menschlichen Komplements. Der Polymorphismus ist seit 1965 bekannt, wird aber im Normgutachten noch kaum verwendet, da wegen der Verminderung der C3-Aktivität durch Lagerung die Typenbestimmung nur an ganz frischen Blutproben möglich ist.

Die Bestimmung erfolgt durch Hochspannungselektrophorese in Agarosegel, die Varianten bezeichnet man entsprechend ihrer Wanderungsstrecke im Gel als C3 F (fast), C3 S (slow) bzw. C3 FS, verschiedene Positionsvarianten werden zusätzlich nach einem metrischen System eingeteilt, so z. B. F 1,2 oder FS 0,4 etc.

Die Frequenzen innerhalb der weißen Bevölkerung werden für $C3^F$ mit 0,19–0,22 und für $C3^S$ mit 0,77–0,80 angegeben. Die Ausschlußchance liegt bei 13%.

7.21.6 Properdinfaktor B (Bf-System)

Der Properdinfaktor B, früher auch glyzinreiches Beta-Glykoprotein (GBG) genannt, gehört ebenso wie C3 zum Komplementsystem. Sein Polymorphismus wurde 1972 entdeckt, die drei häufigsten Phänotypen werden Bf F (fast), Bf S (slow) und Bf FS benannt, daneben werden Varianten je nach ihrem Abstand zwischen F und S numerisch unterschieden.

Die Bestimmung erfolgt durch Hochspannungselektrophorese in Agarosegel mit anschließender Fixierung (Überschichtung mit Anti-Bf-Immunserum) und Färbung. Durch Isoelektrofokussierung gelingt außerdem die Aufspaltung der F-Typen in sechs Subtypen.

Die Genfrequenz wird für Bf^S mit 0,80 und für Bf^F mit 0,17 angegeben, die Ausschlußchance beträgt 15%.

7.21.7 Transferrinsystem (Tf)

Es handelt sich um ein System multipler Allele mit Codominanz.

Das Transferrin ist ein Glykoprotein mit Eisenbindungsfähigkeit. 1957 gelang Smithies bereits der Nachweis eines genetischen Polymorphismus, und es wurden in den folgenden 20 Jahren zahlreiche Varianten gefunden, die in B-, C- und D-Typen eingeteilt wurden. Elektrophoretisch wandert die B-Region schneller, die D-Region langsamer als die C-Region.

Da das Allel Tf^C bei allen Rassen das häufigste ist und die Frequenz bei der weißen Bevölkerung mit 0,99 am höchsten liegt, schien das System zunächst für den Gutachter wenig informativ. Erst durch die Isoelektrofokussierung wurde es möglich, die C-Bande in die beiden häufigen Subtypen Tf C1 und Tf C2 sowie den selteneren Subtyp Tf C3 aufzuspalten. Die sechs häufigsten Phänotypen werden mit Tf C 1, 2, 3, 2-1, 3-1 und 3-2 bezeichnet. Die allgemeine Ausschlußchance ist dadurch von ursprünglich 1% auf nunmehr 20% gestiegen.

7.21.8 α_1-Antitrypsin-System (Pi)

α_1-Antitrypsin ist ein Glykoproteid des menschlichen Serums, das die Aktivität von Trypsin und anderen Enzymen hemmt (*P*rotease-*I*nhibitor). Ein genetischer Polymorphismus wurde bereits 1965 beschrieben. Von den zahlreichen bisher bekannten Allelen sind nur Pi^M, Pi^S und Pi^Z von Bedeutung, wobei Pi^M mit einer Frequenz von 0,95 überwiegt.

Durch die Einführung der Isoelektrofokussierung gelang jedoch die Aufspaltung des Pi^M-Typs in die Subtypenallele Pi M1, M2, M3 und M4, hinzu kommt ein stummes Gen Pi^0. Die Ausschlußchance beträgt 29%, für die Routinebestimmung bestehen jedoch noch große technische Schwierigkeiten.

7.21.9 Plasminogen (PLG)

Das Plasminogen ist die Vorstufe des Fibrin spaltenden Enzyms Plasmin. Der Polymorphismus wurde 1979 gefunden, die drei Phänotypen werden auf zwei autosomal codominante Allele PLG^1 und PLG^2 zurückgeführt. Die Frequenz von PLG^1 wird in Europa mit 0,72 angegeben, die Ausschlußchance mit 20%. Die Bestimung erfolgt durch Agarosegelelektrophorese oder Isoelektrofokussierung mit anschließender Immunfixation.

7.21.10 Faktor XIII A und XIII B

Der menschliche Gerinnungsfaktor XIII wird von Thrombin in die Untereinheiten F XIII A und F XIII B umgewandelt. 1980 wurde von Board ein Polymorphismus dieser beiden Untereinheiten beschrieben. Bei F XIII A liegt ein System mit zwei Allelen vor, F XIII A^1 mit einer Frequenz von 0,79 sowie F XIII A^2 mit einer Frequenz von 0,20. Varianten A^3, A^4 und ein stummes Gen A^0 wurden beschrieben. Der Erbgang ist kombinant.

Die Untereinheit B stellt ein System mit drei Allelen dar, die Frequenzen lauten für F XIII B^1 0,76, für B^2 0,08 und für B^3 0,16. Die isolierte Ausschlußchance beträgt 23,7%. Die Bestimmung der Phänotypen erfolgte ursprünglich durch Agarosegel-Elektrophorese, neuerdings durch Isoelektrofokussierung mit anschließender Immunifixation.

7.22 HLA-System (Human leucocyte antigens)

Die Bedeutung der Entdeckung von Leukozytenantigenen für die gesamte Medizin wurde durch die Verleihung des Nobelpreises an Dausset gewürdigt, der 1958 das Antigen MAC, nunmehr HLA A_2, entdeckt hatte.

Mit der Entdeckung von Isoantigenen, die als sogenannte Transplantationsantigene im Bereich der Histokompatibilitätsgene kodiert werden, begann mit der Verwertung der Kenntnisse des HLA-Genkomplexes auch eine neue Ära für die Transplantationsmedizin, weil nunmehr durch Gewebstypisierung die Verträglichkeit der übertragenen Organe geprüft werden kann.

Für die forensische Serologie brachte die Anwendung des HLA-Systems eine ungewöhnliche Ausweitung der Ausschlußmöglichkeiten, wie sie von keinem anderen System auch nur annähernd erreicht wird.

Für Österreich errechnete Mayer bereits 1971 eine Ausschlußquote von etwa 80%. Sie liegt heute theoretisch bei 96%.

Die wichtigsten vom HLA-Komplex abhängenden Antigene kommen nicht nur in der Zelloberfläche der meisten Gewebe vor, sondern sind auch im Membranbereich von B- und T-Lymphozyten und Plättchen vorhanden, nie dagegen an der Erythrozytenoberfläche.

Hierauf beruht der Lymphotoxizitätstest nach Terasaki, durch welchen durch spezifische Antigen-Antikörperreaktionen eine Membranschädigung der als Testobjekte verwendeten Probandenlymphozyten eintritt, wonach sich diese geschädigten Zellen mit Eosin anfärben lassen. Zellen, die das zum spezifischen zytotoxischen Antiserum passende Antigen nicht besitzen, bleiben dagegen ungefärbt, da sie durch die unverletzten Membranen geschützt sind.

Der auf Chromosom 6 lokalisierte HLA-Komplex – HLA bedeutet eine Abkürzung für Human leucocyte antigens – umfaßt vier Loci, die entsprechend der Reihenfolge ihrer Lokalisation bezeichnet werden: A (1. Locus), die näher beisammen liegenden C (3. Locus) und B (2. Locus) sowie den letzten, etwas entfernter liegenden D (4. Locus). Wie immer, hat sich auch im

HLA-System die Nomenklatur (s. Tab. 1) bereits mehrmals geändert. So wurden die Bezeichnungen für die Genorte von früher SD-1, SD-2, SD-3 in nunmehr A, B, C und zusätzlich D geändert.

In der Paternitätsserologie werden derzeit lediglich die Genprodukte der Loci HLA-B und C angewendet.

Tab. 1. HLA-Nomenklatur 1984

HLA-A	HLA-B	HLA-B	HLA-C
A1	B5	Bw48	Cw1
A2	B7	B49 (21)	Cw2
A3	B8	Bw50 (21)	Cw3
A9	B12	B51 (5)	Cw4
A10	B13	Bw52 (5)	Cw5
A11	B14	Bw53	Cw6
Aw19	B15	Bw54 (w22)	Cw7
A23 (9)	B16	Bw55 (w22)	Cw8
A24 (9)	B17	Bw56 (w22)	
A25 (10)	B18	Bw57 (17)	
A26 (10)	B21	Bw58 (17)	
A28	Bw22	Bw59	
A29 (w19)	B27	Bw60 (40)	
A30 (w19)	B35	Bw61 (40)	
A31 (w19)	B37	Bw62 (15)	
A32 (w19)	B38 (16)	Bw63 (15)	
Aw33 (w19)	B39 (16)	Bw64 (14)	
Aw34 (10)	B40	Bw65 (14)	
Aw36	Bw41	Bw67	
Aw43	Bw42	Bw70	
Aw66 (10)	B44 (12)	Bw71 (w70)	
Aw68 (28)	B45 (12)	Bw72 (w70)	
Aw69 (28)	Bw46	Bw73	
	Bw47		

Bei der in sehr viele Disziplinen der Medizin hineinspielenden Anwendung von Kenntnissen des HLA-Systems ist eine ständige Beschäftigung mit der Materie unbedingt erforderlich, die nur durch das Studium von Spezialwerken erreicht werden kann.

Es soll abschließend darauf hingewiesen werden, daß es unzählige Untersuchungen über Zusammenhänge zwischen Krankheiten und HLA-System gibt.

Der naheliegende Gedanke, daß man bei der ungemein hohen Ausschlußquote des HLA-Systems ungünstige oder methodisch besonders aufwendige Systeme nicht mehr untersuchen und statt dessen auch in der Vaterschaftsserologie nur noch HLA-Typisierung vornehmen sollte, ist jedoch aus einfachen Gründen nicht stichhaltig. Ein wichtiger Grund hierfür liegt darin, daß die zahlreichen monospezifischen Antikörper keineswegs immer zur Verfügung stehen, so daß die angegebenen Ausschlußzahlen Idealzahlen darstellen, die in der Praxis nicht erreicht werden. Überdies ist der Sicherheitswert zwar in jenen Fällen, in denen das Kind ein Merkmal aufweist, das weder die Kindesmutter noch der Präsumptivvater besitzen, genügend gesichert, nicht jedoch bei sonstigen Ausschlüssen. Gründe hierfür sind etwa, daß in beiden Loci noch nicht alle Merkmale bekannt sind; weiters, daß Rekombinationen relativ häufig sind und daß kreuzreagierende Seren gar nicht so selten vorkommen.

7.23 Allgemeines Vorgehen bei serologischen Untersuchungen

> Die Anwendung der forensischen Serologie zur Vaterschaftsbegutachtung sollte derzeit aus technischen Gründen am besten *zweistufig* erfolgen. Zuerst sollten alle Erythrozyten- und Serumeigenschaften des Blutes bestimmt werden, also Blutgruppen, Serumgruppen und Enzymeigenschaften (Normalgutachten).

Nach biostatistischer Berechnung bei Nichtausschlüssen sollte dem Gericht der Vorschlag gemacht werden, das Gutachten durch HLA-Untersuchungen zu ergänzen.

Dies hat den praktisch-rechtlichen Grund, daß die Prozeßbeteiligten und der Richter im Zivilprozeß von sich auch entscheiden müssen, ob diese weiteren Untersuchungen auch unter Kostenabwägung zweckmäßig wären. Außerdem ist es in der Praxis viel günstiger, die Blutabnahme zur HLA-Bestimmung im Laboratorium direkt durchzuführen, weil erfahrungsgemäß eine Einsendung der Proben zwar möglich, in der Mehrzahl jedoch das eingesandte Blut nicht mehr zur Typisierung geeignet ist.

7.24 Vaterschaftsprozeß

Rechtliche Voraussetzungen zur Anwendung von „Ausschlußmöglichkeiten" in der Vaterschaftsbegutachtung

> Novelle vom 1. 7. 1971, ABGB, § 193
> Hat ein Mann der Mutter eines unehelichen Kindes innerhalb eines Zeitraumes von nicht mehr als 302 und nicht weniger als 180 Tagen vor der Entbindung beigewohnt, so wird vermutet, daß er das Kind gezeugt hat.

Der Mann, auf den die Vermutung des ABGB 1 trifft, kann sie durch den Beweis einer solchen Unwahrscheinlichkeit der Vaterschaft entkräften, die unter Würdigung aller Umstände gegen die Annahme spricht, daß er das Kind gezeugt hat; weiters durch den Beweis, daß seine Vaterschaft unwahrscheinlicher ist als die eines anderen Mannes, für den die Vermutung gleichfalls gilt.

Durch diesen Gesetzestext tritt sozusagen eine Umkehrung der Beweislast des Präsumptivvaters entgegen den sonst üblichen Rechtsnormen ein. Üblicherweise muß nämlich keineswegs ein Angeschuldigter seine Unschuld beweisen, sondern das Gericht muß den Beweis der Schuld erbringen.

Der *Gegenbeweis* für eine behauptete Vaterschaft kann prinzipiell auf verschiedene Weise erbracht werden:

1. Durch einwandfreies Alibi, aus dem hervorgeht, daß der als Vater Beklagte in der kritischen Zeit niemals mit der Kindesmutter zusammentreffen konnte.
2. Durch Nachweis der Zeugungsunfähigkeit zum Zeitpunkt der Empfängnis.
3. Nach der Tragzeitdauer, also durch Berechnung der Schwangerschaftsdauer aus dem Reifegrad.
4. Durch serologische Begutachtung.
5. Durch das anthropologisch-erbbiologische Gutachten.

7.25 Zeugungs(un)fähigkeit

Man unterscheidet die Beischlafsunfähigkeit (Impotentia coeundi) und die Zeugungsunfähigkeit im engeren Sinne (Impotentia generandi). Der Einwand der Beischlafsunfähigkeit ist forensisch nur in Ausnahmefällen mit genügender Sicherheit zu erweisen. Zur Überprüfung einer behaupteten Impotentia generandi ist gewöhnlich die Untersuchung der Samenflüssigkeit nötig.

Normales Sperma enthält etwa 60 bis 120 Millionen Samenfäden pro Milliliter. Für die Beurteilung der Zeugungsunfähigkeit ist diese Samenfädendichte von größerer Bedeutung als die Gesamtzahl der Spermien im Ejakulat. Bis etwa 40 Millionen kann noch volle Zeugungsfähigkeit angenommen werden, wenn wenigstens 80% der Spermien lebhaft und kräftig beweglich sind und ebenfalls ca. 80% regelrecht gestaltet sind. Je ausgeprägter eine Hypo- oder Oligozoospermie ist, um so unwahrscheinlicher wird eine Schwängerung. Im allgemeinen geht der Grad zu geringer Samenfädendichte ungefähr parallel mit der Zunahme unbeweglicher (nicht vitaler) Spermien und auch parallel mit der perzentuellen Zunahme mißgestalteter Samenfäden.

Zum Unterschied von der klinischen Spermatologie spielt die Frage nach der Untergrenze der Oligospermie, bei der eine Befruchtung noch eben möglich erscheint, forensisch kaum eine Rolle. Denn die Hauptschwierigkeit in der gerichtlichen Begutachtung der Zeugungsfähigkeit liegt ja darin, aus dem derzeit erhebbaren Befund auf den Zeitpunkt der Schwängerung rückschließen zu müssen, in gerichtlichen Fällen liegt die Schwängerung ja immer mehr als neun Monate, meist etwa 1½ Jahre oder noch länger zurück.

Bei angeborener Zeugungsunfähigkeit, wie etwa beim Kryptorchismus oder bei Zustand nach einer vor dem Zeugungstermin durchgeführten beidseitigen Durchtrennung der Samenleiter, kann die Begutachtung natürlich sehr einfach sein. Vor Täuschungsversuchen muß man aber gerade in der forensischen Spermatologie immer auf der Hut sein.

7.26 Tragzeitgutachten

Tragzeitgutachten haben den Zweck, unmöglich kurze oder unmöglich lange Tragzeiten von der Empfängnis bis zur Geburt als für eine Vaterschaft offenbar unmöglich auszuschließen.

Unter Tragzeit in diesem Sinne ist die Zeitspanne vom Tag des befruchtenden Beischlafs bis zum Entbindungstag – diese beiden Tage mitgezählt – anzusehen.

Als Grundlage des Tragzeitgutachtens dienen nach statistischen Methoden gewonnene, auf einer möglichst großen Zahl von Geburten beruhende Tabellen. Während das Geburtsgewicht von reifen Neugeborenen bis zu 100% schwanken kann, hat sich die Geburtslänge als verläßlichste Berechnungsgrundlage erwiesen. Für jede bestimmte Neugeborenenlänge läßt sich – getrennt für Knaben und Mädchen – eine durchschnittliche Tragzeitdauer statistisch ermitteln. Die Häufigkeitsverteilung der einzelnen Tragzeiten um diesen Wert entspricht der Gaußschen Häufigkeitskurve.

Nach den von verschiedenen Autoren, unter denen insbesondere *Labhardt* genannt sei, errechneten Tabellen ergeben sich dann Wahrscheinlichkeiten einer möglichen Tragzeitdauer, die, nach Dekaden getrennt, in Prozenten angegeben werden.

Daraus ergeben sich für die Beurteilung der Tragzeitdauer relativ große Zeitabschnitte, innerhalb derer eine Zeugung immerhin noch möglich ist. In der Praxis ergeben deshalb die Berechnungen der Tragzeit relativ wenig verwertbare Aufschlüsse.

7.27 Biostatistische Berechnungen der Vaterschaftswahrscheinlichkeit

Als Grundlage zu den biostatistischen Berechnungen in Vaterschaftsprozessen wird das Essen-Möller-Verfahren herangezogen. In der Praxis verwendet man am besten die von Hummel ausgearbeiteten Tabellen, die für Europäer durchaus allgemeine Gültigkeit besitzen. Einzelheiten müssen in der einschlägigen Literatur nachgelesen werden.

Für die daraus erhaltenen Prozentzahlen gibt es verbale Zuordnungen, die möglichst einheitlich verwendet werden sollten.

Nach Hummel ergeben sich nachstehende Wahrscheinlichkeitsstufen, die praktische Anhaltspunkte geben:

Danach bedeutet:	
unter 90 %	Vaterschaft unentschieden
90 %–94 %	Vaterschaft wahrscheinlich
95 %–98,9 %	Vaterschaft sehr wahrscheinlich
99 %–99,7 %	Vaterschaft höchst wahrscheinlich
ab 99,8 %	Vaterschaft praktisch erwiesen

Den Prozeßbeteiligten sollte jedoch jeweils deutlich gemacht werden, daß diese Berechnungen nur statistisch begründete Wahrscheinlichkeiten ergeben und somit schon rein theoretisch mit gewissen Unsicherheiten behaftet sind. Aus diesen Gründen sollte heutzutage bei Nichtausschlüssen wohl in jedem Fall die zusätzliche HLA-Typisierung dem Gericht vorgeschlagen werden.

8 Forensische Spurenkunde

Die gerichtsmedizinische Spurenkunde umfaßt traditionsgemäß alle Spuren, die der menschliche Körper am Tatort, Tatwerkzeug, am Opfer oder Täter hinterläßt. Überschneidungen mit kriminaltechnischen Untersuchungen sind manchmal unvermeidlich.

Die häufigste gerichtsmedizinische Spurenuntersuchung umfaßt die Untersuchung von Blutspuren.

8.1 Blutspuren

Die forensische Serologie beinhaltet die beiden großen Gruppen Vaterschaftsbegutachtung, also Abstammungsserologie, und Blutanalysen von Spuren.

Die Untersuchung von *Flecksubstanzen von ,,Blut"* gehört zu den ureigensten Aufgaben der gerichtlichen Medizin. Profunde Kenntnisse der Serologie sind für eine erfolgreiche Arbeit ebenso Voraussetzung wie eine reichliche apparative Ausstattung der Laboratorien. Ebenso ist aber auch für die kritische Auswertung der erhaltenen Befunde eine grundsätzlich gerichtsmedizinische Einstellung, wie nachstehend erörtert, nötig. Ergebnisse von Blutspurenuntersuchungen erbringen häufig entscheidende Hinweise auf Tatort, Tatausführung, Tatwerkzeug und Täter. Diese Tatsache und der Umstand, daß im Gegensatz zur jederzeit möglichen Kontrolle von Ergebnissen in Vaterschaftsfällen eine Wiederholung bzw. Bestätigung der Ergebnisse bei Spurenuntersuchungen in der Praxis kaum möglich ist, müssen den Gutachter zu besonderer Selbstkritik bei der Auswertung veranlassen. Die Verantwortung für alle aus den Untersuchungen abzuleitenden Schlüsse und Folgen liegt nur bei ihm.

8.1.1 Makroskopische Blutspurenuntersuchung

Im Idealfall beginnt die Spurenuntersuchung mit der Beurteilung von Lage und Form der Blutflecken, also beim *Lokalaugenschein*. Aus ihnen kann in geschlossenen Räumen häufig sogar der ungefähre Tatablauf rekonstruiert werden. Lage und Form von Blutspuren werden hierbei, beispielsweise etwa bei stumpfen Hiebverletzungen, zeigen, wo Hiebe auf den Stehenden geführt wurden oder ob eventuell auch noch auf den am Boden Liegenden eingeschlagen wurde.

Schon die Morphologie wird aus den verschiedenen Tropfenformen reines Abtropfen in Ruhe von Tropfenspuren in Bewegung unterscheiden lassen. Keulen- und Rufzeichenformen weisen in vielen Fällen durch ihre exzentrisch von der Stellung des getroffenen Körperteils ausgehenden Richtungen – besonders bei Kopfhieben – auf die Lokalisation während der Tatausführung hin.

Voraussetzung für eine richtige Beurteilung ist begreiflicherweise eine genügende Erfahrung des Untersuchers.

8.1.2 Sicherung der Blutspuren

Die Sicherung der Blutspuren durch den gerichtsmedizinischen Sachverständigen ist praktisch nur bei Kapitalverbrechen, in letzter Zeit in unserem Bereich in zunehmendem Maß auch bei Verkehrsunfällen, etwa an oder im Auto, möglich.

Beamte der Polizei und Gendarmerie müssen daher in entsprechender Weise für die Aufgabe der Spurensicherung geschult werden.

Die Asservierung von Blutspuren muß prinzipiell auf die Erhaltung der Fleckensubstanz ausgerichtet sein. Die alte Methode, den Fleck mitsamt der Unterlage zu entnehmen, ist häufig nicht mehr möglich, manchmal auch gar nicht zweckmäßig.

Angetrocknete Spuren – außer an Stoffen, bei denen man ein Stoffteilchen entnimmt, um Fasern für die Methode der Mischagglutination zu gewinnen – überträgt man am besten auf Leinenfleckchen, Verbandmull oder auf Wattestäbchen, wobei diese mit reinem Wasser – keinesfalls mit Speichel (Ausscheidereigenschaft!) – angefeuchtet werden müssen.

Kleidungsstücke und Werkzeuge werden, sofern die Spuren bereits trocken sind, in entsprechender Verpackung ohne jegliche vorhergehende Manipulation übersandt. – Selbstverständlich sollte jede verdächtige Spur zur Untersuchung gebracht werden, je mehr es sind, um so besser werden die Ergebnisse sein.

Auf eine reine Farbdiagnostik kann sich auch der versierteste Untersucher keinesfalls verlassen. So sind etwa Rostflecken kaum von alten Blutflecken zu unterscheiden. Ebenso können Farbspuren durchaus wie Blutspuren aussehen, weshalb der chemische und serologische Blutnachweis in jedem Fall erfolgen muß.

8.1.3 Vorproben auf Blutfarbstoff

Luminolprobe

Die an sich sehr empfindliche Luminolprobe wird allgemein nur in Ausnahmefällen angewandt. Sie dient am ehesten zur Sichtbarmachung kleinster oder stark verstreuter Blutspuren im Freien oder an der Kleidung. Man kann durch diese Probe die Verteilung der Spuren gut erkennen, was wiederum für die Tatausführung bedeutungsvoll sein kann. Blutspritzer an den Hosenbeinen des Täters im Bereich der Unterschenkel vorne würden beispielsweise für Schlagen gegen den am Boden liegenden Körper eines Opfers sprechen.

Benzidinprobe

> Die wichtigste Vorprobe ist nach wie vor die Benzidinprobe. Sie ist ungemein empfindlich, allerdings nicht spezifisch auf Blutfarbstoff, was nicht vergessen werden darf, obwohl dies in der Praxis kaum stört.

Die *Reihenfolge* der Untersuchung von Blutspuren hat generell mit einer Vorprobe auf Blutfarbstoff zu beginnen. Hierfür gibt es neben der Benzidinprobe noch weitere, etwa die Porphyrinprobe, die Kristallisationsprobe nach Takajama und auch spektroskopische Methoden. Sie sind alle einfach auszuführen und ergeben genügend sichere Resultate.

Bei negativem Ausfall aller dieser Proben ist Blut als Fleckensubstanz auszuschließen.

8.1.4 Blutart

Uhlenhut hat 1900 entdeckt, daß jede Tierart – natürlich auch der Mensch – hinsichtlich der Eiweißzusammensetzung des Blutserums unterscheidbar ist. Seine Präzipitationsmethode ergibt mit Seren sensibilisierter Tiere völlig spezifische Präzipitationsreaktionen gegen menschliches oder tierisches Eiweiß und läßt somit die einzelnen Arten erkennen. Eiweiß bis zu einer Verdünnung von ca. 1:100000 kann durch diese Antigen-Antikörperreaktion spezifiziert werden.

Die ehemalige Original-Uhlenhut-Methode mit Mazerieren der Spuren in physiologischer Kochsalzlösung und Unterschichten der Lösung mittels entsprechender Seren wird kaum noch anzuwenden sein.

Ouchterlony-Methode

Allgemein durchgesetzt hat sich letztlich die Agargeldiffusionsmethode nach Ouchterlony. Sie ist eine Modifizierung der Präzipitationstechnik und beruht an sich auf demselben Prinzip wie die alte Uhlenhut-Reaktion.

Mit dieser Methode ist die Unterscheidung von Menschen- oder Tierblut einwandfrei möglich.

Je nach Art der vorhandenen Seren können überdies einzelne Tierarten unterschieden werden. Auch die Artspezifität von Gewebsteilen läßt sich mit dieser Technik darstellen, was besonders bei Gewebsteilen an Kraftfahrzeugen nach Verkehrsunfällen von Bedeutung sein kann.

Technik: Ca. 3 ml erhitzter dünnflüssiger Agar wird auf einen normalen Objektträger zu einer Geldicke von etwa 2 mm aufgegossen. In das erstarrte Gel stanzt man Löcher von etwa 3 mm Durchmesser, und zwar ein zentrales Loch, um das in gleichem Abstand mittels einer Schablone weitere fünf Löcher ausgestanzt werden. Die gelöste Fleckensubstanz wird in das zentrale Loch eingebracht, während die artspezifischen Antiseren ringsum in die übrigen

Stanzlöcher gefüllt werden. Durch Diffusion erhält man innerhalb von 24 Stunden klare Präzipitationsbogen an jener Stelle, an der Antigen mit Antikörpern zusammentreffen.

Diese Technik ergibt auch bei stark verschmutztem Spurenmaterial ausgezeichnete Resultate, da Schmutzpartikelchen im Gel zurückgehalten werden.

Anfärbung mit Amidoschwarz ist möglich, in der Praxis jedoch kaum nötig.

Antihumanglobulin-Hemmversuch

Zur raschen Orientierung, ob Menschen- oder Tierblut vorliegt, eignet sich der auf der Coombs-Methodik beruhende Antihumanglobulin-Versuch. Diese Technik hat sich durchaus bewährt, da sie wenig Substanz braucht und innerhalb einer Stunde zur Orientierung verwertbare Ergebnisse erbringt.

Die Methode beruht darauf, daß Antihumanglobulinserum nach Absättigung durch menschliches Eiweiß die Fähigkeit verliert, mit inkompletten Antikörpern sensibilisierte Rhesus-D-Blutkörperchen zu agglutinieren. Das Fehlen einer Agglutination in dieser Indikatorreaktion bedeutet positive Reaktion auf menschliches Protein. Daher läßt sich nur Menschenblut mit diesem Hemmversuch nachweisen. Die alleinige Anwendung dieses Tests zur Unterscheidung von Tier- oder Menschenblut ist nicht zu empfehlen.

8.1.5 Blutgruppenbestimmung an Blutflecken

An Blutspuren können verschiedene Blutgruppeneigenschaften mittels zahlreicher Methoden bestimmt werden.

Prinzipiell sollte man bedenken, daß die mit flüssigem Blut üblichen Agglutinationsmethoden an getrockneten Blutspuren nicht anwendbar sind. Die Erythrozyten zerfallen in der Spur sehr rasch und verlieren somit die Eigenschaft der Agglutinabilität. Erhalten bleiben jedoch die Blutgruppensubstanzen, also etwa A-, B- und H-Antigene.

Bestimmung nach Lattes

Die älteste Methode der AB0-Bestimmung an Flecken stammt von Lattes. Sie wird heutzutage wohl nur noch in Ausnahmefällen angewendet; sie bedient sich sozusagen in umgekehrter Weise der Agglutination, indem Aufschwemmungen von frischen A- und B-Testerythrozyten unter einem Deckglas den eingetrockneten Blutschüppchen aus der Blutspur zugesetzt werden. Am Rande dieser Schüppchen treten durch die in der Spur enthaltenen Antikörper Agglutinate mit den zugesetzten Testblutkörperchen auf.

Agglutininhemmungsversuch nach Holzer

Eine nach wie vor gängige Methode ist der Absorptionsversuch oder Agglutininhemmungsversuch nach Holzer.

Hierbei wird so vorgegangen, daß vorerst die Titerhöhe bekannter Testseren Anti-A, Anti-B und Anti-H (O) bestimmt wird, wobei die hierzu auszuwählenden Seren keine höheren Titer als 1 : 32 haben sollen.

Danach wird diesen Seren Spurenextrakt zugesetzt, und nach mindestens 30 Minuten erfolgt neuerlich Titration mit derselben Blutkörperchenaufschwemmung wie vorher. Am Titerrückgang, der mindestens drei Stufen betragen müßte, ist die Blutgruppeneigenschaft erkennbar.

Als Anti-O werden Anti-H-Phytagglutinine wie Ulex- oder Laburnumextrakte verwendet.

Bei Blutflecken auf Stoffen müssen Kontrollansätze des Stoffes zur Ausschaltung von unspezifischen Hemmungen mitgeführt werden. Fehlermöglichkeiten durch Ausbleiben von Reaktionen können durch Reinigungsmittel, Überschuß an Agglutinin oder Absorption an den Spurenträgern entstehen, ebenso wie Hemmungen etwa durch Schweiß, Sperma oder andere Körperausscheidungen des Kleidungsträgers.

Mischagglutination

Die Methode der Mischagglutination hat zweifellos eine wesentliche Bereicherung der Spurendiagnostik gebracht. Sie eignet sich besonders gut bei Spuren auf Stoffmaterial, da bereits eine einzelne Stoffaser mit dieser Methode verwertbare Ergebnisse erbringen kann.

Das Prinzip dieser Methode beruht darauf, daß den Fasern zugesetzte Antikörper sich an die homologen Antigene der Spuren binden. Nach Waschen zur Entfernung nichtgebundener Antikörper werden in etwa einprozentiger Aufschwemmung Testblutkörperchen zugesetzt, die sozusagen durch den freien Arm der bivalenten Antikörper an die Faser fixiert werden.

Besonders die Agglutinate, die an Fasern haften, aber auch „abgefallene“ freischwimmende Agglutinate, beweisen die positive Reaktion.

Unter dem Mikroskop ist die positive oder negative Reaktion der zugesetzten Erythrozyten nachweisbar.

Diese Methode benötigt sehr wenig Spurenmaterial.

Agglutininbindungs-Absprengungsversuch

Das Prinzip besteht darin, daß Antikörper zuerst an das homologe Antigen durch Absorption gebunden und überschüssige Antikörper ausgewaschen werden. Durch Erhöhung der Temperatur wird der Antikörper in NaCl-Lösung wieder abgesprengt. Die diesem Eluat nunmehr zugesetzten homologen Testblutkörperchen werden durch diesen agglutiniert.

Einzelheiten der Technik müssen in Spezialwerken nachgelesen werden.

8.1.6 Bestimmung der Blutfaktoren MN

Der Erfolg der Blutfaktorenbestimmung MN an Blutspuren hängt weitgehend von Zeitdauer und Lagerung des Spurenmaterials ab. Die Zuverlässigkeit der Ergebnisse ist daher wesentlich geringer als etwa bei der Bestimmung der AB0-Blutgruppen. Als für eine Untersuchung noch erfolgversprechenden Zeitraum kann man höchstens drei Monate annehmen.

Prinzipiell sind die bisher angegebenen Methoden anwendbar. Als erfolgversprechendste wird allgemein der Agglutininbindungs- und -absprengungsversuch angesehen.

8.1.7 Nachweis der Rhesusfaktoren

Der Nachweis von Rhesusfaktoren ist noch problematischer. Die besten Ergebnisse sind noch bei Verwendung von Enzym-vorbehandelten Testerythrozyten zu erzielen, etwa mit Papain; mit ihnen wird eine modifizierte Absprengmethode durchgeführt. Ergebnisse sind sehr kritisch zu bewerten.

Einzelheiten müssen unbedingt in der Spezialliteratur nachgelesen werden.

Auf die an sich in Einzelfällen an frischen Blutspuren mögliche weitere Blutgruppendifferenzierung einzugehen, ist in diesem Rahmen nicht möglich. Es soll nur erwähnt werden, daß auch Enzymeigenschaften mit den üblichen Methoden erfaßt werden können. Vor allem die Enzyme Phosphoglukomutase und Adenylatkinase – an höchstens wenige Wochen alten Blutspuren auch die saure Erythrozytenphosphatase – können in günstig gelagerten Fällen nachgewiesen werden. Die mittels experimenteller Laboruntersuchung unter günstigsten Bedingungen erzielten Ergebnisse sind oft in der Praxis nicht verwertbar.

Von den Serumgruppen können zwar theoretisch die Haptoglobintypen etwa vier Wochen lang an Spurenmaterial bestimmt werden; jedoch werden in der Praxis kaum jemals genügend sichere Resultate erzielt, so daß die Ergebnisse besser gar nicht verwertet werden.

Eine Ausnahme stellen lediglich das Gm- und InV-System dar, da sich diese Eigenschaften sehr gut bei Spurenuntersuchungen nachweisen lassen. Hier sind sogar in der Regel verläßliche Resultate zu erwarten. Die Technik entspricht im wesentlichen jener, die auch an frischem Blut angewandt wird (s. 7.18 und 7.19).

8.2 Speichel- und Spermaspuren

Bei auf Sperma verdächtigen Flecken muß vorerst der Spermanachweis erbracht werden. Die Auffindung wird unter der Quarzlampe zwar erleichtert, jedoch erschweren die heute üblichen Waschmittel durch starkes Leuchten unter Quarzbestrahlung die Auffindung der Flecken wiederum.

> Die verläßlichste Methodik zum Nachweis von Spermaflecken ist nach wie vor der mikroskopische Nachweis von Samenfäden, die weitgehend intakt sein müssen.

Als Färbungsmethode der Samenfäden wird üblicherweise die Baecchische Methode angewendet. In jüngster Zeit ist eine wesentliche Verbesserung der Nachweisbarkeit durch Spermaanreicherung auf Mikroporfilter und nachträglicher Färbung erzielt worden. Die Methodik bringt tatsächlich gute Resultate und sollte daher angewendet werden. Gewisse Arbeitserleichterungen erbringt die Färbung der Samenfäden mit vorgefärbten Objektträgern (Test-Simplets).

Zum chemischen Spermanachweis ist noch am besten die Bestimmung der sauren Phosphatase brauchbar.

Sperma und Speichel enthalten bei Sekretoren (Blutgruppenausscheidern) reichlich Gruppensubstanz. Diese kann daher relativ leicht nachgewiesen werden.

> Abschließend wäre nochmals mit aller Deutlichkeit hervorzuheben, daß bei Spurenuntersuchungen strengste Maßstäbe bezüglich ihrer Auswertung angelegt werden müssen.

8.3 Haaruntersuchung

Es ist für jedermann einsichtig, daß die Untersuchung von Haaren kriminalistische Bedeutung besitzt. Allerdings werden die Möglichkeiten dieser Untersuchungen in der Regel stark überschätzt.

Mikroskopische Haaruntersuchungen können einige kriminalistische Fragen klären. So ist etwa die *Unterscheidung zwischen Menschen- und Tierhaaren* einfach, da die Kutikula – die äußere Schicht des Haars – bei Tier und Mensch völlig verschiedenes Aussehen zeigt. An der Kutikulazeichnung sind sogar Tierarten gut unterscheidbar. Durch Herstellung eines Kutikulaabklatsches auf einem mit Nagellack beschichteten Objektträger läßt sich diese Kutikulazeichnung sehr gut für die mikroskopische Untersuchung darstellen.

Auch die Breite des Markstrahls muß zu Vergleichen herangezogen werden. Am menschlichen Haar ist der Markstrahl sehr dünn und nimmt nie mehr als ein Drittel der Dicke des Haarschaftes ein. Überdies ist er häufig unterbrochen. Diese Marksubstanz fehlt in den Wollhaaren und überhaupt in den Haaren der Neugeborenen völlig. Dunkle und helle Haare unterscheiden sich durch ihren Gehalt an Pigment.

Bei der Haaruntersuchung sollte, wenn möglich, das ganze Haar von der Wurzel bis zur Spitze untersucht werden. Hierbei kann man auch ausgefallene von ausgerissenen Haaren unterscheiden, ebenso beschnittene von nicht beschnittenen Haaren.

Bei Barthaaren ist überdies am abgeschnittenen Ende zu erkennen, ob die Rasur mittels Klinge oder durch elektrischen Rasierapparat erfolgt ist.

Die *Zuordnung von Haaren zu einer bestimmten Person* ist meist äußerst schwierig und keineswegs mit einem einzelnen Haar möglich. Sie gelingt höchstens in Einzelfällen, wenn ganze Haarbüschel vorhanden sind.

Blutgruppenbestimmung an Haaren ist prinzipiell möglich.

9 Ärztliche Fehlhandlungen

Durch das Wegfallen der sogenannten Kunstfehler-Paragraphen im neuen österreichischen Strafrecht ist, wie später im Kapitel der Paragraphen ausgeführt, eine wesentliche Änderung in der strafrechtlichen Beurteilung von ärztlichen Fehlleistungen eingetreten.

9.1 Operationstodesfall

Der Begriff der Fahrlässigkeit, der nunmehr zum Tragen kommt, steckt gegenüber den alten Paragraphen 356 und 357 einen wesentlich größeren Rahmen ab.

Obduktionen von Operationstodesfällen bei sogenannten *mors in tabula* werden daher von den Gerichten nunmehr häufiger angeordnet. ,,Anweisungen" zur Gutachtenerstattung bei Verdacht des Vorliegens ärztlichen Fehlverhaltens zu geben, ist wegen der Vielfalt der Möglichkeiten naturgemäß nicht möglich. Wohl in keiner Sparte der Begutachtung ist eine derartige Differenzierung nach den Gegebenheiten des Einzelfalls nötig.

Natürlich gibt es auch Fälle von mors in tabula, in denen die Gutachtenerstattung für den erfahrenen Gerichtsmediziner relativ einfach ist. Häufig wird es jedoch zweckmäßig sein, gemeinsam mit dem Gerichtsmediziner einen Fachvertreter des betroffenen Fachs, also etwa Chirurgen, Anästhesisten, Gynäkologen usw. zuzuziehen. Wir schlagen diese Zuziehung eines Fachvertreters als gleichrangigen Zweitgutachter in solchen Fällen relativ häufig vor.

Bereits die Frage nach der Verantwortung des Teams muß in jedem Einzelfall geprüft werden. Einmal könnte reines Fehlverhalten des Operateurs, in einem anderen Fall etwa des Narkotiseurs vorliegen. In der Regel laufen daher Gerichtsakten zunächst entweder gegen unbekannte Täter oder gegen alle Personen des Operationsteams.

Bei der Kompliziertheit des ,,Gesamtbetriebes Krankenhaus" kann aber durchaus eine Verantwortung sowohl delegiert werden, als auch sogar der Organisation insgesamt angelastet werden. Wenn etwa in einem kleinen Spital der Chirurg keinen Anästhesisten zur Verfügung hat und er diesen Mißstand bereits mehrmals der Dienstbehörde mitgeteilt hätte, wird sich die Mitverantwortung zumindest zivilrechtlich auch auf den Krankenhauserhalter erstrekken. Die strafrechtliche Verantwortung betrifft allerdings immer in erster Linie die Ausführenden, da sie es sind, die letztlich den Schaden gesetzt haben.

Wenn also bei einem schuldhaften Narkosetod die Anästhesie von einem Facharzt für Anästhesie ausgeführt worden war, ist selbstverständlich die Verantwortung für diesen Tod dem Anästhesisten anzulasten. Ohne Fachanästhesisten fällt allerdings die Verantwortung auch für die Narkose dem Operateur zu.

Wer aber etwa bei technischem Versagen eines Narkoseapparats verantwortlich ist, ist im Einzelfall meist höchst schwierig aufzuklären, wie etwa bei dem typischen Fall der Verwechslung von Gasflaschen. Sicherlich wird wiederum in erster Linie einmal der Narkotiseur als Verursacher haftbar gemacht werden, er könnte jedoch, wenn etwa die Flaschendeklaration nicht mit dem Inhalt übereinstimmen würde, durchaus völlig unschuldig sein.

Beispiele lassen sich ad infinitum fortsetzen. Sie sollen nur erwähnt werden, um die Komplexität der Begutachtung in diesen Fällen zu unterstreichen.

Mit aller Deutlichkeit muß nochmals darauf aufmerksam gemacht werden, daß keineswegs nur die strafrechtliche Verantwortung bedacht werden darf, obwohl diese üblicherweise am Anfang der gerichtlichen Untersuchungen steht. Hierbei wird meist übersehen, daß die zivilrechtlichen Folgen für die Betroffenen häufig wesentlich schwerwiegender sind als die strafrechtlichen. An dieser Stelle muß auf die unbedingt nötige Haftpflichtversicherung der Ärzte zur Deckung der zivilrechtlichen Haftpflichtfolgen erinnert werden.

Besonders muß noch erwähnt werden, daß auch ein kunstgerechter ärztlicher Eingriff eine Körperverletzung ist, wenn er den Zustand des Kranken verschlechtert. Der Arzt hat die Folgen zu vertreten, wenn er die Zustimmung des Kranken nicht eingeholt hat, es sei denn, daß dies wegen der Dringlichkeit des Eingriffes nicht möglich war.

9.2 Transfusionszwischenfälle

Ein klassisches Beispiel, an dem man alle diese Fragen, besonders aber jene der Delegierung, im Detail besprechen kann, ist der Transfusionszwischenfall.

Verläßliche Unterlagen über die Zahl der Transfusionszwischenfälle gibt es nicht, und zwar schon deshalb, weil der Begriff recht weit gefaßt werden kann. In diesem Rahmen sollen deshalb nur tödliche Transfusionszwischenfälle besprochen werden.

Schon die Klärung der Kausalfolge Blutübertragung und Tod stößt auf große Schwierigkeiten, weil die meist schwere Grundkrankheit, etwa bei Unfall, die Entscheidung erschwert, ob der Tod durch den Unfall als solchen oder als Folge der durchgeführten Bluttransfusion eingetreten ist.

Nur die Obduktion und eine eingehende serologische Untersuchung einschließlich der Berücksichtigung aller äußeren Umstände können eine Klärung des tödlichen Zwischenfalls erbringen. Dies wird aber häufig schon aus dem einfachen Grund erschwert, daß ursprünglich gar nicht an die Möglichkeit eines Transfusionszwischenfalls gedacht wird und somit Geräte gereinigt worden und Blutreste aus dem Transfusionsbeutel nicht mehr vorhanden sind.

9.2.1 Ätiologie, Erscheinungsbild

Als häufigste Ursache des Transfusionszwischenfalls rangiert immer noch die Verwechslung von Blutkonserven. Hingegen sind reine serologische Fehlbestimmungen wesentlich seltener. Hier sind Übermittlungsfehler der Blutgruppe oder Fehleintragungen am ehesten als Ursachen anzunehmen.

Klinische Symptome, die auf Transfusionszwischenfälle hinweisen, sind in erster Linie Übelkeit, Erbrechen, Kopf- und Kreuzschmerzen, Blutdruckabfall, Fieber und Schüttelfrost. Diese Erscheinungen sind aber begreiflicherweise durch Unfallschock und erst recht durch die Narkose zumindest verschleiert, häufig völlig aufgehoben. Ein sicheres objektives Zeichen wären allerdings Anzeichen von Hämolyse, also Blut im Harn, wenn dies nicht etwa auch traumatisch bedingt sein könnte.

> Die schwersten Zwischenfälle entstehen nach wie vor durch *AB0-Unverträglichkeit*. Die erwähnten Erscheinungen treten bei diesem Zwischenfall schon zu Beginn der Transfusion ein, weshalb noch rechtzeitiges Abbrechen möglich ist.

Wesentlich unangenehmer, weil meist erst spät erkennbar, sind Zwischenfälle durch Immunantikörper wie Rhesus-, Kell-, Duffy-, Kidd-Antikörper und irreguläre Antikörper, wie etwa Lewis-Antikörper.

> Zur Verhinderung aller dieser Transfusionszwischenfälle muß außer der vorangegangenen AB0- und Rhesusbestimmung vor jeder einzelnen Transfusion die *Verträglichkeitsprobe – die Kreuzprobe* – ausgeführt werden.

Die zahlreichen Techniken haben bestimmte Kriterien hinsichtlich Reaktionsmilieu und Temperatur zu erfüllen.

Gerade bei diesen serologischen Untersuchungen ist die Frage nach der Verantwortlichkeit im Einzelfall völlig verschieden zu beurteilen.

In großen Kliniken, die an eine Blutbank angeschlossen sind, ist es üblich, diese Untersuchungen einschließlich der Kreuzproben an der Blutbank ausführen zu lassen. Dabei muß die Kette Blutabnahmen – serologische Untersuchungen – Transfusion völlig abgesichert sein, vor allem wiederum gegen Verwechslungen. In kleineren Spitälern wird vielleicht ein Laboratorium zuständig sein. Ein Arzt muß dann die Verantwortung für alle diese Untersuchungen bis zur Transfusionsdurchführung übernehmen. Er muß sich zumindest durch häufige Kontrollen von der Verläßlichkeit der Laborkräfte ständig überzeugen.

Die Organisation insgesamt ist also letztlich für das klaglose Funktionieren der Blutübertragungen verantwortlich.

9.2.2 Vorgehen bei Transfusionszwischenfall

Zusammenfassend empfiehlt sich, bei Verdacht auf Vorliegen eines Transfusionszwischenfalls folgendermaßen vorzugehen:

> 1. Sicherstellung aller für die Transfusion verwendeter Geräte.

Diese hat so rasch wie möglich zu geschehen, da gereinigte Gerätschaften für bakterielle Untersuchungen unbrauchbar sind und eine geleerte Konserve auch jegliche serologische Untersuchung unmöglich macht. Bei Todesfällen muß die Obduktion ohne Zeitverlust durchgeführt werden, wobei auf sterile Entnahme von Blutproben für bakteriologische Untersuchungen Bedacht genommen werden muß. Bei Lebenden ist eine rasche Blutentnahme für serologische und bakteriologische Zwecke erforderlich. Bei Einzelfällen ist eher ein hämolytischer Zwischenfall, bei Massenzwischenfällen eher bakterielle Verkeimung zu vermuten. Das Hauptaugenmerk des Untersuchungsgangs kann daher in die eine oder andere Richtung gelenkt werden. Die Möglichkeit einer serologischen Unverträglichkeit muß aber in jedem Fall überprüft werden.

> 2. Die *serologischen Untersuchungen* haben sich auf die Untersuchung noch vorhandener, vor der Transfusion entnommener Blutproben, einer möglichst bald nach der Transfusion entnommenen Empfängerblutprobe – wobei spätere Nachuntersuchungen allenfalls erforderlich sind – oder die Untersuchung des Leichenbluts ebenso wie auf die Untersuchung des Spenderbluts, die Untersuchung des Restbluts aus der Konserve und aus den Teströhrchen zu erstrecken. Womöglich soll auch eine Nachuntersuchung des Spenders durchgeführt werden.

Weiter muß die *Kreuzprobe* mit jener Technik, die im vorliegenden Fall angewandt wurde, wiederholt werden. Sie sollte überdies durch empfindlichere Kreuzprobentechniken wie indirekten Coombs-Test, Enzymteste usw. ergänzt werden. Diese serologischen Untersuchungen der Empfänger- und der Spenderblutproben haben sowohl die weitgehende Bluttypenbestimmung als auch die Erfassung klinisch bedeutungsvoller Antikörper zum Ziel. Der Fachserologe wird allenfalls auch noch versuchen, durch Differentialagglutination (mixed-field-agglutination) über den direkten Coombs-Test Agglutinate von mit Empfänger-Antikörpern beladenen Spenderblutkörperchen unter den nichtagglutinierten Empfängerblutkörperchen nachzuweisen.

> 3. Die *bakteriologische Untersuchung* hat sich nicht nur auf die Feststellung der Keimart zu beschränken, sondern muß sich auch auf Fragen

der Pathogenität der Keime, deren Überlebenszeit in Konservenblut und Stabilisatorlösung, ihre Wärme- und Kälteempfindlichkeit usw. erstrecken.

Gerade sogenannte gramnegative Keime machen schwerste Reaktionen durch ihren Gehalt an Lipopolysacchariden (Pyrogen).

10 Organentnahme

Die Frage der Zulässigkeit von Organentnahmen hat in den letzten Jahren die Ärzteschaft häufig beschäftigt. Besonders das Urteil eines Strafbezirksgerichtes hat Unruhe hervorgerufen, durch welches ein Arzt wegen Störung der Totenruhe schuldig gesprochen wurde, weil dadurch die Entnahme von Leichenteilen zu Heilzwecken generell in Frage gestellt schien.

Das österreichische Justizministerium hat jedoch sofort klargestellt, daß nach seiner Ansicht die ärztliche Entnahme von Leichenteilen zu Heilzwekken in einem Krankenhaus nicht eine von Fall zu Fall verschieden zu lösende Notstandsfrage ist, sondern aufgrund einer auf § 25 des Krankenanstaltengesetzes 1957 gestützten Güterabwägung nicht rechtswidrig sein kann. Auch in Zukunft werden daher Anklagen durch den öffentlichen Ankläger wegen ärztlicher Entnahme von Leichenteilen zur Rettung und Erhaltung menschlichen Lebens und menschlicher Gesundheit nicht erhoben werden.

Dennoch blieb damit ein juristisch unbefriedigender Zustand erhalten, da die Drohung einer Anzeige erhalten geblieben ist. Durch eine inzwischen eingebrachte Regierungsvorlage zur teilweisen Novellierung des Krankenanstaltengesetztes vom 18. Dezember 1956 und dessen weiteren Fassungen ist nun eine gesetzliche Klärung herbeigeführt worden: Bundesgesetz vom 1. Juni 1982 (BGBl. Nr. 273/1982):

Entnahme von Organen oder Organteilen Verstorbener zum Zwecke der Transplantation

§ 62a. (1) Es ist zulässig, Verstorbenen einzelne Organe oder Organteile zu entnehmen, um durch deren Transplantation das Leben eines anderen Menschen zu retten oder dessen Gesundheit wiederherzustellen. Die Entnahme ist unzulässig, wenn den Ärzten eine Erklärung vorliegt, mit der der Verstorbene oder, vor dessen Tod, sein gesetzlicher Vertreter eine Organspende ausdrücklich abgelehnt hat. Die Entnahme darf nicht zu einer die Pietät verletzenden Verunstaltung der Leiche führen.

(2) Die Entnahme darf erst durchgeführt werden, wenn ein zur selbständigen Berufsausübung berechtigter Arzt den eingetretenen Tod festgestellt hat. Dieser Arzt darf weder die Entnahme noch die Transplantation durchführen. Er darf an diesen Eingriffen auch sonst nicht beteiligt oder durch sie betroffen sein.

(3) Die Entnahme darf nur in Krankenanstalten vorgenommen werden, die die Voraussetzungen des § 16 Abs. 1 lit. a und c bis g erfüllen.

(4) Organe und Organteile Verstorbener dürfen nicht Gegenstand von Rechtsgeschäften sein, die auf Gewinn gerichtet sind.

11 Tätigkeit des Sachverständigen im Auftrag der Gerichte

Die Tätigkeit des Arztes als Sachverständiger vor Gericht unterscheidet sich im Prinzip nicht von jener anderer Gerichtssachverständiger. Sie dient zur Klärung von Fachfragen, für deren Verständnis spezielle Sachkenntnisse erforderlich sind, die dem Richter nicht zuzumuten wären.

Zur Klärung eines Brückeneinsturzes wird das Gericht wohl einen Brükkenbauer oder Statiker ebenso benötigen wie etwa einen Strömungstechniker. Zur Klärung eines komplizierten Verkehrsunfalls wird sowohl ein ärztlicher als auch ein kraftfahrtechnischer Sachverständiger nötig sein.

Die Form der Beiziehung eines Sachverständigen wird in der Österreichischen Strafprozeßordnung im § 119 StPO geregelt.

Die Auswahl des hinzuzuziehenden Sachverständigen obliegt danach dem Richter. In erster Linie sind jedoch zum Sachverständigen jene Personen heranzuziehen, die in einer bei bestimmten Gerichten zu führenden Liste als sogenannter „allgemein beeideter gerichtlicher Sachverständiger" geführt werden. Dies gilt für Sachverständige aller Sachgebiete, also auch für Ärzte. Das seit 1975 bestehende Gesetz über den „allgemein beeideten gerichtlichen Sachverständigen" enthält auch die Voraussetzungen, die zur Eintragung in die erwähnten Listen gefordert werden.

In der österreichischen Gerichtspraxis werden seit Jahren tatsächlich, besonders was die ärztliche Begutachtung in Straf- und teilweise Zivilprozessen betrifft, vorwiegend solche „allgemein beeideten gerichtlichen Sachverständigen" herangezogen.

> Zur Bestellung und Tätigkeit des Sachverständigen muß hierbei besonders hervorgehoben werden, daß diese ad personam erfolgt, und daß das Gutachten daher von diesem in dessen Alleinverantwortung erstellt wird.

Vereinzelt wird auch heute noch – am wenigsten allerdings in Österreich – die Meinung geäußert, daß allgemeines ärztliches Wissen, erst recht das Wissen des zuständigen Facharztes, auch für die Gutachtenerstattung vor Gericht genüge. Diese Ansicht ist, was die Praxis betrifft, völlig unzutreffend.

Der Gerichtsmediziner ist, abgesehen von seiner ureigensten Tätigkeit der Verletzungsbegutachtung, den Leichenöffnungen und Spurenuntersuchungen, als Dolmetscher zwischen der Sprache, erst recht aber der Denkungsweise des Juristen und Mediziners unersetzlich. Es kann gar nicht genug betont werden, daß erst langjährige Erfahrung im „Umgang" mit den Gerichten dem Arzt das nötige Verständnis für die juristische Denkungsweise bringt. Umgekehrt muß der ständige Kontakt von Richtern, Staatsanwälten und Rechtsanwälten mit dem ärztlichen Sachverständigen die Möglichkeiten des Faches gerichtliche Medizin dem Juristen nahebringen. Der Wert einer solchen ständigen Zusammenarbeit kann gar nicht hoch genug eingeschätzt werden.

Besonders vor Durchführung von Obduktionen ist es meist zweckmäßig, durch kurze Aussprache zwischen Staatsanwalt, Richter und Sachverständigem die nötigen Schritte, wie etwa die Reihenfolge der Untersuchungen, abzusprechen. So wäre es z. B. bei Verkehrsunfällen zweckmäßig, zuerst den Unfallort und, wenn vorhanden, das Kraftfahrzeug im Sinne eines Augenscheins zu beurteilen und anschließend die Leichenöffnung durchzuführen. In Fällen, in denen die Todesursache vorerst völlig unklar ist, etwa bei tot in der Wohnung aufgefundenen Personen, wird häufig die vorangegangene Leichenöffnung jeglichen Lokalaugenschein erübrigen, um nur zwei Beispiele anzuführen.

Insgesamt kann nicht oft genug betont werden, wie wichtig die ständige Zusammenarbeit dieses Teams, welches letztlich die Gerichtskommission bildet, für die Praxis der Begutachtung ist.

Der Sachverständige muß hierbei auf die speziellen Fragen des Gerichts ebenso eingehen, wie umgekehrt dem Sachverständigen die Möglichkeit der sofortigen Rückfrage über die Umstände des Falls gegeben werden muß.

Die Anwesenheit der erhebenden Beamten, etwa jener der Kriminalabteilungen, wird besonders auf dem Land von häufig entscheidender Bedeutung sein. In unserem Bereich hat sich diese Teamarbeit seit Jahrzehnten eingeführt und geradezu ideal bewährt.

Die Tätigkeit des gerichtsmedizinischen Sachverständigen umfaßt jedoch keineswegs nur den strafrechtlichen Bereich, etwa vom Lokalaugenschein bis zur nötigen Spurenuntersuchung und die Gutachtenerstattung bei Obduktionen, während der Verhandlungen, oder die Verletzungsbegutachtung insbesondere hinsichtlich ihrer Kausalität.

Die zivilrechtliche Seite der gerichtsmedizinischen Tätigkeit ist wahrscheinlich eher noch differenzierter, wenn sie auch im allgemeinen, da kaum in der Öffentlichkeit ablaufend, weniger bekannt ist.

Erwähnt sollen nur die serologischen Untersuchungen in Vaterschaftsprozessen, die Untersuchungen auf Zeugungsfähigkeit, Tragzeitgutachten, Biostatistik werden, da eine vollständige Aufzählung kaum möglich ist.

Gesetzliche Bestimmungen

Bundesgesetzblatt für die Republik Österreich
137. Bundesgesetz aus 1975
II. Abschnitt Allgemein beeideter gerichtlicher Sachverständiger
Voraussetzungen für die Eintragung in die Sachverständigenliste

§ 2 (1) Die allgemein beeideten gerichtlichen Sachverständigen sind in die von den Präsidenten der Gerichtshöfe I. Instanz (§ 3) zu führenden Sachverständigenlisten einzutragen.

(2) Für die Eintragung in die Sachverständigenliste für ein bestimmtes Fachgebiet müssen folgende Voraussetzungen gegeben sein:

1. in der Person des Bewerbers
   a) Sachkunde,
   b) zehnjährige, möglichst berufliche Tätigkeit in verantwortlicher Stellung auf dem bestimmten oder einem verwandten Fachgebiet unmittelbar vor der Eintragung; eine fünfjährige Tätigkeit solcher Art genügt, wenn der Bewerber als Berufsvorbildung ein entsprechendes Hochschulstudium oder Studium an einer berufsbildenden höheren Schule erfolgreich abgeschlossen hat.
   c) volle Geschäftsfähigkeit,
   d) körperliche und geistige Eignung,
   e) Vertrauenswürdigkeit,
   f) österreichische Staatsbürgerschaft,
   g) gewöhnlicher Aufenthalt oder Ort der beruflichen Tätigkeit im Sprengel des Gerichtshofes I. Instanz, bei dessen Präsidenten der Bewerber die Eintragung beantragt, und
   h) geordnete wirtschaftliche Verhältnisse;
2. der Bedarf an allgemein beeideten gerichtlichen Sachverständigen für das Fachgebiet des Bewerbers.

Dem Sachverständigen steht für seine im Auftrage des Gerichtes ausgeübte Tätigkeit eine *Gebühr* zu. Diese Gebühr gliedert sich generell in Zeitversäumnis und Mühewaltung. Der Umfang der Gebühr umfaßt nach § 24 somit

1. den Ersatz der notwendigen Kosten, die durch die Reise an den Ort der Befund- oder Beweisaufnahme, durch den Aufenthalt an diesem Ort und durch die Rückreise verursacht werden;
2. den Ersatz der Kosten für die Beiziehung von Hilfskräften und der sonstigen durch seine Tätigkeit im gerichtlichen Verfahren verursachten notwendigen Kosten;
3. die Entschädigung für Zeitversäumnis;
4. die Gebühr für Mühewaltung einschließlich der Gebühr für die Teilnahme an einer Verhandlung und der Gebühr für Aktenstudium.

Im 136. Bundesgesetz vom selben Datum, dem sogenannten Gebührenanspruchsgesetz 1975, sind die Gebühren der Sachverständigen angegeben.

Siehe nunmehr auch:
333. Verordnung: Festsetzung eines Zuschlages zu den im Gebührenanspruchsgesetz 1975 angeführten festen Beträgen (BGBl 141. Stück, Nr. 333, 1982).

177. Verordnung des Bundesministers für Justiz vom 22. April 1987 über die Festsetzung eines Zuschlags zu den im Gebührenanspruchsgesetz 1975 angeführten festen Beträgen

Auf Grund des § 64 des Gebührenanspruchsgesetzes 1975, BGBl. Nr. 136, wird im Einvernehmen mit dem Bundesminister für Finanzen verordnet:

§ 1. (1) Zu den im Gebührenanspruchsgesetz 1975 angeführten festen Beträgen einschließlich der in den Verordnungen des Bundesministers für Justiz vom 21. Juli 1979, BGBl. Nr. 358, und 24. Juni 1982, BGBl. Nr. 333, festgesetzten Zuschläge, wird ein weiterer Zuschlag von 15 vH festgesetzt.

(2) Die sich hiernach ergebenden Gebühren werden in der einen Bestandteil dieser Verordnung bildenden Anlage festgestellt.

§ 2. (1) Diese Verordnung tritt mit 1. Mai 1987 in Kraft.

(2) Sie ist auf alle Gebühren für eine Tätigkeit anzuwenden, die nach ihrem Inkrafttreten beendet worden ist.

Foregger

12 Gerichtsmedizinisch wichtige Strafgesetze

Das seit dem Jahre 1852 geltende Strafgesetz, welches in seinem Kundmachungspatent nur als ,,neue, durch spätere Gesetze ergänzte Ausgabe des Strafgesetzbuches vom 3.9.1803" bezeichnet wurde, ist mit 1. Januar 1975 außer Kraft gesetzt worden.

Das Bundesgesetz vom 23.1.1974, BGBl. Nr. 60, über die mit gerichtlicher Strafe bedrohte Handlung (Strafgesetzbuch, StGB) hat somit seit 1.1.1975 Gültigkeit.

12.1 Paragraphen des nunmehr gültigen Strafgesetzbuches

12.1.1 Strafbare Handlungen gegen Leib und Leben

Mord

§ 75. Wer einen anderen tötet, ist mit Freiheitsstrafe von zehn bis zu zwanzig Jahren oder mit lebenslanger Freiheitsstrafe zu bestrafen.

Objekt des Mordes ist ein Mensch von der Geburt bis zum Eintritt des Todes. Die Verursachung des Todes kann durch ein aktives Tun, aber auch durch ein Unterlassen erfolgen.

Totschlag

§ 76. Wer sich in einer allgemein begreiflichen heftigen Gemütsbewegung dazu hinreißen läßt, einen anderen zu töten, ist mit Freiheitsstrafe von fünf bis zu zehn Jahren zu bestrafen.

Die Gemütsbewegung umfaßt nicht bloß die sogenannten sthenischen Affekte, wie Zorn und Aufwallung, sondern auch die sogenannten asthenischen, wie Mutlosigkeit und Verzweiflung. Diese Gemütsbewegung muß in einem solchen Grad auftreten, daß sie auch starke sittliche Hemmungen zu überwinden vermag. Dies wird durch den Ausdruck ,,heftige" (Gemütsbewegung) und durch die Worte ,,wer sich . . . hinreißen läßt" zum Ausdruck gebracht.

Tötung auf Verlangen

§ 77. Wer einen anderen auf dessen ernstliches und eindringliches Verlangen tötet, ist mit Freiheitsstrafe von sechs Monaten bis zu fünf Jahren zu bestrafen.

Das Rechtsgut des menschlichen Lebens ist zwar um Interessen der Gesamtheit willen grundsätzlich unabhängig vom Willen des unmittelbaren Trägers dieses Rechtsguts geschützt. Auch die vorsätzliche Tötung eines Menschen, der nicht mehr weiterleben will, ist im allgemeinen als Mord oder Totschlag zu strafen. Hat jedoch das Opfer in die Tötung nicht bloß eingewilligt, sondern sie darüber hinaus geradezu verlangt und ist dies ernstlich und eindringlich geschehen, so ist der Schuld- und Unrechtsgehalt einer solchen Tat gegenüber dem Regelfall der vorsätzlichen Tötung gegen den Willen des Opfers vermindert.

Mitwirkung am Selbstmord

§ 78. Wer einen anderen dazu verleitet, sich selbst zu töten, oder ihm dazu Hilfe leistet, ist mit Freiheitsstrafe von sechs Monaten bis zu fünf Jahren zu bestrafen.

Unter Hilfeleistung ist die Beihilfe zu verstehen, deren allgemeine Regeln auch hier Geltung haben. Ob sich der Lebensmüde zu töten versucht oder getötet hat, spielt keine Rolle, weil auch erfolglose Anstiftung oder Beihilfe zum Selbstmord Strafe verdienen.

Tötung eines Kindes bei der Geburt

§ 79. Eine Mutter, die das Kind während der Geburt oder solange sie noch unter der Einwirkung des Geburtsvorgangs steht, tötet, ist mit Freiheitsstrafe von einem bis zu fünf Jahren zu bestrafen.

Die mildere Behandlung des Kindesmordes entspringt der Berücksichtigung des Überlegung und Willenskraft der Kindesmutter lähmenden Einwirkens des Geburtsakts auf deren Geistes- und Gemütszustand. Die Privilegierung des Kindesmordes kommt, wie nach geltendem Recht, nur der Mutter selbst zugute. Der Anstifter und der Gehilfe sind wegen Mordes oder Totschlags zu bestrafen.

Körperverletzung

§ 83 (1) Wer einen anderen am Körper verletzt oder an der Gesundheit schädigt, ist mit Freiheitsstrafe bis zu sechs Monaten oder mit Geldstrafe bis zu 360 Tagessätzen zu bestrafen.

(2) Ebenso ist zu bestrafen, wer einen anderen am Körper mißhandelt und dadurch fahrlässig verletzt oder an der Gesundheit schädigt.

Am Körper verletzt, wer in die Unversehrtheit des Körpers nicht ganz unerheblich eingreift. An der Gesundheit schädigt, wer eine Krankheit herbeiführt oder verschlimmert. Dabei kommen sowohl körperliche als auch seelische Leiden, nicht aber bloß vorübergehende und ganz unerhebliche Beeinträchtigungen des körperlichen oder seelischen Wohlbefindens in Betracht.

Schwere Körperverletzung

§ 84 (1) Hat die Tat eine länger als vierundzwanzig Tage dauernde Gesundheitsschädigung oder Berufsunfähigkeit zur Folge, oder ist die Verletzung oder Gesundheitsschädigung an sich schwer, so ist der Täter mit Freiheitsstrafe bis zu drei Jahren zu bestrafen.

(2) Ebenso ist der Täter zu bestrafen, wenn die Tat begangen worden ist

1. mit einem solchen Mittel und auf solche Weise, womit in der Regel Lebensgefahr verbunden ist,
2. von mindestens drei Personen in verabredeter Verbindung,
3. unter Zufügung besonderer Qualen oder
4. an einem Beamten, Zeugen oder Sachverständigen während oder wegen der Vollziehung seiner Aufgaben oder der Erfüllung seiner Pflichten.

Hinsichtlich der Zurechnung der im folgenden einzeln zu erörternden qualifizierenden Folgen der Tat ist in allen Fällen wenigstens Fahrlässigkeit erforderlich.

Der Begriff der Berufsunfähigkeit wird aus dem bis 1974 geltenden Recht (§ 152 StG) übernommen und soll im gleichen Sinn wie bisher, nämlich dahin ausgelegt werden, daß unter Beruf der Wirkungsbereich zu verstehen ist, der einem Menschen nach seiner Stellung innerhalb der Gesellschaft zufällt, also z. B. auch der Schulbesuch eines Schülers und die Besorgung der Hauswirtschaft durch die Hausfrau.

Als weiteren Fall, in dem die vorsätzliche Körperverletzung mit strengerer Strafe bedroht ist, erwähnt die vorliegende Bestimmung die besonders gefährliche Art der Begehung, nämlich den Umstand, daß der Täter mit einem solchen Mittel und auf solche Weise gehandelt hat, womit in der Regel Lebensgefahr verbunden ist, so daß z. B. auch die Anwendung von Gift in Betracht kommt.

Die gefährliche Beschaffenheit der Tat kann, wie schon erwähnt, dem Täter nur zur Last gelegt werden, wenn diesbezüglich Vorsatz vorliegt; doch genügt auch Eventualvorsatz.

Der Begriff Geisteszerrüttung ist im neuen Gesetzestext des nunmehrigen § 84 völlig verschwunden. Die verschiedenen früher unter diesen Begriff fallenden „Geisteskrankheiten" fallen dadurch allerdings keineswegs „durch die Maschen" dieses Gesetzes, sondern werden nunmehr im allgemeinen Begriff der Gesundheitsschädigung inkludiert.

Eine wesentliche Veränderung betrifft die Verlängerung des Zeitraums auf 24 Tage für die geforderte Dauer der Tatbestandsmerkmale Gesundheitsschädigung oder Berufsunfähigkeit.

Als Grund hierfür wird in den Erläuterungen ausgeführt, daß ärztlicherseits vielfach die Gepflogenheit besteht, den sogenannten Krankenstand nach vollen Wochen zu bemessen. Dieser aus praktischen Erwägungen entstandenen juristischen Ansicht kann man sich aus gerichtsmedizinischen gutachtlichen Erwägungen nicht anschließen. Wir sind nach wie vor der Meinung, daß die Dauer des Krankenstandes an sich nichts mit der Dauer einer Gesundheitsschädigung zu tun hat. Wenn auch der bisher verwendete Begriff Gesundheitsstörung niemals genau zu definieren war, so gilt dies ebensogut heute für den neuen Begriff Gesundheitsschädigung, wenn er auch in etwa dasselbe bedeutet.

Unter Gesundheitsschädigung verstehen wir also einen Krankheitszustand, der durch erhebliche Störung des Allgemeinbefindens gekennzeichnet ist. Dies kann sein: Schmerz, Atemnot, Schlafstörung, Schwindel, Erbrechen, dauernd nötige Bettruhe, Fieber usw. Bei allen diesen Zuständen muß selbstverständlich ein gewisser Grad dieser Erscheinungen vorhanden sein. Dieser Grad ist allerdings nicht wäg- oder meßbar. Eben aus diesen Gründen war und ist auch heute die Gutachtenerstellung speziell auf den Einzelfall abzustimmen.

Der Begriff der Gesundheitsschädigung deckt sich nicht mit dem der Heilungsdauer.

Die vom Gesetz festgelegten 24 Tage müssen nur im Hinblick auf die oben angeführten Kriterien der Gesundheitsschädigung abgestellt werden. Diese muß somit völlig unabhängig von Krankenstand und Heilungsdauer begutachtet werden und kann daher für den speziellen Krankheitsverlauf sowohl kürzer sein als der angegebene Krankenstand – was wohl öfter der Fall sein dürfte –, aber durchaus auch einmal einen längeren Zeitraum umfassen.

Insgesamt scheint mir, daß der Gesetzgeber etwas strengere Kriterien für die Beurteilung der schweren körperlichen Beschädigung angelegt hat. Die Verlängerung des als Kriterium herangezogenen Zeitraums für die Gesundheitsschädigung auf nunmehr 24 Tage deutet schon darauf hin, wenn auch in den Erläuterungen ein rein praktischer Gesichtspunkt hierfür angegeben wird.

Auch deutet wohl allein schon der Begriff *Gesundheitsschädigung* auf eine schwerere Beeinträchtigung hin, als der frühere Begriff Gesundheitsstörung. Gestört kann man wohl nach landläufigem Sprachgebrauch schon durch unbedeutende Kleinigkeiten, also etwa den Radiolärm des Nachbarn, sein; eine Schädigung der Gesundheit wird aber wohl nur durch „härtere" Eingriffe in den körperlichen oder geistigen Gesundheitszustand eintreten.

Der Begriff der Berufsunfähigkeit ist wesentlich leichter zu definieren. Vorerst ist eben nicht nur Behinderung oder Beeinträchtigung, sondern ausdrücklich Unfähigkeit, die übliche Berufsarbeit zu verrichten, gemeint.

Da die Berufsarbeit durchaus berufsspezifisch ausgerichtet ist, wird die Variationsbreite der Berufsunfähigkeit ungemein groß. So bedeutet begreiflicherweise für einen Berufsgeiger die kleinste Fingerverletzung Berufsunfähigkeit, ebenso wohl auch für einen Chirurgen. Bei einem Philosophieprofessor wird dies nicht der Fall sein, ebenso kaum bei einem Juristen.

Schulbesuch ist ebenfalls ein Beruf, weshalb Verhinderungen des Schulbesuchs den Tatbestand der Berufsunfähigkeit erfüllt.

Ein Arbeitsloser hingegen kann überhaupt nicht berufsunfähig werden.

Der frühere § 155a ist durch § 84 Abs. 2 Z.1 ersetzt worden.

„Ebenso ist der Täter zu bestrafen, wenn die Tat begangen worden ist

1. mit einem solchen Mittel und auf solche Weise, womit in der Regel Lebensgefahr verbunden ist".

Der Begriff „an sich leichte Verletzung" des alten § 155a wurde dabei eliminiert.

Tatsächlich ist dieser Ausdruck entbehrlich, weil der Grad der erlittenen Verletzung für diesen Paragraphen irrelevant ist.

Der neuerdings gebrauchte Ausdruck „mit einem solchen Mittel" bedeutet jedoch dasselbe wie früher „mit einem solchen Werkzeug".

Der Hieb mit einer Hacke gegen den Kopf wird, für jeden einsichtig, zweifellos mit einem solchen Werkzeug geführt, womit in der Regel Lebensgefahr verbunden ist.

Das Mittel muß aber auch auf solche Weise angewendet werden, daß durch die Art der Anwendung in der Regel – früher der Ausdruck „gemeiniglich" – Lebensgefahr gegeben ist.

Ein klassisches Beispiel hierfür, daß zwar ein solches „Mittel" verwendet wurde, aber eben nicht auf solche Weise, womit in der Regel Lebensgefahr verbunden ist, wäre ein Schlag mit einem Revolver.

§ 84, 2 Z. 3: Ebenso ist der Täter zu bestrafen, wenn die Tat unter Zufügung besonderer Qualen ausgeführt wurde.

Der Begriff „besondere Qualen" wurde somit beibehalten. Unter besonderen Qualen im Sinne des Gesetzes verstand und versteht man vom Täter bewußt zusätzlich herbeigeführte, aus der Natur der Verletzungsart entstandene Schmerzen, also etwa das Ausdrücken von brennenden Zigaretten am Körper des Verletzten, Verletzungen durch Säuren oder Laugen, Quetschen der Finger mittels Zangen.

Selbstverständlich könnten auch besondere seelische Qualen im Sinne einer Folter jeglicher Art hinzugerechnet werden.

Körperverletzung mit schweren Dauerfolgen

> § 85 Hat die Tat für immer oder für lange Zeit
> 1. den Verlust oder eine schwere Schädigung der Sprache, des Sehvermögens, des Gehörs oder der Fortpflanzungsfähigkeit,
> 2. eine erhebliche Verstümmelung oder eine auffallende Verunstaltung oder
> 3. ein schweres Leiden, Siechtum oder Berufsunfähigkeit des Geschädigten zur Folge,
>
> so ist der Täter mit Freiheitsstrafe von sechs Monaten bis zu fünf Jahren zu bestrafen.

Zu den medizinischen Tatbestandsmerkmalen des § 85 (Verlust oder schwere Schädigung der Sprache, des Sehvermögens, des Gehörs oder der Fortpflanzungsfähigkeit, eine erhebliche Verstümmelung oder eine auffallende Verunstaltung oder ein schweres Leiden, Siechtum oder Berufsunfähigkeit) wäre noch beizufügen, daß unter dem Begriff ,,schwere Schädigung" eine so weitgehende Beeinträchtigung der Sprechfähigkeit, des Sehvermögens oder des Gehörs oder der Fortpflanzungsfähigkeit zu verstehen ist, daß diese in ihren Auswirkungen dem Verlust dieser Funktion nahekommt.

In Übereinstimmung mit dem vormals geltenden Recht (§ 156 StG) wird die Körperverletzung mit schweren Dauerfolgen auch nach dem neuen Strafgesetzbuch unter einen strengeren Strafrahmen gestellt als die schwere Körperverletzung. Das bisherige Recht berücksichtigte in diesem Zusammenhang nur immerwährende Folgen. Aber auch ein langdauerndes Leiden, wie z. B. traumatischer Diabetes oder eine Leberkrankheit als Folge einer Vergiftung, kann eine kaum minder gewichtige Beeinträchtigung des Daseinswerts für den Betroffenen bedeuten. Deshalb soll es nunmehr schon genügen, wenn die schweren Folgen zwar nicht für immer, aber doch für lange Zeit anhalten.

Die Aufzählung der schweren Folgen hält sich größtenteils im Rahmen einer bloß sprachlichen Überarbeitung des alten § 156 StG. Neu ist, daß der Ausdruck ,,Zeugungsfähigkeit" durch ,,Fortpflanzungsfähigkeit" ersetzt wird, um die Geschlechter eindeutig gleichzustellen.

Bei Verstümmelungen soll es genügen, wenn sie ,,erheblich" sind, mögen sie auch Körperteile betreffen, die üblicherweise durch die Kleidung verhüllt werden und daher nicht ,,auffallend" sind; denn auch solche Verstümmelungen (z. B. an der weiblichen Brust) können die Funktionstauglichkeit des in Mitleidenschaft gezogenen Körperteils oder die Daseinsfreude des Betroffenen sehr erheblich mindern. Die im ehemaligen § 156 lit. a StG enthaltene Anführung des Verlustes eines Auges, Armes oder einer Hand als Beispiele einer auffallenden Verstümmelung oder Verunstaltung erscheint entbehrlich, ebenso die gesonderte Anführung der Geisteszerrüttung. Das neue Strafgesetzbuch führt hingegen die schwere Schädigung der Fortpflanzungsfähigkeit als strafsatzerhöhenden Umstand an.

§ 86. Körperverletzung mit tödlichem Ausgang.

§ 87. Absichtliche schwere Körperverletzung.

Zu § 87 ist von gerichtsmedizinischer Seite nur zu bemerken, daß die Frage, ob eine schwere Körperverletzung absichtlich beigefügt wurde, eine rein rechtliche, vom Richter zu beurteilende Frage darstellt. Allerdings wird die Frage, ob eine schwere Dauerfolge eingetreten ist, der ärztlichen Begutachtung unterliegen müssen.

12.1.2 Fahrlässigkeitsdelikte. Fahrlässigkeit

> § 6 (1) Fahrlässig handelt, wer die Sorgfalt außer acht läßt, zu der er nach den Umständen verpflichtet und nach seinen geistigen und körperlichen Verhältnissen befähigt ist und die ihm zuzumuten ist, und deshalb nicht erkennt, daß er einen Sachverhalt verwirklichen könne, der einem gesetzlichen Tatbild entspricht.
>
> (2) Fahrlässig handelt auch, wer es für möglich hält, daß er einen solchen Sachverhalt verwirkliche, ihn aber nicht herbeiführen will.

Fahrlässige Tötung

> § 80. Wer fahrlässig den Tod eines anderen herbeiführt, ist mit Freiheitsstrafe bis zu einem Jahr zu bestrafen.

Fahrlässige Tötung unter besonders gefährlichen Verhältnissen

> § 81. Wer fahrlässig den Tod eines anderen herbeiführt
>
> 1. unter besonders gefährlichen Verhältnissen oder
>
> 2. nachdem er sich vor der Tat, wenn auch nur fahrlässig, durch Genuß von Alkohol oder den Gebrauch eines anderen berauschenden Mittels in einen die Zurechnungsfähigkeit nicht ausschließenden Rauschzustand versetzt hat, obwohl er vorhergesehen hat oder hätte vorhersehen können, daß ihm eine Tätigkeit bevorstehe, deren Vornahme in diesem Zustand eine Gefahr für das Leben, die Gesundheit oder die körperliche Sicherheit eines anderen herbeizuführen oder zu vergrößern geeignet sei, ist mit Freiheitsstrafe bis zu drei Jahren zu bestrafen.

Fahrlässige Körperverletzung

> § 88 (1) Wer fahrlässig einen anderen am Körper verletzt oder an der Gesundheit schädigt, ist mit Freiheitsstrafe bis zu drei Monaten oder mit Geldstrafe bis zu 180 Tagessätzen zu bestrafen.
>
> (2) Trifft den Täter kein schweres Verschulden und ist entweder
>
> 1. die verletzte Person mit dem Täter in auf- oder absteigender Linie verwandt oder verschwägert oder sein Ehegatte, sein Bruder oder seine Schwester oder nach § 72 Abs. 2 wie ein Angehöriger des Täters zu behandeln,
> 2. der Täter ein Arzt, die Körperverletzung oder Gesundheitsschädigung in Ausübung der Heilkunde zugefügt worden und aus der Tat keine Gesundheitsschädigung oder Berufsunfähigkeit von mehr als vierzehntägiger Dauer erfolgt,
> 3. der Täter eine im Krankenpflegefachdienst, in medizinisch-technischen Diensten oder im Sanitätshilfsdienst tätige Person, die Körperverletzung oder Gesundheitsschädigung in Ausübung eines dieser Berufe zugefügt worden und aus der Tat keine Gesundheitsschädigung oder Berufsunfähigkeit von mehr als vierzehntägiger Dauer erfolgt oder
> 4. aus der Tat keine Gesundheitsschädigung oder Berufsunfähigkeit einer anderen Person von mehr als dreitägiger Dauer erfolgt,
>
> so ist der Täter nach Abs. 1 nicht zu bestrafen.

Die Fahrlässigkeit des Täters muß sich auch beim vorliegenden Delikt, um die vom Gesetz geforderte subjektive Tatsache zu erfüllen, auch auf den Erfolg erstrecken. Für die Tathandlung und das Objekt der Tat gelten gleichfalls die zur fahrlässigen Tötung, für die Begriffe der Verletzung am Körper und der Schädigung an der Gesundheit die zur vorsätzlichen Körperverletzung gegebenen Erläuterungen.

Im Sinne der Neufassung des § 431 StG durch das Strafrechtsänderungsgesetz 1971 soll der erste Fall – die fahrlässige leichte Körperverletzung – unter bestimmten Voraussetzungen überhaupt straflos bleiben. Der Gesetzentwurf übernahm die betreffende Bestimmung mit der Maßgabe, daß neben den derzeit im § 431 Abs. 2 lit. a StG aufgezählten Personen so wie im § 143 und an mehreren anderen Stellen auch noch andere „Angehörige" des Täters im Sinn der Begriffsbestimmung im Allgemeinen Teil des vorliegenden Entwurfs genannt werden. Voraussetzung für die Straflosigkeit des Täters ist aber, daß diese „anderen Angehörigen" mit dem Täter in Hausgemeinschaft leben. Hierdurch wird eine Ausdehnung des begünstigten Personenkreises bewirkt.

Zu § 88 (2) Abs. 2 ist darauf hinzuweisen, daß die im alten Strafgesetz vorhandenen, im Sprachgebrauch als sogenannte Kunstfehler-Paragraphen bezeichneten § 356 „Verschulden eines Heilarztes durch Unwissenheit", § 357 „Verschulden eines Wundarztes durch Unwissenheit" und § 358 „Vernachlässigung eines Kranken von seiten der Ärzte oder Wundärzte" – vermutlich zum Nachteil der Ärzte – gestrichen wurde.

Die Motive hierfür sind aus den nachstehenden Erläuterungen aus der Dokumentation zum StGB ersichtlich:

„Nach dem (bis 1974) geltenden Recht ist ein Arzt, der in Ausübung seiner ärztlichen Tätigkeit fahrlässig zum Nachteil der Gesundheit des Patienten handelt, in verschiedener Hinsicht begünstigt. Eine Strafbarkeit tritt grundsätzlich erst ein, wenn aus der Tat zumindest eine schwere körperliche Beschädigung erfolgt ist; liegt das Verschulden des Arztes in seiner Unwissenheit oder Ungeschicklichkeit, so ist als Sanktion lediglich eine vorbeugende Maßnahme eigener Art vorgesehen, nämlich die Untersagung der Praxis, bis in einer neuen Prüfung die Nachholung der mangelnden Kenntnisse dargetan wird. Diese Sonderstellung ist von der Regierungsvorlage – im Einklang mit allen früheren Entwürfen und sämtlichen auf diese Frage geprüften ausländischen Strafgesetzen – nicht übernommen worden.

Auch der Justizausschuß war der Ansicht, daß eine derart weitgehende Sonderregelung nicht am Platze wäre. Er hat jedoch zugleich eine maßvolle Berücksichtigung der besonderen Gefahrengeneigtheit des ärztlichen Berufs im Rahmen der vorliegenden Strafbestimmung für angebracht befunden. Diese Berücksichtigung soll darin bestehen, daß – ähnlich wie dies im Zusammenhang mit den Bemühungen um eine Entkriminalisierung des Verkehrsstrafrechts im Strafrechtsänderungsgesetz 1971 geschehen ist – die Strafbarkeit wegen fahrlässiger *leichter* körperlicher Beschädigung auf die Fälle beschränkt wird, in denen entweder den Täter ein schweres Verschulden trifft oder aus der Tat eine Gesundheitsstörung oder Berufsunfähigkeit von mehr als vierzehntägiger Dauer entstanden ist. Diese Sonderregelung soll jedoch nicht nur für die Ärzte, sondern auch für die Angehörigen der im Bundesgesetz BGBl. Nr. 102/1961 geregelten Berufe gelten, die unter Bedingungen ausgeübt werden, die der ärztlichen Tätigkeit verwandt sind.

Darüber hinaus weist der Justizausschuß auf die bereits in den Erläuterungen zur Regierungsvorlage enthaltenen Ausführungen hin, wonach das neue Strafgesetz schon in der Begriffsbestimmung der Fahrlässigkeit (§ 6) klarstellt, daß das Strafrecht niemandem mehr Sorgfalt abverlangt als diejenige, zu der er nach seinen körperlichen und geistigen Verhältnissen befähigt und die ihm zumutbar ist. Insbesondere auf dem Weg einer sachangemessenen Auslegung des Begriffs der Zumutbarkeit wird sich die notwendige Einschränkung der strafrechtlichen Haftung des Arztes für praktisch kaum vermeidbare Fahrlässigkeitsfehler stets finden lassen."

Ausgehend von diesen Erläuterungen zum nunmehr geltenden Recht ist als Voraussetzung für schuldhaftes ärztliches Verhalten eine Verletzung der Sorgfaltspflicht anzusehen, wie sie sich aus dem Fahrlässigkeits-Paragraphen des neuen Strafgesetzes ableiten läßt.

Hierbei muß der Begriff einer „unbewußten" und „bewußten" Fahrlässigkeit Beachtung finden.

Die juristische Lehre sieht nämlich das Wesen der Fahrlässigkeit in einem doppelten Sorgfaltsverstoß, womit fahrlässiges Handeln voraussetzt, daß der Täter einer objektiven, also allgemein verbindlichen Sorgfaltspflicht zuwiderhandelt. Überdies muß es aber dem Handelnden auch noch subjektiv möglich gewesen sein, die objektiv erforderliche Sorgfaltspflicht einzuhalten. Die vom Gesetz dem Handelnden auferlegte Verpflichtung zur Sorgfalt bedingt vorerst die Überprüfung, ob die „Leges artis" verletzt worden sind.

Weiteres wäre die Zumutbarkeit dahingehend zu überprüfen, ob in einer speziellen Tatsituation die Einhaltung sorgfaltspflichtgemäßen Verhaltens realistisch zu erwarten war.

Schließlich muß der Kausalzusammenhang zwischen dem Verhalten des Handelnden mit dem eingetretenen Erfolg erwiesen sein.

Trotz Wegfallens der alten „Kunstfehler-Paragraphen" ist daher immer noch eine begründete Ausnahmestellung der ärztlichen Tätigkeit in Berücksichtigung der besonderen Gefahrengeneigtheit des ärztlichen Berufes gegeben.

12.1.3 Gutachtenerstattung

Ein Gutachten über die im Sinne der § 83–88 StG erlittenen Verletzungen hat somit zu enthalten:
1. Diagnose der Verletzung
2. Grad der Verletzung
3. Dauer der Gesundheitsschädigung und der Berufsunfähigkeit
4. Ursache der Verletzung

Die Tatbestandsmerkmale der an sich schweren Verletzung oder Gesundheitsschädigung, also die Umschreibung dieses Begriffs, ist wie bisher nur durch Beispiele möglich.

So gelten etwa Knochenbrüche allgemein als schwere Verletzungen, mit Ausnahme allenfalls der Endglieder von Zehen, vielleicht auch von Fingern, wenn keine Komplikationen oder wesentliche funktionelle Ausfälle eingetreten sind. Fissuren, also kleine unbedeutende Knochensprünge, können ebenfalls „leicht" sein.

Ebenso wird üblicherweise der Nasenbeinbruch ohne Verschiebung und ohne Behinderung der Nasenatmung als nicht an sich schwere Verletzung begutachtet.

Hier sei noch hinzugefügt, daß der Ausdruck „leichte Körperverletzung" zwar allgemein üblich, in der Diktion des StGB jedoch nicht vorkommt.

Ein weiterer Grundsatz wäre, daß Eröffnung von Körperhöhlen als schwere Verletzung zu gelten hat. Hierzu würde z. B. auch die Paukenhöhle gehören. Völlig komplikationslos verlaufende Trommelfellrupturen können aber als „leichte" Verletzung gelten. Jede Verletzung innerer Organe gilt als schwere Verletzung, ebenso die Eröffnung großer Gelenke, größerer Arterien, allenfalls auch von Venen. Allgemein ist immer auch auf die – wenn auch nur vorübergehende – Funktionsstörung zu achten.

Den Verlust oder die Beschädigung von Zähnen wird man wohl äußerst variabel beurteilen müssen. Als Faustregel kann angenommen werden, daß der Verlust zweier nebeneinanderstehender Zähne eine schwere Verletzung darstellt. Auch Verlust eines Zahnes kann dann als schwer beurteilt werden, wenn er noch den Pfeiler einer Brücke abgegeben hat oder als solcher dienen könnte. Funktionslos gewordene Zahnstummel sind anders zu bewerten als gesunde Zähne, ebenso unter Umständen abgebrochene anders als ausgeschlagene Zähne. Insgesamt ist somit auf die Funktion und Ersetzbarkeit abzustellen, wobei kosmetische Überlegungen wegen des guten Zahnersatzes zwar weniger wichtig sind, aber durchaus berücksichtigt werden müssen.

12.1.4 Einwilligung des Verletzten

> § 90 (1) Eine Körperverletzung oder Gefährdung der körperlichen Sicherheit ist nicht rechtswidrig, wenn der Verletzte oder Gefährdete in sie einwilligt und die Verletzung oder Gefährdung als solche nicht gegen die guten Sitten verstößt.
>
> (2) Die von einem Arzt an einer Person mit deren Einwilligung vorgenommene Sterilisation ist nicht rechtswidrig, wenn entweder die Person bereits das 25. Lebensjahr vollendet hat oder der Eingriff aus anderen Gründen nicht gegen die guten Sitten verstößt.

Die Einwilligung rechtfertigt nicht nur sicher eintretende, sondern auch mögliche Verletzungen. Sie muß sich daher nicht nur auf Fälle vorsätzlicher, sondern auch auf Fälle fahrlässiger Körperverletzungen sowie vorsätzlicher oder fahrlässiger Gefährdungen der körperlichen Sicherheit beziehen. Beispiele für die Bedeutung der Einwilligung bei vorsätzlicher Körperverletzung bieten etwa ärztliche Eingriffe, die keine eigentliche Heilbehandlung sind, wie kosmetische Operationen und wissenschaftliche Versuche.

Die Einwilligung des Verletzten oder Gefährdeten schließt die Rechtswidrigkeit der Körperverletzung oder Gefährdung der körperlichen Sicherheit aber nur dann aus, wenn die Tat nicht trotzdem gegen die guten Sitten verstößt.

Nach der Fassung der Regierungsvorlage konnten Zweifel darüber bestehen, wie eine Körperverletzung zu beurteilen ist, in die zwar der Verletzte einwilligt, die aber dennoch gegen die guten Sitten verstößt. Dieser Auffassung soll jedoch nicht gefolgt werden. Wer z. B. als Arzt an einem Rechtsbrecher mit dessen Einwilligung einen kosmetischen Eingriff vornimmt, der das Gesicht unkenntlich macht, um dem Rechtsbrecher bei einer Flucht zu helfen, handelt zwar sittenwidrig, aber nicht mit Rücksicht auf die Strafbestimmungen gegen Körperverletzung, sondern mit Rücksicht auf die Strafbestimmungen gegen Begünstigung (§ 299). Es kann daher für die Strafbarkeit als Körperverletzung nicht genügen, daß die Tat überhaupt sittenwidrig ist, sondern es muß vielmehr darauf ankommen, ob in der Verletzung als solcher eine Sittenwidrigkeit liegt. Dies wäre im gegebenen Beispiel z. B. dann der Fall, wenn dem Einwilligenden eine „auffallende Verunstaltung" (§ 85 Ziff. 2) zugefügt würde.

In der älteren Lehre und Rechtsprechung ist allgemein die Auffassung vertreten worden, eine nicht zu Heilzwecken vorgenommene Sterilisation verstoße auch dann gegen die guten Sitten, wenn der Betroffene die Sterilisation selbst verlangt hat. Diese Auffassung erscheint heute zwar überwunden. Im Hinblick auf die gesteigerte Bedeutung, die der Frage der Zulässigkeit einer freiwilligen Sterilisation im Zusammenhang mit dem Problemkreis der Geburtenregelung zukommt, ist jedoch nach Ansicht des Ausschusses eine ausdrückliche Erklärung des Gesetzgebers hierzu geboten. Eine solche Erklärung ist auch von ärztlicher Seite insbesondere bei der Erörterung von Fällen, in denen eine erhebliche gesundheitliche Schädigung der Nachkommenschaft zu befürchten ist, wiederholt und nachdrücklich gewünscht worden. Die Regelung soll dahin gehen, die Rechtswidrigkeit des sterilisierenden Eingriffs unabhängig vom Vorliegen der medizinischen Indikation (in welchen Fällen die Rechtsmäßigkeit aufgrund der Bestimmung des Abs. 1 zweifelsfrei gegeben wäre) dann auszuschließen, wenn der Eingriff an einer Person, die das 25. Lebensjahr überschritten hat, mit deren Einwilligung vorgenommen wird.

Im Zusammenhang mit § 90 muß eindringlich auf § 22 Ärztegesetz hingewiesen werden.

12.1.5 Eigenmächtige Heilbehandlung

§ 110 (1) Wer einen anderen ohne dessen Einwilligung, wenn auch nach den Regeln der medizinischen Wissenschaft, behandelt, ist mit Freiheitsstrafe bis zu sechs Monaten oder mit Geldstrafe bis zu 360 Tagessätzen zu bestrafen.

(2) Hat der Täter die Einwilligung des Behandelten in der Annahme nicht eingeholt, daß durch den Aufschub der Behandlung das Leben oder die Gesundheit des Behandelten ernstlich gefährdet wäre, so ist er nach Abs. 1 nur zu bestrafen, wenn die vermeintliche Gefahr nicht bestanden hat und er sich dessen bei Aufwendung der nötigen Sorgfalt (§ 6) hätte bewußt sein können.

(3) Der Täter ist nur auf Verlangen des eigenmächtig Behandelten zu verfolgen.

12.1.6 Unterlassung der Hilfeleistung

§ 95 (1) Wer es bei einem Unglücksfall oder einer Gemeingefahr (§ 176) unterläßt, die zur Rettung eines Menschen aus der Gefahr des Todes oder einer beträchtlichen Körperverletzung oder Gesundheitsschädigung offensichtlich erforderliche Hilfe zu leisten, ist mit Freiheitsstrafe bis zu sechs Monaten oder mit Geldstrafe bis zu 360 Tagessätzen, wenn die Unterlassung der Hilfeleistung jedoch den Tod eines Menschen zur Folge hat, mit Freiheitsstrafe bis zu einem Jahr oder mit Geldstrafe bis zu 360 Tagessätzen zu bestrafen, es sei denn, daß die Hilfeleistung dem Täter nicht zuzumuten ist.

(2) Die Hilfeleistung ist insbesondere dann nicht zuzumuten, wenn sie nur unter Gefahr für Leib oder Leben oder unter Verletzung anderer ins Gewicht fallender Interessen möglich wäre.

An sich ist, wie aus dem Gesetzestext erkenntlich ist, jeder Mensch zur Hilfeleistung verpflichtet.

Obwohl in den Erläuterungen hierzu keine näheren Erklärungen zu finden sind, unterliegt es wohl keinem Zweifel, daß dieser Paragraph Ärzte zu einer solchen Hilfeleistung in erhöhtem Maße verpflichtet, denn im Gesetzestext ist der Passus „offensichtlich erforderliche Hilfe“ enthalten. Diese Offensichtlichkeit ist aber zweifellos für einen Arzt aus Gründen seiner Ausbildung und Erfahrung in weitaus höherem Maße gegeben als bei einem medizinischen Laien.

12.2 Sexualdelikte

Sexuelle Morde sind wohl die abstoßendsten Verbrechen überhaupt. Der Täter – gibt es eine Täterin überhaupt? – handelt in höchster sexueller Erregung häufig als Folge seines sexuellen Versagens und überträgt die Wut über sich selbst auf sein Opfer als Objekt seiner aufgestauten Aggression. Versuchte oder tatsächlich vollbrachte Verstümmelungen im Genitalbereich und an den Brüsten sind ebenso häufig wie die immer wieder zu beobachtenden langen Schnittverletzungen am Bauch. Das Überwiegen von Schnittverletzungen insgesamt läßt sich wohl dadurch erklären, daß die meist klaffenden und stark blutenden Wunden offensichtlich einen Blutrausch des Täters erzeugen. Wir sahen solche unter Umständen bis zur Eröffnung des Bauch- und Brustraumes führende Schnitte mehrmals. Das schreckliche Ereignis führte sogar bis zur völligen Eviszeration *aller* inneren Organe einschließlich beider Nieren. Diese Organe waren im weiteren Umkreis verstreut. Die Tat war mit einem Küchenmesser ausgeführt, die Wehrlosigkeit des Opfers durch Halsschnitte bewirkt worden. Solche abstruse Verbrechen sind Einzelfälle, ihre Ausführung zeigt jedoch deutliche Monotonie. Abgesehen von den Schnittverletzungen sind Pfählungsverletzungen in der Vagina durch Einführen von Gegenständen häufig. In einem Fall wurde eine als Lampe umgebaute Flasche mit ihrem Halsteil zusammen mit der Lampenschnur eingebracht. In einem anderen Fall mit dem Tatmesser ein Auge enukliert und in den offenstehenden Mund gelegt. Die Täter sind häufig impotent und reagieren ihre sexuelle Enttäuschung an dem unschuldigen Opfer ab, welches ihrer Meinung nach am eigenen Versagen mitschuldig wäre. Diese Tätergruppe stellt wohl überwiegend Einzeltäter. Extrem gefährlich sind jedoch echte Lustmörder, also Personen, denen das Morden an sich allein sexuelle Befriedigung bringen kann. So hat etwa der berüchtigte Peter Kürten geschildert, daß das „Rauschen des Blutes" ihn zum Orgasmus gebracht hat. Der echte Lustmörder ist also im Gegensatz zur ersten Gruppe der Sexualmörder gar nicht auf den Geschlechtsverkehr an sich bedacht, die Tat ist die adäquate Ersatzhandlung.

Völlig andere Motive bewegen jene Sexualtäter, die ihre Opfer etwa nach einer durchgeführten Vergewaltigung, Nötigung o. ä. töten, um die Zeugen ihrer Tat zu beseitigen. Die sexuelle Handlung ist dann lediglich die Voraussetzung, nicht aber das Motiv der Tötung.

Vergewaltigung ist allerdings ein eher schwer zu beweisendes Delikt, weil hier regelmäßig Aussage des Opfers gegen Aussage des Täters steht. Die früher öfter geäußerte – typisch männliche – Ansicht, eine Frau könne überhaupt nicht gegen ihren Willen mißbraucht werden, ist aber zweifellos unhaltbar. Natürlich kann eine Frau durch Gewalt, Mißhandlungen oder Drohungen ihres freien Willens derart beraubt werden, daß letztlich ihr körperlicher Widerstand erlahmt. An der Tatsache der Vergewaltigung ändert dies natürlich überhaupt nichts. Die Klärung der Umstände sind daher ein besonderes psychologisches Problem.

Durch die genannten Sexualdelikte entstandene Verletzungen müssen so wie andere befundmäßig festgehalten und dokumentiert werden. Die Einbeziehung eines Gynäkologen ist vorteilhaft, da etwa kolposkopische Aufnahmen oder Befunderhebungen notwendig sind. Die grundsätzliche Feststellung, ob ein Geschlechtsverkehr ausgeführt wurde, wäre durch Samennachweis im Genitalbereich oder unter Umständen an der Wäsche möglich. Die grundsätzliche Kenntnis der Hymenformen wäre als Voraussetzung für Deflorationsverletzungen nötig.

12.2.1 Notzucht

> § 201 (1) Wer eine Person weiblichen Geschlechts mit Gewalt gegen ihre Person oder durch eine gegen sie gerichtete Drohung mit gegenwärtiger Gefahr für Leib oder Leben (§ 89) widerstandsunfähig macht und in diesem Zustand zum außerehelichen Beischlaf mißbraucht, ist mit Freiheitsstrafe von einem bis zu zehn Jahren zu bestrafen.
>
> (2) Hat die Tat eine schwere Körperverletzung (§ 84 Abs. 1) oder eine Schwangerschaft zur Folge, so ist der Täter mit Freiheitsstrafe von fünf bis zu fünfzehn Jahren, hat sie aber den Tod der mißbrauchten Person zur Folge, mit Freiheitsstrafe von zehn bis zu zwanzig Jahren zu bestrafen.

Begehungsmittel sind Gewalt gegen die mißbrauchte Person und gegen sie gerichtete Drohung mit gegenwärtiger Gefahr für Leib oder Leben (§ 97). Unter den im § 125 StG verwendeten Worten „arglistige Betäubung ihrer

Sinne" werden die Anwendung der Hypnose oder anderer betäubender oder berauschender Mittel verstanden, um das Opfer der Notzucht ohne seine Zustimmung bewußtlos oder sonst widerstandsunfähig zu machen. Da dies bereits unter den Begriff der Gewalt fällt, bedarf es in Hinkunft keiner ausdrücklichen Erwähnung.

Nach herrschender Meinung im Schrifttum und nach der Rechtsprechung ist beim Verbrechen der Notzucht nach geltendem Recht unter gefährlicher Bedrohung nur eine Drohung mit gegenwärtiger Gefahr für Leib oder Leben zu verstehen. Soll dies weiterhin so bleiben, so muß es im vorliegenden Paragraphen ausdrücklich gesagt werden; denn der Begriff der „gefährlichen Drohung" ist nach § 77 Ziff. 7 weiter gefaßt. Im übrigen sei auf die Ausführungen zum Raub verwiesen.

Die beiden Begehungsmittel Gewalt oder Drohung müssen gegen die Person weiblichen Geschlechts selbst gerichtet sein. Der Entwurf stellt durch Verwendung der Worte „eine gegen sie gerichtete Drohung" klar, daß die Drohung die Frau selbst betreffen muß. Richten sich Gewaltanwendung oder Drohung gegen eine dritte Person, so fällt die Tat unter den folgenden Paragraphen „Nötigung zum Beischlaf".

Zusammenfassend wären somit zur Erfüllung des Tatbestandes *Notzucht* folgende Kriterien zu beachten:
Außerehelicher Beischlaf an einer Frau gegen ihren Willen durch wirklich ausgeübte Gewalt oder gefährliche Drohung. Da tatsächlich ein vollzogener oder mindestens unternommener Beischlaf vorliegen muß, sind von medizinischer Seite Feststellungen zum Beweis hierfür zu erbringen.

Untersuchung des Opfers

Bei Jungfrauen würden selbstverständlich Verletzungen des Hymens den Beweis des vollzogenen Beischlafs erbringen. Allerdings ist in seltenen Fällen bei entsprechender Beschaffenheit des Hymens, also Weite und Dehnbarkeit, Geschlechtsverkehr auch ohne erkennbare Hymenverletzung möglich.

Im Gegensatz dazu können besonders bei erzwungenem Beischlaf an Greisinnen infolge der Altersatrophie der Vagina Verletzungen sogar schwerer Art entstehen. Solche finden sich am Vestibulum oder in der Vaginalschleimhaut selbst als Risse oder Blutunterlaufungen. Aber auch Verletzungen der Schamlippen sind bei brutalem Geschlechtsakt sogar bei „normalen" geschlechtsreifen Frauen möglich. Weitere Verletzungen der Geschlechtsteile und deren Umgebung können durch brutales Anfassen entstehen; hierbei finden sich Blutunterlaufungen und kratzerartige Hautabschürfungen in der Genitalgegend oder an der Innenseite der Oberschenkel. Druckspuren in Form blauer Flecken an den Armen könnten unter Umständen allein oder zusätzlich als Hinweise für Festhalten gewertet werden.

Nicht vergessen darf hierbei werden, daß Verletzungen der weiblichen Genitalien auch durch Finger oder durch Einbringen von meist walzenförmigen Gegenständen entstehen können. Dieses Einbringen von „Masturbationsgeräten" wie Kerzen, Karotten, Flaschen usw. kann durch die Frau selbst oder durch einen „Partner" beiderlei Geschlechts erfolgt sein. Der Tatbestand der Notzucht würde dadurch selbstverständlich nicht erfüllt werden.

Den Beweis eines vollzogenen Geschlechtsverkehrs erbringt naturgemäß der Nachweis von männlichem Samen in der Scheide.

Untersuchung des verdächtigen Mannes

Die Untersuchung des verdächtigen Mannes müßte die Besichtigung der Geschlechtsteile ebenso wie die seiner Kleidung umfassen. Der Nachweis von Samenspuren allein wäre für die Frage Notzucht wertlos. Wichtig aber könnte der Nachweis von weiblichem Scheidenepithel werden.

12.2.2 Nötigung zum Beischlaf

§ 202 (1) Wer außer dem Fall der Notzucht eine Person weiblichen Geschlechts mit Gewalt oder durch gefährliche Drohung zum außerehelichen Beischlaf nötigt, ist mit Freiheitsstrafe von sechs Monaten bis zu fünf Jahren zu bestrafen.

(2) Hat die Tat eine schwere Körperverletzung (§ 84 Abs. 1) oder eine Schwangerschaft zur Folge, so ist der Täter mit Freiheitsstrafe von einem bis zu zehn Jahren, hat sie aber den Tod der mißbrauchten Person zur Folge, mit Freiheitsstrafe von fünf bis zu fünfzehn Jahren zu bestrafen.

Die Tathandlung (das Nötigen) und die Begehungsmittel (Gewalt und gefährliche Drohung) sind die gleichen wie bei der Nötigung, auf deren Erläuterungen verwiesen wird. Anders als bei der Notzucht müssen sich bei der Nötigung zum Beischlaf Gewalt oder gefährliche Drohung nicht unbedingt gegen die Person der Genötigten selbst richten. Denn es wird dies auch beim Tatbild der allgemeinen Nötigung nicht verlangt.

Nur die Abnötigung des außerehelichen Beischlafs erfüllt den Tatbestand, jene des ehelichen Beischlafs hingegen nur den Tatbestand der Nötigung (§ 105 StGB).

Praktisch dieselben ärztlichen Nachweismöglichkeiten wie bei Notzucht bestehen begreiflicherweise auch bei der Nötigung zum Beischlaf.

12.2.3 Zwang zur Unzucht

> § 203 (1) Wer außer dem Fall der Notzucht eine Person mit Gewalt gegen ihre Person oder durch eine gegen sie gerichtete Drohung mit gegenwärtiger Gefahr für Leib oder Leben (§ 89) widerstandsunfähig macht und in diesem Zustand zur Unzucht mißbraucht, ist mit Freiheitsstrafe von sechs Monaten bis zu fünf Jahren zu bestrafen.
>
> (2) Hat die Tat eine schwere Körperverletzung (§ 84 Abs. 1) zur Folge, so ist der Täter mit Freiheitsstrafe von einem bis zu zehn Jahren, hat sie aber den Tod der mißbrauchten Person zur Folge, mit Freiheitsstrafe von fünf bis fünfzehn Jahren zu bestrafen.

12.2.4 Nötigung zur Unzucht

> § 204 (1) Wer außer den Fällen der §§ 201 bis 203 eine Person mit Gewalt oder durch gefährliche Drohung zur Unzucht nötigt, ist mit Freiheitsstrafe bis zu drei Jahren zu bestrafen.
>
> (2) Hat die Tat eine schwere Körperverletzung (§ 84 Abs. 1) zur Folge, so ist der Täter mit Freiheitsstrafe von sechs Monaten bis zu fünf Jahren, hat sie aber den Tod der mißbrauchten Person zur Folge, mit Freiheitsstrafe von einem bis zu zehn Jahren zu bestrafen.

Die Nötigung einer Person zur Vornahme oder Duldung unzüchtiger Handlungen, die nicht in außerehelichem Beischlaf bestehen oder mit einem solchen zusammenhängen, ist nach geltendem Recht, wenn das Opfer wehr- oder bewußtlos ist, als Schändung nach § 128 StG, sonst aber als Erpressung nach § 98 StG zu bestrafen.

Der Entwurf gestaltet das Tatbild des Zwanges zur Unzucht genauso wie das der Notzucht. Das gilt auch insoweit, als durch die Fassung des Entwurfs deutlicher zum Ausdruck gebracht werden soll, daß sich nicht nur die Gewalt, sondern auch die Drohung mit gegenwärtiger Gefahr für Leib oder Leben gegen die Frau selbst richten muß. Ebenso wie dann, wenn es sich um den außerehelichen Beischlaf handelt (Nötigung zum Beischlaf), fällt die Tat unter eine geringere Strafdrohung, falls unter anderem die Gewaltanwendung oder Drohung gegen eine dritte Person gerichtet ist (Nötigung zur Unzucht). Insoweit kann auf die Erläuterungen zur Notzucht verwiesen werden.

Eine Beschränkung des Schutzobjekts auf Personen weiblichen Geschlechts besteht nur dort zu Recht, wo es sich nach dem Tatbild um außerehelichen Beischlaf handelt, weil die Notzucht oder die Nötigung zum Beischlaf, begangen an einer Frau, eine besonders schwere und typische Verletzung der geschlechtlichen Freiheit und der Sittlichkeit darstellt. Aus diesem

Grund werden Notzucht und Nötigung zum Beischlaf an Frauen nicht nur gesondert, sondern auch besonders streng pönalisiert. Der Zwang zur Vornahme oder Duldung anderer unzüchtiger Handlungen soll durch das Tatbild des Zwanges zur Unzucht und – insofern der Zwang nicht bis zur Widerstandsunfähigkeit des Opfers reicht – durch das der Nötigung zur Unzucht erfaßt werden, und zwar *ohne* Rücksicht auf das Geschlecht des Opfers.

„Hierzu ist es nicht erforderlich, daß die Handlung dem erregten Geschlechtstrieb des Täters entspringt oder zur Erregung des Geschlechtstriebs des Täters oder eines anderen bestimmt ist. Sie muß nur ihrer Art nach zum Geschlechtsleben in Beziehung stehen.“

Zum Begriff der Unzucht wäre noch zu sagen, daß als Unzucht jede Handlung gilt, durch die die Sittlichkeit in geschlechtlicher Beziehung verletzt wird. Die Kenntnis dieser Paragraphen (203, 204) ist für den begutachtenden Arzt nur am Rande nötig. Im Rahmen dieser Delikte sind allerdings unter Umständen ärztliche Feststellungen zu treffen.

12.2.5 Schändung

§ 205 (1) Wer eine Person weiblichen Geschlechts, die sich in einem Zustand befindet, der sie zum Widerstand unfähig macht, oder die wegen einer Geisteskrankheit, wegen Schwachsinns, wegen einer tiefgreifenden Bewußtseinsstörung oder wegen einer anderen schweren, einem dieser Zustände gleichwertigen seelischen Störung unfähig ist, die Bedeutung des Vorgangs einzusehen oder nach dieser Einsicht zu handeln, zum außerehelichen Beischlaf mißbraucht, ist mit Freiheitsstrafe von sechs Monaten bis zu fünf Jahren zu bestrafen.

(2) Wer eine Person, die sich in einem Zustand befindet, der sie zum Widerstand unfähig macht, oder die wegen einer Geisteskrankheit, wegen Schwachsinns, wegen einer tiefgreifenden Bewußtseinsstörung oder wegen einer anderen schweren, einem dieser Zustände gleichwertigen seelischen Störung unfähig ist, die Bedeutung des Vorgangs einzusehen oder nach dieser Einsicht zu handeln, außer dem Fall des Abs. 1 zur Unzucht mißbraucht oder zu einer unzüchtigen Handlung mit einer anderen Person oder, um sich oder einen Dritten geschlechtlich zu erregen oder zu befriedigen, dazu verleitet, eine unzüchtige Handlung an sich selbst vorzunehmen, ist mit Freiheitsstrafe bis zu drei Jahren zu bestrafen.

(3) Hat die Tat eine schwere Körperverletzung (§ 84 Abs.) oder eine Schwangerschaft zur Folge, so ist der Täter in den Fällen des Abs. 1 mit Freiheitsstrafe von einem bis zu zehn Jahren, in den Fällen des Abs. 2 mit Freiheitsstrafe von sechs Monaten bis zu fünf Jahren zu bestrafen. Hat die Tat jedoch den Tod der mißbrauchten Person zur Folge, so ist der Täter in den Fällen des Abs. 1 mit Freiheitsstrafe von fünf bis zu fünfzehn Jahren, in den Fällen des Abs. 2 mit Freiheitsstrafe von einem bis zu zehn Jahren zu bestrafen.

Schutzobjekt im ersten Deliktsfall (Abs. 1: Mißbrauch zu außerehelichem Beischlaf) ist sowohl eine Person weiblichen Geschlechts, die sich in einem Zustand befindet, der sie zum Widerstand unfähig macht, als auch die Frau, die wegen einer Geisteskrankheit, wegen Schwachsinns, wegen einer vorübergehenden Bewußtseinsstörung oder wegen einer anderen schweren, einem dieser Zustände gleichwertigen seelischen Störung unfähig ist, die Bedeutung des Vorganges (das ist des außerehelichen Beischlafs) einzusehen oder nach dieser Einsicht zu handeln.

Schutzobjekt im zweiten Deliktsfall (Abs. 2: Mißbrauch zu anderen Unzuchtshandlungen als zu außerehelichem Beischlaf) ist eine Person, gleichviel welchen Geschlechts, die sich in dem im ersten Deliktsfall bezeichneten Zustand befindet oder aus den im ersten Deliktsfall genannten Gründen unfähig ist, die Bedeutung des Vorgangs (das ist der Unzuchtshandlung) einzusehen oder nach dieser Einsicht zu handeln.

Die Frage, ob und inwieweit Geisteskranke, Schwachsinnige, vorübergehend in ihrem Bewußtsein Gestörte oder wegen einer anderen schweren, einem dieser Zustände gleichwertigen seelischen Störung Beeinträchtigte einen Schutz vor sexuellem Mißbrauch genießen sollen, wird im Gesetz nicht beantwortet, jedoch wäre sie nach den Erläuterungen in nachstehender Weise zu beurteilen:

Bei einer geistesschwachen Frauensperson ist ein Zustand der Bewußtlosigkeit dann anzunehmen, wenn eine solche Störung oder Schwäche der Geistestätigkeit, verbunden mit der Unfähigkeit, das Triebleben durch verstandesmäßige Erwägungen zu beeinflussen, vorliegt, daß eine Einsicht in die Bedeutung des Geschlechtsverkehrs und die Fähigkeit, über den eigenen Körper in geschlechtlicher Hinsicht dieser Einsicht gemäß zu verfügen, ausgeschlossen ist. Das heißt also, die Frau muß wegen ihres Geisteszustandes außerstande sein, die Bedeutung und Folgen des Beischlafs richtig zu erkennen um dem an sie gestellten Verlangen eines außerehelichen Beischlafs mit freier Entscheidung zu begegnen.

12.2.6 Beischlaf mit Unmündigen

(1) Wer mit einer unmündigen Person den außerehelichen Beischlaf unternimmt, ist mit Freiheitsstrafe von einem bis zu zehn Jahren zu bestrafen.

(2) Hat die Tat eine schwere Körperverletzung (§ 84 Abs. 1) oder eine Schwangerschaft der unmündigen Person zur Folge, so ist der Täter mit Freiheitsstrafe von fünf bis zu fünfzehn Jahren, hat sie aber den Tod der unmündigen Person zur Folge, mit Freiheitsstrafe von zehn bis zu zwanzig Jahren zu bestrafen.

Als zweite Tathandlung nennt der Entwurf die Verleitung eines Unmündigen zu einer unzüchtigen Handlung mit einer anderen Person. Diese Erweiterung der Tathandlung gegenüber dem geltenden Recht ist deshalb nötig, weil der erste Deliktsfall (Mißbrauch zur Unzucht) – wie schon in den Vorbemerkungen zu diesem Abschnitt ausgeführt – zwar nicht unbedingt einen körperlichen Kontakt, wohl aber eine gewisse (unzüchtige) Beziehung zwischen dem Täter und seinem Opfer voraussetzt und daher einen Teil der vom Täter veranlaßten unzüchtigen Handlungen Unmündiger nicht miterfassen würde. Durch die Formulierung „Wer eine unmündige Person zu einer unzüchtigen Handlung mit einer anderen Person verleitet" stellt der Entwurf klar, daß die Verleitung sowohl zu aktiver als auch zu passiver Beteiligung des Unmündigen an einer unzüchtigen Handlung strafbar ist.

Der dritte Deliktsfall ist die Verleitung der Unmündigen zu einer unzüchtigen Handlung an sich selbst. Hier nimmt der Entwurf jedoch eine Einschränkung vor. Da der wichtigste darunter zu verstehende Fall, die Verleitung eines Unmündigen zur Selbstbefriedigung, nur dann als kriminelles Unrecht zu werten ist, wenn sie geschieht, „um sich oder einen Dritten geschlechtlich zu erregen oder zu befriedigen", wird für den dritten Deliktsfall auf diese Absicht abgestellt. Zum Begriff des Verleitens wird auf die Erläuterungen zur Mitwirkung am Selbstmord verwiesen.

Sowohl für den Beischlaf als auch für die Unzucht mit Unmündigen fordert der Entwurf Vorsatz unter Einschluß des dolus eventualis.

12.2.7 Unzucht mit Unmündigen

(1) Wer eine unmündige Person auf andere Weise als durch Beischlaf zur Unzucht mißbraucht oder zu einer unzüchtigen Handlung mit einer anderen Person oder, um sich oder einen Dritten geschlechtlich zu erregen oder zu befriedigen, dazu verleitet, eine unzüchtige Handlung an sich selbst vorzunehmen, ist mit Freiheitsstrafe von sechs Monaten bis zu fünf Jahren zu bestrafen.

(2) Hat die Tat eine schwere Körperverletzung (§ 84 Abs. 1) zur Folge, so ist der Täter mit Freiheitsstrafe von einem bis zu zehn Jahren, hat sie aber den Tod der unmündigen Person zur Folge, mit Freiheitsstrafe von fünf bis zu fünfzehn Jahren zu bestrafen.

(3) Übersteigt das Alter des Täters das Alter der unmündigen Person nicht mehr als zwei Jahre und ist keine der Folgen des Abs. 2 eingetreten, so ist der Täter nach Abs. 1 nicht zu bestrafen.

Da auch der Beischlaf mit einem körperlich geschlechtsreifen unmündigen Knaben – die körperliche Geschlechtsreife ist ja Voraussetzung für das Gelingen des Beischlafs – wegen der dieser Altersstufe noch anhaftenden psychischen Unreife die normale sittliche Entwicklung des Kindes schädigt, stellt der § 206 den bisher straflosen Beischlaf mit einem unmündigen Knaben dem Geschlechtsverkehr mit einem unmündigen Mädchen gleich.

12.2.8 Sittliche Gefährdung Unmündiger oder Jugendlicher

§ 208 Wer eine Handlung, die geeignet ist, die sittliche, seelische oder gesundheitliche Entwicklung unmündiger oder jugendlicher Personen zu gefährden, vor einer unmündigen Person oder einer seiner Erziehung, Ausbildung oder Aufsicht unterstehenden jugendlichen Person vornimmt, um dadurch sich oder einen Dritten geschlechtlich zu erregen oder zu befriedigen, ist mit Freiheitsstrafe bis zu einem Jahr zu bestrafen, es sei denn, daß nach den Umständen des Falles eine Gefährdung der unmündigen oder jugendlichen Person ausgeschlossen ist. – Der § 208 umfaßt andere, einem pervertierten Geschlechtstrieb entsprechende Handlungen, die geeignet sind, Unmündigen und Jugendlichen schweren sittlichen, seelischen oder gesundheitlichen Schaden zuzufügen.

Durch den Beischlaf und die Unzucht mit Unmündigen werden nur die schwersten Fälle sittlicher Schädigung Unmündiger auf sexuellem Gebiet erfaßt; der Beischlaf und sonstige unzüchtige Handlungen, an denen der Unmündige aktiv oder passiv mitwirkt. Es gibt aber noch andere, einem pervertierten Geschlechtstrieb entspringende Handlungen, die geeignet sind, Unmündigen schweren sittlichen, seelischen oder gesundheitlichen Schaden zuzufügen. Nur einige solcher Handlungen können auch nach geltendem Recht bestraft werden. Die Lücken des geltenden Rechts will der Entwurf durch die vorliegende Bestimmung schließen. Sie soll Unmündige schlechthin, Jugendliche aber nur dann vor sittlicher Gefährdung schützen, wenn zwischen dem Täter und dem Jugendlichen ein besonderes Autoritäts- oder Vertrauensverhältnis besteht. Die Tathandlung muß *vor* dem Unmündigen vorgenommen werden. „Vor" soll hier besagen, daß die Handlung nicht unter unmittelbarer körperlicher Beteiligung des Schutzobjektes begangen wird – in diesem Fall wäre sie unter die Bestimmungen der §§ 213, 214 oder 219 Abs. 1 zu subsumieren –, sondern in dessen Gegenwart, und zwar so, daß sie der Gefährdete wahrnehmen kann. Handlungen vor einem Schlafenden oder sonst Wahrnehmungsunfähigen erfüllen den Tatbestand nicht. Die Strafdrohung soll insbesondere Exhibitionisten treffen, denen es als sexuelles Reizmittel dient, daß Unmündige die Entblößung ihrer Geschlechtsteile wahrnehmen. Sie richtet sich aber auch gern gegen andere Pervertierte, die in der Gegenwart Unmündiger bei normalen oder abnormen geschlechtlichen Handlungen mit anderen Personen überhaupt oder zusätzlich sexuelle Befriedigung suchen. Daß das Opfer solcher Perversionen dadurch schweren Schaden, vor allem in seiner psychischen Entwicklung, erleiden kann, bedarf keiner näheren Begründung. Es gibt aber auch Handlungen, die an sich nicht als unzüchtig zu beurteilen, trotzdem aber geeignet sind, Unmündige sittlich zu gefährden. Der Begriff des Unzüchtigen findet seinen Maßstab im erwachsenen, kulturverbundenen Durchschnittsmenschen; so manche Handlung, z. B. eine Entkleidung, die sachliche Schilderung von sexuellen Perversionen, die an sich noch nicht als unzüchtig gewertet werden kann, wird einen Unmündigen sittlich gefährden können.

13 Ärztegesetze

Es kann nicht der Zweck dieses Buches sein, ausführlich auf Ärzte betreffende Gesetze und Verordnungen einzugehen. Einige wenige allgemein für den ärztlichen Beruf wichtige Gesetze und Verordnungen sollten jedoch in möglichster Kürze angeführt werden.

Bundesgesetz über die Ausübung des ärztlichen Berufes und die Standesvertretung der Ärzte (Ärztegesetz 1984 – ÄrzteG)

Der Beruf des Arztes

§ 1

(1) Der Arzt ist zur Ausübung der Medizin berufen.

(2) Die Ausübung des ärztlichen Berufes umfaßt jede auf medizinisch-wissenschaftlichen Erkenntnissen begründete Tätigkeit, die unmittelbar am Menschen oder mittelbar für den Menschen ausgeführt wird, insbesondere

1. die Untersuchung auf das Vorliegen oder Nichtvorliegen von körperlichen Krankheiten, Geistes- und Gemütskrankheiten, von Gebrechen oder Mißbildungen und Anomalien, die krankhafter Natur sind;
2. die Beurteilung von in Z 1 angeführten Zuständen bei Verwendung medizinisch-diagnostischer Hilfsmittel;
3. die Behandlung solcher Zustände (Z 1);
4. die Vornahme operativer Eingriffe einschließlich der Entnahme oder Infusion von Blut;
5. die Vorbeugung von Erkrankungen;
6. die Geburtshilfe;
7. die Verordnung von Heilmitteln, von Heilbehelfen und medizinisch-diagnostischen Hilfsmitteln;
8. die Vornahme von Leichenöffnungen.

(3) Jeder zur selbständigen Ausübung des Berufes berechtigte Arzt ist befugt, ärztliche Zeugnisse auszustellen und ärztliche Gutachten zu erstatten.

Als unmittelbar ist jede ärztliche Tätigkeit dann anzusprechen, wenn sie am Patienten selbst oder bei dessen Anwesenheit im Zusammenhang mit der Feststellung des Gesundheitszustandes oder mit der Behandlung einer Krankheit vorgenommen wird. Hierdurch wird eine zwischenweilige oder vorläufige, gegebenenfalls fernmündliche Anweisung oder Beratung des Arztes, auch an einen Dritten, bei Gefahr in Verzug nicht berührt.

Mittelbar im Sinne der Bestimmung des Abs. 2 sind die von Hygienikern, Pathologen, Pharmakologen, Histologen, Gerichtsmedizinern u. a. im Interesse der Gesunderhaltung einzelner, einer Mehrzahl von Personen oder der Gesamtbevölkerung vorgenommenen Tätigkeiten, die der Feststellung einer Diagnose im weitesten Sinne, z. B. durch Laboratoriumsuntersuchung, sowie der Feststellung von Krankheits- und Todesursachen auch an Leichen verstorbener Patienten u. a. m. dienen. Zu den mittelbaren ärztlichen Tätigkeiten im gegebenen Zusammenhang gehören jedenfalls auch alle von Ärzten im Interesse der medizinischen Forschung, der Vorbeugung von Krankheiten sowie der Erhöhung des Gesundheitsstandards der Bevölkerung vorgenommenen Tätigkeiten, wie Erforschung der Umwelt, Feststellung der Verunreinigung des Wassers und der Luft.

Unter den Begriff „medizinisch-diagnostische Hilfsmittel" fallen alle die Mittel, nach deren Anwendung der Arzt in die Lage versetzt wird, das Vorliegen oder Nichtvorliegen krankhafter Zustände oder Gebrechen zu erkennen. Zu solchen Mitteln bzw. Apparaten gehören Kontrastmittel für die Röntgendiagnostik, Röntgen, EEG, EKG, Augenspiegel u. ä. m.

Unter *Diagnose* selbst ist das Erkennen eines körperlichen oder geistigen Zustandes aufgrund genauer ärztlicher Untersuchung zu verstehen. Hierzu gehört auch die Feststellung der Vorgeschichte einer Krankheit (Anamnese).

Der freiberuflichen ärztlichen Behandlungstätigkeit sind im Rahmen der medizinisch-wissenschaftlichen Erkenntnisse keine Grenzen gesetzt. Der freiberuflich tätige praktische Arzt oder Facharzt ist nicht verpflichtet, nur bestimmte, bereits anerkannte Behandlungs- und Heilmethoden anzuwenden, wiewohl er sich aber immer des Einverständnisses des Patienten versichern muß. Eine Verpflichtung zur Anwendung nur anerkannter Methoden der medizinischen Wissenschaft besteht für alle in Krankenanstalten tätigen Ärzte gem. § 8 Abs. 2 des Krankenanstaltengesetzes.

Hinsichtlich der operativen Beseitigung von krankhaften Zuständen ist zu unterscheiden, ob ein solcher Eingriff an einer zu heilenden kranken Person, also am Patienten, oder an einer sonst gesunden Person vorgenommen wird, die das Ergebnis eines operativen Eingriffs, wie z. B. ein menschliches Organ oder einen Organteil (Gewebe) oder auch Körperflüssigkeiten (z. B. Blut), einer anderen Person für deren Heilung zur Verfügung stellt.

Grundsätzlich wird für die Vornahme von Operationen die Erfüllung folgender Voraussetzungen zu fordern sein:

Die Operation muß indiziert sein, d. h., sie soll das einzige oder das beste Mittel sein, um die Gesundheit oder das Leben des Patienten wiederherzustellen oder zu erhalten.

Die Operation muß von einem zur Ausübung des Berufs berechtigten praktischen Arzt oder von einem Facharzt des einschlägigen Sonderfachs vorgenommen werden.

Die Operation muß kunstgerecht (lege artis) ausgeführt werden.

Der Patient oder dessen gesetzlicher Vertreter muß vor Vornahme der Operation seine ausdrückliche Zustimmung gegeben haben.

Ist die Behandlung so dringend notwendig, daß der mit der Einholung der Zustimmung des Patienten oder seines gesetzlichen Vertreters oder mit der Bestellung eines gesetzlichen Vertreters verbundene Aufschub das Leben gefährden würde oder mit der Gefahr einer schweren Schädigung der Gesundheit verbunden wäre, ist gem. § 8 Abs. 3 des Krankenanstaltengesetzes die Zustimmung nicht erforderlich. Über die Notwendigkeit und Dringlichkeit einer operativen Behandlung in solchen Fällen entscheidet der ärztliche Leiter der Krankenanstalt oder der für die Leitung der betreffenden Anstaltsabteilung verantwortliche Arzt (Primarius).

Unter Operation wird an sich jede ärztliche Behandlung verstanden, die mit dem Eindringen in die körperliche Substanz des Menschen verbunden ist, gleichgültig, ob es sich dabei um eine „blutige Operation" vermittels stechender oder schneidender Instrumente oder um eine „unblutige Operation" in der Art der Einrenkung (Reposition oder Einrichtung von Gliedmaßen) handelt. Der Begriff der „Operation" kann vom rechtlichen Standpunkt so weit ausgelegt werden, daß darunter die Anwendung von Röntgenstrahlen und sonstige Bestrahlungen, elektrochirurgische Eingriffe u. ä. fallen.

Jeder operative Eingriff erfüllt heute primär den Tatbestand der fahrlässigen Körperverletzung im Sinne des § 88 StGB. „Den Arzt trifft jedoch kein schweres Verschulden, wenn die Körperverletzung oder Gesundheitsschädigung in Ausübung der Heilkunde zugefügt worden ist und aus der Tat keine Gesundheitsschädigung oder Berufsunfähigkeit von mehr als 14tägiger Dauer erfolgt."

Im übrigen s. die Ausführungen zu § 88 StGB, Seite 88f.

§ 2

(1) Die selbständige Ausübung des ärztlichen Berufes ist ausschließlich den praktischen Ärzten und den Fachärzten vorbehalten.

(2) Die selbständige Ausübung des ärztlichen Berufes besteht in der eigenverantwortlichen Ausführung der im § 1 Abs. 2 und 3 umschriebenen Tätigkeiten, gleichgültig, ob solche Tätigkeiten freiberuflich oder im Rahmen eines Dienstverhältnisses ausgeübt werden.

(3) Die in Ausbildung zum praktischen Arzt oder zum Facharzt befindlichen Ärzte (Turnusärzte) sind lediglich zur unselbständigen Ausübung der im § 1 Bs. 2 und 3 umschriebenen Tätigkeiten in Krankenanstalten (§ 6) oder im Rahmen von Lehrpraxen (§ 7) unter Anleitung und Aufsicht der ausbildenden Ärzte berechtigt.

(4) Anderen Personen als den in den Abs. 1 und 3 genannten Ärzten ist jede Ausübung des ärztlichen Berufes verboten.

(5) Wird in diesem Bundesgesetz die Bezeichnung „Arzt" allgemein und nicht in den besonderen Bezeichnungen „Turnusarzt", „praktischer Arzt" oder „Facharzt" verwendet, so sind solche Bestimmungen auf alle Ärzte anzuwenden.

(6) Durch dieses Bundesgesetz werden die gesetzlichen Vorschriften über die Berechtigung zur Ausübung des Hebammenberufes, des Dentistenberufes, des Krankenpflegefachdienstes, der medizinisch-technischen Dienste sowie der Sanitätshilfsdienste, ferner die den gewerberechtlichen Vorschriften unterliegenden Tätigkeiten nicht berührt.

Erfordernisse zur Berufsausübung

§ 3

(1) Zur selbständigen Ausübung des ärztlichen Berufes als praktischer Arzt oder als Facharzt bedarf es des Nachweises der Erfüllung der nachfolgend angeführten allgemeinen Erfordernisse sowie der für den praktischen Arzt oder für den Facharzt vorgeschriebenen Ausbildungserfordernisse sowie schließlich der Eintragung in die Liste der Ärzte (Ärzteliste) (§ 11).

(2) Allgemeine Erfordernisse im Sinne des Abs. 1 sind:
1. die österreichische Staatsbürgerschaft;
2. die Eigenberechtigung;
3. das an einer Universität in der Republik Österreich oder vor dem 30. Oktober 1918 im Gebiet der im Reichsrate vertretenen Königreiche und Länder erworbene Doktorat der gesamten Heilkunde oder ein gleichartiges, im Ausland erworbenes und in Österreich nostrifiziertes Doktorat.

(3) Ausbildungserfordernis für den praktischen Arzt im Sinne des Abs. 1 ist die mindestens dreijährige praktische, mit Erfolg zurückgelegte Ausbildung in der in diesem Bundesgesetz umschriebenen Art (§§ 4 und 8).

(4) Ausbildungserfordernis für den Facharzt im Sinne des Abs. 1 ist die praktische, im betreffenden Sonderfach und in den hiefür einschlägigen Nebenfächern, mit Erfolg zurückgelegte Ausbildung in der in diesem Bundesgesetz vorgeschriebenen Art und Dauer (§§ 5 und 8).

(5) Zur unselbständigen Ausübung des ärztlichen Berufes als Turnusarzt (§ 2 Abs. 3) bedarf es des Nachweises der Erfüllung der im Abs. 2 angeführten allgemeinen Erfordernisse sowie der Eintragung in die Ärzteliste (§ 11).

Vorschriften für die praktische Ausbildung

§ 4

(1) Personen, die die im § 3 Abs. 2 angeführten allgemeinen Erfordernisse erfüllen und beabsichtigen, sich einer selbständigen ärztlichen Betätigung als praktischer Arzt zuzuwenden, haben sich einer mindestens dreijährigen praktischen Ausbildung (Turnus) zu unterziehen und den Erfolg dieser Ausbildung nachzuweisen (§ 8).

(2) Der Turnus hat jedenfalls eine Ausbildung auf den Gebieten Innere Medizin, Chirurgie, Unfallchirurgie, Frauenheilkunde und Geburtshilfe, Kinderheilkunde, Hals-, Nasen- und Ohrenkrankheiten sowie Haut- und Geschlechtskrankheiten zu umfassen.

(3) Der Turnus ist, soweit Abs. 4 nicht anderes bestimmt, in Krankenanstalten zu absolvieren, die als Ausbildungsstätten für die Ausbildung zum praktischen Arzt anerkannt sind (§ 6).

(4) Soweit es mit der Erreichung des Ausbildungszweckes auf den einzelnen Gebieten vereinbar ist, kann ein Teil der praktischen Ausbildung (Turnus), insgesamt bis zur Höchstdauer eines Jahres, bei freiberuflich tätigen

Fachärzten oder praktischen Ärzten im Rahmen anerkannter Lehrpraxen (§ 7) absolviert werden.

(5) Personen, die nicht die österreichische Staatsbürgerschaft besitzen, aber die im § 3 Abs. 2 Z 2 und 3 angeführten allgemeinen Erfordernisse erfüllen, sind nach Maßgabe zwischenstaatlicher Übereinkommen berechtigt, sich der Ausbildung zum praktischen Arzt zu unterziehen.

§ 5

(1) Personen, die die im § 3 Abs. 2 angeführten Erfordernisse erfüllen und beabsichtigen, sich einem Teilgebiet der Heilkunde als Sonderfach zur selbständigen Betätigung als Facharzt zuzuwenden, haben sich einer mindestens sechsjährigen praktischen Ausbildung in dem betreffenden klinischen oder nichtklinischen Sonderfach sowie in den hierfür einschlägigen klinischen und nichtklinischen Nebenfächern zu unterziehen. Die Ausbildung ist, soweit Abs. 2 nicht anderes bestimmt, in Krankenanstalten oder Instituten, die als Ausbildungsstätten für das betreffende Sonderfach anerkannt sind (§ 6), zu absolvieren. Das gleiche gilt, ausgenommen die vorgesehene Mindestzeit, für eine ergänzende spezielle Ausbildung auf einem Teilgebiet, im Rahmen eines Sonderfaches.

(2) Soweit es mit der Erreichung des Ausbildungszweckes vereinbar ist, kann ein Teil der Facharztausbildung, insgesamt bis zur Höchstdauer eines Jahres, bei freiberuflich tätigen Fachärzten im Rahmen anerkannter Lehrpraxen (§ 7) absolviert werden.

(3) Die Verordnung des Bundesministeriums für Unterricht im Einvernehmen mit dem Bundesministerium für soziale Verwaltung, BGBl. Nr. 381/1925, betreffend die Ausbildung zum Zahnarzt, idF BGBl. Nr. 51/1930, wird hierdurch nicht berührt. Das Zeugnis über die nach dieser Verordnung mit Erfolg abgelegte zahnärztliche Fachprüfung gilt als Erfolgsnachweis im Sinne des § 8.

(4) Personen, die nicht die österreichische Staatsbürgerschaft besitzen, aber die im § 3 Abs. 2 Z 2 und 3 angeführten allgemeinen Erfordernisse erfüllen, sind nach Maßgabe zwischenstaatlicher Übereinkommen berechtigt, sich der Ausbildung zum Facharzt zu unterziehen.

Vorschriften für die Ausübung des ärztlichen Berufes

§ 12

Ärzte, die die Erfordernisse für die Ausübung des ärztlichen Berufes als praktischer Arzt erfüllt haben (§ 3 Abs. 2 und 3 sowie § 11), sind zur selbständigen Ausübung einer allgemeinärztlichen Berufstätigkeit als praktischer Arzt berechtigt, gleichgültig, ob diese Berufstätigkeit freiberuflich oder im Rahmen eines Dienstverhältnisses ausgeübt wird.

§ 13

(1) Ärzte, die die Erfordernisse für die Ausübung des ärztlichen Berufes als Facharzt für ein Sonderfach der Heilkunde erfüllt haben (§ 3 Abs. 2 und 4 sowie § 11), sind zur selbständigen Ausübung einer ärztlichen Berufstätigkeit als Facharzt auf diesem Teilgebiet der Heilkunde als Sonderfach berechtigt.

(2) Fachärzte haben ihre ärztliche Berufstätigkeit auf ihr Sonderfach zu beschränken.

(3) Die Ausübung der Facharzttätigkeit auf mehr als einem Sonderfach bedarf der Bewilligung der Österreichischen Ärztekammer. Eine solche Bewilligung ist zu erteilen, wenn eine ausreichende fachärztliche Betreuung der Bevölkerung in dem für die Ausübung des betreffenden Sonderfaches in Aussicht genommenen Ort und dessen Einzugsgebiet nicht gewährleistet ist. Die Bewilligung ist zurückzunehmen, wenn der für die Erteilung maßgebend gewesene Bedarf nicht mehr vorhanden ist. Gegen den Bescheid der Österreichischen Ärztekammer steht die Berufung an den Landeshauptmann offen, in dessen Bereich die Tätigkeit ausgeübt werden soll.

Dringend notwendige ärztliche Hilfe

§ 21

Der Arzt darf die Erste Hilfe im Falle drohender Lebensgefahr nicht verweigern.

(1) Während der Arzt im allgemeinen nach § 21 zur Ersten Hilfe nur im Falle drohender Lebensgefahr verpflichtet ist, geht die Verpflichtung zur Leistung Erster ärztlicher Hilfe für öffentliche und nichtöffentliche gemeinnützige Krankenanstalten weiter.

(2) Ein Arzt, der im Fall des Verdachtes drohender Lebensgefahr sich nicht zum Patienten begibt und dort nicht ärztlichen Beistand leistet, sondern bloß telephonisch den Abtransport des Patienten in ein Krankenhaus anordnet, begeht die Verwaltungsübertretung der Verweigerung der Ersten-Hilfe-Leistung.

(3) Ein Arzt, der zu einem Patienten unter Umständen gerufen wird, die mit Grund eine lebensgefährliche Situation annehmen lassen (zum Beispiel Auffindung eines blutverschmierten, bewußtlosen Mannes auf der Straße), muß sich persönlich zu dem Patienten begeben, um sich davon zu überzeugen, ob er Erste Hilfe benötigt; eine bloße telephonische Weisung an das Rote-Kreuz-Personal, den Patienten in ein 40 km entferntes Spital zu bringen, wird der Verpflichtung des § 6 *(jetzt § 21)* ÄrzteG nicht gerecht.

(4) Bei drohender Lebensgefahr darf der Arzt die Erste-Hilfe-Leistung nicht mit dem Hinweis darauf verweigern, daß die Rettung oder das Rote Kreuz bereits verständigt wurde; es sei denn, daß am Einsatz der Rettung oder des Roten Kreuzes selbst ein Arzt beteiligt ist und mit Grund angenommen werden kann, daß dieser nicht später bei dem Hilfebedürftigen eintreffen wird, als es dem um Erste Hilfe ersuchten Arzt möglich wäre.

Behandlung der Kranken und Betreuung der Gesunden

§ 22

(1) Der Arzt ist verpflichtet, jeden von ihm in ärztliche Beratung oder Behandlung übernommenen Gesunden und Kranken ohne Unterschied der Person gewissenhaft zu betreuen. Er hat hierbei nach Maßgabe der ärztlichen Wissenschaft und Erfahrung sowie unter Einhaltung der bestehenden Vorschriften das Wohl der Kranken und den Schutz der Gesunden zu wahren.

(2) Der Arzt hat seinen Beruf persönlich und unmittelbar, allenfalls in Zusammenarbeit mit anderen Ärzten, auszuüben. Zur Mithilfe kann er sich jedoch Hilfspersonen bedienen, wenn diese nach seinen genauen Anordnungen und unter seiner ständigen Aufsicht handeln.

(3) Der Arzt darf im Einzelfall eine zur berufsmäßigen Ausübung des Krankenpflegefachdienstes berechtigte Person sowie eine Hebamme zur Vornahme subkutaner oder intramuskulärer Injektionen und zur Blutabnahme aus der Vene, eine zur berufsmäßigen Ausübung des medizinisch-technischen Laboratoriumsdienstes, des radiologisch-technischen Dienstes oder des medizinisch-technischen Fachdienstes berechtigte Person zur Blutabnahme aus der Vene nach seiner Anordnung ermächtigen. Der Arzt hat sich zu vergewissern, daß die betreffende Person die erforderlichen Kenntnisse und Fähigkeiten besitzt.

§ 24

(1) Beabsichtigt ein Arzt von einer Krankenbehandlung zurückzutreten, so hat er seinen Rücktritt dem Kranken oder den für dessen Pflege verantwortlichen Personen, erforderlichenfalls auch der Aufenthaltsgemeinde des Kranken wegen Vorsorge für anderweitigen ärztlichen Beistand, rechtzeitig anzuzeigen.[1]

(2) Der Arzt darf jeden Kranken behandeln, der ihn in seiner Sprechstunde aufsucht.

(3) Der Arzt darf die Behandlung eines Kranken, der in seiner Wohnung bereits von einem anderen Arzt behandelt worden ist, nur dann übernehmen, wenn der Kranke oder – im Falle seiner Handlungsunfähigkeit – seine Angehörigen erklären, daß sie auf die Behandlung durch den bisher zugezogenen Arzt verzichten.

(4) Werden in dringenden Fällen gleichzeitig mehrere Ärzte gerufen, so übernimmt, wenn der Kranke selbst keine Entscheidung trifft und kein Einvernehmen erzielt wird, der Arzt die Behandlung, der als erster von den herbeigerufenen Ärzten eingetroffen ist.

---

[1] Außer im Falle drohender Lebensgefahr (§ 21) besteht für Ärzte nach dem ÄrzteG keine Verpflichtung zur Übernahme einer Krankenbehandlung. Dem entspricht auch das Recht, von einer Krankenbehandlung zurückzutreten, wobei allerdings die im Interesse des Kranken gelegene Regelung des § 24 Abs. 1 zu beachten ist.

(5) In den Fällen der Abs. 3 und 4 kann der Arzt grundsätzlich eine Vergütung auch dann beanspruchen, wenn keine Behandlung stattgefunden hat, obwohl der Arzt hierzu bereit war.

Berufsgeheimnis

§ 26

(1) Der Arzt ist zur Wahrung der ihm in Ausübung seines Berufes anvertrauten oder bekanntgewordenen Geheimnisse verpflichtet.

(2) Die im Abs. 1 vorgesehene Verpflichtung besteht nicht, wenn

1. die durch die Offenbarung des Geheimnisses bedrohte Person den Arzt von der Geheimhaltung entbunden hat,
2. die Offenbarung des Geheimnisses nach Art und Inhalt durch Interessen der öffentlichen Gesundheitspflege oder der Rechtspflege gerechtfertigt ist,
3. nach gesetzlichen Vorschriften eine Meldung des Arztes über den Gesundheitszustand bestimmter Personen vorgeschrieben ist,
4. Mitteilungen oder Befunde des Arztes über Krankheiten und Gebrechen des Versicherten an Träger der Sozialversicherung erforderlich sind.

(3) Außer im Falle einer behördlichen Anfrage nach Abs. 2 Z 2 kann der Arzt eine Erklärung darüber, ob ein Interesse der öffentlichen Gesundheitspflege an der Offenbarung des Geheimnisses vorliegt, von der Bezirksverwaltungsbehörde verlangen.

Gesetzliche Anzeigepflicht

Anders ist es bei bereits eingetretenen Schäden. Hier besteht unter den nachstehend angeführten Voraussetzungen absolute Anzeigepflicht. Sie war im alten Strafgesetz enthalten (§ 359 StG), findet sich jetzt aber nicht etwa im Strafgesetzbuch, sondern in dem 1975 ins Ärztegesetz eingeschobenen § 27:

> § 27. Jeder Arzt ist verpflichtet, wenn er in Ausübung seines Berufes Anzeichen dafür feststellt, daß durch eine gerichtlich strafbare Handlung der Tod oder die schwere Körperverletzung (§ 84 Abs. 1 Strafgesetzbuch – StGB, BGBl. Nr. 60/1974)[1] eines Menschen herbeigeführt worden ist, oder daß durch das Quälen oder Vernachlässigung eines Unmündigen, Jugendlichen oder Wehrlosen (§ 92 StGB) dieser am Körper verletzt oder an der Gesundheit geschädigt worden ist (§ 83 Abs. 1 StGB), unverzüglich der Sicherheitsbehörde die Anzeige darüber zu erstatten.

Der Text dieser Bestimmung bedeutet aber wohl eine Überforderung der Ärzte. Es ist z. B. kein Arzt von der Möglichkeit einer Täuschung über das wahre Alter eines Unmündigen (bis 14 Jahre) oder Jugendlichen (über 18 Jahre) gefeit. Ebensowenig kann er unterscheiden, ob ein Geschädigter wehrlos war; weiters kann ihm auch nicht das Wissen um den Begriff einer strafbaren Handlung zugemutet werden, und schließlich ist es häufig unmöglich, „unverzüglich" zu erkennen, ob eine Körperverletzung schwer ist oder nicht.

Was nun die erwähnten Anzeichen für eine gerichtlich strafbare Handlung im Sinne des § 27 des Ärztegesetzes betrifft, so hat hierzu die Disziplinarkommission für Oberösterreich und Salzburg ausgeführt: „Wenn es für den Arzt nach der Art und dem Zustandekommen der Verletzung oder des Todes oder nach den sonst ihm bekanntgewordenen Umständen *zweifelhaft* bleibt, ob eine strafbare Handlung zur Verletzung oder zum Tod geführt hat, dann bilden die Tatsachen, die einen solchen Zweifel entstehen lassen, bereits Anzeichen im Sinne des § 10a ÄrzteG (jetzt § 27 ÄrzteG 1984), die den Arzt zur Anzeige nach dieser Gesetzesstelle verpflichten. Andernfalls würde der mit der Gesetzesbestimmung angestrebte Zweck, durch entsprechende polizeiliche und gerichtliche Untersuchungsschritte die erforderliche Aufklärung des Falles und allenfalls die Bestrafung des Täters möglich zu machen, nicht erreicht werden, sofern nicht auf andere Weise die Verfolgungsbehörden Kenntnis von dem bestehenden Verdacht erlangen. Ob dabei die Anzeichen für eine gerichtlich strafbare Handlung durch die späteren Erhebungen bestätigt werden oder nicht, ist für die Frage der Anzeigepflicht nach dem § 10a ÄrzteG (jetzt § 27 ÄrzteG 1984) und damit für die disziplinarrechtliche Ahndung der Verletzung dieser Berufspflicht ohne jede Bedeutung. Maßgeblich ist lediglich, ob solche Anzeichen dem behandelnden Arzt zur Kenntnis kamen. Dies allein löst die Verpflichtung zur Erstattung der Verletzungsanzeige aus.

Da sich diese Anzeigepflicht im wesentlichen auf Todesfälle und schwere Körperverletzungen bezieht, erhebt sich die Frage, ob es theoretisch *berechtigt* ist, auch leichte Verletzungen anzuzeigen, weil ja eine Überschneidung dieser Pflicht und des Berufsgeheimnisses eintreten könnte. Tatsächlich besteht eine solche jedoch nicht, da nach § 26 (2) Abs. 2 die Offenlegung des Geheimnisses nach Art und Inhalt durch Interessen der öffentlichen Gesundheitspflege oder der Rechtspflege gerechtfertigt ist.

Die nunmehr eingetretene Einschränkung der Anzeigepflicht bringt zwar insofern eine Erleichterung, als Bagatellfälle nicht mehr angezeigt werden müssen. Sie bedeutet aber auch eine Rechtsunsicherheit, weil dadurch durchaus auch dem Patienten ein Schaden zugefügt werden kann, wenn die strafrechtliche Klärung der Verletzungsverursachung unterbleibt.

Im übrigen besteht für Privatpersonen – also auch für jeden Arzt – im allgemeinen ein *Anzeigerecht*, auch wenn keine Anzeigepflicht besteht (§ 86 Strafprozeßordnung).

Die im Interesse einer geordneten Rechtspflege erlassenen Vorschriften über Anzeigen durch Ärzte in jenen Fällen, in denen ihnen eine Krankheit, eine Verwundung, eine Geburt oder ein Todesfall zur Kenntnis gelangt, bei welchen sich Verdacht auf fremdes Verschulden ergibt, werden als Anzeige*pflicht* der Ärzte zusammengefaßt.

Viel schwieriger wird die Frage nach einer Anzeige für den Arzt, wenn es um die Verhütung von Gefahrensituationen, z. B. im Straßenverkehr, geht. Hier kann eine schwerwiegende Interessenkollision gegenüber der ärztlichen

Schweigepflicht eintreten. Muß der Arzt nämlich feststellen, daß bei einem Patienten aus gesundheitlichen Gründen die Sicherheit der Lenkung eines Fahrzeugs (Kraftfahrzeugs) in Frage gestellt erscheint, so geraten, wenn sich der Patient als uneinsichtig erweist und das ärztliche Lenkverbot sowie den Rat zur freiwilligen Abgabe des Führerscheins ignoriert, die beiden ärztlichen Grundsätze über Schweigepflicht und Pflicht zur Verhütung von Unglücksfällen miteinander in Widerspruch.

Das besondere Gewicht, das auf die *ärztliche Verschwiegenheit* gelegt werden muß, hat sowohl ethische als auch praktische Gründe; diese Verschwiegenheit ist Hauptbedingung für ein Vertrauensverhältnis zwischen Arzt und Patient wie auch zwischen Gesellschaft und Ärzteschaft, und eine zu weit gehende Lockerung kann mehr Menschenleben gefährden als ihre strenge Beachtung. Andererseits riskiert der nur verschwiegene Arzt eine zumindest moralisch nicht bestreitbare Mitschuld, wenn sein uneinsichtiger Patient krankheitsbedingt einen Unfall verursacht.

Das Gesetz stellt dem Arzt frei, sich zwischen drei Möglichkeiten zu entscheiden, und legt ihm dadurch einerseits eine besonders große Verantwortung auf, läßt ihm aber andererseits seine Gewissensfreiheit:

Der Arzt kann und darf schweigen, wenn er das für richtig hält; er kann und darf seiner Schweigepflicht entsagen, wenn er das zum Schutz von anderen Menschenleben für unumgänglich empfindet, und er kann drittens die Verantwortung von sich abschieben und von der Bezirksverwaltung eine Erklärung darüber verlangen, ob ein Interesse der öffentlichen Gesundheitspflege an der „Offenbarung des Geheimnisses" vorliege.

Der Arzt ist grundsätzlich auch anderen Ärzten gegenüber zur Wahrung des Berufsgeheimnisses verpflichtet. Dies gilt jedoch dann nicht, wenn er mit Zustimmung des Patienten einen anderen Arzt als Konsiliararzt beizieht.

Die ursprüngliche Vermutung unsererseits, daß der Gesetzgeber wünscht, daß jeder Zweifelsfall zunächst angezeigt werde, erwies sich nicht als richtig, wie die jüngsten Erlässe zeigen. Demnach sollen streng nach dem Wortlaut des Gesetzes nur jene Fälle angezeigt werden, die den Kriterien des § 27 ÄrzteG entsprechen und wird sogar in allen übrigen Fällen auf die ärztliche Verschwiegenheitspflicht hingewiesen. Solange keine einheitliche Regelung getroffen worden ist, empfehlen wir nach wie vor, jede zweifelhafte Verletzung anzuzeigen, da es nicht Aufgabe des Arztes sein kann, rechtliche Umstände zu überprüfen. Weitere Folgen hat der Arzt jedenfalls nicht zu befürchten, da nach der Strafprozeßordnung § 86 jedermann berechtigt ist, sobald er Kenntnis von einer von Amts wegen zu verfolgenden Handlung erlangt, diese anzuzeigen, und zwar nicht bloß dem Staatsanwalt, sondern auch Untersuchungsrichter, Bezirksgericht oder Sicherheitsbehörde.

Ärztliche Zeugnisse

§ 28

Ein Arzt darf ärztliche Zeugnisse nur nach gewissenhafter ärztlicher Untersuchung und nach genauer Erhebung der im Zeugnis zu bestätigenden Tatsachen nach seinem besten Wissen und Gewissen ausstellen.

Dies bedeutet, daß ein ärztliches Zeugnis nur nach gewissenhafter ärztlicher Untersuchung und nach genauer Erhebung der im Zeugnis zu bestätigenden Tatsachen nach bestem Wissen und Gewissen ausgestellt werden darf, so besagt dies lediglich, daß der Arzt sich vor Ausstellung des Zeugnisses in ausreichender Weise Gewißheit verschafft haben muß, keineswegs aber, daß er sich diese Gewißheit in allen Fällen nur durch eine unmittelbar vorangehende persönliche Untersuchung verschaffen darf. Es wird daher immer nach den besonderen Umständen des Falles zu beurteilen sein, ob in der Ausstellung eines ärztlichen Zeugnisses ohne eine unmittelbar vorangegangene persönliche Untersuchung ein Verstoß gegen die dem Arzt auferlegte Verpflichtung erblickt werden muß.

14 Gesetzgebung und Rechtsprechung in der Bundesrepublik Deutschland (W. Spann)

Inhaltsübersicht

Die folgenden Ausführungen sollen nicht mehr sein als eine Ergänzung des vorstehenden Textes unter Berücksichtigung der Rechtsvorschriften der Bundesrepublik Deutschland. Sie können und wollen für sich allein keinen Anspruch erheben auf eine vollständige Darlegung der angewandten gerichtlichen Medizin in der Bundesrepublik. Nur beide Teile gemeinsam vermeiden auch den Eindruck, in der Bundesrepublik bestünde das Fach vorwiegend aus arztrechtlichen Fragestellungen.

Einleitung

Sieht man von dem Auftrag, den die Medizin im Interesse der Allgemeinheit unter naturwissenschaftlichen und kurativen, aber auch humanitären Aspekten zu erfüllen hat, ab, so bleibt immer noch ein weiterer Bereich, der sich zwangsläufig aus den Einflüssen ergibt, die die jeweilige Rechtsordnung auf die drei genannten Teilaspekte ausübt. Zahlreich sind die die Heilkunde mitgestaltenden Berührungspunkte zwischen Medizin und Rechtsordnung.

Die naturwissenschaftlichen und kurativen Belange der Medizin, die sich nicht exakt gegeneinander abgrenzen lassen, sind international gleich zu bewerten, mit gewissen Einschränkungen gilt dies auch für den humanitären Bereich. Dies betrifft sowohl die erarbeiteten praktischen diagnostischen und therapeutischen Verfahren, aber auch die Ergebnisse der Grundlagenforschung mit Ausnahme der Sprache. Gleiches gilt zunächst, wenn auch mit unterschiedlicher Gewichtung, für die gerichtliche Medizin. Sie beschäftigt sich in der Regel nicht mit diagnostischen und therapeutischen Überlegungen, ihre Aufgabe ist es, medizinische Sachverhalte für die praktische Anwendung im Rechtsleben zu erarbeiten, zu dokumentieren und in verständlicher Form darzustellen. Diese Aufgabe ist bei vorgegebener Rechtsordnung zur Gewinnung rechtsrelevanter Schlußfolgerungen unter Heranziehung medizinischer Erfahrungsgrundsätze zu erfüllen. Dabei sind nicht nur die vom zuständigen Gesetzgeber auf nationaler Ebene geschaffenen gesetzlichen Normen zu berücksichtigen, auch die in den einzelnen Ländern unterschiedlich entwickelte Rechtsprechung bildet eine möglicherweise sich ständig wandelnde mehr oder weniger starre Vorgabe.

Die gerichtliche Medizin verdankt, ähnlich wie klinische und klinisch-theoretische Fächer, ihre Entstehung den praktischen Erfordernissen des täglichen Lebens. Aus diesen Gründen hat die gerichtliche Medizin, ähnlich wie die Staatsmedizin, in großen Teilen des Faches von Land zu Land bei unterschiedlichen gesetzlichen Voraussetzungen ihre praktische Tätigkeit zu leisten und deshalb auch unterschiedliche Entwicklungen genommen. Dies gilt bereits für die Zuordnung und Anbindung des Faches an staatliche Einrichtungen, mit der die Weichen für die Unabhängigkeit gestellt werden. Das Mutterland der klassischen gerichtlichen Medizin ist Österreich. Von Anfang an war in der k. u. k. Monarchie bis heute das Fach einer der Grundpfeiler jeder medizinischen Fakultät, damit im Kultusbereich angesiedelt und unabhängig vom Innenminister, dem in der Regel die Polizei untersteht. Von Österreich aus erfolgte die Entwicklung, vor allem die der naturwissenschaftlichen Grundlagen, aber auch der praktischen Bedeutung des Faches in Europa, teils direkt, teils indirekt auch in Übersee.

Wenn auch in vielen Ländern, zum Teil sogar in allen, bestimmte Grundregeln der Gesetzgebung und der Rechtsprechung, soweit sie eine Auswirkung auf die mit dem Rechtsleben befaßte Medizin haben, übereinstimmen oder zumindest die gleiche Tendenz zeigen, gibt es in den einzelnen Ländern zahlreiche normative Regelungen, die mehr oder weniger deutlich voneinander abweichen.

Im folgenden sollen nur die Teile des Gesamtfaches gerichtliche Medizin angesprochen werden, bei denen im Gegensatz zu Österreich in der Bundesrepublik Deutschland, in der die Fachbezeichnung vor ca. 20 Jahren in Rechtsmedizin geändert wurde, abweichende Regelungen mit nicht nur ganz unwesentlichen Auswirkungen bestehen.

Ergänzungen wurden in gleicher Reihenfolge numerisch übereinstimmend nur dort vorgenommen, wo aus der Sicht bundesdeutscher Gesetzgebung und Rechtsprechung Unterschiede bestehen. Der über die gesetzlichen Grundlagen hinausgehende Text wurde nur dort ergänzt, wo dies zum allgemeinen Verständnis aus der Sicht unseres Landes erforderlich erschien.

Dem Anliegen des Verfassers der 1. Auflage, das im Titel „Angewandte Gerichtsmedizin“ zum Ausdruck kommt, wurde bei der Erstellung des Textes Rechnung getragen. Die Ergänzung soll sowohl dem Studenten ein Eindringen in die Materie des Grenzbereiches zwischen Jurisprudenz und Medizin ermöglichen, aber auch später zu bestimmten in der Praxis zum Teil häufig, zum Teil selten auftretenden Fragen Orientierungshilfe sein.

1 Der Tod

1.2 Totenbeschau

Grundsätzliches zur Grenze zwischen Leben und Tod · Todesdefinition

Anders als zu Beginn des menschlichen Lebens läßt sich aus den Gesetzestexten, in denen zumindest sinngemäß mehrfach vom Tod und Sterben die Rede ist, an keiner Stelle darüber etwas ableiten, nach welchen Kriterien der Tod eines Menschen ganz allgemein und im besonderen im Zusammenhang mit rechtsrelevanten Ereignissen als eingetreten anzunehmen ist. Eine naturwissenschaftlich exakt belegbare Grenze zwischen Leben und Tod gibt es nicht. Deshalb wird die Definition des Todes immer durch Konvention unter Berücksichtigung der herrschenden Rechtsauffassung, aber auch der jeweiligen medizinischen Erkenntnisse festzulegen sein. Über lange Zeit galt in unserem Lande als Todesdefinition die Forderung nach irreversiblem Stillstand von Atmung und Kreislauf. Mit der Möglichkeit des künstlichen Ersatzes beider Funktionen schwand deren Wert als Todeskriterium. Bei der Suche nach einer anderen, diese Situation berücksichtigenden Grenze kam bei theoretischen Überlegungen der Zeitraum zwischen der irreversiblen Bewußtlosigkeit und dem Tod der letzten Zelle des menschlichen Organismus in Betracht. Da beide Extrempunkte zumindest derzeit nicht diskutabel sind, wurde Einigkeit darüber erzielt, als neue Todesdefinition den irreversiblen Funktionsausfall des Zentralnervensystems in Anspruch zu nehmen.

Die Nachweisbarkeit der Irreversibilität des Funktionsausfalles ist eine andere Frage. Dies gilt sowohl für die alte als auch für die neue Todesdefinition.

Historischer Überblick

Seit Menschengedenken ist in den verschiedensten menschlichen Gesellschaften das Interesse an einer Totenehrung in der Regel in Verbindung mit der Leiche wohl in allen Kulturen bekannt. Die praktische Durchführung, meist verbunden mit der Bestattung der Leiche, erfolgt von Region zu Region mit unterschiedlichen Riten, unter Umständen über Landesgrenzen hinweg gleichartig beeinflußt von großen Glaubensgemeinschaften.

Noch im alten Rom wurde durch den Staat das Bestattungswesen als Privatangelegenheit der Angehörigen angesehen und diesen überlassen. Eine Bestimmung zum Ort der Bestattung bzw. der Verbrennung gab es nur insoweit, als diese nicht im Raum von Städten erlaubt war. Ähnlich war die Situation bei den alten Germanen. Selbst das Christentum hatte zunächst keinen Einfluß auf die Gebräuche der Totenbestattung genommen. Erst mit der Anerkennung des Christentums als Staatsreligion änderte sich das Verhalten. Es kam zu gemeinsamen Bestattungsorten, später in der Form der Kirchhöfe in unmittelbarer Umgebung der Kirchen. Allerdings ohne Leichenschau, auch ohne eine besondere Todesfeststellung. Bis gegen Ende des 18. Jahrhunderts blieb die Totenbestattung eine rein kirchliche Angelegenheit, ohne Beteiligung staatlicher Organe. Aus dieser Zeit stammen auch die meisten heute nicht mehr nachprüfbaren Berichte über Fälle von Scheintod und lebendig Begrabenwerden.

In jüngerer Zeit, d.h. im 18. und 19. Jahrhundert, hat der Staat seine Aufmerksamkeit dem Bestattungswesen zugewandt und dies später als Teil der öffentlichen Verwaltung angesehen. Erst mit der Reichsverfassung von 1871 kamen Vorschriften über die Einführung einer allgemeinen obligatorischen Leichenschau. Leider kam es weder im Deutschen Reich noch in der Bundesrepublik zu einer einheitlichen Gesetzgebung im Bereich des Leichenwesens mit der Ausnahme der Feuerbestattung mit dem Gesetz vom 15. 5. 1934 (Gaedke).

Feuerbestattung

Im Gegensatz zur Erdbestattung, bei der bis heute hierzulande nur *eine* Leichenschau – allerdings zwingend – vorgeschrieben ist, wurden für alle Fälle einer geplanten Feuerbestattung erstmals durch das Gesetz über die Feuerbestattung vom 15. 5. 1934 (RGBl I S. 380) für die Leichenschau zusätzliche Vorschriften erlassen.

Dieses Gesetz galt zusammen mit der Durchführungsverordnung vom 10. 8. 1938 nach Inkrafttreten des Grundgesetzes für die Bundesrepublik Deutschland zunächst in allen Bundesländern als Länderrecht weiter. Nur in Baden-Württemberg, Bayern und Berlin wurde während der letzten Jahrzehnte das Gesetz über die Feuerbestattung in den Bestattungsgesetzen dieser Länder geregelt.

Somit ist die zweite Leichenschau vor der Feuerbestattung auch heute noch mit Ausnahme von Baden-Württemberg, Bayern und Berlin in allen Bundesländern nach den gesetzlichen Vorschriften aus dem Jahr 1934 verbindlich geregelt. Die für die Leichenschau geltenden Vorschriften finden sich in § 3 des Gesetzes aus dem Jahr 1934.

Die einschlägige Vorschrift lautet:

§ 3

(1) Die nach § 3 Abs. 2 des Gesetzes vorgeschriebene amtsärztliche Bescheinigung ist durch den für den Sterbeort oder für den Ort der Einäscherung zuständigen Amts- oder Gerichtsarzt auszustellen.

(2) Die obersten Landesbehörden können, soweit nötig, zur Vornahme der Leichenschau und zur Ausstellung der Bescheinigung auch andere Ärzte ermächtigen, die die amtsärztliche Prüfung als Kreis-, Bezirks- oder Gerichtsarzt bestanden oder an einem Sonderlehrgang mit Erfolg teilgenommen haben, durch den die für die gerichtliche Leichenschau erforderlichen Kenntnisse vermittelt werden, oder die bereits vor Inkrafttreten des Gesetzes mit Wahrnehmung dieser Verrichtung betraut waren.

Die Neuregelung in den Ländern Baden-Württemberg und Berlin brachte im Hinblick auf die zweite (amtsärztliche) Leichenschau keine Änderung, sie blieb ebenso obligatorisch wie in den Bundesländern, in denen das Gesetz von 1934 fortgeltendes Recht ist.

Lediglich in Bayern besteht eine andere Regelung. Hier sind zunächst in den Fällen, in denen ein Zweifel an der Todesart verblieben ist, weitere Ermittlungen anzustellen. Erst dann, wenn sich durch die weiteren Ermittlungen die Todesart nicht klären läßt, kann die Bestätigung nur unter der Bedingung erteilt werden, daß ein Arzt des für den Einäscherungsort zuständigen Gesundheitsamtes aufgrund einer inneren Leichenschau bescheinigt, daß keine Anhaltspunkte für einen nicht natürlichen Tod bestehen.

Die praktische Erfahrung in Bayern zeigt jedoch, daß es äußerst selten dazu kommt, daß eine Leiche vor der Feuerbestattung deshalb angehalten und der inneren Leichenschau zugeführt wird, weil die Unbedenklichkeit nicht bescheinigt werden kann. Allein die Seltenheit einer zusätzlichen Überprüfung vor der Feuerbestattung legt den Verdacht einer nach der Verbrennung nicht mehr klärbaren Dunkelziffer im Zusammenhang mit der Feuerbestattung nahe. Allerdings einer Dunkelziffer, die auch durch die zweite Leichenschau nicht vollständig beseitigt werden könnte.

Gesetzliche Grundlagen des Leichenwesens in der Bundesrepublik Deutschland

In der Bundesrepublik Deutschland unterliegt die Gesetzgebung für das Leichenwesen gemäß Artikel 72 Grundgesetz (GG) der konkurrierenden Gesetzgebung. Da der Bund gemäß Artikel 74 GG gesetzgeberisch nicht tätig wurde, haben die einzelnen Bundesländer die Verpflichtung zur Regelung. Diese Situation brachte es mit sich, daß jedes der elf Bundesländer ein eigenes – somit elf verschiedene Gesetze mit zum Teil deutlich unterschiedlichen Vorschriften – erlassen hat. Während der letzten Jahrzehnte haben alle Länder die *ärztliche* Leichenschau eingeführt. Bis vor kurzem – vereinzelt möglicherweise heute noch – gab es neben dem Arzt als Leichenschauer auch sogenannte Laienleichenschauer, die allerdings der Kontrolle durch den Amtsarzt unterlagen. Meine persönlichen Erfahrungen mit Laienleichenschauern aus dem Bereich Südbaden in den sechziger Jahren haben gezeigt, daß die ausgebildeten nichtärztlichen Leichenschauer in bezug auf die Todesfeststellung durchweg sehr gewissenhaft vorgegangen sind.

Die Tatsache der unterschiedlichen Regelung des Leichenschauwesens in den einzelnen Bundesländern verlangt von jedem innerhalb der Bundesrepublik Deutschland sich niederlassenden Arzt nach einer Information über die geltenden Landesvorschriften im Hinblick auf die Leichenschau.

An dieser Stelle können nicht alle elf Gesetze im Wortlaut abgedruckt werden. Nur die wesentlichsten Übereinstimmungen bzw. Abweichungen sollen angesprochen werden.

> Die gesetzlichen Vorschriften aller elf Bundesländer stimmen in bezug auf die Personen, die zur Leichenschau berechtigt sind, insoweit überein, als nur der, der eine ärztliche Approbation besitzt, zur Leichenschau berechtigt ist (mit einer Ausnahme im Lande Schleswig-Holstein auf kleinen Inseln, auf denen kein Arzt ansässig ist).

Über die Berechtigung zur Leichenschau hinaus besteht nach den derzeitigen Ländergesetzen für das Land Hessen sogar für jeden Arzt auf Verlangen eine Verpflichtung zur Leichenschau. In Bayern z. B. sind es nur bestimmte Ärzte, die zur Leichenschau verpflichtet sind (niedergelassene Ärzte in ihrem Bereich und Krankenhausärzte im Krankenhaus). Trotzdem ist es – wie die praktische Erfahrung zeigt – besonders für die Polizeibehörden gerade an Sonn- und Feiertagen nicht immer ganz leicht, einen Leichenschauer zu bekommen. Auch über den Zeitraum, der zwischen der Meldung und der Durchführung der Leichenschau verstreichen darf, gibt es erhebliche Unterschiede: in Bayern, Hessen und Niedersachsen z. B. unverzüglich (ohne schuldhaftes Zögern), in Berlin z. B. innerhalb von 12 Stunden.

Was die Aufgaben des Leichenschauers anlangt, besteht im wesentlichen Übereinstimmung. In keinem der elf Bundesländer ist eine Einschränkung der Berechtigung zur Leichenschau für den behandelnden Arzt normiert. Führt der behandelnde Arzt die Leichenschau bei einem seiner Patienten nach dessen Tod durch, so muß er wissen, daß die Behandlung einerseits und die nach dem Tode durchzuführende Leichenschau andererseits zwei verschiedene Vorgänge sind. Stirbt der Patient während der Behandlung, gleich, ob vorhergesehen oder nicht, so erlischt mit Todeseintritt der Arzt-Patienten-Vertrag. Wird unmittelbar anschließend der ehemals behandelnde Arzt in der gleichen Person zur Leichenschau gebeten, so kann er diese verantwortlich durchführen. Er tritt dann allerdings im staatlichen Auftrag an die Leiche heran und hat, wie jeder andere vorher nicht mit dem Patienten befaßte Arzt, die Leichenschau objektiv durchzuführen. Keine Bedenken bestehen dagegen, daß der ehedem behandelnde Arzt sein Wissen aus der Behandlung in die Feststellung der Todesursache einbringt. Er wird auch sein Wissen aus der Behandlung über das Bestehen eines Suizides in seiner Eigenschaft als Leichenschauer nicht außer acht lassen dürfen und dies in der Feststellung von Anhaltspunkten für einen nicht natürlichen Tod zum Ausdruck bringen müssen. Die auch über den Tod hinaus bestehende ärztliche Schweigepflicht gibt dem Arzt, der behandelnder Arzt gewesen ist, nicht das Recht, als Leichenschauer seine Kenntnisse zurückzuhalten, weil die Offenbarung aufgrund einer gesetzlichen Vorschrift zu erfolgen hat. Fühlt sich der Arzt in dieser Doppelfunktion als ehedem behandelnder Arzt und als Leichenschauer in einem Gewissenskonflikt, so bleibt ihm nur die Möglichkeit der Ablehnung der Leichenschau unter Berufung auf seine Schweigepflicht.

Daß die derzeit überall in der Bundesrepublik Deutschland geltende Regelung der Zulässigkeit des behandelnden Arztes als Leichenschauer bei möglichen Behandlungsfehlern im Zusammenhang mit einem Todeseintritt zu Interessenkollisionen führen kann, liegt auf der Hand.

Der Leichenschauer hat nach den gesetzlichen Vorschriften drei Aufgaben: 1. Feststellung des eingetretenen Todes (Conditio sine qua non), 2. muß er bemüht sein, die Todesursache festzustellen (hier keine Conditio sine qua non, weil der Leichenschauer überfordert wäre, da bei der äußeren Leichenschau vielfach die Todesursache nicht ermittelt werden kann). In diesem Zusammenhang muß zu der Frage Stellung genommen werden, ob der Tod natürlich oder unnatürlich eingetreten ist oder ob die Todesursache nicht aufgeklärt ist. Als dritte und letzte Aufgabe muß der Leichenschauer prüfen, ob Anhaltspunkte für einen nicht natürlichen Tod vorliegen und dies ggf. der Behörde zur Kenntnis bringen.

Hier ist wichtig zu wissen, daß Anhaltspunkte genügen. Anhaltspunkte sind weit weniger als ein Verdacht. Besonders in der Kleinstadt und auf dem Lande wird die Entscheidung des Leichenschauers, vor allem wenn er behandelnder Arzt des Verstorbenen gewesen ist, auch dadurch beeinflußt, daß er befürchtet, bei Angabe von Anhaltspunkten für den nicht natürlichen Tod, z. B. bei einem plötzlichen Kindstod, käme es zu einer für die Umgebung deutlich erkennbaren, in der Tat meist nicht besonders diskret geführten polizeilichen Ermittlung. Anhaltspunkte sind strenggenommen bereits immer dann gegeben, wenn der Todeseintritt keine natürliche Erklärung findet. In praxi wird aus naheliegenden Gründen nicht selten bei der Angabe von Anhaltspunkten für einen nicht natürlichen Tod durch den Arzt anschließend von der Polizei versucht, den Leichenschauer dafür zu gewinnen, doch einen natürlichen Tod zu attestieren. Die Gründe für ein solches Verhalten von seiten der Behörde liegen auf der Hand. Es geht darum, das mehr oder weniger aufwendige Verfahren der Leichenöffnung zu vermeiden. Andererseits müßte jeder höhere Polizeiführer und speziell auf diesem Gebiet erfahrene Staatsanwalt wissen, daß es im Verhältnis zum Erfolg kein wirtschaftlicheres Verfahren der Ermittlung gibt als die Leichenöffnung.

Fehlleistungen in bezug auf die Todesfeststellungen kommen vor, sind aber selten, zumindest werden sie selten bekannt. Wesentlich häufiger kommt es zu Fehlleistungen bei der Angabe der Todesursache und bei der Entscheidung, ob natürliche oder nicht natürliche Todesart. Fehlleistungen, im Extremfall Todesfeststellung bei Scheintod, kommen nur dann vor, wenn die Leichenschau nicht ordnungsgemäß durchgeführt wurde. Allerdings kann die Forderung des Nachweises eines der sicheren Todeszeichen bei plötzlichen Todesfällen sowohl aus natürlicher als auch bei Unfallereignissen dann häufig zumindest nicht ad hoc erfüllt werden, wenn die Leichenschau unmittelbar nach Todeseintritt durchgeführt werden soll. Die Angst vor der Verantwortung ist es, die vielfach den Notarzt die Leichenschau verweigern läßt. Allerdings ist in diesen Fällen zu bedenken, daß der Notarzt den Patienten erst dann verlassen darf, wenn der Tod eingetreten ist. Hier zeigt sich die Problematik, die die beiden nicht deckungsgleichen Begriffe klinischer Tod möglicherweise noch ohne nachweisbare sichere Todeszeichen und Individualtod beinhalten, besonders wenn sie die Grundlage bilden für die Feststellung des Todes und die sich daraus ergebenden Konsequenzen.

Eine häufige Fehlleistung besteht in der Außerachtlassung der Kausalität (Ursachenzusammenhang – siehe auch S. 262 –) zwischen einem nicht natürlichen Ereignis und dem Tod. Beispiel: Unfall am 1. 5. mit Schenkelhalsfraktur, während des Krankenlagers Thrombose, Exitus am 15. 5., Todesursache Lungenembolie. Eine Lungenembolie nach einer Thrombose ist für sich allein gesehen letzten Endes ein natürliches Ereignis. Trotzdem liegen Anhaltspunkte für einen nicht natürlichen Tod vor, da nach dem Geschehnisablauf ein mittelbarer ursächlicher Zusammenhang mit dem nicht natürlichen Ereignis, dem Unfall, angenommen werden muß.

Gesetzliche Regelung der Leichenöffnung

Das frühzeitige Erkennen der Wichtigkeit der Leichenöffnung für die Gewinnung wesentlicher wissenschaftlicher Grundlagen für die therapeutische Medizin hat im letzten Jahrhundert in Österreich zu einem enormen Fortschritt sowohl der Grundlagenforschung aber auch der angewandten Medizin geführt. Dies zu einer Zeit, als z. B. in den USA die Ausbildung zum Arzt noch im Verfahren Meister-Lehrling die Regel gewesen ist.

> In der Bundesrepublik Deutschland gibt es heute neben den zu Lehrzwecken in der Anatomie zu präparierenden, in der Regel konservierten Leichen drei zu unterscheidende Typen von Leichenöffnungen: die klinische Obduktion, die sogenannte gerichtliche Leichenöffnung und die Obduktionen, die aufgrund einer Anordnung durch die Gesundheitsbehörde durchgeführt werden.

Nur die beiden erstgenannten Gruppen haben von der Zahl her gesehen praktische Bedeutung. Eine gesetzliche Regelung besteht bisher nur für die gerichtliche und die gesundheitspolizeiliche Obduktion, nicht für die klinische Leichenöffnung. Nach herrschender Rechtsprechung ist die Durchführung der inneren Leichenschau durch den Arzt einer in einer Klinik verstorbenen Person, die sich im Gewahrsam des die Obduktion durchführenden Arztes befindet, kein Straftrechtstatbestand. Somit ist bei Durchführung einer Leichenöffnung aus wissenschaftlichem Interesse ohne Zustimmung oder gar Verweigerung durch die Angehörigen zumindest derzeit strafrechtlich nicht mit einer Verfolgung zu rechnen. Trotzdem behindert die derzeit in unserem Land herrschende Rechtsunsicherheit in bezug auf klinische Obduktionen Forschung und Lehre, in besonderem Maße aber die Organtransplantation. Ist der Pathologe nicht bereit, zumindest Unannehmlichkeiten zu riskieren, so bleibt ihm nur die Möglichkeit, lediglich die Leichen zu öffnen, bei denen eine positive Zustimmung der Angehörigen vorliegt.

Die gerichtliche Leichenöffnung ist in § 87 StPO geregelt.

§ 87 StPO (Leichenschau, Leichenöffnung)

(1) Die Leichenschau wird von der Staatsanwaltschaft, auf Antrag der Staatsanwaltschaft auch vom Richter unter Zuziehung eines Arztes vorgenommen. Ein Arzt wird nicht zugezogen, wenn dies zur Aufklärung des Sachverhaltes offensichtlich entbehrlich ist.

(2) Die Leichenöffnung findet im Beisein der Staatsanwaltschaft, auf deren Antrag im Beisein auch des Richters statt. Sie wird von zwei Ärzten vorge-

nommen. Einer der Ärzte muß Gerichtsarzt oder Leiter eines öffentlichen gerichtsmedizinischen oder pathologischen Institutes oder ein von diesem beauftragter Arzt des Institutes mit gerichtsmedizinischen Fachkenntnissen sein. Dem Arzt, welcher den Verstorbenen in der dem Tod unmittelbar vorausgegangenen Krankheit behandelt hat, ist die Leichenöffnung nicht zu übertragen. Er kann jedoch aufgefordert werden, der Leichenöffnung beizuwohnen, um aus der Krankheitsgeschichte Aufschlüsse zu geben.

(3) Zur Besichtigung oder Öffnung einer schon beerdigten Leiche ist ihre Ausgrabung statthaft.

(4) Die Leichenöffnung und die Ausgrabung einer beerdigten Leiche werden vom Richter angeordnet, die Staatsanwaltschaft ist zu der Anordnung befugt, wenn der Untersuchungserfolg durch Verzögerung gefährdet würde. Wird die Ausgrabung angeordnet, so ist zugleich die Benachrichtigung eines Angehörigen des Toten anzuordnen, wenn der Angehörige ohne besondere Schwierigkeiten ermittelt werden kann und der Untersuchungszweck durch die Benachrichtigung nicht gefährdet wird.

§ 88 StPO (Identifizierung)

Vor der Leichenöffnung ist, wenn nicht besondere Hindernisse entgegenstehen, die Persönlichkeit des Verstorbenen, insbesondere durch Befragung von Personen, die den Verstorbenen gekannt haben, festzustellen. Ist ein Beschuldigter vorhanden, so ist ihm die Leiche zur Anerkennung vorzuzeigen.

§ 89 StPO (Umfang der Leichenöffnung)

Die Leichenöffnung muß sich, soweit der Zustand der Leiche dies gestattet, stets auf die Öffnung der Kopf-, Brust- und Bauchhöhle erstrecken.

§ 90 StPO (Neugeborenes Kind)

Bei Öffnung der Leiche eines neugeborenen Kindes ist die Untersuchung insbesondere auch darauf zu richten, ob es nach oder während der Geburt gelebt hat und ob es reif oder wenigstens fähig gewesen ist, das Leben außerhalb des Mutterleibes fortzusetzen.

Der Gesetzgeber macht in bezug auf die Leichenöffnung nur grundsätzliche Vorschriften. Im Gegensatz zu Österreich werden für die Durchführung einer gerichtlichen Obduktion zwei Ärzte verlangt, von denen zumindest einer rechtsmedizinische Kenntnisse haben muß. Die weitere Vorschrift bezieht sich auf die Durchführung der Sektion selbst. Sie verlangt die Öffnung aller drei Körperhöhlen (Schädelhöhle, Brusthöhle, Bauchhöhle).

§ 91 StPO (Verdacht einer Vergiftung)

(1) Liegt der Verdacht einer Vergiftung vor, so ist die Untersuchung der in der Leiche oder sonst gefundenen verdächtigen Stoffe durch einen Chemiker oder durch eine für solche Untersuchungen bestehende Fachbehörde vorzunehmen.

(2) Es kann angeordnet werden, daß diese Untersuchung unter Mitwirkung oder Leitung eines Arztes stattzufinden hat.

3 Verkehrsunfall

3.3 Alkohol und Verkehrsunfall

Auch in der Bundesrepublik Deutschland ist die Führung eines Kraftfahrzeugs unter einem die Fahrtauglichkeit beeinträchtigenden Alkoholeinfluß verboten. Entsprechende Rechtsvorschriften finden sich sowohl im Strafgesetzbuch (StGB), aber auch im Straßenverkehrsgesetz (StVG).

Einzelheiten über die praktische Anwendung der gesetzlichen Vorschriften, insbesondere über die Berücksichtigung rechtsmedizinischer Erkenntnisse im Prozeß, ergeben sich neben den gesetzlichen Grundlagen aus der Rechtsprechung der letzten Jahrzehnte.

3.3.1 Gesetzesbestimmungen

§ 315 c StGB (Gefährdung des Straßenverkehrs)

(1) Wer im Straßenverkehr

1. ein Fahrzeug führt, obwohl er
   a. infolge des Genusses alkoholischer Getränke oder anderer berauschender Mittel oder
   b. infolge geistiger oder körperlicher Mängel nicht in der Lage ist, das Fahrzeug sicher zu führen, oder
2. grob verkehrswidrig und rücksichtslos ... und dadurch Leib oder Leben eines anderen oder fremde Sachen von bedeutendem Wert gefährdet, wird mit Freiheitsstrafe bis zu fünf Jahren oder mit Geldstrafe bestraft.

(2) In Fällen des Abs. 1 Nr. 1 ist der Versuch strafbar.

(3) Wer in den Fällen des Abs. 1

1. die Gefahr fahrlässig verursacht oder
2. fahrlässig handelt und die Gefahr fahrlässig verursacht, wird mit Freiheitsstrafe bis zu zwei Jahren oder mit Geldstrafe bestraft.

§ 316 StGB (Trunkenheit im Verkehr)

(1) Wer im Verkehr (§§ 315–315 d) ein Fahrzeug führt, obwohl er infolge des Genusses alkoholischer Getränke oder anderer berauschender Mittel nicht in der Lage ist, das Fahrzeug sicher zu führen, wird mit Freiheitsstrafe bis zu einem Jahr oder mit Geldstrafe bestraft, wenn die Tat nicht in § 315 a oder 315 c mit Strafe bedroht ist.

(2) Nach Abs. 1 wird auch bestraft, wer die Tat fahrlässig begeht.

§ 69 StGB (Entziehung der Fahrerlaubnis)

(1) Wird jemand wegen einer rechtswidrigen Tat, die er bei oder im Zusammenhang mit dem Führen eines Kraftfahrzeuges oder unter Verletzung der Pflichten eines Kraftfahrzeugführers begangen hat, verurteilt oder nur deshalb nicht verurteilt, weil seine Schuldunfähigkeit erwiesen oder nicht auszuschließen ist, so entzieht ihm das Gericht die Fahrerlaubnis, wenn sich aus der Tat ergibt, daß er zum Führen von Kraftfahrzeugen ungeeignet ist. Einer weiteren Prüfung nach § 62 bedarf es nicht.

(2) Ist die rechtswidrige Tat in den Fällen des Abs. 1 ein Vergehen
1. der Gefährdung des Straßenverkehrs (§ 315 c)
2. der Trunkenheit im Verkehr (§ 316)
3. des unerlaubten Entfernens vom Unfallort (§ 142), obwohl der Täter weiß oder wissen kann, daß bei dem Unfall ein Mensch getötet oder nicht unerheblich verletzt worden oder an fremden Sachen bedeutender Schaden entstanden ist, oder
4. des Vollrausches (§ 323 a), der sich auf eine der Taten nach den Nr. 1–3 bezieht, so ist der Täter in der Regel als ungeeignet zum Führen von Kraftfahrzeugen anzusehen.

(3) Die Fahrerlaubnis erlischt mit der Rechtskraft des Urteils. Ein von einer deutschen Behörde erteilter Führerschein wird im Urteil eingezogen.

§ 24 a StVG (0,8‰-Grenze)

(1) Ordnungswidrig handelt, wer im Straßenverkehr ein Kraftfahrzeug führt, obwohl er 0,8 g‰ oder mehr Alkohol im Blut, oder eine Alkoholmenge im Körper hat, die zu einer solchen Blutalkoholkonzentration führt.

(2) Ordnungswidrig handelt auch, wer die Tat fahrlässig begeht.

(3) Die Ordnungswidrigkeit kann mit einer Geldbuße bis zu 3.000,– DM geahndet werden.

§ 25 StVG (Fahrverbot)

Wird gegen den Betroffenen wegen einer Ordnungswidrigkeit nach § 24, die er unter grober oder beharrlicher Verletzung der Pflichten eines Kraftfahrzeugführers begangen hat, eine Geldbuße festgesetzt, so kann ihm die Verwaltungsbehörde oder das Gericht in der Bußgeldentscheidung für die Dauer von einem Monat bis zu drei Monaten verbieten, im Straßenverkehr Kraftfahrzeuge jeder oder einer bestimmten Art zu führen . . .

§ 81 a StPO (Körperliche Untersuchung; Blutprobe)

(1) Eine körperliche Untersuchung des Beschuldigten darf zur Feststellung von Tatsachen angeordnet werden, die für das Verfahren von Bedeutung sind. Zu diesem Zweck sind Entnahmen von Blutproben und andere körperliche Eingriffe, die von einem Arzt nach den Regeln der ärztlichen Kunst zu Untersuchungszwecken vorgenommen werden, ohne Einwilligung des Beschuldigten zulässig, wenn kein Nachteil für seine Gesundheit zu befürchten ist.

(2) Die Anordnung steht dem Richter, bei Gefährdung des Untersuchungserfolges durch Verzögerung auch der Staatsanwaltschaft und deren Hilfsbeamten (§ 152 des Gerichtsverfassungsgesetzes) zu.

Eine exakte, im Gesetz ausdrücklich genannte Grenze hat der Gesetzgeber nur im StVG (§ 24 a) mit 0,8‰ statuiert. Der Führerscheinentzug regelt sich nach § 69 StGB. Bis zur Einführung der 0,8‰ Grenze im StVG gab es keine durch Zahlenangaben festgelegte Grenze. Allerdings hat die Rechtsprechung während der letzten Jahrzehnte zusammen mit der Medizin für den Begriff der Fahruntauglichkeit zunächst bei 1,5‰, später bis heute bei 1,3‰ eine Grenzlinie erarbeitet. Diese Grenze bedeutet in der praktischen Rechtsprechung, daß das Gericht bei Werten von 1,3‰ und mehr auch ohne weitere Anzeichen der Trunkenheit von absoluter Fahruntauglichkeit auszugehen hat. Die Rechtsprechung nimmt bei BAK-Werten zwischen 0,8 und 1,3‰ sogenannte relative Fahruntauglichkeit an. Das heißt, bei diesen Werten müßten zur Annahme einer absoluten Fahruntauglichkeit weitere Beweisanzeichen hinzukommen, wie z. B. Fahren in Schlangenlinien oder auch alkoholtypische Unfallsituationen. Bei der Heranziehung weiterer Beweisanzeichen durch den Sachverständigen, insbesondere des Unfallereignisses als solches, ist darauf zu achten, daß die Grenze der jeweiligen Kompetenz, die des Richters und die des Sachverständigen, streng eingehalten wird. Der Sachverständige darf nicht in die richterliche Beweiswürdigung eingreifen.

3.3.2 Blutabnahme und Blutalkoholgehalt

Der Nachweis einer bestimmten Alkoholkonzentration im menschlichen Blut läßt Rückschlüsse auf den Grad der Alkoholbeeinflussung des betreffenden Individuums zu. Entscheidend für die Wirkung des Alkohols im Menschen ist seine Wirkung auf das Zentralnervensystem. Die beiden entscheidenden Faktoren sind die Wirkung auf die Gesamtpersönlichkeit, wie z. B. Euphorie oder Erhöhung der Risikobereitschaft, und die Wirkung auf die Sinnesorgane, wie z. B. Beeinträchtigung der Reaktionszeit.

Der Nachweis von Alkohol im Blut kann sowohl im allgemeinen Strafrecht für die Beurteilung der Schuldfähigkeit, besonders aber sowohl im Strafrecht als auch im Straßenverkehrsrecht im Hinblick auf die Fahrtauglichkeit einer Person im öffentlichen Straßenverkehr eine besondere Bedeutung erlangen. Sowohl für die Beurteilung der Schuldfähigkeit aber auch der alkoholbedingten Fahruntauglichkeit ist eine festgestellte Blutalkoholkonzentration die wesentlichste Grundlage. Dagegen haben für die Begutachtung andere Beweisanzeichen einer Alkoholbeeinflussung, wie z. B. Trunkenheitssymptome, in der Regel weit in den Hintergrund zu treten.

Blutentnahme zur Alkoholbestimmung

> Für Eingriffe in die körperliche Unversehrtheit, ohne Einwilligung des Betreffenden, gilt der Grundsatz: Artikel 2 des Grundgesetzes (GG) garantiert jedem Bürger seine körperliche Unversehrtheit. In dieses Recht darf nur aufgrund eines Gesetzes eingegriffen werden.

Im Falle der Blutentnahme zur Alkoholbestimmung besteht in § 81 a Strafprozeßordnung (StPO) (s. S. 243) eine positive gesetzliche Regelung. Nach dieser Vorschrift ist ein Eingriff in den Körper einer Person auch ohne deren Einwilligung, sogar gegen deren ausdrücklichen Willen, zulässig, wenn dieser von einem Arzt nach den Regeln der ärztlichen Kunst durchgeführt wird und keine Nachteile für die Gesundheit zu befürchten sind. Das Recht zur Anordnung eines solchen Eingriffes, z. B. einer Blutentnahme zur Alkoholbestimmung, steht dem Richter, aber auch der Staatsanwaltschaft und deren Hilfsbeamten zu. Wird körperlicher Widerstand geleistet, der mit Gewalt gebrochen werden muß, so ist diese Gewaltanwendung rechtens, weil sie wie im Art. 2 des GG gefordert, aufgrund eines Gesetzes erfolgt.

Während der Proband auf Anordnung der Polizei verpflichtet ist, die Blutentnahme zu dulden, ist der Arzt, von dem die Blutentnahme erbeten wird, grundsätzlich nicht dazu verpflichtet, der Bitte einer Polizeidienststelle nach einer Blutentnahme zu entsprechen. Anders, wenn ein Gerichtsbeschluß oder eine Verfügung einer Staatsanwaltschaft vorliegt. Ob ein beamteter oder angestellter Arzt in einem Krankenhaus seinem Dienstherrn gegenüber dazu verpflichtet ist, regelt sich nach seiner im Dienstvertrag niedergelegten Pflicht. Der Amtsarzt ist in der Regel, d. h. wenn ihm nicht ausdrücklich ein Verweigerungsrecht zur Seite steht, zur Blutentnahme verpflichtet.

3.3.3 Blutentnahme an Bewußtlosen zum Zwecke der Alkoholbestimmung

Auch bei Bewußtlosen, deren Wille nicht ermittelbar ist, ist in der Bundesrepublik Deutschland anders als in Österreich der Arzt, ebenso wie im Falle einer Verweigerung, zur Blutentnahme berechtigt, jedoch auch hier nur unter den oben genannten Voraussetzungen verpflichtet. Selbst wenn eine vor Eintritt der Bewußtlosigkeit abgegebene Willenserklärung gegen die Blutentnahme vorliegen sollte, ist diese im Hinblick auf die rechtliche Zulässigkeit der Blutentnahme unwirksam. § 81 StPO deckt im Rahmen dieser Vorschrift auch das ärztliche Handeln während der Bewußtlosigkeit.

3.3.7 Rückrechnung

Die Rückrechnung einer Blutalkoholkonzentration (BAK) wird deshalb erforderlich, weil in der Regel die Blutentnahme nicht zum Tatzeitpunkt, sondern zeitlich später durchgeführt wird. Unter Rückrechnung versteht man die Berechnung der Blutalkoholkonzentration für den Zeitpunkt des Ereignisses aus der Blutalkoholkonzentration, wie sie zum Zeitpunkt der Blutentnahme festgestellt wurde. Besondere Bedeutung erlangt die Rückrechnung bei Grenzwerten sowohl bei 0,8‰ als auch bei 1,3‰. In diesen Fällen kann das Ergebnis der Rückrechnung prozeßentscheidend sein. Dies betrifft besonders die Werte um den Grenzwert 1,3‰. Bei Erlaß des § 24a StVG hat der Gesetzgeber das biologische Problem der Rückrechnung insofern berücksichtigt, als er festlegte „... obwohl er 0,8‰ oder mehr Alkohol im Blut oder eine Alkoholmenge im Körper hat, die zu einer solchen BAK führt".

Nach dieser Vorschrift kommt es entscheidend darauf an, welche Alkoholmenge im zeitlichen Zusammenhang mit dem zu beurteilenden Ereignis überhaupt in den Organismus gelangt war.

Nach der Rechtsprechung hat der sachverständige Arzt davon auszugehen, daß der durchschnittliche Abbau pro Stunde etwa 0,15‰ beträgt. Im Straßenverkehrsrecht ist zugunsten des Beschuldigten mit einem stündlichen Abbau von 0,1‰, dem statistischen Mindestwert für den stündlichen Abbau, zurückzurechnen. Mit dieser Methode wird zugunsten eines Beschuldigten der Wert errechnet, der als mindester zum Unfallzeitpunkt vorgelegen haben muß: ein Wert, der mit Zunahme der zeitlichen Differenz zwischen Unfall und Blutentnahme zwar immer weniger realistisch wird, aber in jedem Fall nicht zu einer Benachteiligung eines Beschuldigten führt.

Handelt es sich um die Beurteilung der Schuldfähigkeit gem. §§ 20, 21 StGB im Straßenverkehr, z. B. nach Fahrerflucht, so ist zunächst zum ermittelten Wert 0,2‰ zu addieren und dann pro Stunde mit dem statistischen Maximalwert von 0,2 (nach derzeitiger höchstrichterlicher Rechtsprechung bis 0,29) zurückzurechnen. Nach unserer Rechtsprechung sind für die Rückrechnung auch Überlegungen dahingehend anzustellen, ob die Resorption des genossenen, insbesondere zuletzt genossenen Alkohols abgeschlossen war oder nicht. Dieser Problematik liegt der Gedanke zugrunde, daß im Gegensatz zu dem Alkohol, der sich nach der Aufnahme über Mund und Speiseröhre „noch" im Magen und Darm befindet, nur der im Zentralnervensystem wirksam sein kann, der über die Blutbahn das Gehirn „bereits" erreicht hat. Geht man z. B. davon aus, daß in der Zeit zwischen 11.30 Uhr und 12.00 Uhr eine bestimmte Menge alkoholischer Getränke genossen wurde, so ist nach physiologischen Erkenntnissen damit zu rechnen, daß das Übertreten auch des zuletzt gegen 12.00 Uhr genossenen Alkohols aus dem Magen-Darm in das Blut und die Diffusion aus dem Blut in das Gehirn nach 90 min, also gegen 13.30 Uhr abgeschlossen ist. Liegt der Blutentnahmezeitpunkt zufällig um 13.30 Uhr, so ist nicht auszuschließen, daß die festgestellte BAK den Höchstwert darstellt, der mit der genossenen Menge überhaupt erreicht werden konnte. Nimmt man das inkriminierende Ereignis um 12.15 Uhr an, so wäre für diesen Zeitpunkt ein Wert, der unter Umständen nicht unbeträchtlich unter dem Höchstwert liegt, zumindest nicht mit der erforderlichen Sicherheit auszuschließen.

4 Beendigung der Schwangerschaft

4.1 Fruchtabtreibung

Grundsätzliches zum Beginn des menschlichen Lebens aus rechtlicher Sicht

> Nach derzeitiger Rechtsauffassung besitzt die im Mutterleib heranwachsende Frucht die rechtliche Qualifikation Leibesfrucht und noch nicht die rechtliche Qualifikation Mensch. Die Leibesfrucht ist als solche im Mutterleib geschützt. Dieser Schutz beginnt nach jüngerer Rechtsmeinung nicht bereits mit der Vereinigung von Ei und Samenzelle, sondern erst etwa sieben Tage später mit der Nidation. Somit erfüllen alle Handlungen vor der Nidation nicht den Tatbestand der Abtreibung, weil nach herrschender Meinung vor der Nidation keine schutzwürdige Schwangerschaft besteht.

Die Grenze zwischen Leibesfrucht und Mensch ist im Gesetz nicht ausdrücklich festgelegt. Diese Grenze ergibt sich jedoch aus dem Wortlaut des § 217 StGB (Kindestötung). In der Rechtslehre und Rechtsprechung besteht Einigkeit über diesen Zeitpunkt. Danach wird im Strafrecht die Leibesfrucht zum Menschen mit Beginn der Wehen, die zur Austreibung führen. Anders im Zivilrecht: Hier wird die Frucht erst nach vollständigem Austritt aus dem Mutterleib (§ 1 BGB) zum Menschen.

Gesetzliche Bestimmungen zum Schwangerschaftsabbruch

Der Schwangerschaftsabbruch ist in der Bundesrepublik Deutschland auch nach der Neuregelung im Jahr 1972 gem. § 218 StGB strafbar. Strafandrohung: sechs Monate bis drei Jahre Freiheitsentzug oder Geldstrafe. In besonders schweren Fällen ist die Strafe Freiheitsentzug von sechs Monaten bis zu fünf Jahren. Besonders schwerer Fall dann, wenn der Täter gegen den Willen der Schwangeren handelt oder wenn leichtfertig die Gefahr des Todes oder einer schweren Gesundheitsschädigung der Schwangeren verursacht wird.

Der Schwangerschaftsabbruch bleibt jedoch gemäß § 218a StGB dann straffrei, wenn zumindest eine der vier im Gesetz ausdrücklich aufgeführten Indikationen vorliegt. Die Indikationen im einzelnen sind:

a) Die *medizinische Indikation*. Wie bereits vor der Neuregelung ist bei der medizinischen Indikation abzuwägen zwischen dem durch die Austragung der Schwangerschaft ernsthaft bedrohten Leben der Mutter und dem kindlichen Leben. Auch in diesen Fällen ist der Wille der Mutter entscheidend. Ist sie bereit, auch ein hohes Risiko im Hinblick auf ihre eigene Person zu tragen, besteht keine Möglichkeit, die Schwangerschaft abzubrechen.

b) Die *eugenische Indikation* ist gegeben, wenn dringende Gründe für die Annahme sprechen, daß das Kind infolge einer Erkrankung oder schädlicher

Einflüsse vor der Geburt an einer nicht behebbaren Schädigung seines Gesundheitszustandes leiden würde, die so schwer wiegt, daß von der Schwangeren die Fortsetzung der Schwangerschaft nicht verlangt werden kann.

c) Die *kriminologische Indikation* ist gegeben, wenn dringende Gründe dafür sprechen, daß an der Schwangeren eine rechtswidrige Tat nach den §§ 176–179 (sexueller Mißbrauch von Kindern – Vergewaltigung – sexuelle Nötigung – sexueller Mißbrauch Widerstandsunfähiger) begangen worden ist und dringende Gründe für die Annahme sprechen, daß die Schwangerschaft auf der Tat beruht.

d) Die *soziale Indikation* ist gegeben, wenn durch Abbruch der Schwangerschaft die Gefahr einer Notlage abgewendet werden kann, die erstens so schwer wiegt, daß von der Schwangeren die Fortsetzung der Schwangerschaft nicht verlangt werden kann und zweitens nicht auf eine andere, für die Schwangere zumutbare Weise abgewendet werden kann.

Bei der eugenischen Indikation bleibt der Abbruch nur dann straffrei, wenn zwischen dem Beginn der Schwangerschaft (abgeschlossene Nidation) und der Tat nicht mehr als 22 Wochen verstrichen sind. Bei der kriminologischen und sozialen Indikation dürfen nicht mehr als 12 Wochen vergangen sein.

Die mit der Neuregelung aus dem Jahr 1972 vom Gesetzgeber für die soziale Indikation festgelegten Voraussetzungen lassen sich sowohl beliebig weit restriktiv, vor allem aber so weit extensiv auslegen, daß praktisch alles untergebracht werden kann, was die Schwangere aus subjektiver Sicht wünscht. Die in der Bundesrepublik Deutschland mit der Anwendung der sozialen Indikation geübte Praxis bestätigt diese Befürchtung. Immerhin ist der Gesetzestext als solcher vom Gesetzgeber so abgefaßt, daß spätere Generationen bei der rückblickenden Beurteilung zu der Auffassung kommen müssen, daß das Gesetz als solches nicht Tür und Tor geöffnet habe, sondern dafür nur die extrem extensive Auslegung des Gesetzestextes durch die behandelnden Ärzte verantwortlich sei.

4.3 Kindesmord

In der Bundesrepublik Deutschland wird Kindestötung nach dem Gesetzestext folgendermaßen bezeichnet:

§ 217 StGB (Kindestötung)

(1) Eine Mutter, welche ihr nichteheliches Kind in oder gleich nach der Geburt tötet, wird mit Freiheitsstrafe nicht unter drei Jahren bestraft.

(2) In minder schweren Fällen ist die Strafe Freiheitsentzug von sechs Monaten bis zu fünf Jahren.

Nach dem Gesetzestext kann der Tatbestand nur von einer Mutter, die ein nichteheliches Kind zur Welt bringt, erfüllt werden. Unerheblich ist, ob die Mutter zum Zeitpunkt der Tat verheiratet ist oder nicht. Entscheidend für die Beurteilung ist nur die Tatsache, daß es sich bei dem Kind um ein nicht ehelich empfangenes Kind handelt.

Die vom Gesetzgeber für die Mutter eines nichtehelichen Kindes vorgesehene mildere Beurteilung ist nach unserer Auffassung auch in unserer Zeit noch gerechtfertigt. Dies, obwohl nach heutiger, in der Öffentlichkeit herrschenden Meinung die psychische Belastung einer nichtehelichen Schwangeren mit der gleichen Situation in früherer Zeit nicht vergleichbar ist. In der Praxis trifft die Nichtvergleichbarkeit der Situation einer nichtehelichen Schwangeren in verschiedenen Zeitabschnitten – von Ausnahmefällen abgesehen – nur zum Teil zu. Zumindest stellt eine nicht erwünschte Schwangerschaft eines jungen Mädchens auch heute immer noch eine psychische Belastung dar. Die Zahl der Fälle von Kindestötung war während der letzten Jahrzehnte deutlich rückläufig. Der Rückgang steht sicher im engen Zusammenhang mit der Liberalisierung des Schwangerschaftsabbruches.

5 Kindesmißhandlungen

Für das Delikt der Kindesmißhandlung besteht in der Bundesrepublik Deutschland anders als in Österreich keine Anzeigepflicht. Dies gilt sowohl für den Arzt als auch für alle anderen Personen. Erlangt der Arzt in seiner Eigenschaft als Arzt Kenntnis von einer Kindesmißhandlung, so unterliegt dieses Wissen zumindest zunächst seiner Schweigepflicht. In der Bundesrepublik Deutschland gibt es keine gesetzliche Regelung, die speziell Verletzungen von Kindern betreffen würde. Im allgemeinen Sprachgebrauch versteht man unter Kindesmißhandlung Körperverletzung an Kindern, ausgeführt von den Erziehungsberechtigten. Wird die Tat nicht von einem Erziehungsberechtigten an einem Kind ausgeführt, so fällt diese Handlung nach heutigem Sprachgebrauch nicht unter den Begriff Kindesmißhandlung. Nach derzeitiger Auffassung steht den Erziehungsberechtigten ein „gewisses Züchtigungsrecht" zu. Allerdings muß dessen Anwendung angemessen sein. Angemessen bezieht sich sowohl auf das Lebensalter und die körperliche Beschaffenheit des Kindes als auch auf die benutzten Gegenstände und auf die Folgen. In der Öffentlichkeit gehen die Meinungen darüber weit auseinander, ob den Erziehungsberechtigten überhaupt ein Züchtigungsrecht zusteht, was nichts daran ändert, daß in der Tat Gewalteinwirkungen gegen Kinder häufig als Erziehungsmaßnahme, oder was als solche angesehen wird, zur Anwendung kommen. Sicher gibt es eine beachtliche Dunkelziffer auf diesem Gebiet.

Ärztliche Aufgabe ist es, nach Gewalteinwirkungen gegen Kinder Befunde zu erheben und diese der Beurteilung zugrunde zu legen. Das ärztliche Gutachten bildet häufig die entscheidende Grundlage für weittragende behördliche Entscheidungen, wie z. B. die Wegnahme des Kindes. Dies muß der Arzt, der die Untersuchung durchführt, wissen und aus den erhobenen Befunden der Verantwortung angemessen Schlußfolgerungen ziehen. Exakte Befunderhebung, am besten deskriptiv, aber auch mit photographischer Dokumentation. Für die entscheidende, unter Umständen folgenschwere Aussage zu der Frage, ob und gegebenenfalls inwieweit das übliche Maß einer Züchtigungshandlung überschritten wurde oder nicht, ist zu bedenken, daß das sogenannte „übliche Maß" von verschiedenen Gutachtern sehr unterschiedlich gesehen werden kann. Unter diesen Umständen muß damit gerechnet werden, daß subjektive Überlegungen des Gutachters vor allem in die entscheidende Aussage mit eingehen.

Besonders schwierig ist die Aussage in Grenzfällen. Liegt ein solcher vor, so soll der Arzt nicht zögern, dies auch in seinem schriftlichen Gutachten darzutun. Dem Richter, für den das Gutachten häufig „nur" ein Beweismittel von mehreren ist, ist oft mehr gedient, wenn der Sachverständige seine eigenen Zweifel erkennen läßt. Die rechtliche Beurteilung hat sich ebenso bei Erziehungsberechtigten wie auch anderen Tätern an den allgemeingültigen Vorschriften über Körperverletzung und Tötung zu orientieren. Obwohl, wie oben ausgeführt, keine gesetzliche Vorschrift besteht, die den Arzt dazu verpflichten würde, bei Kenntniserlangung von einer Kindesmißhandlung diese Tatsache der Behörde anzeigen zu müssen, ist eine Anzeige nicht in jedem Fall ausgeschlossen. Der Arzt kann trotz der Vorschrift über die Schweigepflicht Anzeige erstatten, wenn er davon ausgeht, daß der Schutz des Kindes als eines der bedrohten Rechtsgüter überwiegt (siehe auch Schweigepflicht).

6 Vergiftungen

§ 229 StGB (Vergiftung)

(1) Wer einem anderen, um dessen Gesundheit zu beschädigen, Gift oder andere Stoffe beibringt, welche die Gesundheit zu zerstören geeignet sind, wird mit Freiheitsstrafe von einem Jahr bis zu zehn Jahren bestraft.

(2) Ist durch die Handlung eine schwere Körperverletzung (§ 224) verursacht worden, so ist auf Freiheitsstrafe nicht unter fünf Jahren und, wenn durch die Handlung der Tod verursacht worden ist, auf lebenslange Freiheitsstrafe oder auf Freiheitsstrafe nicht unter zehn Jahren zu erkennen.

§ 319 StGB (Gemeingefährliche Vergiftung)

Wer Brunnen oder Wasserbehälter, welche zum Gebrauch anderer dienen, oder Gegenstände, welche zum öffentlichen Verkauf oder Verbrauch bestimmt sind, vergiftet oder denselben Stoffe beimischt, von denen ihm bekannt ist, daß sie die menschliche Gesundheit zu zerstören geeignet sind, desgleichen wer solche vergifteten oder mit gefährlichen Stoffen vermischte Sachen mit Verschweigung dieser Eigenschaft verkauft, freihält oder sonstwie in Verkehr bringt, wird mit Freiheitsstrafe von einem Jahr bis zu zehn Jahren und, wenn durch die Handlung der Tod eines Menschen verursacht worden ist, mit lebenslanger Freiheitsstrafe oder mit Freiheitsstrafe nicht unter zehn Jahren bestraft.

7 Forensische Serologie

Die medizinisch-biologischen Untersuchungen, die im Zusammenhang mit Vaterschaftsprozessen Bedeutung erlangen können, sind ausführlich dargestellt. Von den vier Möglichkeiten, Untersuchung auf Zeugungsfähigkeit, Tragzeitgutachten, erbbiologisches Gutachten kommt der serologischen Untersuchung und Begutachtung aufgrund von Blutgruppenzugehörigkeit allein wegen der überlegenen Aussagekraft die größte Bedeutung zu.

7.30 Vaterschaftsprozeß

Die gesetzlichen Voraussetzungen für den Vaterschaftsprozeß finden sich im BGB, 4. Buch Familienrecht, 2. Titel: Abstammung. Nach § 1591 BGB (Ehelichkeitsvoraussetzungen, Vaterschaftsvermutung) ist ein Kind, das nach der Eheschließung geboren wird, ehelich, wenn die Frau es vor oder während der Ehe empfangen und der Mann innerhalb der Empfängniszeit der Frau beigewohnt hat. Dies gilt auch, wenn die Ehe für nichtig erklärt wird. Das Kind ist nicht ehelich, wenn es den Umständen nach offenbar unmöglich ist, daß die Frau das Kind von dem Manne empfangen hat.

Gemäß § 1592 (Empfängniszeit) gilt als Empfängniszeit die Zeit vom 181. bis zum 302. Tag vor dem Tag der Geburt unter Einschluß der beiden Begrenzungstage.

Gemäß § 1594 kann die Ehelichkeit eines Kindes vom Manne binnen zwei Jahren angefochten werden. Die Frist beginnt mit dem Zeitpunkt, in dem der Mann Kenntnis von den Umständen erlangte, die für die Nichtehelichkeit des Kindes sprechen. Sie beginnt frühestens mit der Geburt des Kindes.

Gemäß § 1595 hat die Anfechtung höchstpersönlich zu erfolgen, nicht durch einen Vertreter.

Gemäß § 1595 a haben auch die Eltern des Mannes ein Anfechtungsrecht, wenn dieser bis zu seinem Tode keine Kenntnis von der Geburt des Kindes erlangt hat. Auch einem Elternteil steht nach dem Tode des anderen das Anfechtungsrecht zu. Hier beträgt die Frist ein Jahr.

Auch das Kind kann unter den in § 1596 aufgeführten Voraussetzungen seine Ehelichkeit anfechten. Bei Minderjährigen kann der gesetzliche Vertreter des Kindes die Ehelichkeit mit Zustimmung des Vormundschaftsgerichtes anfechten (§ 1597 BGB).

Bei nichtehelicher Abstammung regelt § 1600 a (BGB) die Feststellung der Vaterschaft. In diesen Fällen wird die Vaterschaft durch Anerkennung oder gerichtliche Entscheidung geregelt.

Gemäß § 1600 n BGB (Gerichtliche Feststellung der Vaterschaft) ist in den Fällen, in denen die Vaterschaft nicht anerkannt ist, diese auf Klage des Kindes oder des Mannes, der das Kind gezeugt hat, gerichtlich festzustellen.

§ 1600 o BGB regelt die gesetzliche Vaterschaftsvermutung. Nach dieser Vorschrift wird vermutet, daß das Kind von dem Manne gezeugt ist, welcher der Mutter während der Empfängniszeit beigewohnt hat. Die Vermutung gilt nicht, wenn nach Würdigung aller Umstände schwerwiegende Zweifel an der Vaterschaft verbleiben.

Sowohl die offenbare Unmöglichkeit (§ 1591 BGB) als auch der schwerwiegende Zweifel (§ 1600o BGB) können sich aus einem Tragzeit- oder einem serologischen Ausschlußgutachten ergeben, aber auch das Ergebnis einer Untersuchung auf Zeugungsfähigkeit bzw. das Ergebnis einer erbbiologischen Untersuchung der Beteiligten können unter Umständen geeignet sein, die im Gesetz verlangten Voraussetzungen zu erfüllen.

9 Ärztliche Fehlhandlungen

Ebenso wie in allen anderen Berufen kommt es auch im Rahmen der ärztlichen Berufsausübung zu Fehlhandlungen, durch die im Einzelfall ein Patient Schaden erleiden kann. Erste Voraussetzung einer vorwerfbaren ärztlichen Fehlhandlung ist das Auftreten von negativen Folgen, d. h. das Zustandekommen eines Schadens. Andererseits reicht ein entstandener Schaden – selbst dann, wenn er z. B. als Operationsfolge nachgewiesen ist – für sich allein nicht aus, daraus den sicheren Schluß auf einen Behandlungsfehler zu ziehen. Ein Schaden des Patienten ist zunächst nicht mehr als ein Indiz für einen begangenen Fehler. Dem Arzt vorwerfbar ist ein Schaden nur dann, wenn vier Voraussetzungen gegeben sind. Als erstes muß das Handeln des Arztes rechtswidrig gewesen sein (z. B. bei fehlender Einwilligung), ein Tatbestand (z. B. Körperverletzung oder Tötung) mit Zustandekommen negativer Folgen muß erfüllt worden sein. Zwischen dem fehlerhaften Handeln und dem Schaden muß der Ursachenzusammenhang erwiesen sein. Schließlich muß die Fehlhandlung schuldhaft, in der Regel fahrlässig, begangen worden sein (s. S. 276). Nur dann, wenn diese Voraussetzungen mit an Sicherheit grenzender Wahrscheinlichkeit (d. h. jeder vernünftige Zweifel muß schweigen) nachgewiesen werden können, kann eine strafrechtliche Verurteilung erfolgen. Die ärztliche Fehlhandlung hat in der Regel strafrechtlich oder zivilrechtlich Bedeutung. In vielen Fällen wird das ärztliche Verhalten unter beiden Gesichtspunkten, also straf- und zivilrechtlich zu prüfen sein. Die gesetzlichen Normen sind im Strafgesetzbuch (StGB) und im Bürgerlichen Gesetzbuch (BGB) niedergelegt. Straf- und Zivilverfahren laufen getrennt und im wesentlichen unabhängig voneinander. Ob ein strafrechtliches Verfahren in Gang kommt, entscheidet sich nach unserer Erfahrung häufig an der Stelle, an der der Patient oder dessen Angehörige versuchen, mit dem behandelnden Arzt ins Gespräch zu kommen. Nicht selten wird sogar das Eintreten in ein Gespräch mit der behaupteten Begründung abgelehnt, es sei alles in Ordnung gewesen. Vielfach wünschen der Patient oder dessen Angehörige nicht mehr als die Zusicherung, den Fall der Haftpflichtversicherung zu melden. In jüngerer Zeit hat sich bei einem ersten Gespräch der Hinweis auf die Möglichkeit des Anrufens der Schiedsstelle in vielen Fällen bewährt. Sicher gibt es immer wieder Situationen, in denen als erster Schritt eine Anzeige der Strafverfolgungsbehörde, der Staatsanwaltschaft, gemacht wird. Die Erfahrung lehrt jedoch, daß die weit überwiegende Mehrzahl der Patienten, auch deren Angehörige, in erster Linie am Ersatz eines tatsächlichen oder auch nur vermeintlich entstandenen Schadens interessiert ist. An der Stelle des ersten Gespräches bzw. Gesprächversuches werden häufig die Weichen für den weiteren Verlauf gestellt.

Für die retrospektive Beurteilung einer ärztlichen Handlung kommt der Einwilligung des Patienten sowohl im Strafrecht, aber auch im Zivilrecht unter Umständen entscheidende Bedeutung zu. Fehlt die Einwilligung im Strafrecht, so wird der Eingriff zur strafwürdigen Körperverletzung, fehlt sie im Zivilrecht, so wird der Eingriff zur unerlaubten Handlung. Im Zivilrecht kommt sowohl eine Haftung aus Vertragsverletzung als auch aus unerlaubter

Handlung in Betracht. Keineswegs deckt eine ex ante gegebene Einwilligung in einen Eingriff auch den fehlerhaften Eingriff ab.

Willigt der Patient in den Eingriff ein, so tut er dies im Hinblick auf einen kunstgerecht durchzuführenden Eingriff. Kommt es im Verlauf des Eingriffs zu einer Fehlhandlung, so bezieht sich die rechtswirksam erteilte Einwilligung nicht auf das fehlerhafte Handeln.

Zu keiner Zeit gab es im Deutschen Reich oder in der Bundesrepublik, abgesehen von der Bundesärzteordnung und den Kammergesetzen, eine spezielle Gesetzgebung, die etwa nur Ärzte betreffen würde. Im Gegensatz zur Rechtslehre geht die Rechtsprechung nach wie vor davon aus, daß auch der ärztliche Eingriff in Heilabsicht grundsätzlich eine Körperverletzung darstellt. Allerdings ist der ärztliche Eingriff, der den Regeln der ärztlichen Wissenschaft gemäß durchgeführt wird und bei Fehlen solcher Regeln nicht gegen die Sorgfalt verstößt, nur dann rechtswidrig, wenn die Einwilligung durch den Patienten fehlt. Kommt es während des Eingriffes zu einem Regelverstoß oder zur Sorgfaltspflichtverletzung, so entfällt – wie oben ausgeführt – für dieses Handeln die Einwilligung mit der Folge der Rechtswidrigkeit, durch die die straf- und zivilrechtliche Haftung für alle daraus entstehenden Schäden ausgelöst wird. In aller Regel handelt es sich bei ärztlichen Regel- oder Sorgfaltspflichtverstößen nicht um vorsätzliches, sondern um fahrlässiges Handeln. Als rechtlich zu beurteilende Folge kommen meist fahrlässige Körperverletzung oder Tötung in Betracht.

Der Regelverstoß bzw. die Außerachtlassung der gebotenen Sorgfalt kann sowohl in aktivem Tun, in einem ärztlichen Handeln begründet sein, er kann aber ebensogut aus einem Unterlassen gebotener Maßnahmen resultieren. Ein Unterlassen als tatbegründendes Verhalten ist nur dem strafrechtlich vorwerfbar, der sich zum Zeitpunkt der Unterlassung in Garantenstellung befunden hat.

§ 13 StGB (Begehen durch Unterlassen)

(1) Wer es unterläßt, einen Erfolg abzuwenden, der zum Tatbestand eines Strafgesetzes gehört, ist nach diesem Gesetz nur dann strafbar, wenn er rechtlich dafür einzustehen hat, daß der Erfolg nicht eintritt, und wenn das Unterlassen der Verwirklichung des gesetzlichen Tatbestandes durch ein Tun entspricht.

(2) . . .

Der Jurist unterscheidet zwischen echten und unechten Unterlassungsdelikten. Ein echtes Unterlassungsdelikt ist nur dann gegeben, wenn im Gesetz ein Handeln vorgeschrieben ist. Die beiden echten Unterlassungsdelikte sind:

1. Unterlassene Anzeige bei geplanten Verbrechen gemäß § 138 StGB (s. S. 265) und 2. unterlassene Hilfeleistung gemäß § 323c StGB (s. S. 282).

Bei nicht Tätigwerden in Garantenstellung handelt es sich um unechte Unterlassungsdelikte. Im Zusammenhang mit ärztlichen Fehlhandlungen kommen, abgesehen von den selteneren Fällen des Vorwurfes einer unterlassenen Hilfeleistung, häufig unechte Unterlassungsdelikte zur Beurteilung. Praktisch immer handelt es sich um eine fahrlässige Körperverletzung bzw.

fahrlässige Tötung. Z. B. bei Überwachung nach Strumektomie mit Angabe des Patienten von Atembeschwerden und Druckgefühl am Hals, Unterlassen einer Inspektion des Operationsbereiches und Unterlassen regelmäßiger sorgfältiger Halsumfangmessungen. Aber auch die Unterlassung diagnostischer Maßnahmen zur Abklärung unklarer Beschwerden im Bauchraum (z. B. Leukozytenzählung) kann zum Vorwurf werden. Ebenso wie bei der Erfüllung des Tatbestandes durch aktives Tun (z. B. Uterusperforation) ist auch dem Unterlassungstäter (z. B. unterlassener Hausbesuch) mit der erforderlichen Sicherheit nachzuweisen, daß zwischen dem Handeln (in diesem Fall Nichthandeln) und dem Erfolg (z. B. Eintritt des Todes) ein ursächlicher Zusammenhang besteht. Für die Annahme eines unechten Unterlassungsdeliktes ist entscheidend, daß der Täter durch sein Unterlassen den tatbestandsmäßigen Erfolg eines Strafgesetzes verursacht, obwohl er rechtlich dafür einzustehen hat, daß der Erfolg nicht eintritt (Garantenpflicht-Rechtspflicht zur Erfolgsabwendung).

9.1 Operationstodesfall

In der Bundesrepublik Deutschland besteht keine Vorschrift über das Verhalten des Arztes im Fall eines Todeseintrittes während eines operativen Eingriffes (Exitus in tabula). Diese Fälle sind ebenso zu behandeln wie alle anderen Todesfälle. Insbesondere besteht für den die Operation durchführenden Arzt keinerlei Verpflichtung zu einer Meldung. Er kann sogar die Leichenschau selbst durchführen (s. S. 237). Allerdings ist er als Leichenschauer zur Objektivität verpflichtet und muß im Fall des Bestehens von Anhaltspunkten für einen nicht natürlichen Tod seiner Verpflichtung zur Meldung nachkommen. Wird im Falle eines Operationstodesfalles die Leichenschau von einem anderen Arzt durchgeführt, so hat im Hinblick auf die Interessen des verstorbenen Patienten die Verpflichtung zur Objektivität Priorität vor einer falsch verstandenen Kollegialität. In Todesfällen mit einer engen zeitlichen Koinzidenz mit ärztlichem Handeln raten wir immer dazu, auf dem Leichenschauschein Anhaltspunkte für einen nicht natürlichen Tod zum Ausdruck zu bringen. Dies schon deshalb, weil in diesen Fällen der Patient immer einen Anspruch auf Klärung hat. Schließlich sollte durch diese Angaben allen möglicherweise in der Klinik entstehenden Gerüchten vorgebeugt werden. Gleiches gilt in manchen Bundesländern (z. B. in Bayern) sogar für den Pathologen, wenn dieser während der Obduktion Anzeichen für einen nicht natürlichen Tod festgestellt hat und nicht unverzüglich die Polizei oder die Staatsanwaltschaft in Kenntnis setzt (Art. 18 Bestattungsgesetz).

9.2 Transfusionszwischenfälle

Der Transfusionszwischenfall hat deshalb im Rahmen der Beurteilung von ärztlichem Fehlverhalten eine besondere Bedeutung, weil die Bluttransfusion immer in die Zuständigkeit ärztlichen Handelns fällt und Zwischenfälle fast immer die Folge menschlichen Versagens sind. Die Bluttransfusion, gleich ob die Übertragung von Nativblut oder die Verwendung von Konservenblut, ist eine verantwortungsvolle ärztliche Tätigkeit, die unter der Leitung des Arztes zu erfolgen hat. Die Forderung nach ärztlicher Leitung verlangt andererseits nicht, daß jeder Handgriff durch den Arzt selbst ausgeführt werden muß. Ohne Frage kann die technische Durchführung ganz oder teilweise an qualifiziertes ärztliches Hilfspersonal delegiert werden. Inwieweit dies zulässig ist, ist im Einzelfall zu entscheiden und hängt in erster Linie von der Qualifikation und der Erfahrung der jeweiligen Hilfsperson ab. Die Verfahrensvorschriften finden sich in den Richtlinien zur Blutgruppenbestimmung und Bluttransfusion, ausgestellt vom Wissenschaftlichen Beirat der Bundesärztekammer und vom Bundesgesundheitsamt (Deutscher Ärzteverlag Köln, 1. Auflage, 1980).

Kommt es während oder im zeitlichen Zusammenhang mit einer Bluttransfusion zu Erscheinungen, die für einen sogenannten Transfusionszwischenfall sprechen, so ist nach Abbrechen der Transfusion dafür Sorge zu tragen, daß Gerätschaften und Restblutmengen für eine spätere Untersuchung sichergestellt werden. Kommt es im Zusammenhang mit einem Transfusionszwischenfall gar zum Tode des Patienten, so sind zunächst allein aus dem zeitlichen Zusammenhang Anhaltspunkte dafür gegeben, daß der Tod auf nicht natürliche Weise eingetreten ist. Daraus ergibt sich die Verpflichtung zu einem entsprechenden Eintrag auf dem Leichenschauschein und zur Meldung.

10 Organentnahme

Die Entnahme von menschlichen Organen oder Organteilen (z. B. auch Blut) für den Zweck der Implantation bzw. Infusion in einen anderen Organismus ist aus medizinischer Sicht sowohl aus dem Lebenden als auch aus der Leiche möglich. Aus rechtlicher Sicht machen Größe und Art des Organs keinen Unterschied im Hinblick auf die Beurteilung. Die Notwendigkeit der Entnahme lebensfrischer Organe, z. B. Herz, Lunge, Leber, Niere, Pankreas, bei schlagendem Herzen war mit ein Grund, die Todesdefinition zu modifizieren.

> Als oberster Grundsatz hat zu gelten: Alle zum menschlichen Organismus gehörenden Teile stehen im Eigentum der Person, sie allein hat das Verfügungsrecht. Somit ist die erste Voraussetzung zur Entnahme am Lebenden die Einwilligung der verfügungsberechtigten Person.

Allerdings ist die Entnahme vom Lebenden auch bei vorliegender Einwilligung nur dann zulässig, wenn der Eingriff gem. § 226a StGB nicht gegen die guten Sitten verstößt und wenn durch die Explantation (z. B. Herz) nicht das Leben beendet wird (§ 216 StGB, Tötung auf Verlangen). Die Entnahme von Körperteilen, deren Vorhandensein für das Leben unabdingbar ist, scheidet somit für die Entnahme am Lebenden aus.

In der Bundesrepublik Deutschland ist die Entnahme von Organen aus der Leiche zum Zwecke der Implantation (Transplantation) nicht gesetzlich geregelt. Nach meiner Auffassung ist eine Regelung auch nicht erforderlich. Im Gegensatz zu der Zeit, als die Transplantation von Organen, beginnend mit der Niere, zunehmend mehr praktiziert und schließlich Routinemethode wurde, als Transplantationschirurgen, aber auch experimentelle Chirurgen nach einer möglichst raschen Verabschiedung eines entsprechenden Gesetzes verlangten, besteht derzeit eher eine zurückhaltende (vielleicht auch abwartende) Einstellung in bezug auf die Forderung nach einer gesetzlichen Regelung. Der Meinungsumschwung trat nicht zuletzt deshalb ein, weil bereits bei der Vorbereitung entsprechender gesetzgeberischer Maßnahmen erkennbar wurde, daß eine gesetzliche Regelung anders aussehen würde, als die „Medizin" es sich vorgestellt hatte. Es wäre nicht mit der sogenannten Widerspruchs-, sondern mit der Zustimmungsregelung zu rechnen gewesen. Eine solche Regelung brächte eindeutig eine Verschlechterung der Situation für die Transplantationschirurgie mit sich. Ferner dürften nicht unwesentlich zur Meinungsänderung die Erkenntnisse aus den Erfahrungen beigetragen haben, nach denen auch ohne gesetzliche Regelung eine Fortentwicklung der Transplantationschirurgie in ausreichendem Umfang möglich sein wird. Immerhin ist im Moment bei jeder Person, die keinen Organspenderausweis mit sich führt, durch Befragung der Angehörigen die Chance der Zustimmung gegeben. Im Falle der Einführung der sogenannten Zustimmungsregelung würden alle die Fälle nicht zur Verfügung stehen, die zu Lebzeiten keine positive Entscheidung getroffen haben. In der Regel wird heute bei den Organen, die

„lebensfrisch", also unmittelbar nach Todeseintritt entnommen werden müssen, die Zustimmung der nächsten Angehörigen eingeholt, obwohl nach meiner Meinung ein solches Vorgehen strenggenommen nicht notwendig wäre, weil dem, der zur Abwendung einer nicht anders abwendbaren Gefahr die Explantation aus der Leiche durchgeführt, die Vorschrift des rechtfertigenden Notstandes (§ 34 StGB) zur Seite stünde.

Überall in der Bundesrepublik Deutschland sind der den Tod feststellende und der explantierende Arzt nicht identisch. In unserem Bereich hat der Rechtsmediziner im Auftrag der Staatsanwaltschaft vor der Explantation zu prüfen, ob durch die Explantation Beweismittel zerstört werden können, und bejahendenfalls dem Eingriff nicht zuzustimmen. Sein Einspruch hat hemmende Wirkung. Für die Praxis der Transplantation ist zu unterscheiden zwischen den Körperteilen, deren Explantation unmittelbar nach Eintritt des Todes, also „lebensfrisch", zu erfolgen hat, wie z. B. Herz, Lunge, Leber, Niere, Pankreas, und denen, deren Entnahme im Stundenbereich nach dem Tod ohne Qualitätsverlust noch möglich ist, wie z. B. Hornhaut, Knorpel, Gehörknöchelchen und Haut, aber auch Herzklappen. Die Organentnahme aus der Leiche, die sich im Gewahrsam des Entnehmenden befindet, stellt weder einen strafbaren Tatbestand dar, noch ist das Handeln rechtswidrig, weil dem entnehmenden Arzt ebenfalls das Rechtsinstitut des rechtfertigenden Notstandes (§ 34 StGB) zur Seite steht. Trotzdem wird in dem von uns überschaubaren Bereich bei jeder Entnahme in der Klinik im zeitlichen Zusammenhang mit dem Tode in aller Regel die Zustimmung der nächsten Angehörigen eingeholt.

Für die Gruppe, bei der die Entnahme nicht unmittelbar nach dem Tode erfolgen muß, gilt aus rechtlicher Sicht das gleiche, d. h., die Entnahme selbst stellt keinen strafgesetzlichen Tatbestand dar und bleibt somit straffrei, selbst dann, wenn das Handeln als solches als rechtswidrig angesehen werden sollte. Die Rechtfertigung gem. § 34 StGB gilt möglicherweise nur dann, wenn das zu entnehmende Organ gezielt für einen bestimmten wartenden Empfänger entnommen wird und nicht in den Fällen, in denen die entnommenen Körperteile für die Lagerung in einer sogenannten Organbank vorgesehen sind. Aber auch in diesen Fällen ist tatbestandsmäßiges Handeln dann nicht gegeben, wenn gemäß der in Betracht kommenden Strafvorschriften – Störung der Totenruhe (§ 168 StGB) – kein Gewahrsamsbruch vorliegt und das Handeln nicht unbefugt erfolgt.

Eine weitere Gruppe bilden die Fälle, in denen die entnommenen Körperteile, wie z. B. Hypophyse zur Hormongewinnung, aber auch Dura bzw. Knorpel zur Implantation, nach Vorbehandlung nur indirekt einer anderen Person zugute kommen. Für diese Gruppe gilt gleiches wie für die Fälle der Entnahme, die nicht gezielt für eine bestimmte Person, sondern sozusagen auf Vorrat erfolgt.

11 Tätigkeit des Sachverständigen im Auftrag der Gerichte

Der ärztliche Sachverständige unterscheidet sich zunächst nicht von den anderen Sachverständigen. Das deutsche Recht kennt neben dem Zeugen noch den Sachverständigen, dessen Rechte und Pflichten im 7. Abschnitt der StPO (§ 72 ff.) geregelt sind:

„Sachverständige und Augenschein".

Auf den Sachverständigen sind die strafprozessualen Regeln, wie sie für den Zeugen niedergelegt sind, anzuwenden, soweit nicht anderes bestimmt ist (§ 72 StPO).

Die Auswahl des Sachverständigen erfolgt durch den Richter (§ 73 StPO). Der zum Sachverständigen Ernannte hat gemäß § 75 StPO der Ernennung Folge zu leisten, wenn er zur Erstattung von Gutachten der erforderten Art öffentlich bestellt ist oder wenn er die Wissenschaft, die Kunst oder das Gewerbe, dessen Kenntnis Voraussetzung der Begutachtung ist, öffentlich zum Erwerb ausübt oder wenn er zu ihrer Ausübung öffentlich bestellt oder ermächtigt ist.

Straf- und Zivilrecht unterscheiden Zeugen, sachverständige Zeugen und Sachverständige. Der Zeuge hat nur seine Wahrnehmungen zu bekunden; insbesondere hat er keine Überlegungen darüber anzustellen, welche Schlußfolgerungen aus seinen Wahrnehmungen zu ziehen sind. § 85 StPO schreibt für sachverständige Zeugen vor: Soweit zum Beweis vergangener Tatsachen oder Zustände, zu deren Wahrnehmung eine besondere Sachkunde erforderlich war, sachkundige Zeugen zu vernehmen sind, gelten die Vorschriften über den Zeugenbeweis. Gleiches gilt gemäß § 414 Zivilprozeßordnung (ZPO) im Zivilrecht. Beispiel: Auskultationsbefund nur insoweit, als er die Qualität des Tones betrifft, jedoch nicht die Schlußfolgerung z. B. auf einen Herzklappenfehler. Die Unterscheidung des Sachverständigen vom Zeugen ist von erheblicher praktischer Bedeutung, u. a., weil die Vorschriften für die Vereidigung verschieden sind, weil nur der Sachverständige in bestimmten Fällen abgelehnt werden kann und weil die Entschädigung für den Sachverständigen in der Regel höher ist.

Zur Erstattung des Gutachtens ist auch der verpflichtet, welcher sich hierzu vor Gericht bereit erklärt hat. Das Gutachtenverweigerungsrecht regelt sich gemäß § 76 StPO nach den Vorschriften des Zeugnisverweigerungsrechtes (§ 53 StPO).

> Wird der Arzt zum Sachverständigen ernannt, mit einem Gutachtenauftrag ohne Zusammenhang zu einem seiner Patienten, so ist er grundsätzlich zur Übernahme des Auftrages verpflichtet. Handelt es sich um einen Auftrag für ein Gutachten über einen eigenen Patienten, so hat der Arzt die Möglichkeit, sich auf seine Schweigepflicht zu berufen und den Gutachtenauftrag abzulehnen. Er kann aber auch den Patienten befragen, ob dieser ihn von der Schweigepflicht entbinde. Tut er dies, so muß das Gutachten objektiv, ohne Rücksicht auf die Interessen des Patienten, erstellt werden.

Ein Gutachter kann sich auf den Standpunkt stellen, daß er nur dann als Sachverständiger tätig wird, wenn ein Gericht ihn beauftragt, dem er sich nur bei bestimmten Voraussetzungen entziehen kann. Er muß aber auch, zumindest in den Fällen mit einer Gefährdung des Ermittlungserfolges, aufgrund einer Verfügung der Staatsanwaltschaft tätig werden. Im Gegensatz zu diesen Verpflichtungen zum Tätigwerden steht es im Ermessen eines Gutachters, ob er sonst für natürliche oder juristische Personen einen Auftrag zur Gutachtenerstattung annehmen will oder nicht. Wir sind der Meinung, daß auch andere, nicht nur Gericht und Staatsanwaltschaft, die Möglichkeit haben sollten, sich eines qualifizierten Gutachtens zu bedienen. Es versteht sich von selbst, daß dies nur möglich ist, solange der Sachverständige nicht schon von einer Partei in Anspruch genommen ist.

Gemäß § 81 StPO kann, zur Vorbereitung eines Gutachtens über den psychischen Zustand eines Beschuldigten, das Gericht nach Anhörung eines Sachverständigen und des Verteidigers anordnen, daß der Beschuldigte in ein öffentliches psychiatrisches Krankenhaus gebracht und dort beobachtet wird. Das Gericht trifft diese Anordnung nur, wenn der Beschuldigte der Tat dringend verdächtig ist. Das Gericht darf die Anordnung nicht treffen, wenn sie zu der Bedeutung der Sache und der zu erwartenden Strafe oder Maßregel der Besserung und Sicherung außer Verhältnis steht. Die Unterbringung in einem psychiatrischen Krankenhaus darf die Dauer von insgesamt sechs Wochen nicht überschreiten.

11.1 Aussagepflicht

Im Gegensatz zu nichtärztlichen Zeugen hat der Arzt, wie auch die im Gesetz ausdrücklich genannten Angehörigen anderer Berufssparten, keine umfassende Verpflichtung zur Aussage vor Gericht. Das Recht zur Aussageverweigerung gilt keineswegs pauschal für jeden Angehörigen des ärztlichen Berufsstandes; es bezieht sich nur auf das ärztliche Berufsgeheimnis. Handelt es sich um einen Vernehmungsgegenstand außerhalb des ärztlichen Berufsgeheimnisses, so hat der Arzt, wie jeder andere Staatsbürger vor Gericht, eine Aussagepflicht.

> Entbindet der Patient den Arzt von der Schweigepflicht, so verliert er vor Gericht das Recht zur Aussageverweigerung und ist wie jeder andere, von Ausnahmefällen abgesehen, zur Aussage verpflichtet (§ 53 StPO).

11.2 Zeugnisverweigerungsrecht des Arztes

Der Arzt hat aus beruflichen Gründen, ebenso wie zahlreiche andere Berufe, gemäß § 53 StPO ein Zeugnisverweigerungsrecht. Dieses Recht bezieht sich ausschließlich auf das, was dem Arzt anvertraut worden oder bekannt geworden ist. Für den Arzt, aber auch für die anderen Berufsgruppen entfällt das

Recht zur Zeugnisverweigerung vor Gericht, wenn er von der Verpflichtung zur Verschwiegenheit entbunden wurde. In diesen Fällen hat er eine Verpflichtung zur Aussage. Die Entbindung von der Schweigepflicht kann nur durch den Geheimnisherrn, beim Arzt in der Regel durch den Patienten, und nicht etwa durch ein Gericht erfolgen.

11.3 Kausalität

Die Problematik der Kausalität ist dem Mediziner in der Regel fremd, zumindest hinsichtlich ihrer Bedeutung für die Schlußfolgerungen aus medizinischen Befunden auf die Folgen eines bestimmten Ereignisses. Kausalität, im weitesten Sinne Ursachenzusammenhang, d. h. Zusammenhang zwischen Ursache und Wirkung, nimmt für die ärztliche Begutachtung in zahlreichen Fällen eine zentrale Bedeutung ein. In der Regel handelt es sich um die Beantwortung der Frage, ob zwischen einem bestimmten Ereignis (z. B. Trauma bei Unfall mit Unterschenkelbruch) und einem Gesundheitsschaden (z. B. Thrombose) oder gar dem Tod (z. B. Lungenembolie) ein Ursachenzusammenhang besteht und der Gesundheitsschaden oder Tod somit Folge des Unfallereignisses gewesen ist. Der Arzt als Gutachter vor Gericht muß wissen, daß sowohl im Strafrecht als auch im Zivilrecht der Nachweis eines ursächlichen Zusammenhangs (Bestehen der Kausalität) verfahrensentscheidende Bedeutung haben kann. Allerdings sind die für die Beurteilung eines Zusammenhanges anzulegenden Maßstäbe im Straf- und Zivilrecht unterschiedlich. Im Strafrecht ist die Zusammenhangsfrage nach der sogenannten Äquivalenztheorie und im Zivilrecht nach der Adäquanztheorie zu behandeln.

Nach der Äquivalenztheorie, auch Bedingungstheorie genannt, ist jede Ursache, unabhängig davon, ob bedeutungsvoll oder nicht, gleich zu bewerten. Hier ist jede Bedingung kausal, die nicht hinweggedacht werden kann, ohne daß zugleich der Erfolg entfiele (Conditio sine qua non). Geht es im Zivilrecht darum, eine Haftung zu begründen, so ist im Zusammenhang mit ärztlicher Begutachtung häufig zu prüfen, ob ein schädigendes Ereignis (Verkehrsunfall mit Anfahren einer 85 Jahre alten Person) einen bestimmten Erfolg (z. B. Exitus drei Wochen nach dem Trauma) herbeigeführt hat oder nicht. Nach der Adäquanztheorie muß der zugefügte Schaden nach der allgemeinen Lebenserfahrung normalerweise auch geeignet (adäquat) sein, einen solchen Schaden – wie er in der Tat eingetreten ist – herbeizuführen. Im Sozialrecht gilt die Theorie der wesentlichen Bedingungen.

12 Gerichtsmedizinisch wichtige Gesetze

Die Bedeutung des Lebensalters im Rechtsleben

Der Arzt muß wissen, daß sowohl im Straf- als auch im Zivilrecht durch das Gesetz Grenzen des Lebensalters im Hinblick auf die Rechtsfolgen festgelegt sind. Die Grenzen beziehen sich im Bürgerlichen wie im Strafrecht auf die ersten Abschnitte des Lebens, maximal bis zur Erreichung des 21. Lebensjahres.

Zivilrecht

Im Zivilrecht hat die Leibesfrucht (nasciturus) im Hinblick auf ein mögliches Erbe gewisse Rechte.

§ 1923 BGB (Erbfähigkeit)

(1) Erbe kann nur werden, wer zur Zeit des Erbfalles lebt.

(2) Wer zur Zeit des Erbfalles noch nicht lebte, aber bereits erzeugt war, gilt als vor dem Erbfalle geboren.

Das neugeborene Kind erlangt im Zivilrecht mit dem vollständigen Austritt aus dem Mutterleib die Rechtsfähigkeit des Menschen. Rechtsfähigkeit des Menschen ist die Fähigkeit, Träger von Rechten und Pflichten zu sein; sie besagt nichts über die Geschäftsfähigkeit, d. h. über die Fähigkeit, durch eigenes Handeln Rechte und Pflichten zu begründen. Das neugeborene Kind ist und bleibt zunächst bis zur Vollendung des 7. Lebensjahres geschäftsunfähig (§ 104 BGB). Der Geschäftsunfähige kann keinerlei rechtswirksame Rechtsgeschäfte vornehmen. Vom 7. bis zur Vollendung des 18. Lebensjahres ist das Kind bzw. der Jugendliche beschränkt geschäftsfähig (§ 106–113 BGB). Der beschränkt Geschäftsfähige kann im allgemeinen wirksame Rechtsgeschäfte nur mit vorheriger Einwilligung seines gesetzlichen Vertreters vornehmen. Geschäfte ohne Einwilligung werden jedoch bei nachträglicher Genehmigung des gesetzlichen Vertreters wirksam. Mit Vollendung des 18. Lebensjahres ist das Individuum ohne jede Einschränkung volljährig und damit voll geschäftsfähig. Dies bezieht sich hier nur auf das Lebensalter und nicht auf andere Möglichkeiten (z. B. Geisteskrankheit), durch die die Geschäftsfähigkeit eingeschränkt werden kann.

Strafrecht

Im Strafrecht wird die Leibesfrucht früher als im Bürgerlichen Recht, bereits mit Beginn der Wehen, die zur Austreibung des Kindes führen, zum Menschen und ist als solcher geschützt. Nach der Geburt ist das Kind bis zur Vollendung des 14. Lebensjahres schuldunfähig (§ 19 StGB). Das heißt, ein Kind unter 14 Jahren kann, gleich welche Folgen durch sein Handeln entstanden sein mögen, strafrechtlich nicht belangt werden. Gemäß § 1 Abs. 2 Jugendgerichtsgesetz (JGG) ist ein Jugendlicher zwischen dem 14. und 18. Lebensjahr Jugendlicher und nach Jugendrecht zu beurteilen. Nach dieser Vorschrift ist Heranwachsender, wer das 18. Lebensjahr vollendet und noch nicht 21 Jahre alt ist. Im Gegensatz zum Zivilrecht, wo der Jugendliche mit Vollendung des 18. Lebensjahres voll geschäftsfähig wird, ist im Strafrecht gem. § 105 JGG im Einzelfall festzustellen, ob ein Angeklagter zwischen dem 18. und 21. Lebensjahr als Heranwachsender noch nach Jugendrecht oder nach Erwachsenenrecht zu beurteilen ist. Sachverständige ärztliche Aussagen können hier dem Richter für seine Entscheidung hilfreich sein.

Ärztliche Schweigepflicht

§ 203 StGB (Verletzung von Privatgeheimnissen)

(1) Wer unbefugt ein fremdes Geheimnis, namentlich ein zum persönlichen Lebensbereich gehörendes Geheimnis oder ein Betriebs- oder Geschäftsgeheimnis offenbart, das ihm als

1. Arzt, Zahnarzt, Tierarzt, Apotheker oder Angehöriger eines anderen Heilberufes, der für die Berufsausübung oder die Führung der Berufsbezeichnung eine staatlich geregelte Ausbildung erfordert,
2. Berufspsychologen mit staatlich anerkannter wissenschaftlicher Abschlußprüfung
3. Rechtsanwalt . . .

anvertraut worden oder sonst bekannt geworden ist, wird mit Freiheitsstrafe bis zu einem Jahr oder mit Geldstrafe bestraft.

(2) . . .

(3) Den in Absatz (1) Genannten stehen ihre berufsmäßig tätigen Gehilfen und die Personen gleich, die bei ihnen zur Vorbereitung auf den Beruf tätig sind. Den in Absatz (1) und in Satz 1 Genannten steht nach dem Tode des zur Wahrung des Geheimnisses Verpflichteten ferner gleich, wer das Geheimnis von dem Verstorbenen oder aus dessen Nachlaß erlangt hat.

(4) Die Absätze (1) bis (3) sind auch anzuwenden, wenn der Täter das fremde Geheimnis nach dem Tod des Betroffenen unbefugt offenbart.

(5) Handelt der Täter gegen Entgelt oder in Absicht, sich oder einen anderen zu bereichern oder einen anderen zu schädigen, so ist die Strafe Freiheitsstrafe bis zu zwei Jahren oder Geldstrafe.

> Nach dem Wortlaut des Gesetzestextes ist die ärztliche Schweigepflicht keine absolute. Mit Strafe bedroht ist nicht die Offenbarung schlechthin, sondern nur die unbefugte Offenbarung. Geheimnis ist alles, was dem Arzt in seiner Eigenschaft als Arzt anvertraut worden oder sonst bekannt geworden ist.

Die Vorschrift betrifft auch Zahnärzte, Tierärzte, Apotheker und Angehörige anderer Heilberufe. Nicht erfaßt werden die Heilpraktiker, da keine staatlich geregelte Berufsausbildung erforderlich ist. Ob eine Offenbarung in einem bestimmten Fall befugt war oder nicht, ist für den Einzelfall zu prüfen.

Nach dem Wortlaut des Gesetzes ist die Offenbarung nicht generell verboten, sondern durch die Einfügung des Wortes „unbefugt" relativiert worden. Dabei hat der Arzt im praktischen Fall zu entscheiden, ob er sich aufgrund der Situation für befugt hält. Allerdings muß er damit rechnen, daß zu einem späteren Zeitpunkt ein Gericht darüber befindet, ob eine von ihm angenommene Befugnis einer objektiven Nachprüfung standhält: z. B. bei einem Epileptiker, der verantwortlich einen Schulbus fährt und durch den Arzt nicht davon zu überzeugen ist, zumindest bis zu einer erfolgreichen Therapie die Tätigkeit einzustellen. Als Grundsatz für den Arzt gilt die sogenannte Rechtsgüterabwägung. Der Arzt hat zu prüfen, welches der beiden bedrohten Rechtsgüter, der Bruch der Schweigepflicht einerseits, die Bedrohung von Menschenleben im Straßenverkehr andererseits, als höherrangig anzusehen ist. Allerdings gibt es, mit Ausnahme bestehender gesetzlicher Meldepflichten, keine Verpflichtung zur Anzeige. Der Arzt kann sich auch, im Falle des Epileptikers als Kraftfahrer, ohne daß ihm daraus ein Vorwurf gemacht werden könnte, dazu entschließen, von einer Meldung an die Behörde abzusehen und sich selbst in Fällen eines Unfalles mit schweren Folgen auf seine ärztliche Schweigepflicht berufen.

Anzeigepflicht

In der Bundesrepublik Deutschland besteht für begangene – also bereits ausgeführte – Vergehen oder Verbrechen keine Verpflichtung zur Anzeige. Dies gilt auch für Schuß- und Stichverletzungen (im Gegensatz zu früher, als die beiden genannten Verletzungsarten nach der Reichsmeldeordnung zu melden waren) und auch für begangene Kindesmißhandlungen. Die auch hierzulande häufig gehörte Forderung nach einer Anzeigepflicht des Arztes für begangene Kindesmißhandlungen brächte eine weitere Durchlöcherung der ärztlichen Schweigepflicht mit sich. Schließlich müßte bei Bestehen einer Anzeigepflicht manches Kind, aus Furcht vor Anzeige, damit rechnen, nicht zum Arzt gebracht zu werden.

Für bestimmte, im Gesetz ausdrücklich genannte geplante Straftaten (§ 138 StGB) besteht für jedermann, also auch für den Arzt eine Verpflichtung zur Anzeige. Entscheidend für die Verpflichtung zur Meldung ist, daß es sich nicht um begangene, sondern um geplante Straftaten handelt. Nicht jede geplante Straftat schlechthin ist anzeigepflichtig. Die Vorschrift betrifft nur bestimmte, im Gesetz genannte Straftaten, die unter die Anzeigepflicht fallen. Unter anderem sind es Mord und Totschlag, Raub und räuberische Erpressung, aber auch bestimmte gemeingefährliche Straftaten.

Gemäß § 139 StGB bleibt der Arzt straffrei, wenn er die Anzeige unterläßt über geplante Taten, die ihm in seiner Eigenschaft als Arzt anvertraut wurden. Ausgenommen von dieser Befreiung sind Mord und Totschlag und andere gemeingefährliche Verbrechen, die im Gesetz ausdrücklich genannt sind. Im

Fall einer bereits begangenen Straftat, die dem Arzt aufgrund seines Berufs zur Kenntnis gelangt, z. B. zu behandelnde Schußverletzungen eines Täters nach Banküberfall, besteht grundsätzlich keine Offenbarungspflicht. Allerdings kann der Arzt u. U. bei Abwägung der bedrohten Rechtsgüter zu der Auffassung gelangen, daß im speziellen Fall die Offenbarung nicht unbefugt sei, und offenbaren. Es handelt sich immer um eine Entscheidung für den Einzelfall, die in jedem Fall ein gewisses Risiko in Form einer möglichen Nachprüfung durch ein Gericht in sich birgt.

Schuldfähigkeit

Voraussetzung für eine strafrechtliche Verurteilung ist neben der Erfüllung eines Tatbestandes und der Rechtswidrigkeit des Handelns das Gegebensein der Schuldfähigkeit. Der Gesetzgeber hat das Problem der Schuldfähigkeit im Strafgesetzbuch in den §§ 20 und 21 geregelt – soweit das Problem überhaupt rechtlich normierbar ist (früher Zurechnungsfähigkeit gemäß § 51 Abs. 1 und 2 StGB).

§ 20 StGB (Schuldunfähigkeit wegen seelischer Störungen)

Ohne Schuld handelt, wer bei Begehung der Tat wegen einer krankhaften seelischen Störung, wegen einer tiefgreifenden Bewußtseinsstörung oder wegen Schwachsinns oder einer schweren anderen seelischen Abartigkeit unfähig ist, das Unrecht der Tat einzusehen oder nach dieser Einsicht zu handeln.

§ 21 StGB (Verminderte Schuldfähigkeit)

Ist die Fähigkeit des Täters das Unrecht der Tat einzusehen oder nach dieser Einsicht zu handeln, aus einem der in § 20 bezeichneten Gründe bei Begehung der Tat erheblich vermindert, so kann die Strafe nach § 49 Abs. 1 gemildert werden.

Der Gesetzgeber stellt für den Ausschluß der Schuldfähigkeit auf zwei Möglichkeiten ab, deren alternatives und nicht gemeinsames Gegebensein Voraussetzung ist: die aufgehobene Einsichtsfähigkeit oder die aufgehobene Steuerungsfähigkeit. In aller Regel kommt der Richter für die Beurteilung der Schuldfähigkeit nicht ohne die sachverständige Hilfe durch den Arzt aus. Die Schwierigkeit dieser Art von Begutachtung geht allein aus der Tatsache hervor, daß in keinem Bereich der ärztlichen Begutachtung so häufig abweichende Schlußfolgerungen bei gleichen Anknüpfungstatsachen gezogen werden. Dem Inhalt der gesetzlichen Vorschrift liegt die gemischte biologisch-psychologische Methode zugrunde.

Nach der gesetzlichen Vorschrift muß für die Verminderung bzw. den Ausschluß der strafrechtlichen Verantwortlichkeit zumindest einer der im Gesetz ausdrücklich genannten biologischen Zustände (krankhafte seelische Störung, tiefgreifende Bewußtseinsstörung, Schwachsinn, schwere andere seelische Abartigkeiten) gegeben sein, die zu einer Störung bestimmter für den Tatentschluß bedeutender psychischer Fähigkeiten geführt haben. Bezüglich dieser Fähigkeiten besteht Einigkeit darüber, daß nicht nur Intelligenzmängel, sondern auch Störungen des Willens-, Trieb- oder Gefühlslebens relevant sein können; das heißt, es kommt für die Beurteilung der Schuldfähigkeit darauf an, ob der zum Zeitpunkt der Tat bestandene biologische Zustand sich auf die Fähigkeit zur Einsicht in das Unrechtmäßige des Verhaltens oder auf die Fähigkeit zum einsichtsgemäßen Handeln ausgewirkt hat.

Vollrausch

§ 323 a StGB (Vollrausch)

(1) Wer sich vorsetzlich oder fahrlässig durch alkoholische Getränke oder andere berauschende Mittel in einen Rausch versetzt, wird mit Freiheitsstrafe bis zu fünf Jahren oder mit Geldstrafe bestraft, wenn er in diesem Zustand eine rechtswidrige Tat begeht und ihretwegen nicht bestraft werden kann, weil er infolge des Rausches schuldunfähig war oder weil dies nicht auszuschließen ist.

(2) Die Strafe darf nicht schwerer sein als die Strafe, die für die im Rausch begangene Tat angedroht ist.

(3) Die Tat wird nur auf Antrag mit Ermächtigung oder auf Strafverlangen verfolgt, wenn die Rauschtat nur auf Antrag mit Ermächtigung oder auf Strafverlangen verfolgt werden könnte.

In der täglichen Praxis der Rechtsmedizin ist die Beurteilung einer Person unter dem Gesichtspunkt eines bestandenen Vollrausches häufig. Dies gilt sowohl im Straßenverkehrsrecht – hier vor allem bei Fahrerflucht –, aber auch bei Tätern der allgemeinen Kriminalität. Erste Voraussetzung ist die Berauschung durch alkoholische Getränke oder andere berauschende Mittel. Unter Umständen ist auch das Zusammenwirken von Alkohol und einem oder mehreren anderen Mitteln geeignet, einen Rauschzustand herbeizuführen. Die Tatsache des Rauschzustandes allein reicht für die Erfüllung des Tatbestandes nicht aus. Vielmehr sind zwei weitere Bedingungen zu erfüllen. Der Berauschte muß in diesem Zustand eine rechtswidrige Tat begangen haben, und die Berauschung muß so hochgradig sein, daß dadurch allein die Schuldfähigkeit (§ 20 StGB) aufgehoben war bzw. dies nicht ausgeschlossen werden kann. Erheblich verminderte Schuldfähigkeit (§ 21 StGB) reicht nicht aus. Das objektive Vorliegen eines so qualifizierten Rauschzustandes reicht als Voraussetzung für die Erfüllung des Tatbestandes allein ebenfalls nicht aus. Der Gesetzgeber verlangt, daß der Täter sich schuldhaft (vorsätzlich oder fahrlässig) in den Zustand versetzt hat. Hier spielt immer wieder die hierzulande nicht selten beobachtete Unsitte des heimlichen „Schnaps-ins-Bierschüttens" eine Rolle. Käme es z. B. in einem solchen Fall zu einem die Schuldfähigkeit ausschließenden Rauschzustand, so könnte § 323 a StGB nicht ohne weiteres zur Anwendung kommen. Hier wäre zu prüfen, ob bei gebotener Sorgfalt der Proband die Verfälschung des Bieres hätte erkennen müssen. Eine Verurteilung könnte im Fall bestehender Schuldunfähigkeit bei einem Rausch, in den ein Beschuldigter ohne sein Verschulden geraten war, nicht erfolgen. Allerdings wäre die Frage, ob die Berauschung schuldhaft erfolgte, zumindest was das Endergebnis anlangt, allein vom Richter zu beantworten. In die Kompetenz des ärztlichen Sachverständigen (der keineswegs immer Rechtsmediziner oder auch Arzt für Psychiatrie sein muß) fällt die Beantwortung der Frage, ob ein Rauschzustand im Sinne des Gesetzes vorgelegen hat. Allerdings muß heute ein approbierter Arzt, der zu speziellen Fragen schriftlich oder mündlich als Sachverständiger Stellung nimmt – wozu er aufgrund seiner Approbation grundsätzlich berechtigt ist –, damit rechnen, abgelehnt zu werden oder sich mit weiteren Sachverständigen auseinandersetzen zu müssen. Liegt ein Rausch vor, so ist zu prüfen und zu beantworten, ob die Berauschung so hochgradig gewesen ist, daß daraus Schuldunfähigkeit resultierte. Für die Beurteilung dieser Frage kommt einer vorliegenden und auf den Tatzeitpunkt zurückgerechneten Blutalkoholkonzentration sicher eine wesentliche, jedoch nicht die allein ausschlaggebende Bedeutung zu. Als Faustregel – aber keinesfalls mehr – kann gelten, bei Werten zwischen 2,0 und 2,5‰ läßt sich vom Wert her gesehen – wenn sonst nichts dagegen spricht – das Vorliegen der erheblich verminderten Schuldfähigkeit nicht mit der erforderlichen Sicherheit ausschließen. Bei Werten von 2,5‰ und mehr sollte – wiederum allein vom Wert her gesehen – das Vorliegen der vollen Schuldunfähigkeit eingehend geprüft werden. Wie häufig bei psychiatrischen Beurteilungen, kommt auch hier der Sachverständige sehr nahe an die Grenze der ausschließlich richterlichen Kompetenz heran. Dies gilt besonders dann, wenn es darum geht, das Tatgeschehen als Anknüpfungstatsache für die Schlußfolgerung mit einzubeziehen. Gerade bei der Beurteilung der Schuldfähigkeit bei Vorliegen eines Alkoholrausches, die durch positive Annahme bzw. nicht Ausschließbarkeit der Schuldunfähigkeit und damit zu den Voraussetzungen des Vollrausches führen kann, ist die für verschiedene Delikte unterschiedliche Hemmschwelle mit zu berücksichtigen (z. B. nächtliches Einwerfen von Straßenbeleuchtungen – Automatendiebstahl – Einbruchdiebstahl – Raubüberfall).

Euthanasie

Der Gesetzgeber kennt den Begriff der Euthanasie nicht. Die üblichen Begriffe in deutscher Sprache sind Sterbehilfe und Gnadentod. Beides trifft den Sinn nicht in vollem Umfang. Nach derzeitiger Auffassung versteht man unter Euthanasie eine vorzeitige Beendigung des Lebens eines schwerstleidenden Menschen, aus dem einzigen Grund, dessen Leiden abzukürzen. Euthanasie kann nach dieser Definition somit nicht etwa nur aus ärztlichem Handeln resultieren. Entscheidend ist nur das Motiv zum Handeln. Bei dieser gebräuchlichen Begriffsbestimmung fallen auch die Tötungen in den Jahren zwischen 1939 und 1945 in Deutschland – von möglichen Einzelfällen abgesehen – nicht unter den Begriff der Euthanasie, sondern wären nach den Bestimmungen über Mord und Totschlag zu beurteilen. Systematisch ist zu unterscheiden zwischen aktiver und passiver Euthanasie. Aktiv heißt hier aktives ärztliches Handeln, z. B. Verabreichung eines Medikamentes mit dem Ziel, das Leben vorzeitig zu beenden. Passiv bedeutet in diesem Zusammenhang die Unterlassung lebensverlängernder Maßnahmen (z. B. Kreislaufmittel) mit dem Ziel, den Tod früher eintreten zu lassen, als er bei Anwendung entspechender ärztlicher therapeutischer Maßnahmen eingetreten wäre.

Zunächst gilt der Wille des Patienten, dem allerdings dort Grenzen gesetzt sind, wo das gewünschte ärztliche Handeln den Tod zur Folge hätte (§ 216 StGB, Tötung auf Verlangen). Verabreicht der Arzt dem Patienten eine über die Dosisgrenze hinausgehende Menge eines Medikamentes, das zum Tod führt, so kommt es für die rechtliche Beurteilung dieser Handlung entscheidend darauf an, welche Überlegungen der Arzt bei der Entscheidung von Art und Dosis des Stoffes angestellt hatte. War er der Auffassung, die geringe Überdosierung würde wohl die Schmerzen lindern, aber den Tod nicht eintreten lassen („es wird schon gut gehen"), so kommt allenfalls eine fahrlässige Tötung in Betracht. Hat er den Tod jedoch billigend in Kauf genommen („na wenn schon"), so hat er mit bedingtem Vorsatz gehandelt, der als Schuldform für eine Verurteilung wegen Mord oder Totschlag ausreicht.

> Ärzte und Juristen sind sich – von Extremstandpunkten abgesehen – darüber einig, daß wohl eine aktive Tötung nicht in Betracht kommt. Im Fall der Unterlassung weiterer ärztlicher Maßnahmen zur Lebensverlängerung ist die Grenze dort, wo durch ärztliches Handeln lediglich eine Verlängerung des Sterbevorganges erreicht werden könnte.

Fahrerflucht

§ 142 StGB (Unerlaubtes Entfernen vom Unfallort)

(1) Ein Unfallbeteiligter, der sich nach einem Unfall im Straßenverkehr vom Unfallort entfernt, bevor er

1. zugunsten der anderen Unfallbeteiligten und der Geschädigten die Feststellung seiner Person, seines Fahrzeugs und der Art seiner Beteiligung durch seine Anwesenheit und durch die Angabe, daß er an dem Unfall beteiligt ist, ermöglicht hat oder
2. eine nach den Umständen angemessene Zeit gewartet hat, ohne daß jemand bereit war, die Feststellung zu treffen, wird mit Freiheitsstrafe bis zu drei Jahren oder mit Geldstrafe bestraft.

(2) . . .

Nicht selten wird im Zusammenhang mit einer Fahrerflucht eine ärztliche Begutachtung verlangt. Da Alkohol am Steuer in vielen Fällen das Motiv für das Entfernen vom Unfallort ist, mit dem Ziel, eine bestehende Alkoholbeeinflussung zu verschleiern, sind meist zwei verschiedene Komplexe ärztlich zu beurteilen.

Einerseits muß zu der Frage der Fahrtauglichkeit, andererseits zur Frage der Schuldfähigkeit im Zusammenhang mit der Fahrerflucht Stellung genommen werden. Weiter kompliziert wird die Begutachtung nicht selten dadurch, daß der Beschuldigte bei dem Unfallereignis ein Schädeltrauma davongetragen hat bzw. ein solches behauptet. Situationen dieser Art verlangen häufig die Zerlegung des Geschehnisablaufes in verschiedene Zeitabschnitte, so z. B. für die Fahrt bis zum Unfallzeitpunkt, für die Fahrerflucht den Zeitpunkt des Entschlusses zur Entfernung vom Unfallort. Kommt als Anknüpfungstatsache eine Verletzung, insbesondere eine Schädelverletzung des Beschuldigten in Betracht, so ergeben sich möglicherweise für die Zeit vor und nach dem Trauma andere, u. U. weit voneinander abweichende Schlußfolgerungen. Liegt das Ergebnis einer im zeitlichen Zusammenhang entnommenen Blutprobe vor, so ist dies nicht selten der einzig objektive Fixpunkt, von dem ein Gutachten ausgehen kann. Fehlt auch dies, so bleibt nur eine Berechnung aus den Angaben der Trinkmenge. Hier fragt sich vielfach, ob eine Begutachtung noch sinnvoll ist, die meist auf der subjektiven Schilderung des Trinkverhaltens des Angeklagten allein beruht und darüber hinaus bei der Rückrechnung zugunsten des Angeklagten zurückgerechnet werden muß. Manche Gutachter lehnen es ab, unter Hinweis auf die Dürftigkeit der Anknüpfungstatsachen zu gutachten. Wir sind der Meinung, daß selbst dort, wo das Gericht nur mit sehr fraglichen Schlußfolgerungen bedient werden kann, dies getan werden sollte; allerdings unter dem Hinweis auf die Problematik der Begutachtung.

Heilpraktikergesetz

Die Geschichte der Berechtigung zur Ausübung der Heilkunde war in Deutschland wechselnd, von der Kurierfreiheit bis zum Kurierverbot. Die im Jahre 1869 erlassene Gewerbeordnung – nach der Reichsgründung 1871 Reichsgewerbeordnung – brachte zusammen mit der allgemeinen Gewerbefreiheit auch die allgemeine Kurierfreiheit. Die uneingeschränkte Kurierfreiheit blieb über viele Jahrzehnte bestehen, bis im Jahre 1939 durch das Heilpraktikergesetz die berufsmäßige Tätigkeit der Heilkunde ohne ärztliche Approbation erlaubnispflichtig gemacht wurde. Seit dieser Zeit sind dort, wo dieses Gesetz des ehemaligen Deutschen Reiches fortgeltendes Recht geworden ist (in der Bundesrepublik Deutschland, nicht in der DDR und in Österreich) neben den approbierten Ärzten ausschließlich die nach dem Heilpraktikergesetz zugelassenen Personen berechtigt, die Heilkunde berufsmäßig selbständig auszuüben. Gesetzliche Grundlage ist das Gesetz aus dem Jahre 1939 in der Fassung vom 02. 03. 1974. Die erste Durchführungsverordnung wurde 1939 erlassen. Sie ist geändert durch die Verordnung vom 03. 07. 1941, durch Gesetz vom 21. 01. 1960, durch Gesetz vom 25. 06. 1969 und durch Verordnung vom 18. 04. 1965. Zuständig für die Zulassung ist die untere Verwaltungsbehörde (Landrat) im Benehmen mit dem Gesundheitsamt.

Der Heilpraktiker wird durch Gesetz und Verordnung in seiner Tätigkeit eingeschränkt.

1) § 6 des Gesetzes verbietet dem Heilpraktiker die Ausübung der Heilkunde im Umherziehen. Gleiches trifft für den approbierten Arzt zu.

2) Die Ausübung der Zahnheilkunde fällt gemäß § 6 nicht unter das Gesetz und ist somit seit der Vereinbarung mit dem Berufsverband der Dentisten nur noch approbierten Zahnärzten vorbehalten.

3) Geburtshilfe ist dem Heilpraktiker gemäß § 4 des Hebammengesetzes nicht erlaubt.

4) Die Behandlung der im Bundesseuchengesetz genannten übertragbaren Krankheiten und der durch Verordnung in die Meldepflicht einbezogenen Krankheiten ist dem Heilpraktiker nicht gestattet. Gestattet ist ihm wohl die Untersuchung auf solche Krankheiten. Ergibt sich jedoch bei einer solchen Untersuchung der Verdacht auf eine der genannten Erkrankungen, so muß die Weiterbehandlung durch einen Arzt durchgeführt werden. Der Heilpraktiker unterliegt allerdings der Meldepflicht gegenüber dem zuständigen Gesundheitsamt in diesen Fällen.

5) Untersuchung und Behandlung von Geschlechtskrankheiten und Krankheiten oder Leiden der Geschlechtsorgane sind ausschließlich approbierten Ärzten vorbehalten. Geschlechtskrankheiten in diesem Sinne sind Syphilis, Gonorrhoe, weicher Schanker und venerische Lymphknotenentzündung. Krankheiten oder Leiden der Geschlechtsorgane sind alle vorübergehenden und bleibenden krankhaften Veränderungen der äußeren und inneren Fortpflanzungsorgane. Dazu gehören nicht nur die Genitalien, sondern auch Samenleiter und Vorsteherdrüsen sowie Gebärmutter, Eileiter und Eierstöcke.

a) Nicht erlaubt sind dem Heilpraktiker der legale Abbruch der Schwangerschaft gemäß §§ 218 ff. StGB sowie die

b) Kastration nach dem Kastrationsgesetz.

6) Schutzimpfungen sind dem Heilpraktiker nicht ausdrücklich verboten, vorausgesetzt, es steht ihm der Impfstoff, bei dem es sich um ein verschreibungspflichtiges Heilmittel handelt, zur Verfügung. Der Arztvorbehalt für die Pockenschutzimpfung ist durch Aufhebung des Gesetzes entfallen.

7) Röntgenstrahlen. Bei Sachkundenachweis ist der Heilpraktiker berechtigt, diese zu verwenden. Allerdings widerspricht die Röntgenverordnung insoweit, als Beschäftigung von Personal im Bereich des Röntgensektors nicht zulässig ist. Nach Kommentarmeinung bestehen gegen die Regeln des Anordnungsverbotes Bedenken, da sie nicht systemgerecht sind.

8) Verabreichung und Verschreibung von Betäubungsmitteln ist dem Heilpraktiker nicht erlaubt.

Nicht ausdrücklich verboten, aber doch mehr oder weniger beschränkt wird der Heilpraktiker in seiner Berufsausübung in folgenden Bereichen:

1) Als arzneimittelrechtlich unstreitig ist das Verbot für den Heilpraktiker, verschreibungspflichtige Arzneimittel anzuwenden. Allerdings ist der Heilpraktiker nicht gehindert, verschreibungspflichtige Arzneimittel zu verordnen, jedoch ist es dem Apotheker verboten, eine solche Verordnung auszuführen. Gelangt der Heilpraktiker dennoch – auf welchem Weg auch immer – an solche Arzneimittel, so ist er an der Anwendung nicht gehindert. Kommt es jedoch aufgrund der Nichtbeherrschung der Arzneimitteltherapie zu einem Schaden, so gilt in bezug auf die rechtliche Beurteilung gleiches wie für die Anwendung anderer von ihm nicht beherrschter Therapieverfahren. In diesen Fällen muß er mit straf- und zivilrechtlichen Konsezquenzen rechnen.

2) Behandlungen im Rahmen der Sozialversicherung sind nur Ärzten vorbehalten. Im Gegensatz dazu sind Behandlungen durch Heilpraktiker grundsätzlich beihilfefähig. Bei Privatversicherungen kommt es auf die vertragliche Vereinbarung an.

3) Der Heilpraktiker ist nicht gehindert, mit einem Arzt diagnostisch oder therapeutisch zusammenzuarbeiten, wohl aber umgekehrt ist es dem Arzt standesrechtlich verboten.

4) Atteste und Zeugnisse kann der Heilpraktiker ausstellen; inwieweit sie anerkannt werden, ist eine andere Frage. Die Leichenschau ist dem Arzt vorbehalten.

5) Der Heilpraktiker ist heute weder besonderen öffentlich rechtlichen Berufspflichten noch einer besonderen öffentlich rechtlichen Standesaufsicht unterworfen. Er unterliegt bei seiner Berufsausübung lediglich der Überwachung durch das örtliche zuständige Gesundheitsamt.

6) Der Heilpraktiker ist nach dem Wortlaut des Gesetzes (§ 203 StGB) nicht der Schweigepflicht unterworfen.

Künstliche Insemination

Die künstliche Besamung (Inseminatio artificialis) beim Menschen (früher unzutreffend künstliche Befruchtung genannt) hat in unserer Zeit eine gewisse, auch praktische Bedeutung erlangt. Deshalb sollte der praktizierende Arzt über die verschiedenen Formen und deren Zulässigkeit orientiert sein. Eine gesetzliche Regelung der künstlichen Insemination besteht in der Bundesrepublik Deutschland derzeit nicht.

> Unter künstlicher Insemination versteht man die Einbringung von Sperma auf nicht natürliche Weise in das weibliche Genitale zum Zwecke der Zeugung. Eine einmalige künstliche Insemination führt nur in seltenen Fällen zur Konzeption.
>
> Grundsätzlich ist zu unterscheiden zwischen der homologen und der heterologen Insemination. Bei der homologen Insemination handelt es sich um die Spermaübertragung zwischen Ehegatten, bei der heterologen Insemination stammt das zur Übertragung verwendete Sperma nicht vom Ehemann.

Homologe künstliche Insemination

Die homologe künstliche Insemination stellt einen ärztlichen Eingriff dar, der bei Einwilligung der Beteiligten keinerlei rechtliche Konsequenzen erwarten läßt. Dies, obwohl es in der Literatur nicht an Meinungen fehlt, nach denen jede künstliche Insemination objektiv gegen die Norm des Sittengesetzes verstoßen würde. Es versteht sich von selbst, daß die künstliche Insemination, ohne Einverständnis auch nur eines der Beteiligten, nicht rechtens sein kann. Bei fehlendem Einverständnis der Ehefrau stehen dieser Schadensersatzansprüche zu, die sowohl gegen den Ehemann als auch gegen den Arzt gerichtet werden können. Schließlich kann die Ehefrau daraus einen relativen Ehescheidungsgrund herleiten. Der Ehemann würde sich schließlich strafrechtlich eines Vergehens der Nötigung schuldig machen. Den beteiligten Arzt würde hier der Vorwurf der Körperverletzung treffen, und er wäre ggf. als Mittäter zu belangen.

Heterologe künstliche Insemination

Weit schwieriger liegen die Probleme bei einer Insemination mit einem Sperma, das nicht vom Ehemann stammt. Auch an die Verwendung eines Spermagemisches ist zu denken. Daß ein solches Vorgehen der Verschleierung dient, liegt auf der Hand. Allerdings kann nur der Verwender eines Spermagemisches, der die Möglichkeiten der forensischen Serologie nicht kennt, sich der Hoffnung auf eine Anonymisierung des Erzeugers hingeben. Zunächst gilt der Grundsatz:

Für die Beurteilung der Abstammung ist auch aus rechtlicher Sicht allein entscheidend, wer biologisch die Mutter und wer biologisch der Vater ist. Im Strafrecht erlangt in diesem Zusammenhang § 169 StGB Bedeutung.

§ 169 StGB (Personenstandsfälschung)

(1) Wer ein Kind unterschiebt oder den Personenstand eines anderen gegenüber einer zur Führung von Personenstandsbüchern oder zur Feststellung des Personenstandes zuständigen Behörde falsch angibt oder unterdrückt, wird mit Freiheitsstrafe bis zu zwei Jahren oder mit Geldstrafe bestraft.

(2) Der Versuch ist strafbar.

Die Ablehnung der künstlichen heterologen Insemination aus rechtlichen und ethischen Gründen darf nicht übersehen, daß diese derzeit auch in unserem Land durchgeführt wird. Exakte Zahlen liegen nicht vor. Aus zahlreichen Gründen bestehen gegen die Durchführung einer künstlichen heterologen Insemination auch ärztlicherseits schwerste Bedenken. Sicher sind Einzelfälle denkbar, u. U. bei einer Depression, in denen eine künstliche heterologe Insemination medizinisch indiziert sein könnte. Voraussetzungen sind: Zustimmung beider Ehegatten nach Aufklärung, im Falle einer nicht verheirateten Frau weitestgehende Aufklärung und Zustimmung, Eintragung der Person des Spermaspenders in der Patientenkartei (ggf. auch Hinterlegung bei einem Notar). Einwilligung des Spermaspenders nach dessen weitestgehender Aufklärung, die u. U. auch darüber zu erfolgen hat, daß der Spender biologischer Vater wird und für den Unterhalt des Kindes in Anspruch genommen werden kann.

Die heterologe künstliche Insemination stellt keinen Strafrechtstatbestand dar. Allerdings verpflichtet die Vorschrift über die Personenstandsfälschung den Arzt, so zu handeln, daß dadurch die Feststellung des Personenstandes nicht unterdrückt wird. Dies geschieht dann, wenn der eine heterologe Insemination durchführende Arzt keine Notizen über die Namen der Spender protokolliert. Die Probleme liegen im Sektor des Zivilrechtes. Hier kann aufgrund einer Entscheidung über eine Feststellungsklage das Kind seinen biologischen Vater in Anspruch nehmen. Hat der Arzt diese Möglichkeit durch Anonymisierung des Spenders verhindert, so muß er damit rechnen, persönlich finanziell in Anspruch genommen zu werden.

Bei Bejahung der Sittenwidrigkeit der heterologen Insemination wäre der Dienstvertrag zwischen Arzt und Patient sittenwidrig und somit kein Anspruch auf Honorar gegeben.

Extrakorporale Befruchtung

Von arztrechtlicher Seite interessiert in diesem Zusammenhang nur die Frage, in welcher familienrechtlichen Beziehung Mutter und Samenspender stehen. Handelt es sich beim Spermaspender um den Ehemann, so hat die Beurteilung nach den Grundsätzen der homologen Insemination zu erfolgen. Stammt das Sperma nicht vom Ehemann, so entspricht das Handeln einer heterologen Insemination und ist unter gleichen Gesichtspunkten zu beurteilen. Allerdings kommt hier das Problem der Leihmutter evtl. mit ins Spiel, durch das eine weitere aus rechtlicher Sicht heute noch nicht absehbare Situation gegeben sein könnte.

Testament

In der täglichen Praxis, vor allem aber im Krankenhaus, wird der Arzt als Person eines besonderen Vertrauens, aber auch als Nothelfer, nicht selten vor das Problem gestellt, dem Wunsche eines Patienten oder dessen Angehörigen zu entsprechen, bei der Testamentserrichtung behilflich zu sein. Sicher könnte er, ohne daß ihm daraus ein Vorwurf gemacht werden dürfte, unter Hinweis auf die Fachfremdheit die Bitte des Patienten oder der Angehörigen ablehnen. Bevor er einen falschen Rat erteilt oder sich gar an der Errichtung eines möglicherweise nicht gültigen Testamentes mitbeteiligt, sollte er dies auch tun – dies schon im Hinblick auf seinen eigenen Schutz. Schließlich kann die Mitwirkung an einem ungültigen Testament Schadenersatzforderungen auslösen.

Da sich der ärztliche Auftrag auch heute noch, über den reinen Heilauftrag hinaus, auf Hilfeleistung erstreckt, sollte der Arzt auch hier bemüht sein zu helfen. Diese Hilfe setzt keineswegs umfassende juristische Kenntnisse oder gar solche eines Notars voraus. Zur Hilfe in der Not reicht es aus, einige wichtige, nicht verzichtbare Grundsätze zu beherrschen:

1. Jeder Testierfähige hat als Erblasser das Recht, eine letztwillige Verfügung darüber zu treffen, an wen nach seinem Tod sein Eigentum übergehen soll. Ist die Willensäußerung mit der gesetzlichen Vorschrift vereinbar und ist den Vorschriften über die Form des Testamentes Genüge getan, so muß dem letzten Willen entsprechend verfahren werden.

2. Das Testament kann wegen seiner Tragweite vom Erblasser nur persönlich errichtet werden (§ 2064 BGB). Jede andere Testamentserrichtung, insbesondere durch eine Vertretung, scheidet aus (§ 2065 BGB).

3. Erste Voraussetzung für die Wirksamkeit ist die Testierfähigkeit des Erblassers. Testierfähig ist, wer das 16. Lebensjahr vollendet hat. Ein Testament kann nicht errichten, wer entmündigt ist oder wer wegen krankhafter Störung der Geistestätigkeit, wegen Geistesschwäche oder Bewußtseinsstörung nicht in der Lage ist, die Bedeutung einer von ihm abgegebenen Willenserklärung einzusehen und nach dieser Einsicht zu handeln (§ 2229 BGB).

4. Ein rechtsgültiges Testament kann zunächst errichtet werden

a) in der Form der Niederschrift durch einen Notar (§ 2231 BGB);

b) eigenhändig (§ 2247 BGB).

Zu a): Wird von einem bettlägerigen Patienten ein Testament mit Niederschrift durch einen Notar verlangt, so muß ein Notar (keine Vorschrift eines bestimmten – keine örtliche Zuständigkeit) gerufen werden. In diesen Fällen kann der Erblasser seinen Willen in der Niederschrift zum Ausdruck bringen oder ein Schriftstück mit Inhalt seines letzten Willens dem Notar übergeben (offen oder geschlossen – braucht nicht persönlich geschrieben zu sein).

Zu b): Das eigenhändige Testament kann jeder errichten, der volljährig (hier im Gegensatz zum notariellen Testament Volljährigkeit erforderlich) und testierfähig ist. Ein solches Testament muß eigenhändig von Anfang bis Ende geschrieben sein. Es soll mit dem Namenszug eigenhändig unterschrieben sein, aber auch andere Formen der Unterschrift sind zulässig, wenn die Identität des Erblassers daraus eindeutig erschlossen werden kann.

Von besonderer Bedeutung im Zusammenhang mit der ärztlichen Tätigkeit ist das Nottestament. Ein Nottestament kann entweder nach § 2249 Abs. 1 BGB oder nach § 2250 BGB errichtet werden.

§ 2249 BGB

Ist zu befürchten, daß der Erblasser stirbt, bevor ein Notar erreicht werden kann, so kann der Erblasser das Testament zur Niederschrift des Bürgermeisters der Gemeinde, in der sich der Patient aufhält, errichten. Der Bürgermeister muß zwei Zeugen hinzuziehen und bestimmte formale Vorschriften beachten (dies ist nicht mehr Sorge des Arztes).

§ 2250 BGB

Befindet sich der Erblasser an einem Ort, an dem er infolge von außerordentlichen Umständen oder infolge von Erkrankung (z. B. Intensivpflege) abgesperrt ist, so daß die Errichtung eines Testamentes vor einem Notar nicht möglich oder erheblich erschwert ist, dann kann das Testament durch mündliche Erklärung vor drei Zeugen errichtet werden. Die drei Zeugen müssen subjektiv von der Nähe der Todesgefahr überzeugt sein und müssen über das Testament eine Niederschrift anfertigen. Die drei Zeugen müssen während der gesamten Testamentserrichtung anwesend sein. Sie müssen auch während der notwendigen Verlesung anwesend sein. Wenn der Patient dazu noch in der Lage ist, die Unterschrift zu leisten, so muß er dies tun. Als Zeuge kann nicht hinzugezogen werden, wer in dem Testament bedacht oder als Testamentsvollstrecker bestellt wird.

Ein nach den §§ 2249 oder 2250 BGB errichtetes Testament gilt als nicht errichtet, wenn seit der Errichtung drei Monate verstrichen sind und der Erblasser noch lebt.

In diesem Zusammenhang sollte in bezug auf die künftige Gesetzgebung bedacht werden, daß heute ein wesentlich längeres Überleben als drei Monate möglich ist, allerdings unter Umständen, die eine Willensäußerung nicht zulassen. Diese Überlegung könnte für die Fälle Bedeutung erlangen, die nach der Errichtung eines Nottestamentes in Bewußtlosigkeit fallen, in der sie länger als drei Monate überleben.

12.1 Paragraphen des nunmehr gültigen Strafgesetzbuches

12.1.1 Strafbare Handlungen gegen Leib und Seele

Im Strafrecht ist die Körperverletzung im 17. Abschnitt (Körperverletzung) geregelt.

§ 223 StGB (Körperverletzung)

(1) Wer einen anderen körperlich mißhandelt oder an der Gesundheit beschädigt, wird mit Freiheitsstrafe bis zu drei Jahren oder mit Geldstrafe bestraft.

(2) Ist die Handlung gegen Verwandte aufsteigender Linie begangen, so ist auf Freiheitsstrafe bis zu fünf Jahren oder auf Geldstrafe zu erkennen.

Der Gesetzgeber spricht hier von körperlicher Mißhandlung und Gesundheitsbeschädigung, ohne näher zu definieren, was unter beiden Begriffen zu verstehen ist. Nach dem Gesetzestext bleibt offen, ob z. B. für die Erfüllung des Tatbestandes eine Schmerzempfindung erforderlich ist. In der Regel ist davon auszugehen, daß die Verletzung der Integrität des menschlichen Körpers, z. B. auch Schneiden der Haare, unter den Begriff der körperlichen Mißhandlung fällt.

§ 223 a (Gefährliche Körperverletzung)

(1) Ist die Körperverletzung mittels einer Waffe, insbesondere eines Messers oder eines anderen gefährlichen Werkzeugs oder mittels eines hinterlistigen Überfalls oder von mehreren gemeinschaftlich oder mittels einer das Leben gefährdenden Behandlung begangen, so ist die Strafe Freiheitsstrafe bis zu fünf Jahren oder Geldstrafe.

(2) Der Versuch ist strafbar.

Hier stellt der Gesetzgeber auf die Art und Weise der Beibringung und nicht auf die Folgen ab. Die Verletzungsfolgen sind nicht die Grundlage für die Beurteilung der Tatbestandserfüllung. Ein oberflächlicher Hautkratzer, mit der Spitze eines Messers herbeigeführt, stellt im Sinne des Gesetzes eine gefährliche Körperverletzung dar.

§ 223 b StGB (Mißhandlung von Schutzbefohlenen)

(1) Wer Personen unter 18 Jahren oder wegen Gebrechlichkeit oder Krankheit Wehrlose, die seiner Fürsorge oder Obhut unterstehen oder seinem Hausstand angehören oder die von dem Fürsorgepflichtigen seiner Gewalt überlassen worden oder durch ein Dienst- oder Arbeitsverhältnis von ihm abhängig sind, quält oder roh mißhandelt, oder wer durch böswillige Vernachlässigung seiner Pflicht, für sie zu sorgen, sie an der Gesundheit schädigt, wird mit Freiheitsstrafe von drei Monaten bis zu 5 Jahren bestraft.

(2) In besonders schweren Fällen ist die Strafe Freiheitsstrafe von einem Jahr bis zu fünf Jahren, in minder schweren Fällen Freiheitsstrafe bis zu drei Jahren oder Geldstrafe.

Die Kenntnis dieser Vorschrift ist für den Arzt deshalb von Bedeutung, weil er u. U. als Hausarzt einer Familie über Vorgänge Kenntnis erlangen kann, die anderen Außenstehenden nicht bekannt werden können. In solchen Fällen kann sich die Frage nach der Offenbarung stellen.

§ 224 StGB (Schwere Körperverletzung)

(1) Hat die Körperverletzung zur Folge, daß der Verletzte ein wichtiges Glied des Körpers, das Sehvermögen auf einem oder beiden Augen, das Gehör, die Sprache oder die Zeugungsfähigkeit verliert oder in erheblicher Weise dauernd entstellt wird oder in Siechtum, Lähmung oder Geisteskrankheit verfällt, so ist auf Freiheitsstrafe von einem Jahr bis zu fünf Jahren zu erkennen.

(2) In minder schweren Fällen ist die Strafe Freiheitsstrafe bis zu fünf Jahren oder Geldstrafe.

Hier stellt der Gesetzgeber im Gegensatz zur gefährlichen Körperverletzung ausschließlich auf die Folgen der Tat ab.

§ 225 StGB (Beabsichtigte schwere Körperverletzung)

(1) War eine der vorbezeichneten Folgen beabsichtigt und eingetreten, so ist auf Freiheitsstrafe von zwei bis zu zehn Jahren zu erkennen.

(2) In minder schweren Fällen ist die Strafe Freiheitsstrafe von sechs Monaten bis zu fünf Jahren.

Die Beabsichtigung allein reicht nicht aus. Die Folgen müssen in der Tat eingetreten sein.

§ 226 (Körperverletzung mit Todesfolge)

(1) Ist durch die Körperverletzung der Tod des Verletzten verursacht worden, so ist auf Freiheitsstrafe nicht unter drei Jahren zu erkennen.

(2) In minder schweren Fällen ist die Strafe Freiheitsstrafe von drei Monaten bis zu fünf Jahren.

§ 226a StGB (Einwilligung des Verletzten) (s. auch S. 281)
Wer eine Körperverletzung mit Einwilligung des Verletzten vornimmt, handelt nur dann rechtswidrig, wenn die Tat trotz der Einwilligung gegen die guten Sitten verstößt.

§ 227 StGB (Beteiligung an einer Schlägerei)
Ist durch eine Schlägerei oder durch einen von mehreren gemachten Angriff der Tod eines Menschen oder eine schwere Körperverletzung (§ 224 StGB) verursacht worden, so ist jeder, welcher sich an der Schlägerei oder dem Angriff beteiligt hat, schon wegen dieser Beteiligung mit Freiheitsstrafe bis zu drei Jahren oder mit Geldstrafe zu bestrafen, falls er nicht ohne sein Verschulden hineingezogen worden ist.

§ 230 StGB (Fahrlässige Körperverletzung)
Wer durch Fahrlässigkeit die Körperverletzung eines anderen verursacht, wird mit Freiheitsstrafe bis zu drei Jahren oder mit Geldstrafe bestraft.

Für die ärztliche Beurteilung macht es in der Regel keinen Unterschied, ob es sich um die Folgen einer vorsätzlichen oder einer fahrlässigen Körperverletzung handelt. Für die Beurteilung von Körperverletzungen gilt folgende Regel: Befunderhebung deskriptiv (z. B.: glattrandige Durchtrennung der Kopfschwarte über der Mittellinie der Stirne, 6 cm lang, mit festsitzenden Wundrändern, in der Mitte bis 12 mm klaffend), eventuell auch photographisch. Diagnose: Schnittverletzung über der Stirne. Beurteilung: Die Verletzung kann mit einem scharfschneidenden Instrument, u. U. mit dem vorgelegten Messer, beigebracht worden sein. In der Regel wird sich aus der Beschaffenheit eines Werkzeuges allein nicht sicher schlußfolgern lassen, daß das vorgelegte Instrument die Tatwaffe gewesen sein muß. Sicher gibt es hier bei besonders geformten Verletzungen Ausnahmen. Die Zahl der Beurteilungen von fahrlässigen Körperverletzungen ist mit der enormen Zunahme des motorisierten Straßenverkehrs und der damit verbundenen unfallbedingten Körperverletzungen, die in der Regel fahrlässig erfolgen, beachtlich angestiegen. Im Strafverfahren ist neben der Feststellung der Körperverletzung und möglicherweise deren Folgen, in den Fällen mit einem tödlichen Ausgang nach zeitlichem Abstand zwischen Unfall und Tod, vielfach zur Frage des ursächlichen Zusammenhanges Stellung zu nehmen. In jüngerer Zeit stellt sich nach Verkehrsunfällen auch die Frage, ob aus der Art und Beschaffenheit der Verletzungen eine Aussage darüber gemacht werden kann, ob der Sicherheitsgurt angelegt war oder nicht.

Tötungsdelikte

Die Tötungsdelikte sind im 16. Abschnitt (Straftaten gegen das Leben) geregelt.

§ 211 (Mord)

(1) Der Mörder wird mit lebenslanger Freiheitsstrafe bestraft.

(2) Mörder ist, wer
aus Mordlust, zur Befriedigung des Geschlechtstriebes, aus Habgier oder sonst aus niedrigen Beweggründen,
heimtückisch oder grausam oder mit gemeingefährlichen Mitteln oder um eine andere Straftat zu ermöglichen oder zu verdecken, einen Menschen tötet.

§ 212 (Totschlag)

(1) Wer einen Menschen tötet, ohne Mörder zu sein, wird als Totschläger mit Freiheitsstrafe nicht unter fünf Jahren bestraft.

(2) In besonders schweren Fällen ist auf lebenslange Freiheitsstrafe zu erkennen.

§ 213 (Minder schwerer Fall des Totschlags)

(1) War der Totschläger ohne eigene Schuld durch eine ihm oder einem Angehörigen zugefügte Mißhandlung oder schwere Beleidigung von dem Getöteten zum Zorne gereizt und hierdurch auf der Stelle zur Tat hingerissen worden oder liegt sonst ein minder schwerer Fall vor, so ist die Strafe Freiheitsstrafe von sechs Monaten bis zu fünf Jahren.

§ 214 und 215 StGB sind weggefallen.
§ 216 Tötung auf Verlangen (s. S. 269)
§ 217 Kindestötung (s. S. 248)
§ 218 ff. Abbruch der Schwangerschaft (s. S. 247)

§ 222 (Fahrlässige Tötung)

Wer durch Fahrlässigkeit den Tod eines Menschen verursacht, wird mit Freiheitsstrafe bis zu fünf Jahren oder mit Geldstrafe bestraft.

12.1.2 Fahrlässigkeitsdelikte. Fahrlässigkeit

Der Begriff Vorsatz (Dolus directus) beinhaltet sowohl im Straf- als auch im Zivilrecht das Wissen und Wollen des Erfolges. Erfolg bedeutet hier sowohl positiv als auch negativ.

Der Begriff bedingter Vorsatz (Dolus indirectus – Dolus eventualis) bedeutet im Strafrecht: Der Handelnde nimmt den Erfolg billigend in Kauf, ohne ihn direkt anzustreben („na wenn schon").

Der Begriff Fahrlässigkeit („es wird schon gut gehen") ist im Zivil- und Strafrecht unterschiedlich definiert. Im Zivilrecht handelt fahrlässig, wer die im Verkehr erforderliche (nicht übliche) Sorgfalt außer acht läßt.

Im Strafrecht handelt fahrlässig, wer die Sorgfalt außer acht läßt, zu der er nach den Umständen und nach seinen persönlichen Kenntnissen und Fähigkeiten verpflichtet und imstande war. Im Sozialrecht entsprechen die Anforderungen an Vorsatz und Fahrlässigkeit denen des Zivilrechtes.

12.1.3 Gutachtenerstattung

Der Arzt-Patienten-Vertrag verpflichtet den Arzt auf Wunsch des Patienten eine gutachtliche Äußerung abzugeben. Wird ein Gutachten von einem Dritten (in der Regel Versicherungsgesellschaft) über einen Patienten verlangt, so kann dies nicht ohne die Einwilligung des Patienten erstellt werden. Willigt der Patient ein, so bestehen dagegen keine Bedenken. Allerdings muß die Einwilligung nach Aufklärung darüber erfolgen, wie weit sich inhaltlich die Begutachtung erstrecken soll. So hat der Patient in der Regel keine Bedenken dagegen, daß der Arzt einer Versicherungsgesellschaft die Tatsache eines Unfallereignisses und der dadurch entstandenen Verletzungen mitteilt. Die weitere, häufig im Routinefragebogen enthaltene Frage nach einer zum Unfallzeitpunkt bestandenen Alkoholbeeinflussung möchte der Patient in vielen Fällen lieber nicht beantwortet haben. Der Patient kann seine Aussagegenehmigung nur auf bestimmte Bereiche beschränken und dadurch die Freigabe der Antwort nach der Alkoholisierung verhindern. Allerdings darf der Arzt in diesen Fällen nicht etwa eine falsche Angabe dadurch machen, daß er die Frage der Alkoholisierung verneint. In diesen Fällen muß klar erkennbar sein, warum die Frage nicht beantwortet wird. In der Regel wird heute mit der Vorlage eines Fragebogens gleichzeitig mitgeteilt, daß der Arzt auf der Erklärung des Versicherungsnehmers zum Zeitpunkt des Abschlusses des Versicherungsvertrages von der Schweigepflicht entbunden sei. Der Arzt darf darauf vertrauen, daß diese Mitteilung ihre Ordnung hat. Wenn trotzdem, zunehmend mehr in diesen Fällen, zur Vorsicht nachgefragt und die Vorlage einer speziellen Entbindungserklärung verlangt wird, spricht dies für eine gewisse Unsicherheit in der täglichen Praxis, die zu einer weiteren Vermehrung des ärztlichen Schriftverkehrs führt.

Ärztliche Zeugnisse

§ 278 StGB (Ausstellen unrichtiger Gesundheitszeugnisse)

Ärzte und andere approbierte Medizinalpersonen, welche ein unrichtiges Zeugnis über den Gesundheitszustand eines Menschen zum Gebrauch bei einer Behörde oder Versicherungsgesellschaft wider besseres Wissen ausstellen, werden mit Freiheitsstrafe bis zu zwei Jahren oder mit Geldstrafe bestraft.

§ 279 StGB (Gebrauch unrichtiger Gesundheitszeugnisse)

Wer, um eine Behörde oder eine Versicherungsgesellschaft über seinen oder eines anderen Gesundheitszustandes zu täuschen, von einem Zeugnis der in den §§ 277 und 278 bezeichneten Art Gebrauch macht, wird mit Freiheitsstrafe bis zu einem Jahr oder mit Geldstrafe bestraft.

12.1.4 Einwilligung des Verletzten

Der Einwilligung des Patienten kommt vor dem ärztlichen Eingriff schon deshalb eine besondere Bedeutung zu, weil nach der Rechtsprechung der ärztliche Eingriff grundsätzlich tatbestandsmäßig eine Körperverletzung darstellt, deren Rechtswidrigkeit nur durch die Einwilligung genommen werden kann. Dabei unterscheidet der Jurist bei ärztlichem Eingriff nicht nach der Größe des Eingriffs. Aus rechtlicher Sicht macht es keinen Unterschied, ob ein Einstich zur Punktion eines Gefäßes oder auch nur subkutan erfolgt oder ob operativ z. B. eine Körperhöhle eröffnet wird. Der Unterschied besteht – wie oben ausgeführt – neben der einfachen Körperverletzung in der Art der Beibringung (gefährliche Körperverletzung § 223a StGB) oder nach den Folgen (schwere Körperverletzung § 224 StGB). Soll der Eingriff rechtens sein, so muß eine Indikation gegeben sein; der Eingriff muß lege artis durchgeführt werden. Der Patient muß in den Eingriff eingewilligt haben. Sieht man von der Indikation als selbständiger Voraussetzung ab und läßt diese in der Lex artis mit enthalten sein, so bleiben nur zwei Voraussetzungen für die Rechtmäßigkeit: die Lex artis und die Einwilligung. Rechtswirksam ist die Einwilligung nur dann, wenn sie aus klarer Einsicht in die Situation gegeben wird. Diese Einsicht kann der Patient nur durch die Aufklärung durch den Arzt erhalten. Aus dieser Überlegung ergibt sich die Verpflichtung des Arztes zur Aufklärung. Allerdings steht es im Ermessen des Patienten, ob er aufgeklärt werden will oder nicht und wie weit ggf. die Aufklärung gegeben werden soll. Nach höchstrichterlicher Rechtsprechung hat die Aufklärung über typische Gefahren und Risiken zu erfolgen. Grundsätzlich gilt:

> Je dringender der Eingriff erforderlich ist (z. B. Schlagaderblutung), um so weniger weit hat die Aufklärung zu gehen und umgekehrt (z. B. kosmetische Operation).

Der Einwilligung des Patienten ist vom Gesetz her eine Grenze gesetzt. So kann niemand in seinen Tod einwilligen (§ 216 StGB, Tötung auf Verlangen).

Ebenso schränkt der § 226a die Einwilligung weiter ein.

§ 226a

Wer eine Körperverletzung mit Einwilligung des Verletzten vornimmt, handelt nur dann rechtswidrig, wenn die Tat trotz der Einwilligung gegen die guten Sitten verstößt.

Mit dieser Vorschrift stellt der Gesetzgeber auf die guten Sitten ab, z. B. Sterilisation auf Wunsch einer jungen gesunden Person männlichen oder weiblichen Geschlechtes vor oder während der Ehe (Gefälligkeitssterilisation). Nach meiner Auffassung liegt in diesen Fällen kein ärztliches Handeln vor. Eingriffe dieser Art verstoßen nach meiner bestrittenen Auffassung gegen die guten Sitten.

Weiteres Beispiel: Kosmetische operative Maßnahmen im Gesicht zur Entstellung und Veränderung des Aussehens und damit Erschwerung von Fahndungsmaßnahmen der Polizei bei einem gesuchten Verbrecher.

12.1.6 Unterlassung der Hilfeleistung

§ 323 c StGB (Unterlassene Hilfeleistung)

Wer bei Unglücksfällen oder gemeiner Gefahr oder Not nicht Hilfe leistet, obwohl dies erforderlich und ihm den Umständen nach zuzumuten, insbesondere ohne erhebliche eigene Gefahr und ohne Verletzung anderer wichtiger Pflichten möglich ist, wird mit Freiheitsstrafe bis zu einem Jahr oder mit Geldstrafe bestraft.

Diese Vorschrift bezieht sich keineswegs nur auf ärztliches Handeln, sie betrifft jedermann. Voraussetzungen für die Pflicht zum Handeln sind ein Unglücksfall oder gemeine Gefahr oder Not, ferner Erforderlichkeit und Zumutbarkeit. Selbstverständlich muß der Arzt in dieser Situation qualifizierte Hilfe leisten. Auch der Medizinstudent wird qualifizierte Hilfe leisten müssen, allerdings nur insoweit, als er die Maßnahmen (z. B. Intubation) beherrscht. Die Verweigerung einer Fallübernahme oder auch das Nichtfolgen eines Rufes des Arztes zu einem Patienten fällt nur dann unter die Vorschrift der unterlassenen Hilfeleistung, wenn die Tatbestandsmerkmale Unglücksfall, gemeine Gefahr oder Not gegeben sind. Nicht jeder banale Infekt entspricht im Gegensatz zu einer akuten Blutung den vom Gesetzgeber verlangten Anforderungen.

Suizid

Der Selbstmord ist nach bundesdeutschem Recht nicht strafbar. Damit entfällt auch die Strafbarkeit der Beihilfe zum Suizid.

Der vollendete Suizid bedarf abgesehen von der Leichenschau keiner ärztlichen Handlung. Anders ist die Situation bei jedem Selbstmordversuch, bei dem noch die Möglichkeit der Lebensrettung gegeben ist. Kommt der Arzt z. B. an das Bett eines infolge Schlafmittelvergiftung bewußtlosen Patienten mit der schriftlichen Anweisung, nichts zur Rettung zu unternehmen, so ist eine sofortige Entscheidung erforderlich. Nach meiner Auffassung ist es in solchen und anderen ähnlich gelagerten Fällen ärztliche Pflicht, Hilfe zu leisten, allein schon deshalb, weil der Arzt zum Zeitpunkt möglicher ärztlicher Hilfe nicht ohne weiteres davon ausgehen darf, daß auch zu diesem Zeitpunkt der Patient die Hilfe immer noch ablehnt. Unsere Untersuchungen mit Befragungen von überlebten Suizidversuchen lassen den Schluß zu, daß ein beachtlicher Teil von Personen eines Kollektivs von Suizidversuchen nach Überleben froh darüber gewesen ist, nun doch nicht zu Tode gekommen zu sein. Allerdings reduziert sich der Prozentsatz derer, die zunächst froh gewesen sind, gerettet worden zu sein, mit weiterem Zeitablauf. Diese Verschiebung hängt in erster Linie damit zusammen, daß nach Rückkehr in die alte (insbesondere familiäre) Umgebung, die bereits einmal, manchmal sogar mehrmals, zum Suizidversuch geführt hat, diese zunehmend mehr wieder in den Vordergrund tritt.

12.2 Sexualdelikte

Die Vorschriften über Straftaten aus dem Bereich der Sexualsphäre finden sich mit einer Ausnahme im 13. Abschnitt des StGB „Straftaten gegen die sexuelle Selbstbestimmung".

Die einzige Ausnahme findet sich im 12. Abschnitt „Straftaten gegen den Personenstand, Ehe und Familie" im

§ 173 StGB (Beischlaf zwischen Verwandten)

(1) Wer mit einem leiblichen Abkömmling den Beischlaf vollzieht, wird mit Freiheitsstrafe bis zu drei Jahren oder mit Geldstrafe bestraft.

(2) Wer mit einem leiblichen Verwandten aufsteigender Linie den Beischlaf vollzieht, wird mit Freiheitsstrafe bis zu zwei Jahren oder mit Geldstrafe bestraft; dies gilt auch dann, wenn das Verwandtschaftsverhältnis erloschen ist. Ebenso werden leibliche Geschwister bestraft, die miteinander den Beischlaf vollziehen.

(3) Abkömmlinge und Geschwister werden nicht nach dieser Vorschrift bestraft, wenn sie zur Zeit der Tat noch nicht 18 Jahre alt waren.

Die gesonderte Einordnung dieser Vorschrift wird damit begründet, daß das Rechtsgut, das der Inzest (Blutschande) verletzt, Ehe und Familie ist, aber auch die psychische Integrität des mißbrauchten Partners schutzwürdig sei.

Nur leibliche Verwandte auf- und absteigender Linie können die Tat begehen. Wichtig zu wissen für den gutachtenden Arzt, ist die Frage der Erfüllung des Tatbestandes. Hier schwankt die Kommentarmeinung, ob es zur vollständigen Einführung des männlichen Gliedes gekommen sein muß, oder ob bereits ein Eindringen in den Scheidenvorhof ausreicht. Samenerguß ist nach übereinstimmender Meinung nicht erforderlich.

Die wichtigsten einschlägigen Vorschriften im 13. Abschnitt des Strafgesetzbuches sind die § 174–184c.

§ 174 (Sexueller Mißbrauch von Schutzbefohlenen)

(1) Wer sexuelle Handlungen

1. an einer Person unter 16 Jahren, die ihm zur Erziehung, zur Ausbildung oder zur Betreuung in der Lebensführung anvertraut ist,
2. an einer Person unter 18 Jahren, die ihm zur Erziehung, zur Ausbildung oder zur Betreuung in der Lebensführung anvertraut oder im Rahmen

eines Dienst- und Arbeitsverhältnisses untergeordnet ist, unter Mißbrauch einer mit dem Erziehungs-, Ausbildungs-, Betreuungs-, Dienst- oder Arbeitsverhältnis verbundenen Abhängigkeit oder
3. an seinem noch nicht 18 Jahre alten leiblichen oder angenommenen Kind vornimmt oder an sich von dem Schutzbefohlenen vornehmen läßt, wird mit Freiheitsstrafe bis zu fünf Jahren oder mit Geldstrafe bestraft.

(2) Wer unter den Voraussetzungen des Absatzes 1.1 bis 3
1. sexuelle Handlungen vor dem Schutzbefohlenen vornimmt oder
2. den Schutzbefohlenen dazu bestimmt, daß er sexuelle Handlungen vor ihm vornimmt, um sich oder den Schutzbefohlenen hierdurch sexuell zu erregen, wird mit Freiheitsstrafe bis zu 3 Jahren oder mit Geldstrafe bestraft.

(3) Der Versuch ist strafbar.

(4) In den Fällen des Absatzes 1.1 oder des Absatzes 2 in Verbindung mit Absatz 1.1 kann das Gericht von einer Bestrafung nach dieser Vorschrift absehen, wenn bei Berücksichtigung des Verhaltens des Schutzbefohlenen das Unrecht der Tat gering ist.

§ 174a StGB (Sexueller Mißbrauch von Gefangenen, behördlich Verwahrten oder Kranken in Anstalten)

(1) Wer sexuelle Handlungen
1. an einem Gefangenen oder
2. an einem auf behördliche Anordnung Verwahrten, der ihm zur Erziehung, Ausbildung, Beaufsichtigung oder Betreuung anvertraut ist, unter Mißbrauch seiner Stellung vornimmt oder an sich von dem Gefangenen oder Verwahrten vornehmen läßt, wird mit Freiheitsstrafe bis zu fünf Jahren oder mit Geldstrafe bestraft.

(2) Ebenso wird bestraft, wer den Insassen einer Anstalt für Kranke oder Hilfsbedürftige, der ihm zur Beaufsichtigung oder Betreuung anvertraut ist, dadurch mißbraucht, daß er unter Ausnützung der Krankheit oder Hilfsbedürftigkeit sexuelle Handlungen an ihm vornimmt oder an sich von dem Insassen vornehmen läßt.

(3) Der Versuch ist strafbar.

§ 174b StGB (Sexueller Mißbrauch unter Ausnutzung einer Amtsstellung)

Wer als Amtsträger, der zur Mitwirkung an einem Strafverfahren oder an einem Verfahren zur Anordnung einer freiheitsentziehenden Maßregel der Besserung und Sicherung oder einer behördlichen Verwahrung berufen ist, unter Mißbrauch der durch das Verfahren begründeten Abhängigkeit sexuelle Handlungen an demjenigen, gegen den sich das Verfahren richtet, vornimmt oder an sich von dem anderen vornehmen läßt, wird mit Freiheitsstrafe bis zu fünf Jahren oder mit Geldstrafe bestraft.

§ 175 (Homosexuelle Handlungen)

(1) Ein Mann über achtzehn Jahre, der sexuelle Handlungen an einem Mann unter achtzehn Jahren vornimmt oder von einem Mann unter achtzehn Jahren an sich vornehmen läßt, wird mit Freiheitsstrafe bis zu fünf Jahren oder mit Geldstrafe bestraft.

(2) Das Gericht kann von einer Bestrafung nach dieser Vorschrift absehen, wenn
1. der Täter zur Zeit der Tat noch nicht einundzwanzig Jahre alt war oder
2. bei Berücksichtigung des Verhaltens desjenigen, gegen den sich die Tat richtet, das Unrecht der Tat gering ist.

§ 176 (Sexueller Mißbrauch von Kindern)

(1) Wer sexuelle Handlungen an einer Person unter vierzehn Jahren (Kind) vornimmt oder an sich von dem Kind vornehmen läßt, wird mit Freiheitsstrafe von sechs Monaten bis zu zehn Jahren, in minder schweren Fällen mit Freiheitsstrafe bis zu fünf Jahren oder mit Geldstrafe bestraft.

(2) Ebenso wird bestraft, wer ein Kind dazu bestimmt, daß es sexuelle Handlungen an einem Dritten vornimmt oder von einem Dritten an sich vornehmen läßt.

(3) In besonders schweren Fällen ist die Strafe Freiheitsstrafe von einem Jahr bis zu zehn Jahren. Ein besonders schwerer Fall liegt in der Regel vor, wenn der Täter
1. mit dem Kind den Beischlaf vollzieht oder
2. das Kind bei der Tat körperlich schwer mißhandelt.

(4) Verursacht der Täter durch die Tat leichtfertig den Tod des Kindes, so ist die Strafe Freiheitsstrafe nicht unter fünf Jahren.

(5) Mit Freiheitsstrafe bis zu drei Jahren oder mit Geldstrafe wird bestraft, wer
1. sexuelle Handlungen vor einem Kind vornimmt,
2. ein Kind dazu bestimmt, daß es sexuelle Handlungen vor ihm oder einem Dritten vornimmt, oder
3. auf ein Kind durch Vorzeigen pornographischer Abbildungen oder Darstellungen, durch Abspielen von Tonträgern pornographischen Inhalts oder durch entsprechende Reden einwirkt,

um sich, das Kind oder einen anderen hierdurch sexuell zu erregen.

(6) Der Versuch ist strafbar; dies gilt nicht für Taten nach Absatz 5 Nr. 3.

§ 177 (Vergewaltigung)

(1) Wer eine Frau mit Gewalt oder durch Drohung mit gegenwärtiger Gefahr für Leib oder Leben zum außerehelichen Beischlaf mit ihm oder einem Dritten nötigt, wird mit Freiheitsstrafe nicht unter zwei Jahren bestraft.

(2) In minder schweren Fällen ist die Strafe Freiheitsstrafe von sechs Monaten bis zu fünf Jahren.

(3) Verursacht der Täter durch die Tat leichtfertig den Tod des Opfers, so ist die Strafe Freiheitsstrafe nicht unter fünf Jahren.

§ 178 (Sexuelle Nötigung)

(1) Wer einen anderen mit Gewalt oder durch Drohung mit gegenwärtiger Gefahr für Leib oder Leben nötigt, außereheliche sexuelle Handlungen des Täters oder eines Dritten an sich zu dulden oder an dem Täter oder einem Dritten vorzunehmen, wird mit Freiheitsstrafe von einem Jahr bis zu zehn Jahren bestraft.

(2) In minder schweren Fällen ist die Strafe Freiheitsstrafe von drei Monaten bis zu fünf Jahren.

(3) Verursacht der Täter durch die Tat leichtfertig den Tod des Opfers, so ist die Strafe Freiheitsstrafe nicht unter fünf Jahren.

§ 179 (Sexueller Mißbrauch Widerstandsunfähiger)

(1) Wer einen anderen, der

1. wegen einer krankhaften seelischen Störung, wegen einer tiefgreifenden Bewußtseinsstörung oder wegen Schwachsinns oder einer schweren anderen seelischen Abartigkeit zum Widerstand unfähig ist oder
2. körperlich widerstandsunfähig ist,

dadurch mißbraucht, daß er unter Ausnutzung der Widerstandsunfähigkeit außereheliche sexuelle Handlungen an ihm vornimmt oder an sich von dem Opfer vornehmen läßt, wird mit Freiheitsstrafe bis zu fünf Jahren oder mit Geldstrafe bestraft.

(2) Wird die Tat durch Mißbrauch einer Frau zum außerehelichen Beischlaf begangen, so ist die Strafe Freiheitsstrafe von einem Jahr bis zu zehn Jahren, in minder schweren Fällen Freiheitsstrafe von drei Monaten bis zu fünf Jahren.

§ 180 (Förderung sexueller Handlungen Minderjähriger)

(1) Wer sexuellen Handlungen einer Person unter sechzehn Jahren an oder vor einem Dritten oder sexuellen Handlungen eines Dritten an einer Person unter sechzehn Jahren

1. durch seine Vermittlung oder
2. durch Gewähren oder Verschaffen von Gelegenheit

Vorschub leistet, wird mit Freiheitsstrafe bis zu drei Jahren oder mit Geldstrafe bestraft. Satz 1 Nr. 2 ist nicht anzuwenden, wenn der zur Sorge für die Person Berechtigte handelt; dies gilt nicht, wenn der Sorgeberechtigte durch das Vorschubleisten seine Erziehungspflicht gröblich verletzt.

(2) Wer eine Person unter achtzehn Jahren bestimmt, sexuelle Handlungen gegen Entgelt an oder vor einem Dritten vorzunehmen oder von einem Dritten an sich vornehmen zu lassen, oder wer solchen Handlungen durch seine Vermittlung Vorschub leistet, wird mit Freiheitsstrafe bis zu fünf Jahren oder mit Geldstrafe bestraft.

(3) Wer eine Person unter achtzehn Jahren, die ihm zur Erziehung, zur Ausbildung oder zur Betreuung in der Lebensführung anvertraut oder im Rahmen eines Dienst- oder Arbeitsverhältnisses untergeordnet ist, unter Mißbrauch einer mit dem Erziehungs-, Ausbildungs-, Betreuungs-, Dienst- oder Arbeitsverhältnis verbundenen Abhängigkeit bestimmt, sexuelle Handlungen an oder vor einem Dritten vorzunehmen oder von einem Dritten an sich vornehmen zu lassen, wird mit Freiheitsstrafe bis zu fünf Jahren oder mit Geldstrafe bestraft.

(4) In den Fällen der Absätze 2 und 3 ist der Versuch strafbar.

§ 181b (Führungsaufsicht)

In den Fällen der §§ 176 bis 179, 180a Abs. 3 bis 5, der §§ 181 und 181a kann das Gericht Führungsaufsicht anordnen (§ 68 Abs. 1 Nr. 2).

§ 182 (Verführung)

(1) Wer ein Mädchen unter sechzehn Jahren dazu verführt, mit ihm den Beischlaf zu vollziehen, wird mit Freiheitsstrafe bis zu einem Jahr oder mit Geldstrafe bestraft.

(2) Die Tat wird nur auf Antrag verfolgt. Die Verfolgung der Tat ist ausgeschlossen, wenn der Täter die Verführte geheiratet hat.

(3) Bei einem Täter, der zur Zeit der Tat noch nicht einundzwanzig Jahre alt war, kann das Gericht von einer Bestrafung nach dieser Vorschrift absehen.

§ 183 (Exhibitionistische Handlungen)

(1) Ein Mann, der eine andere Person durch eine exhibitionistische Handlung belästigt, wird mit Freiheitsstrafe bis zu einem Jahr oder mit Geldstrafe bestraft.

(2) Die Tat wird nur auf Antrag verfolgt, es sei denn, daß die Strafverfolgungsbehörde wegen des besonderen öffentlichen Interesses an der Strafverfolgung ein Einschreiten von Amts wegen für geboten hält.

(3) Das Gericht kann die Vollstreckung einer Freiheitsstrafe auch dann zur Bewährung aussetzen, wenn zu erwarten ist, daß der Täter erst nach einer längeren Heilbehandlung keine exhibitionistischen Handlungen mehr vornehmen wird.

(4) Absatz 3 gilt auch, wenn ein Mann oder eine Frau wegen einer exhibitionistischen Handlung

1. nach einer anderen Vorschrift, die im Höchstmaß Freiheitsstrafe bis zu einem Jahr oder Geldstrafe androht, oder
2. nach § 174 Abs. 2 Nr. 1 oder § 176 Abs. 5 Nr. 1

bestraft wird.

§ 183a (Erregung öffentlichen Ärgernisses)

Wer öffentlich sexuelle Handlungen vornimmt und dadurch absichtlich oder wissentlich ein Ärgernis erregt, wird mit Freiheitsstrafe bis zu einem Jahr oder mit Geldstrafe bestraft, wenn die Tat nicht in § 183 mit Strafe bedroht ist.

§ 184c (Begriffsbestimmungen)

Im Sinne dieses Gesetzes sind

1. sexuelle Handlungen
   nur solche, die im Hinblick auf das jeweils geschützte Rechtsgut von einiger Erheblichkeit sind,
2. sexuelle Handlungen vor einem anderen
   nur solche, die vor einem anderen vorgenommen werden, der den Vorgang wahrnimmt.

13 Ärztegesetze

Bundesärzteordnung

vom 2. Oktober 1961 (BGBl. I S. 1857)
in der Fassung vom 4. Februar 1970 (BGBl. I S. 237)
geändert durch Gesetze vom 2. März 1974 – Art. 52 EGStGB –
(BGBl. I S. 469 ff.), vom 26. März 1975 (BGBl. I S. 773)
und vom 16. August 1977 (BGBl. I S. 1581)

I. Der ärztliche Beruf

§ 1

(1) Der Arzt dient der Gesundheit des einzelnen Menschen und des gesamten Volkes.

(2) Der ärztliche Beruf ist kein Gewerbe; er ist seiner Natur nach ein freier Beruf.

§ 2

(1) Wer im Geltungsbereich dieses Gesetzes den ärztlichen Beruf ausüben will, bedarf der Approbation als Arzt.

(2) Die vorübergehende Ausübung des ärztlichen Berufs im Geltungsbereich dieses Gesetzes ist auch auf Grund einer Erlaubnis zulässig.

(3)[1] Ärzte, die Staatsangehörige der Mitgliedstaaten der Europäischen Wirtschaftsgemeinschaft sind, dürfen den ärztlichen Beruf im Geltungsbereich dieses Gesetzes ohne Approbation als Arzt oder ohne Erlaubnis zur vorübergehenden Ausübung des ärztlichen Berufs ausüben, sofern sie vorübergehend als Erbringer von Dienstleistungen im Sinne des Artikels 60 des EWG-Vertrages im Geltungsbereich dieses Gesetzes tätig werden. Sie unterliegen jedoch der Anzeigepflicht nach diesem Gesetz.

(4) Für die Ausübung des ärztlichen Berufs in Grenzgebieten durch im Inland nicht niedergelassene Ärzte gelten die hierfür abgeschlossenen zwischenstaatlichen Verträge.

(5) Ausübung des ärztlichen Berufs ist die Ausübung der Heilkunde unter der Berufsbezeichnung „Arzt" oder „Ärztin".

§ 2a

Die Berufsbezeichnung „Arzt" oder „Ärztin" darf nur führen, wer als Arzt approbiert oder nach § 2 Abs. 2, 3 oder 4 zur vorübergehenden Ausübung des ärztlichen Berufs befugt ist.

---

[1] Geändert durch Gesetz vom 20. August 1977 (BGBl. I S. 1581).

II. Die Approbation

§ 3

(1) Die Approbation als Arzt ist auf Antrag zu erteilen, wenn der Antragsteller

1.[1] Deutscher im Sinne des Artikels 116 des Grundgesetzes, Staatsangehöriger eines der übrigen Mitgliedstaaten der Europäischen Wirtschaftsgemeinschaft oder heimatloser Ausländer im Sinne des Gesetzes über die Rechtsstellung heimatloser Ausländer vom 25. April 1951 (BGBl. I S. 269), geändert durch das Urheberrechtsgesetz vom 9. September 1965 (BGBl. I S. 1273), ist,
2. sich nicht eines Verhaltens schuldig gemacht hat, aus dem sich seine Unwürdigkeit oder Unzuverlässigkeit zur Ausübung des ärztlichen Berufs ergibt,
3. nicht wegen eines körperlichen Gebrechens oder wegen Schwäche seiner geistigen oder körperlichen Kräfte oder wegen einer Sucht zur Ausübung des ärztlichen Berufs unfähig oder ungeeignet ist,
4. nach einem Studium der Medizin von mindestens sechs Jahren, von denen mindestens acht, höchstens zwölf Monate auf eine praktische Ausbildung in Krankenanstalten entfallen müssen, die ärztliche Prüfung im Geltungsbereich dieses Gesetzes bestanden hat.

Eine in einem der übrigen Mitgliedstaaten der Europäischen Wirtschaftsgemeinschaft abgeschlossene ärztliche Ausbildung gilt als Ausbildung im Sinne der Nummer 4, wenn sie durch Vorlage eines nach dem 20. Dezember 1976 ausgestellten, in der Anlage zu diesem Gesetz aufgeführten ärztlichen Diploms, Prüfungszeugnisses oder sonstigen Befähigungsnachweises des betreffenden Mitgliedstaates nachgewiesen wird. Der Bundesminister für Jugend, Familie und Gesundheit wird ermächtigt, durch Rechtsverordnung mit Zustimmung des Bundesrates die Bezeichnungen der in der Anlage aufgeführten ärztlichen Diplome, Prüfungszeugnisse und sonstigen Befähigungsnachweise zu ändern, wenn dies notwendig ist, um die Bezeichnungen den in einer geänderten Fassung der Richtlinie 75/362/EWG in der Fassung vom 16. Juni 1975 (ABl. EG 1975 Nr. L 167 S. 1) aufgeführten entsprechenden Bezeichnungen anzupassen.[2] Eine in den Ausbildungsstätten in der Deutschen Demokratischen Republik oder in Berlin (Ost) erworbene abgeschlossene Ausbildung für die Ausübung des ärztlichen Berufs gilt als Ausbildung im Sinne der Nummer 4, es sei denn, daß die Gleichwertigkeit des Ausbildungsstandes nicht gegeben ist.

(2) Ist die Voraussetzung nach Absatz 1 Satz 1 Nr. 4 nicht erfüllt, so ist die Approbation als Arzt zu erteilen, wenn der Antragsteller

1. eine außerhalb des Geltungsbereichs dieses Gesetzes abgeschlossene Ausbildung für die Ausübung des ärztlichen Berufs erworben hat und die Gleichwertigkeit des Ausbildungsstandes gegeben ist oder
2. in der Bundesrepublik Deutschland eine außerhalb des Geltungsbereichs

---

[1] Geändert durch Gesetz vom 20. August 1977 (BGBl. I S. 1581).

[2] Geändert durch Gesetz vom 20. August 1977 (BGBl. I S. 1581).

dieses Gesetzes bis zum Abschluß des Hochschulstudiums durchgeführte, hierdurch jedoch nicht vollständig abgeschlossene ärztliche Ausbildung nach Maßgabe der Vorschriften der Rechtsverordnung nach § 4 Abs. 3 Satz 2 oder mit einer Tätigkeit auf Grund einer Erlaubnis nach § 10 Abs. 4 abgeschlossen hat und die Gleichwertigkeit des Ausbildungsstandes gegeben ist[1].

(3) Ist die Voraussetzung nach Absatz 1 Nr. 1 nicht erfüllt, so kann die Approbation als Arzt in besonderen Einzelfällen oder aus Gründen des öffentlichen Gesundheitsinteresses erteilt werden. Sofern der Antragsteller zugleich die Voraussetzungen nach Absatz 1 Nr. 4 nicht erfüllt, ist die Erteilung der Approbation nur zulässig, wenn er eine außerhalb des Geltungsbereichs dieses Gesetzes abgeschlossene Ausbildung für die Ausübung des ärztlichen Berufs erworben hat und die Gleichwertigkeit des Ausbildungsstandes gegeben ist. Absatz 1 Satz 2 bis 4 bleibt unberührt.

(4) Soll die Erteilung der Approbation wegen Fehlens einer der Voraussetzungen nach Absatz 1 Nr. 2 und 3 abgelehnt werden, so ist der Antragsteller oder sein gesetzlicher Vertreter vorher zu hören.

(5) Ist gegen den Antragsteller wegen des Verdachts einer Straftat, aus der sich seine Unwürdigkeit oder Unzuverlässigkeit zur Ausübung des ärztlichen Berufs ergeben kann, ein Strafverfahren eingeleitet, so kann die Entscheidung über den Antrag auf Erteilung der Approbation bis zur Beendigung des Verfahrens ausgesetzt werden.[2]

§ 4

(1) Der Bundesminister für Jugend, Familie und Gesundheit[3] regelt durch Rechtsverordnung mit Zustimmung des Bundesrates in einer Approbationsordnung für Ärzte die Mindestanforderungen an das Studium der Medizin einschließlich der praktischen Ausbildung in Krankenanstalten sowie das Nähere über die ärztliche Prüfung und die Approbation. In der Rechtsverordnung ist das Verfahren bei der Prüfung der Voraussetzungen des § 3 Abs. 1 Nr. 2 und 3 bei Antragstellern, die Staatsangehörige eines der übrigen Mitgliedstaaten der Europäischen Wirtschaftsgemeinschaft sind, und der Frist für die Erteilung der Approbation als Arzt an solche Personen zu regeln, insbesondere die Vorlage der vom Antragsteller vorzulegenden Nachweise und die Ermittlung durch die zuständigen Behörden entsprechend Artikel 11 bis 15 der Richtlinie 75/362/EWG.[3] Die Zulassung zur ärztlichen Prüfung darf vom Bestehen höchstens zweier Vorprüfungen abhängig gemacht werden. Es soll vorgesehen werden, daß die ärztliche Prüfung in zeitlich getrennten Abschnitten abzulegen ist. Dabei ist sicherzustellen, daß der letzte Abschnitt innerhalb von drei Monaten[2] nach dem Ende des Studiums abgelegt werden kann. Für die Meldung zur ärztlichen Prüfung und zu den Vorprüfungen sind Fristen festzulegen.[3]

---

[1] Geändert durch Gesetz vom 20. August 1977 (BGBl. I S. 1581).
[2] Geändert durch Art. 52 EGStGB vom 2. März 1974 (BGBl. I S. 469).
[3] Geändert durch Gesetz vom 20. August 1977 (BGBl. 1 S. 1581).

(2) In der Rechtsverordnung ist vorzusehen, daß die Auswahl der Krankenanstalten durch die Hochschulen im Einvernehmen mit der zuständigen Gesundheitsbehörde erfolgt; dies gilt nicht für Einrichtungen der Hochschulen.

(3)[1] In der Rechtsverordnung ist ferner die Anrechnung von Hochschulausbildungen und Prüfungen, die innerhalb oder außerhalb des Geltungsbereichs dieses Gesetzes abgelegt werden, zu regeln. Außerdem können in der Rechtsverordnung auch die fachlichen und zeitlichen Ausbildungserfordernisse für die Ergänzung und den Abschluß einer ärztlichen Ausbildung für die Fälle festgelegt werden, in denen außerhalb des Geltungsbereichs dieses Gesetzes ein Hochschulstudium der Medizin abgeschlossen, damit aber kein Abschluß der ärztlichen Ausbildung erreicht worden ist, und in denen ein Abschluß der ärztlichen Ausbildung im Rahmen einer Ausbildung nach diesem Gesetz nicht möglich ist.

§ 5[2]

(1) Die Approbation ist zurückzunehmen, wenn bei ihrer Erteilung die ärztliche Prüfung nicht bestanden oder die Ausbildung nach § 3 Abs. 1 Satz 2 oder 4 oder § 3 Abs. 2 oder 3 oder die nach § 14b nachzuweisende Ausbildung nicht abgeschlossen war. Sie kann zurückgenommen werden, wenn bei ihrer Erteilung eine der Voraussetzungen nach § 3 Abs. 1 Satz 1 Nr. 1 bis 3 nicht vorgelegen hat. Eine nach § 3 Abs. 1 Satz 4, Abs. 2 oder 3 erteilte Approbation kann zurückgenommen werden, wenn die Gleichwertigkeit des Ausbildungsstandes nicht gegeben war.

(3) Die Approbation ist zu widerrufen, wenn nachträglich die Voraussetzung nach § 3 Abs. 1 Satz 1 Nr. 2 weggefallen ist. Sie kann widerrufen werden, wenn nachträglich die Voraussetzung nach § 3 Abs. 1 Satz 1 Nr. 3 weggefallen ist.

§ 5a[3]

(aufgehoben)

§ 6

(1) Das Ruhen der Approbation kann angeordnet werden, wenn
1. gegen den Arzt wegen des Verdachts einer Straftat, aus der sich seine Unwürdigkeit oder Unzuverlässigkeit zur Ausübung des ärztlichen Berufs ergeben kann, ein Strafverfahren eingeleitet ist[4],

---

[1] Neu eingefügt durch Gesetz vom 20. August 1977 (BGBl. S. 1581).
[2] Neugefaßt durch Gesetz vom 20. August 1977 (BGBl. I S. 1581).
[3] Aufgehoben durch Gesetz vom 20. April 1977 (BGBl. I S. 1581).
[4] Geändert durch Art. 52 des EGStGB vom 2. März 1974 (BGBl. I S. 469).

2. nachträglich eine der Voraussetzungen nach § 3 Abs. 1 Satz 1 Nr. 3 weggefallen ist oder
3. Zweifel bestehen, ob die Voraussetzungen des § 3 Abs. 1 Satz 1 Nr. 3 noch erfüllt sind und der Arzt sich weigert, sich einer von der zuständigen Behörde angeordneten amts- oder fachärztlichen Untersuchung zu unterziehen.

(2) Die Anordnung ist aufzuheben, wenn ihre Voraussetzungen nicht mehr vorliegen.

(3) Der Arzt, dessen Approbation ruht, darf den ärztlichen Beruf nicht ausüben.

(4) Die zuständige Behörde kann zulassen, daß die Praxis eines Arztes, dessen Approbation ruht, für einen von ihr zu bestimmenden Zeitraum durch einen anderen Arzt weitergeführt werden kann.

§ 7

Der Arzt oder sein gesetzlicher Vertreter ist in den Fällen der §§ 5[1] und 6 Abs. 1 vor der Entscheidung zu hören.

§ 8

(1) Bei einer Person, deren Approbation oder Bestallung wegen Fehlens oder späteren Wegfalls einer der Voraussetzungen des § 3 Abs. 1 Satz 1 Nr. 2 und 3 zurückgenommen oder widerrufen worden ist oder die gemäß § 9 auf die Approbation verzichtet hat[2] und die einen Antrag auf Wiedererteilung der Approbation gestellt hat, kann die Entscheidung über diesen Antrag zurückgestellt und zunächst eine Erlaubnis zur Ausübung des ärztlichen Berufs bis zu einer Dauer von zwei Jahren erteilt werden.

(2) Die Erlaubnis wird nur widerruflich und befristet erteilt; sie kann auf bestimmte Tätigkeiten und Beschäftigungsstellen beschränkt werden. Personen, denen die Erlaubnis erteilt worden ist, haben im übrigen die Rechte und Pflichten eines Arztes.

§ 9

Auf die Approbation kann durch schriftliche Erklärung gegenüber der zuständigen Behörde verzichtet werden. Ein Verzicht, der unter einer Bedingung erklärt wird, ist unwirksam.

III. Die Erlaubnis

§ 10

(1) Die Erlaubnis zur vorübergehenden Ausübung des ärztlichen Berufs kann auf Antrag Personen erteilt werden, die eine abgeschlossene Ausbildung für den ärztlichen Beruf nachweisen.

---

[1] Geändert durch Gesetz vom 20. April 1977 (BGBl. I S. 1581).
[2] Eingefügt durch Gesetz vom 20. April 1977 (BGBl. I S. 1581).

(2) Die Erlaubnis kann auf bestimmte Tätigkeiten und Beschäftigungsstellen beschränkt werden. Sie darf nur widerruflich und nur bis zu einer Gesamtdauer der ärztlichen Tätigkeit von höchstens vier Jahren im Geltungsbereich dieses Gesetzes erteilt oder verlängert werden. Eine weitere Erteilung oder Verlängerung der Erlaubnis ist für den Zeitraum möglich, der erforderlich ist, damit der Antragsteller eine unverzüglich nach Erteilung der Erlaubnis begonnene Weiterbildung zum Facharzt abschließen kann, die innerhalb von vier Jahren aus von ihm nicht zu vertretenden Gründen nicht beendet werden konnte. Die weitere Erteilung oder Verlängerung ist nur zulässig, wenn die Gewähr dafür gegeben ist, daß die Weiterbildung innerhalb dieses Zeitraums abgeschlossen wird; sie darf den Zeitraum von drei Jahren nicht überschreiten.

(3) Eine Erlaubnis darf ausnahmsweise über die in Absatz 2 genannten Zeiträume hinaus erteilt oder verlängert werden, wenn es im Interesse der ärztlichen Versorgung der Bevölkerung liegt oder wenn der Antragsteller asylberechtigt ist.

(4)[1] In Ausnahmefällen kann eine Erlaubnis zur vorübergehenden Ausübung des ärztlichen Berufs auf Antrag auch Personen erteilt werden, die außerhalb des Geltungsbereichs dieses Gesetzes eine ärztliche Ausbildung erworben, diese Ausbildung aber noch nicht abgeschlossen haben, wenn

1. der Antragsteller auf Grund einer das Hochschulstudium abschließenden Prüfung außerhalb des Geltungsbereichs dieses Gesetzes die Berechtigung zur beschränkten Ausübung des ärztlichen Berufs erworben hat und
2. die auf Grund der Erlaubnis auszuübende Tätigkeit zum Abschluß einer ärztlichen Ausbildung erforderlich ist.

Die Erlaubnis ist in diesen Fällen auf bestimmte Tätigkeiten und Beschäftigungsstellen zu beschränken. Die Erlaubnis kann unter der Auflage erteilt werden, daß die vorübergehende Ausübung des ärztlichen Berufs unter Aufsicht eines Arztes, der die Approbation oder die Erlaubnis nach § 10 Abs. 1 besitzt, erfolgt. Sie darf nur unter dem Vorbehalt des Widerrufs und nur bis zu einer Gesamtdauer der ärztlichen Tätigkeit erteilt werden, deren es zum Abschluß der Ausbildung bedarf. Sie kann an Personen, die weder Deutsche im Sinne des Artikels 116 des Grundgesetzes, noch Staatsangehörige eines der übrigen Mitgliedstaaten der Europäischen Wirtschaftsgemeinschaft, noch heimatlose Ausländer sind, nur erteilt werden, wenn es sich um Angehörige eines Staates handelt, der auf Grund von Vereinbarungen mit der Bundesrepublik Deutschland Deutschen im Sinne des Artikels 116 des Grundgesetzes die Möglichkeit gibt, in seinem Land entsprechend tätig zu werden, und der die in der Bundesrepublik Deutschland auf Grund einer Erlaubnis im Sinne dieser Vorschrift abgeleistete ärztliche Tätigkeit auf eine nach seinem Recht vorgesehene Ausbildung anrechnet.

(5) Personen, denen eine Erlaubnis zur Ausübung des ärztlichen Berufs erteilt worden ist, haben im übrigen die Rechte und Pflichten eines Arztes.

---

[1] Geändert durch Gesetz vom 20. August 1977 (BGBl. I S. 1581).

IV. Erbringen von Dienstleistungen[1]

§ 10a

(1) Staatsangehörige der Mitgliedstaaten der Europäischen Wirtschaftsgemeinschaft, die zur Ausübung des ärztlichen Berufs in einem der übrigen Mitgliedstaaten der Europäischen Wirtschaftsgemeinschaft auf Grund einer nach deutschen Rechtsvorschriften abgeschlossenen ärztlichen Ausbildung oder auf Grund eines in der Anlage zu § 3 Abs. 1 Satz 2 oder in § 14b genannten ärztlichen Diploms, Prüfungszeugnisses oder sonstigen Befähigungsnachweises berechtigt sind, dürfen als Dienstleistungserbringer im Sinne des Artikels 60 des EWG-Vertrages vorübergehend den ärztlichen Beruf im Geltungsbereich dieses Gesetzes ausüben.

(2) Ein Dienstleistungserbringer im Sinne des Absatzes 1 hat das Erbringen der Dienstleistung der zuständigen Behörde vorher anzuzeigen. Sofern eine vorherige Anzeige wegen der Dringlichkeit des Tätigwerdens nicht möglich ist, hat die Anzeige unverzüglich nach Erbringen der Dienstleistung zu erfolgen. Bei der Anzeige sind Bescheinigungen des Herkunftsstaates darüber vorzulegen, daß der Dienstleistungserbringer

1. den ärztlichen Beruf im Herkunftsstaat rechtmäßig ausübt und
2. ein ärztliches Diplom, Prüfungszeugnis oder einen sonstigen ärztlichen Befähigungsnachweis im Sinne des Absatzes 1 Satz 1 besitzt.

Die Bescheinigungen dürfen bei ihrer Vorlage nicht älter als zwölf Monate sein.

(3) Der Dienstleistungserbringer hat beim Erbringen der Dienstleistung im Geltungsbereich dieses Gesetzes die Rechte und Pflichten eines Arztes. Verstößt ein Dienstleistungserbringer gegen diese Pflichten, so hat die zuständige Behörde unverzüglich die zuständige Behörde des Herkunftsstaates dieses Dienstleistungserbringers hierüber zu unterrichten.

(4) Einem Staatsangehörigen der Mitgliedstaaten der Europäischen Wirtschaftsgemeinschaft, der im Geltungsbereich dieses Gesetzes den ärztlichen Beruf auf Grund einer Approbation als Arzt oder einer Erlaubnis zur vorübergehenden Ausübung des ärztlichen Berufs ausübt, sind auf Antrag für Zwecke der Dienstleistungserbringung in einem anderen Mitgliedstaat der Europäischen Wirtschaftsgemeinschaft Bescheinigungen darüber auszustellen, daß er

1. den ärztlichen Beruf im Geltungsbereich dieses Gesetzes rechtmäßig ausübt und
2. den erforderlichen Ausbildungsnachweis besitzt.

V. Gebührenordnung

§ 11

Die Bundesregierung wird ermächtigt, durch Rechtsverordnung mit Zustimmung des Bundesrates die Entgelte für ärztliche Tätigkeit in einer Gebüh-

[1] Eingefügt durch Gesetz vom 20. August 1977 (BGBl. I S. 1581).

renordnung zu regeln. In dieser Gebührenordnung sind Mindest- und Höchstsätze für die ärztlichen Leistungen festzusetzen. Dabei ist den berechtigten Interessen der Ärzte und der zur Zahlung der Entgelte Verpflichteten Rechnung zu tragen.

VI. Zuständigkeiten

§ 12

(1) Die Approbation erteilt in den Fällen des § 3 Abs. 1 Satz 1 die zuständige Behörde des Landes, in dem der Antragsteller die ärztliche Prüfung abgelegt hat.

(2)[1] Die Entscheidungen nach § 3 Abs. 1 Satz 1 in Verbindung mit Satz 2 oder 4, Absatz 2 oder 3 und nach den §§ 10 und 14b trifft die zuständige Behörde des Landes, in dem der ärztliche Beruf ausgeübt werden soll. Die Entscheidungen nach den §§ 5 und 6 trifft die zuständige Behörde des Landes, in dem der ärztliche Beruf ausgeübt wird oder zuletzt ausgeübt worden ist. Satz 2 gilt entsprechend für die Entgegennahme der Verzichtserklärung nach § 9.

(3) Die Entscheidungen nach § 8 trifft die zuständige Behörde des Landes, das nach den Absätzen 1 oder 2 für die Erteilung der Approbation zuständig ist.

(4) Die Anzeige nach § 10a Abs. 2 nimmt die zuständige Behörde des Landes entgegen, in dem die Dienstleistung erbracht werden soll oder erbracht worden ist. Die Unterrichtung des Herkunftsstaates gemäß § 10a Abs. 3 Satz 2 erfolgt durch die zuständige Behörde des Landes, in dem die Dienstleistung erbracht wird oder erbracht worden ist. Die Bescheinigungen nach § 10a Abs. 4 stellt die zuständige Behörde des Landes aus, in dem der Antragsteller den ärztlichen Beruf ausübt.

(5) Die Entscheidungen über die Erteilung oder Versagung einer Approbation nach § 3 Abs. 1 Satz 2 oder 4, § 3 Abs. 2 oder 3 sowie über die Rücknahme einer nach diesen Vorschriften erteilten Approbation nach § 5 Abs. 1 Satz 1 oder 3 sollen nur im Benehmen mit dem Bundesminister für Jugend, Familie und Gesundheit getroffen werden.

(6) Die Landesregierung bestimmt die zur Durchführung dieses Gesetzes zuständigen Behörden.

VII. Strafvorschriften

§ 13

Wer die Heilkunde ausübt, solange durch vollziehbare Verfügung das Ruhen der Approbation angeordnet ist, wird mit Freiheitsstrafe bis zu einem Jahr oder mit Geldstrafe bestraft.[2]

---

[1] Geändert durch Gesetz vom 20. August 1977 (BGBl. I S. 1581).

[2] Neugefaßt durch Art. 52 EGStGB vom 2. März 1974 (BGBl. I S. 469).

VIII. Übergangs- und Schlußvorschriften

§ 14

(1) Eine Approbation oder Bestallung, die bei Inkrafttreten dieser Vorschrift in ihrem Geltungsbereich zur Ausübung des ärztlichen Berufs berechtigt, gilt als Approbation im Sinne dieses Gesetzes.

(2) Eine vor Inkrafttreten dieser Vorschrift erteilte Erlaubnis zur vorübergehenden Ausübung des ärztlichen Berufs gilt mit ihrem bisherigen Inhalt als Erlaubnis nach § 10 dieses Gesetzes.

§ 14a[1]

(1) Antragsteller, die das Studium der Medizin im Jahre 1970 oder im Sommersemester 1971 aufgenommen haben, weisen anstelle eines mindestens sechsjährigen Hochschulstudiums der Medizin (§ 3 Abs. 1 Nr. 4) ein Hochschulstudium der Medizin von mindestens elf Semestern und die Ableistung einer nach der ärztlichen Prüfung durchzuführenden einjährigen Medizinalassistentenzeit nach.

(2) Die erforderlichen Ausnahmeregelungen für die in Absatz 1 genannten Personen sind im übrigen in der Rechtsverordnung nach § 4 zu treffen.

(3) In der Rechtsverordnung nach § 4 kann auch vorgesehen werden, daß Antragsteller, die vor dem Jahre 1970, im Jahre 1970 oder im Sommersemester 1971 das Studium der Medizin aufgenommen haben, eine ärztliche Ausbildung nach § 3 Abs. 1 Nr. 4 nachzuweisen haben, wenn sie die ärztliche Ausbildung oder einzelne Abschnitte dieser Ausbildung nicht bis zu einem bestimmten Zeitpunkt abschließen.

§ 14b[2]

Antragstellern, die die Voraussetzungen des § 3 Abs. 1 Satz 1 Nr. 1 bis 3 erfüllen und eine Approbation als Arzt auf Grund der Vorlage eines ärztlichen Diploms, Prüfungszeugnisses oder sonstigen Befähigungsnachweises der übrigen Mitgliedstaaten der Europäischen Wirtschaftsgemeinschaft beantragen, die vor dem 20. Dezember 1976 ausgestellt worden sind, ist die Approbation als Arzt ebenfalls zu erteilen. In den Fällen, in denen die ärztliche Ausbildung des Antragstellers den Mindestanforderungen des Artikels 1 der Richtlinie 75/363/EWG in der Fassung vom 16. Juni 1975 (ABl. EG 1975 Nr. L 167 S. 14) nicht genügt, kann die zuständige Behörde die Vorlage einer Bescheinigung des Heimat- oder Herkunftsstaates des Antragstellers verlangen, aus der sich ergibt, daß der Antragsteller während der letzten fünf Jahre vor der Antragstellung mindestens drei Jahre ununterbrochen tatsächlich und rechtmäßig den ärztlichen Beruf ausgeübt hat.

---

[1] Eingefügt durch Gesetz vom 26. März 1975 (BGBl. I S. 773).
[2] Eingefügt durch Gesetz vom 20. Aug. 1977 (BGBl. I S. 1581).

§ 15

Dieses Gesetz gilt nach Maßgabe des § 13 des Dritten Überleitungsgesetzes vom 4. Januar 1952 (Bundesgesetzbl. I S. 1) auch im Land Berlin. Rechtsverordnungen, die auf Grund dieses Gesetzes erlassen werden, gelten im Land Berlin nach § 14 des Dritten Überleitungsgesetzes.

§ 16

(1) Dieses Gesetz tritt am 1. Januar 1962 in Kraft.

(2) Mit dem Inkrafttreten dieses Gesetzes treten außer Kraft

1. die §§ 1 bis 11, 15, 16, 84, 85, 91 und 92 der Reichsärzteordnung vom 13. Dezember 1935 (Reichsgesetzbl. I S. 1433), zuletzt geändert durch das Gesetz zur Änderung der Reichsärzteordnung vom 30. Mai 1940 (Reichsgesetzbl. I S. 827),
2. die §§ 1 bis 17 und 28 der Ersten Verordnung zur Durchführung und Ergänzung der Reichsärzteordnung vom 31. März 1936 (Reichsgesetzbl. I S. 338), zuletzt geändert durch die Vierte Verordnung zur Durchführung und Ergänzung der Reichsärzteordnung vom 31. Mai 1939 (Reichsgesetzblatt I S. 978),
3. das Bayerische Ärztegesetz vom 25. Mai 1946 (Bereinigte Sammlung des bayerischen Landesrechts Band II S. 58) mit Ausnahme des Artikels 4 Abs. 2 bis 4 und der Artikel 35 bis 37.

(3) Mit dem Inkrafttreten dieses Gesetzes finden auf Ärzte keine Anwendung mehr

1. das bayerische Gesetz zur Regelung des ärztlichen Niederlassungswesens vom 23. Dezember 1948 (Bereinigte Sammlung des bayerischen Landesrechts Band II S. 62),
2. das nordrhein-westfälische Gesetz zur Regelung der Niederlassung von Ärzten, Zahnärzten und Dentisten (Niederlassungsgesetz) vom 17. März 1949 (Bereinigte Sammlung des Landesrechts Nordrhein-Westfalen S. 375) mit Ausnahme des § 3 sowie die Durchführungsverordnung zu diesem Gesetz vom 11. November 1949 (Bereinigte Sammlung des Landesrechts Nordrhein-Westfalen S. 375) mit Ausnahme des § 2.

Anlage
(zu § 3 Abs. 1 Satz 2)

Ärztliche Diplome, Prüfungszeugnisse oder sonstige Befähigungsnachweise der übrigen Mitgliedstaaten der Europäischen Wirtschaftsgemeinschaft;

a) Belgien
,,diplome légal de docteur en médecine, chirurgie et accouchements/het wettelijk diploma van doctor in de genees-, heel- en verloskunde" (staatliches Diplom eines Doktors der Medizin, Chirurgie und Geburtshilfe), ausgestellt von der medizinischen Fakultät einer Universität oder vom Hauptprüfungsausschuß oder von den staatlichen Prüfungsausschüssen der Hochschulen;

b) Dänemark
,,bevis for bestået lægevidenskabelig embedseksamen" (Zeugnis über das ärztliche Staatsexamen), ausgestellt von der medizinischen Fakultät einer Universität, sowie die ,,dokumentation for genemført praktisk uddannelse" (Bescheinigung über eine abgeschlossene praktische Ausbildung), ausgestellt von der Gesundheitsbehörde;

c) Frankreich
,,diplôme d'Etat de docteur en médecine (staatliches Diplom eines Doktors der Medizin), ausgestellt von der medizinischen oder medizinisch-pharmazeutischen Fakultät oder von einer Universität, oder ,,diplôme d'université de docteur en médecine" (Universitätsdiplom eines Doktors der Medizin), soweit dieses den gleichen Ausbildungsgang nachweist, wie er für das staatliche Diplom eines Doktors der Medizin vorgeschrieben ist;

d) Irland
,,primary qualification" (Bescheinigung über eine ärztliche Grundausbildung), die nach Ablegen einer Prüfung vor einem dafür zuständigen Prüfungsausschuß ausgestellt wird, und eine von dem genannten Prüfungsausschuß ausgestellte Bescheinigung über die praktische Erfahrung, die zur Eintragung als ,,fully registered medical practitioner" (endgültig eingetragener Arzt) befähigen;

e) Italien
,,diploma di abilitazione all'esercizio della medicina e chirurgia" (Diplom über die Befähigung zur Ausübung der Medizin und Chirurgie), ausgestellt vom staatlichen Prüfungsausschuß;

f) Luxemburg
,,diplôme d'Etat de docteuer en médecine, chirurgie et accouchements" (staatliches Diplom eines Doktors der Medizin, Chirurgie und Geburtshilfe), ausgestellt und abgezeichnet vom Minister für Erziehungswesen, und ,,certificat de stage" (Bescheinigung über eine abgeschlossene praktische Ausbildung), abgezeichnet vom Minister für Gesundheitswesen, oder die Diplome über die Erlangung eines Hochschulgrades in Medizin, die in einem Mitgliedstaat der Gemeinschaft ausgestellt worden sind und in diesem Land zum Antritt der praktischen Ausbildungszeit, nicht aber zur Aufnahme des Berufs berechtigen und die gemäß dem Gesetz vom 18. Juni 1969 über das Hochschulwesen und die Anerkennung ausländischer Hochschultitel und -grade vom Minister für Erziehungswesen anerkannt worden sind, zusammen mit der vom Minister für Gesundheitswesen abgezeichneten Bescheinigung über eine abgeschlossene praktische Ausbildung;

g) Niederlande
,,universitair getuigschrift van arts" (das Universitätsabschlußzeugnis eines Doktors der Medizin), ausgestellt von einer Universität;

h) Vereinigtes Königreich
,,primary qualification" (Bescheinigung über eine ärztliche Grundausbildung), die nach Ablegen einer Prüfung vor einem dafür zuständigen Prüfungsausschuß ausgestellt wird, und eine von dem genannten Prüfungsausschuß ausgestellte Bescheinigung über die praktische Erfahrung, die zur Eintragung als ,,fully registered medical practitioner" (endgültig eingetragener praktischer Arzt) befähigen.

Hinweisindex auf den Gegenstandskatalog für den zweiten Abschnitt der ärztlichen Prüfung

Die angegebenen Seitenzahlen verweisen auf die Schwerpunkte der Darstellung, wobei jeweils nur Anfangsseiten angegeben sind.

Literaturhinweise

Lehr- und Handbücher

Berg, S. P.: Rechtsmedizin, 12. Aufl. Müller u. Steinicke, München 1984.

Camps, F. E.: Gradwohl's Legal Medicine, 3. Aufl. John Wright Sons Ltd., Bristol 1976.

Detling, J., S. Schönberg, F. Schwarz: Lehrbuch der Gerichtlichen Medizin. Karger, Basel 1951.

Dürwald, W.: Gerichtliche Medizin. Barth, Leipzig 1981.

Eisen, G.: Handwörterbuch der Rechtsmedizin. Enke, Stuttgart 1973.

Forster, B.: Praxis der Rechtsmedizin. Thieme, Stuttgart–New York 1986.

Forster, B., D. Ropohl: Rechtsmedizin, 3. Aufl. Enke, Stuttgart 1982.

Forster, B., D. Ropohl: Medizinische Kriminalistik am Tatort. Enke, Stuttgart 1983.

Franchini, A.: Medicina Legale in Materia Penale, 6. ed. CEDAM, Padova 1972.

Graf, E., F. R. Preuß: Gadamers Lehrbuch der chemischen Toxikologie und Anleitung zur Ausmittelung der Gifte, Bd. I: Grundlagen; Band II: Allgemeine Methoden. Vandenhoeck u. Ruprecht, Göttingen 1966/69.

Hofmann, E. R., A. Haberda: Lehrbuch der gerichtlichen Medizin, 11. Aufl. Urban & Schwarzenberg, Berlin–Wien 1927.

Janssen, W.: Forensische Histologie, Arbeitsmethoden der Medizinischen und Naturwissenschaftlichen Kriminalistik, Bd. 10. Schmidt-Römhild, Lübeck 1977.

Lundquist, F.: Methods of Forensic Science, vol. 1 and 2. Interscience Publ., New York–London 1962 und 1963.

Mueller, B.: Gerichtliche Medizin, 2. Aufl., Bd. 1 und 2. Springer, Berlin–Heidelberg–New York 1975.

Neureiter, F. von, F. Pietrusky, E. Schütt: Handwörterbuch der gerichtlichen Medizin und naturwissenschaftlichen Kriminalistik. Springer, Berlin 1940.

Patscheider, H., H. Hartmann: Leitfaden der Gerichtsmedizin, 2. Aufl. Huber, Bern–Stuttgart-Wien 1981.

Ponsold, A.: Lehrbuch der Gerichtlichen Medizin, 3. Aufl. Thieme, Stuttgart 1967.

Prokop, O.: Forensische Medizin, 2. Aufl. Verlag Volk und Gesundheit, Berlin 1966.

Prokop, O., W. Göhler: Forensische Medizin, 3. Aufl. Verlag Volk und Gesundheit, Berlin 1975.

Reimann, W., O. Prokop: Vademecum Gerichtsmedizin. Verlag Volk und Gesundheit, Berlin 1973.

Reuter, F.: Lehrbuch der gerichtlichen Medizin. Urban & Schwarzenberg, Berlin–Wien 1933.

Schwerd, W.: Rechtsmedizin, 4. Aufl. Deutscher Ärzteverlag 1986.

Simpson, K.: Forensic Medicine, 7. Aufl. Arnold Ltd., London 1974.

Tedeschi, G. G., W. G. Eckert, L. G. Tedeschi: Forensic Medicine. Saunders, Philadelphia–London–Toronto 1977.

Plötzlicher Tod aus natürlicher Ursache

Doerr, W.: Pathologische Anatomie der angeborenen Herzfehler. Handbuch der inneren Medizin, Bd. 9. Springer, Berlin–Göttingen–Heidelberg 1960.

Haberda, A.: Der plötzliche natürliche Tod und seine Ursachen. Wien. Klin. Wschr. 37 (1924) 407.

Hallermann, W.: Der plötzliche Herztod bei Kranzgefäßerkrankungen. Enke, Stuttgart 1939.

Holczabek, W.: Über das histologische Bild der ischaemischen Schädigung des Herzfleisches bei Anwendung der Weinstein-Kresylecht-Violett-Einschlußfärbung. Beitr. gerichtl. Med. 27 (1970) 275.

Holczabek, W.: Pathologisch anatomische Befunde beim plötzlichen Herztod. Hämostaseologie 1 (1982) 3.

Janssen, W.: Der plötzliche Tod aus natürlicher Ursache. In: Mueller, B. (Hrsg.):

Gerichtliche Medizin, Bd. 1. Springer, Berlin–Heidelberg–New York 1975.
Kolisko, A.: Plötzlicher Tod aus natürlicher Ursache. Handbuch der ärztlichen Sachverständigentätigkeit, Bd. 2. Braumüller, Wien–Leipzig 1913.
Krauland, W.: Die Aneurysmen der Schlagadern am Hirn- und Schädelgrund und der großen Rückenmarksschlagadern. Handbuch der speziellen pathologischen Anatomie und Histologie, Bd. 13. Springer, Berlin–Göttingen–Heidelberg 1957.
Merkel, H.: Plötzlicher Tod aus natürlicher Ursache. In: Neureiter, F. von, F. Pietrusky, E. Schütt (Hrsg.): Handwörterbuch der gerichtlichen Medizin. Springer, Berlin 1940.
Reuter, F.: Statistische Untersuchungen über die auslösende Ursache des plötzlichen Herztodes. Notring der wissenschaftlichen Verbände Österreichs, Wien 1955.
Spann, W., R. Henn, W. Eisenmenger: Der natürliche Tod im Säuglings- und Kleinkindalter. In: Eisen, G. (Hrsg.): Handwörterbuch der Rechtsmedizin, Bd. 1. Enke, Stuttgart 1973.
Weyrich, G.: Erfahrungen über den plötzlichen Tod aus natürlicher Ursache bei Erwachsenen. Dtsch. Z. ges. gerichtl. Med. 18 (1932) 211.
Wolf, G.: Das subdurale Hämatom und die Pachymeningitis haemorrhagica interna. Springer, Berlin–Göttingen–Heidelberg 1962.

Plötzlicher Säuglingstod

Althoff, H.: Der plötzliche und unerwartete Tod von Säuglingen und Kleinkindern. Fischer, Stuttgart 1973.
Althoff, H.: Der plötzliche Kindstod. In: Forster, B. (Hrsg.): Praxis der Rechtsmedizin. Thieme, Stuttgart–New York 1986.
Berg, S., S. Kijewski: Histologische Befunde an 224 Fällen von plötzlichem Säuglingstod im norddeutschen Raum. Beitr. gerichtl. Med. 36 (1978) 153.
Bergman, A. B., J. B. Beckwith, C. G. Ray: Sudden Infant Death Syndrome. University of Washington Press, Seattle–London 1970.
Camps, F. E., R. G. Carpenter: Sudden and Unexpected Death in Infancy. John Wright and Sons Ltd., Bristol 1972.
Dittmann, V., O. Pribilla: Zur Epidemiologie des plötzlichen Säuglingstodes. Z. Rechtsmed. 90 (1983) 277.
Gabriel, M.: Der plötzliche Kindstod. Mögliche Ursachen und praktische Konsequenzen. Mschr. Kinderhlk. 128 (1980) 623.
Guilleminault, C. B.: Apnoes during sleep in infants: Possible relationships with sudden death syndrom. Science 190 (1975) 677.
Haidmajer, R., R. Kurz, Th. Kenner, H. Wurm, K. Pfeifer: Physiological and clinical aspects of respiration control in infants with relation to the sudden infant syndrom. Klin. Wschr. 60 (1982) 9.
Janssen, W., W. Naeve: Der plötzliche Kindstod. In: Mueller, B.: Gerichtliche Medizin, 2. Aufl. Springer, Heidelberg–Göttingen–New York 1975.
Kurz, R., Th. Kenner, R. Haidmajer, F. Reiterer, P. Schober, C. Einspieler: Der plötzliche Säuglingstod aus kybernetischer Sicht. Review. Pädiatrie u. Pädologie 21 (1986) 397.
Maresch, W.: Zur Ätiologie des plötzlichen Todesfalls im Säuglingsalter. Z. Kinderhlk. 84 (1960) 565.
Maresch, W.: Plötzlicher Tod aus natürlicher Ursache bei Säugling und Kind. In: Ponsold, A. (Hrsg.): Lehrbuch der Gerichtlichen. Medizin. Thieme, Stuttgart 1967.
Maresch, W.: Der plötzliche Säuglingstod (S.I.D.S.). Beitr. gerichtl. Med. 36 (1978) 123.
Maresch, W.: Chronischer Hirndruck und SIDS. Dtsch. med. Wschr. 112 (1987) 239.
Molz, G., H. Hartmann: Plötzlicher Tod im ersten Lebensjahr. Allgemeine Feststellungen und Obduktionsbefunde. Fortschr. Med. 94 (1976) 1311.
Müller, G.: Der plötzliche Kindestod. Thieme, Stuttgart 1963.
Querci, V., G. A. Norelli: La morte improvisa nell' infanzia come possibile consequenca di relatione su base immunitaria. Zacchia 50 (1975) 207.
Riegel, K.: Neue Erkenntnisse über den plötzlichen Kindstod. Pädiatrische Praxis 30 (1984) 63.
Shannon, D. C., D. H. Kelly, K. O. Connel:

Abnorm regulation of ventilation in infants at risk for sudden infant death syndrom. New Engl. J. Med. 297 (1977) 747.
Strassmann, F.: Lehrbuch der gerichtlichen Medizin. Enke, Stuttgart 1895.
Spann, W., R. Henn, W. Eisenmenger: Der natürliche Tod im Säuglings- und Kleinkindalter. In: Eisen, G. (Hrsg.): Handwörterbuch der Rechtsmedizin, Bd. 1. Enke, Stuttgart 1973.
Valdes-Dapena, M. A.: The morphology of the SIDS. Academic Press, New York 1983.
Weyrich, G.: Erfahrungen über den plötzlichen Tod aus innerer Ursache bei Kindern und Jugendlichen. Dtsch. Z. ges gerichtl. Med. 22 (1933) 116.
Wilske, J.: Der plötzliche Säuglingstod. Springer, Berlin 1984

Verletzungskunde

Dirnhofer, R.: Ein- oder Ausschuß? Mschr. Unfallhlk. 78 (1975) 544.
Falk, H., K. Pfeiffer: Praktische Sektionsdiagnostik mit Schnellmethoden. VEB Thieme, Leipzig 1964.
Fischer, H., W. Spann: Pathologie des Trauma. Bergmann, München 1967.
Fritz, E.: Randabsprengungen an der Einschußseite des Schädelknochens bei Nahschüssen aus mehrschüssigen Faustfeuerwaffen. Dtsch. ges. gerichtl. Med. 20 (1933) 598.
Gonzales, T. A., M. Vance, M. Helpern, Ch. J. Umberger: Legal Medicine, Pathology and Toxicology 2. ed. Appleton-Century-Crofts Inc., New York 1954.
Holczabek, W., G. Machata: Gaschromatographische Untersuchungen zur Frage der Entstehung der Fettembolie beim Menschen. Beitr. gerichtl. Med. 28 (1971) 82.
Holczabek, W., Lachmann, D., Zweymüller, E.: Sturz im Säuglingsalter. Dtsch. Med. Wschr. 43 (1972) 1640.
Holzer, F. J.: Verschluß der Vertebralis. Dtsch. Z. gerichtl. Med. 44 (1955) 422.
Holzer, F. J.: Beilhiebe auf den Kopf. Beitr. gerichtl. Med. 118 (1956) 99.
Krauland, W.: Über die Quellen der akuten und chronischen subduralen Hämatome. Thieme, Stuttgart 1961.
Krauland, W.: Verletzungen der intrakraniellen Schlagadern. Springer, Berlin–Heidelberg–New York 1982.
Krauland, W., H. Maxeiner: Zur Kenntnis von Verletzungen der großen Hirnschlagadern bei stumpfen Schädel-Hirn-Traumen. Beitr. gerichtl. Med. 38 (1980) 89.
Krauland, W., H. Maxeiner, B. Kugler: Aneurysmen der Hirnbasisarterien und Trauma. Beitr. gerichtl. Med. 40 (1982) 145.
Luff, K.: Scharfe und stumpfe Gewalt. In: Eisen, G. (Hrsg.): Handwörterbuch der Rechtsmedizin. Enke, Stuttgart 1973.
Mallach, H. J.: Luftembolie. Springer, Berlin–Heidelberg–New York 1987.
Maurer, H.: Verletzungen durch Schußapparate. Beitr. gerichtl. Med. 21 (1960) 48.
Merli, S.: Progrés recens en matière de blessures provoquées par les armes à feu. Zacchia 49 (1974) 446.
Merli, S.: La valutazione medico-legale delle brezze craniche. Zacchia 52 (1977) 145.
Merli, S.: Considerazioni medico-legali interna di lesivita da proiettili ad azione espansiva e deformazione per arma corte. Zacchia 54 (1979) 439.
Mueller, B.: Schuß. In: Handbuch der Gerichtlichen Medizin und Naturwissenschaftlichen Kriminalistik. Schmid-Römhild, Lübeck 1967, und in: Neureiter, F. von, F. Pietrusky, E. Schütt (Hrsg.): Schußverletzungen. Springer, Berlin 1940.
Palmieri, L., M. Piller: Sugli effetti lesivi di colpi di armi da fuoco corte (Revolvera) a projettile multipli. Zacchia 55 (1980) 261.
Pollak, St.: Zur Makro- und Mikromorphologie der durch Faustfeuerwaffen erzeugten Einschußwunden. Beitr. gerichtl. Med. 40 (1982) 493.
Sellier, K.: Erweiterung der Schußentfernungsbestimmung durch Anreicherung der Schmauchelemente. Forschungsergebnisse der gerichtlichen Medizin. Schmid-Römhild, Lübeck 1967.
Sellier, K.: Schußwaffen und Schußwirkungen. Schmid-Römhild, Lübeck 1969.
Sigrist, Th.: Über die Entstehung der Oberhautverletzung am Einschuß beim Schuß mit aufgesetzter Waffe. Z. Rechtsmed. 93 (1984) 199.
Vycudilik, W., St. Pollak: Die Übertragung

von Waffenöl beim Schuß. Beitr. gerichtl. Med. 41 (1983) 391.
Weber, W.: Experimentelle Untersuchungen zu Schädelbruchverletzungen des Säuglings. Z. Rechtsmed. 92 (1984) 87.
Weber, W.: Zur biomechanischen Fragilität des Säuglingsschädels. Z. Rechtsmed. 94 (1985) 93.
Werkgartner, A.: Eigenartige Hautverletzungen durch Schüsse aus angesetzten Selbstladepistolen. Beitr. gerichtl. Med. 6 (1924) 148.
Werkgartner, A.: Schürfungs- und Stanzverletzungen der Haut am Einschuß durch die Mündung der Waffe. Dtsch. Z. Gerichtl. Med. 11 (1928) 154.
Werkgartner, A.: Zur Bestimmung der stumpfen Hiebwerkzeuge aus dem Wundbefund. Beitr. gerichtl. Med. 14 (1938) 66.
Werkgartner, A.: Hieb – Stich – Schnitt. In: Neureiter, F. von, F. Pietrusky, E. Schütt (Hrsg.): Handwörterbuch der gerichtlichen Medizin. Springer, Berlin 1940.

Erstickung

Frey, R. M., K. Harmagyi, Land, G. Thews: Hypoxie. Springer, Berlin–Heidelberg–New York 1969.
Kleiber, M., E. Koops, K. Püschel, J. Gottberg, B. Brinkmann: Zur Pathologie des Erhängens unter besonderer Berücksichtigung vitaler Rekonstruktionen. Beitr. gerichtl. Med. 40 (1982) 117.
Koops, E., M. Kleiber, B. Brinkmann: Über Befundmuster und besondere Befunde bei homicidalem und suicidalem Erdrosseln. Beitr. gerichtl. Med. 40 (1982) 129.
Luff, K.: Erstickung. In: Eisen, G. (Hrsg.): Handwörterbuch der Rechtsmedizin. Enke, Stuttgart 1973.
Mallach, H. G., M. Oehmichen: Bolustod. Reflex oder Erstickung? Beitr. gerichtl. Med. 40 (1982) 473.
Missliwetz, J.: Morphologie der Verletzungen von Kehlkopf und Zungenbein beim Erhängen (unter besonderer Berücksichtigung der Ringknorpelbrüche). Beitr. gerichtl. Med. 39 (1981) 350.
Pollak, St., C. Stellwag-Carion: Abwandlung der Erhängungsbefunde bei Interposition von Fingern zwischen Schlinge und Hals. Arch. Kriminol. 177 (1986) 76.
Pollak, St., W. Vycudilik: Die Knebelung im Rahmen kombinierter Selbstmorde. Beitr. gerichtl. Med. 39 (1981) 129.
Ponsold, A., S. Berg: Erstickung. In: Ponsold, A. (Hrsg.): Lehrbuch der Gerichtlichen Medizin, 3. Aufl. Thieme, Stuttgart 1967.
Reh, H.: Diagnostik des Erstickungstodes und Bestimmung der Wasserzeit. Tritsch, Düsseldorf 1969.
Schwarzacher, W.: Beiträge zum Mechanismus des Erhängungstodes. Dtsch. Z. ges. gerichtl. Med. 11 (1928) 144.
Schwerd, W.: Erstickung. In: Schwerd, W. (Hrsg.): Kurzgefaßtes Lehrbuch der Rechtsmedizin für Mediziner und Juristen, 4. Aufl. Deutscher Ärzte-Verlag, Köln 1986.
Weber, W., R. Laufkötter: Stadien postmortaler Waschhautbildung. Z. Rechtsmed. 92 (1984) 227.

Einwirkung von Hitze, Kälte, elektrischem Strom

Allgöwer, M., J. Sigrist: Verbrennungen. Springer, Berlin–Göttingen–Heidelberg 1957.
Brinkmann, K., H. Schaefer: Der Elektrounfall. Springer, Berlin–Heidelberg–New York 1982.
Copeland, A. R.: Accidental Fire Deaths. Z. Rechtsmed. 94 (1985) 71.
Dietz, G., W. Dürwald: Gerichtliche Medizin. Barth, Leipzig 1976.
Jellinek, S.: Der elektrische Unfall. Deuticke, Leipzig–Wien 1925.
Jellinek, S.: Spurenkunde der Elektrizität. Deuticke, Leipzig–Wien 1927.
Pioch, W.: Die histochemische Untersuchung thermischer Hautschäden und ihre Bedeutung für die forensische Praxis. Schmidt-Römhild, Lübeck 1966.
Pioch, W.: Zur gerichtsmedizinischen Untersuchung von Tötungsdelikten durch elektrischen Strom. Forschungsergebnisse der gerichtlichen Medizin. Schmidt-Römhild, Lübeck 1967.
Ranner, G., R. Dirnhofer, J. Mutz: Subarachnoidalblutungen bei ausgedehnten Verbrühungen. Beitr. gerichtl. Med. 40 (1982) 163.
Schmidt, G.: Elektrische Energie/Hitze. In:

Eisen, G. (Hrsg.): Handwörterbuch der Rechtsmedizin. Enke, Stuttgart 1973.
Schwerd, W.: Einwirkung von elektrischer Energie; Einwirkung von Hitze und Kälte. In: Schwerd, W. (Hrsg.): Kurzgefaßtes Lehrbuch der Rechtsmedizin für Mediziner und Juristen, 4. Aufl. Deutscher Ärzte-Verlag, Köln 1986.

Verkehrsmedizin, Alkohol und Verkehrssicherheit, Blutalkohol

Antoniotti, F.: Aspetti medico-legali interna di toxicodipedenze e di alcoolismo. Zacchia 52 (1977) 109.
Arzt und Kraftfahrer. Probleme des Straßenverkehrs interdisziplinär dargestellt. Verlag der österr. Ärztekammer, Wien 1979.
Barni, M., T. di Perri: La mort et les transplantations des organes. Zacchia 46 (1971) 53.
Bomsdorf, E.: Alkoholunfälle im Straßenverkehr 1977–1979. Blutalkohol 18 (1981) 131.
Brettel, H. F.: Blutalkohol und Blutwassergehalt. Schmidt-Römhild, Lübeck 1972.
Dirnhofer, R., Th. Sigrist: Zur Rekonstruktion eines Flugzeugabsturzes. Beitr. gerichtl. Med. 40 (1982) 439.
Dotzauer, G., J. Hirschmann: Fehldiagnose Trunkenheit. Schattauer, Stuttgart 1968.
Dürwald, W.: Gerichtsmedizinische Untersuchungen bei Verkehrsunfällen. VEB Thieme, Leipzig 1966.
Elbel, H., F. Schleyer: Blutalkohol. Thieme, Stuttgart 1956.
Feenstra, O., G. Seggl: Anfahrverletzungen bei Fußgängern. D. med. Sachverst. 81 (1985) 145.
Forster, B., H. Joachim: Blutalkohol und Straftat. Thieme, Stuttgart 1975.
Gerchow, J.: Alkohol und Verkehrssicherheit. In: Wagner, K., H. J. Wagner (Hrsg.): Handbuch der Verkehrsmedizin. Springer, Berlin 1968.
Gerchow, J.: Alkohol und Verkehrssicherheit: In: Wagner, K., H. J. Wagner: Handbuch der Verkehrsmedizin. Springer, Berlin 1968.
Gerchow, J.: Alkohol und Drogenkriminalität unter dem Aspekt neuerer Entwicklungen. Blutalkohol 22 (1985) 152.
Gerchow, J., U. Heifer, G. Schewe, W. Schwerd, P. Zink: Die Berechnung der maximalen Blutalkoholkonzentration und ihr Beweiswert für die Beurteilung der Schuldfähigkeit. Blutalkohol 22 (1985) 77.
Grüner, O.: Der gerichtsmedizinische Alkoholnachweis. Heymann, Köln–Berlin–Bonn–München 1967.
Grüner, O.: Schädigung durch Alkohol und alkoholähnliche Körper unter besonderer Berücksichtigung des Straßenverkehrs. In: Mueller, B. (Hrsg.): Gerichtliche Medizin, Bd. 2. Springer, Berlin–Heidelberg–New York 1979.
Grüner, O.: Alkohol. In: Eisen, G. (Hrsg.): Handwörterbuch der Rechtsmedizin. Enke, Stuttgart 1979.
Grüner, O.: Zur Problematik der Alkoholbestimmung. Blutalkohol 17 (1980) 351.
Grüner, O.: Der Beweiswert der Alkoholkonzentration im Rahmen der indirekten Blutalkoholbestimmung. Beitr. gerichtl. Med. 42 (1984) 215.
Grüner, O., E. Rentschler: Manual zur Blutalkoholuntersuchung. Heymann, Köln–Bonn–Berlin–München 1976.
Heifer, U.: Ermittlungs- und Urteilsfehler als Folgen unzureichender Synopsis interdisziplinärer Verkehrsunfallrekonstruktion. Beitr. gerichtl. Med. 41 (1983) 229.
Heifer, U.: Grundlagen, Möglichkeiten und Probleme der Atemalkoholbestimmung. Z. Rechtsmed. 26 (1984) 1.
Heifer, U.: Atemalkoholkonzentration/ Blutalkoholkonzentration. Utopie eines forensisch brauchbaren Beweismittels. Blutalkohol 23 (1986) 229.
Huckenbek, W., H. Schweizer: Zur Korrelation polizeilich durchgeführter Atemalkoholbestimmungen mit den Blutalkoholbestimmungen in den Grenzbereichen um BAK 0,8 und 1,3 Promille – Erfahrungen mit dem Gerät ,,Alcotest 7310" in Düsseldorf 1984. Blutalkohol 22 (1985) 417.
Kallieris, D., G. G. Schmidt, R. Schuler: Thoraxbelastung und Verletzungsmuster bei der Schrägkollision. Beitr. gerichtl. Med. 40 (1982) 275.
Klein, H.: Alkohol und Medikamente. Fortschr. Med. 82 (1964) 169.
Klein, H.: Verkehrsmedizin. In: Eisen, G. (Hrsg.): Handwörterbuch der Rechtsmedizin, Bd. 2. Enke, Stuttgart 1974.
König, H. G., M. Staak: Spurentechnische Rekonstruktion typischer Bewegungsab-

läufe bei realen Fußgänger-PKW-Unfällen. Beitr. gerichtl. Med. 40 (1982) 347.
Laubenthal, F.: Sucht und Mißbrauch. Thieme, Stuttgart 1964.
Leinzinger, E. P.: Praktische Erfahrungen mit einer speziellen Obduktionstechnik bei Verkehrsunfällen. Beitr. gerichtl. Med. 37 (1979) 55.
Löwenhielm, P., P. Krantz: The Effect of the Unrestained Back Seat Passengers on the Injuries Suffered by Drivers and Front Seat Passengers in Head-on Collisions, Z. Rechtsmed. 92 (1984) 199.
Luff, K., F. U. Lutz, H. Brömme: Ergebnisse einer Untersuchung tödlicher Unfälle von Kraftfahrzeuginsassen unter Berücksichtigung medizinischer und technischer Aspekte, Z. Rechtsmed. 75 (1974) 121.
Luff, K., A. Schrey: Arzneimittel und Verkehrssicherheit. Wolf und Sohn, München 1981.
Machata, G.: Über die gaschromatographische Blutalkoholbestimmung. Blutalkohol 4 (1967) 252.
Mallach, H. J., H. P. Hartmann, S. Schmidt: Alkoholwirkung beim Menschen. Thieme, Stuttgart–New York 1987.
Mallach, H. J., J. Seitz: Angaben von Alkoholtätern über Arzneimitteleinnahme und deren Überprüfung. Blutalkohol 12 (1975) 337.
Maresch, W.: Der Verkehrsunfall in gerichtsmedizinischer Sicht. Z. Verkehrsrecht 10 (1965) 252.
Maresch, W.: Sektionstechnik bei Verkehrsunfällen. Beitr. gerichtl. Med. 35 (1977) 37.
Maresch, W., H. Maurer: Über den Wert von Liquoralkoholbestimmung an Leichen. Beitr. gerichtl. Med. 22 (1964) 224.
Maresch, W., H. Maurer: Der Verkehrsunfall in gerichtsmedizinischer Sicht, Leykam, Graz 1985.
Maurer, H.: Straßenverkehrsunfälle schwangerer Frauen vom gerichtsmedizinischen Standpunkt. Beitr. gerichtl. Med. 24 (1966) 42.
Maurer, H.: Blutalkoholforschung und Rechtspflege. Z. Verkehrsrecht 15 (1970) 58.
Maurer, H.: Ärztliche Schweige- und Anzeigepflicht in bezug auf Verkehrsmedizin. Österr. Ärztetg. 37 (1979) 29.
Maurer, H., W. Preidler.: Alkoholbestimmung aus Wund- und Lachenblut. Blutalkohol 2 (1965) 442.
Metter, D.: Die Rekonstruktion der Sitzordnung bei PKW-Unfällen. Arch. Kriminol. 162 (1978) 92.
Metter, D.: Spurenbefunde bei Fußgänger-Fahrzeugkollisionen und ihre Bedeutung für die Unfallrekonstruktion. Z. Rechtsmed. 91 (1983) 21.
Metter, D.: Fußgänger-PKW-Unfälle bei Kollisionsgeschwindigkeiten über 70 km/h. Beitr. gerichtl. Med. 42 (1984) 319.
Metter, D.: Rechtsmedizinische Unfallrekonstruktion von tödlichen Fußgänger-PKW-Unfällen. Review. Zbl. Rechtsmed. 26 (1984) 735.
Mitmeyer, H. J., H. Fischer: Traumatisierung und Überlebenszeit beim tödlichen Verkehrsunfall. Beitr. gerichtl. Med. 41 (1983) 249.
Patscheider, H.: Über Anprallverletzungen der unteren Gliedmaßen bei Straßenverkehrsunfällen. Dtsch. Z. ges. gerichtl. Med. 54 (1963) 336.
Patscheider, H., U. Gessner: Zur Atemalkoholbestimmung mit dem „Alcometer" unter Feldbedingungen. Blutalkohol 15 (1978) 356.
Patscheider, H., U. Gessner: Atem- und Blutalkoholwerte unter Bedingungen der alltäglichen Praxis. Blutalkohol 12 (1975) 364.
Patscheider, H., H. Unterdorfer: Verletzungsbefunde bei tödlich verunglückten Radfahrern. Beitr. gerichtl. Med. 24 (1968) 52.
Pohl, K. D.: Naturwissenschaftlich-kriminalistische Spurenanalytik bei Verkehrsunfällen. Beitr. gerichtl. Med. 32 (1974) 109.
Pohl, K. D.: Naturwissenschaftlich-kriminalistische Spurenanalyse bei Verkehrsunfällen. Arbeitsmethoden der medizinischen und naturwissenschaftlichen Kriminalistik, Bd. 14. Schmidt-Römhild, Lübeck 1975.
Pohl, K. D.: Die naturwissenschaftliche Kriminalistik als Entscheidungshilfe am Tatort. Kriminalistik 32 (1978) 221.
Pohl, K. D.: Untersuchungen bei Verkehrsunfällen. Handbuch der naturwissenschaftlichen Kriminalistik, Bd. 1. Kriminalistik-Verlag, Heidelberg 1984.
Pollak, St.: Der alkoholisierte Fußgänger als

Opfer tödlicher Verkehrsunfälle. Wien, klin. Wschr. 88 (1976) 206.
Pribilla, O., K. Zöllner: Chirurgische und pathologisch-anatomische Befunde bei Verkehrsunfällen. Dtsch. ges. gerichtl. Med. 54 (1963) 72.
Prokop, O., G. Radam: Rekonstruktion von Verkehrsunfällen aus gerichtsmedizinischer Sicht. In: Wagner, K., H. J. Wagner: Handbuch der Verkehrsmedizin. Springer, Berlin–Heidelberg–New York 1968.
Saternus, K. S.: Tödliche Unfälle von Fußgängern im Straßenverkehr. Z. Rechtsmed. 73 (1973) 279.
Saternus, K. S.: Halsweichteil- und Wirbelsäulen- und Rückenmarksverletzungen bei Unfalltodesfällen, Bandscheibenverletzungen. Hefte Unfallhlk. 132 (1978) 297.
Saternus, K. S.: Zur Mechanik des Schleudertraumas der HWS. Z. Rechtsmed. 88 (1982) 1.
Schmidt, G.: Hauttopik und Verletzungsspuren. Dtsch. Z. gerichtl. Med. 62 (1968) 87.
Schmidt, G.: Versuchsdaten als Grundlage einer gerichtsmedizinischen Rekonstruktion von Verkehrsunfällen. Beitr. gerichtl. Med. 32 (1974) 100.
Schmidt, G., D. Kallieris, T. Gerstner, H. Kemmer: Retrospektive Untersuchung von 385 tödlichen Fußgängerunfällen. Beitr. gerichtl. Med. 41 (1983) 233.
Schmutte, P., H. Strohmeyer, W. Naeve: Atemalkoholkonzentration unter besonderen Bedingungen und besonderer Atemtechnik (Hyperventilation). Blutalkohol 10 (1973) 34.
Schneble, H.: Juristische Probleme der indirekten Blutalkoholbestimmung. Blutalkohol 17 (1980) 329.
Schneble, H.: Zur Verwertbarkeit der Ergebnisse einer Atemalkoholbestimmung in der forensischen Praxis. Blutalkohol 23 (1986) 318.
Schultz, E.: Rekonstruktion von Verkehrsunfällen und Fahrzeuguntersuchung. Beitr. gerichtl. Med. 32 (1974) 96.
Schultz, E., R. Jahn: Ringfrakturen der Schädelbasis. Z. Rechtsmed. 90 (1983) 137.
Schultz, E., D. Metter, G. Albert: Analyse von Anfahrverletzungen der unteren Gliedmaßen. Beitr. gerichtl. Med. 35 (1977) 77.
Schultz, E., M. Möller: Rupturen des Trachiobronchialsystems bei Verkehrsunfällen. Unfall- und Sicherheitsforschung im Straßenverkehr, Heft 42 (1983). Bundesanstalt für Straßenwesen, Köln, Brühlerstr. 1.
Schwarz, G., F. Zeidler, B. Brinkmann: Gewebeveränderung der Insassenkleidung durch Einwirkung des Sicherheitsgurts beim 50 km/h-Frontalaufprall. Z. Rechtsmed. 92 (1984) 291.
Sorgo, G.: Alkoholtestprobe, klinische Untersuchung und Blutalkoholbestimmung. Z. Verkehrsrecht 89 (1974) 89.
Sorgo, G.: Die kritischen Bereiche der Alkoholbegutachtung im Verwaltungs- und Strafrecht. Forensia 4 (1983) 25.

Fruchtabtreibung und Kindestötung. Kindesmißhandlung

Adebahr, G.: Über das generalisierte Shwartzmann-Phänomen bei Abtreibungen. Dtsch. Z. gerichtl. Med. 54 (1963) 124.
Bauer, G.: Die Kindesmißhandlung. Kriminalwissenschaftliche Abhandlungen, Bd. 3. Schmidt-Römhild, Lübeck 1969.
Biermann, G.: Kinderzüchtigung und Kindesmißhandlung. Reinhardt, München–Basel 1969.
Dirnhofer, R., Th. Sigrist: Tod intrapartum oder Kindestötung. Z. Rechtsmed. 91 (1983) 145.
Dotzauer, G.: Abtreibung. Handwörterbuch der Kriminologie. de Gruyter, Hamburg 1966.
Falk, W., W. Maresch: Klinisch-pädiatrische und forensische Aspekte der Kindesmißhandlungen. Kinderhlk. 115 (1967) 196.
Fischer, J.: Die Abtreibung. Kriminalistik-Verlag, Hamburg 1966.
Hartmann, G., B. Mueller: Schwangerschaftsabbruch und Kindestötung. In: Mueller, B. (Hrsg.): Gerichtliche Medizin. Springer, Berlin–Heidelberg–New York 1975.
Heiss, H.: Die künstliche Schwangerschaftsunterbrechung und der kriminelle Abort. Enke, Stuttgart 1967.
Holczabek, W., J. Herbich, D. Lachmann, E. Zweymüller: Zur Differentialdiagnose der Kindesmißhandlung. Beitr. gerichtl. Med. 31 (1973) 47.

Holczabek, W., D. Lachmann, E. Zweymüller: Sturz im Säuglingsalter. Dtsch. Med. Wschr. 43 (1972) 1640.

Krecke, J. J.: Zum generalisierten Shwartzmann-Phänomen und seine Bedeutung für die menschliche Pathologie. Fischer, Stuttgart 1964.

Müller, C., D. Stucki: Richtlinien zur medizinischen Indikation der Schwangerschaftsunterbrechung. Springer, Berlin–Heidelberg–New York 1964.

Nau, E.: Kindesmißhandlung. Mschr. f. Kindeshlk. 115 (1967) 192.

Naujoks, H.: Gerichtliche Geburtshilfe. Thieme, Stuttgart 1957.

Schulte, W., M. Schulte, S. Schulte: Unerwünschte Schwangerschaft. Thieme, Stuttgart 1957.

Stegner, H. E., K. Thomsen: Therapeutischer Schwangerschaftsabbruch und Unfruchtbarmachung. In: Käser, O., V. Friedberg, K. G. Ober, K. Thomsen, J. Zander (Hrsg.): Gynäkologie und Geburtshilfe, Bd. 3. Thieme, Stuttgart 1972.

Trube-Becker, E.: Kindesmißhandlung, Kindestötung. In: Eisen, G. (Hrsg.): Handwörterbuch der Rechtsmedizin, Bd. 1. Enke, Stuttgart 1973.

Trube-Becker, E.: Gewalt gegen das Kind. Aufgaben der Rechtsmedizin. Beitr. gerichtl. Med. 38 (1980) 125.

Trube-Becker, E.: Gewalt gegen das Kind. Aufgaben der Rechtsmedizin. Beitr. gerichtl. Med. 38 (1980) 125.

Zander, J.: Septischer Abort und bakterieller Schock. Springer, Berlin–Heidelberg–New York 1968.

Forensische Toxikologie

Ariens, E. J., E. Mitschler, A. M. Simonis: Allgemeine Toxikologie. Thieme, Stuttgart 1978.

Bär, W.: Meteorologische Einflüsse bei tödlichen Kohlenmonoxydvergiftungen. Beitr. gerichtl. Med. 40 (1982) 305.

Battista, H. J., W. Koch, H. Udermann, W. Vycudilik: TOXDOC Toxikologisch-chemisches Dokumentationssystem auf EDV-Basis. Beitr. gerichtl. Med. 37 (1979) 383.

Battista, H. J., H. Udermann, G. Henning, W. Vycudilik: Zum Nachweis der Benzodiazepine in der forensischen Chemie. Beitr. gerichtl. Med. 37 (1979) 5.

Bauer, G.: Rauschgift. Schmidt-Römhild, Lübeck 1972.

Breitenecker, L., W. Holczabek: Kohlenmonoxyd. In: Ponsold, A. (Hrsg.): Lehrbuch der Gerichlichen Medizin, 3. Aufl. Thieme, Stuttgart 1967.

Brugsch, H., O. R. Klimmer: Vergiftungen im Kindesalter, 2. Aufl. Enke, Stuttgart 1966.

Clarmann, M. von: Grundzüge der klinischen Toxikologie. In: Kuemmerle, H. P., E. R. Garett, K. H. Spitzy (Hrsg.): Klinische Pharmakologie und Therapie. Urban & Schwarzenberg, München 1971.

Dadisch, G. L.: Der Nachweis basischer Arzneimittel im Untersuchungsgut des Institutes für gerichtliche Medizin der Universität Wien 1970–1980. Beitr. gerichtl. Med. 40 (1982) 429.

Fischer, H.: Strychnin und Brechnußvergiftung. In: Neureiter, F. von, F. Pietrusky, E. Schütt (Hrsg.): Handwörterbuch der Gerichtlichen Medizin, Springer, Berlin 1940.

Fühner, H.: Medizinische Toxikologie, 3. Aufl. Thieme, Stuttgart 1951.

Geldmacher-Malinckrodt, M.: Der forensische Nachweis von Insektiziden der Systoxgruppe. Arbeitsmethoden der medizinischen und naturwissenschaftlichen Kriminalistik, Bd. 6. Schmidt-Römhild, Lübeck 1967.

Geldmacher-Malinckrodt, M.: Forensische Toxikologie. In: Mueller, B. (Hrsg.): Gerichtliche Medizin, Bd. 2. Springer, Berlin–Heidelberg–New York 1975.

Holczabek, W.: Über die cyanochrome myeline Entmischung des Herzfleisches nach Tod an Kohlenoxydvergiftung und nach Tod an Hypoxämie. Z. allg. Path. 114 (1971) 83.

Klimmer, O. R.: Pflanzenschutz. und Schädlingsbekämpfungsmittel. Abriß einer Toxikologie und Therapie von Vergiftungen. Hundt, Hattingen 1971.

Kryspin-Exner, K.: Drogen. Jugend und Volk, Wien-München 1971.

Leinzinger, E. P.: Die Kohlenmonoxidvergiftung im Freien. Beitr. gerichtl. Med. 37 (1979) 59.

Leinzinger, E. P., W. Maresch, H. Udermann: Vergiftungen aus gerichtsmedizinischer Sicht. Arch. Toxicol. 39 (1978) 199.

Lundquist, F. (ed.): Methods of Forensic Science. Vol. 1. Interscience Publ., New York–London 1962.

Machata, G.: Neue chromatographische Analyseverfahren in der gerichtlichen Medizin und Kriminalistik. Tgg. Naturw. Kriminal. LKA, Hannover 1966.

Machata, G.: Thin Layer Chromatography (TLC). In: Curry, A. S. (ed.): Methods for Forensic Science, Bd. 4, S. 229–246. Interscience Publ., London–New York–Sydney 1965.

Maresch, W.: Die Vergiftung durch Phosphorsäureester. Arch. Toxikol. 16 ('57) 285.

Maresch, W.: Über Systoxvergiftungen. Wien. klin. Wschr. 69 (1957) 774.

Maresch, W.: Selbstmord durch rectale Applikation von Schlafmitteln. Arch. Kriminol. 134 (1964) 172.

Maresch, W.: Der pathologisch-anatomische Befund bei Arsenikvergiftungen. Beitr. gerichtl. Med. 36 (1978) 41.

Maresch, W., F. Lembeck, W. Lipp: Vergiftungen im Kindesalter. Wien. klin. Wschr. 23 (1960) 411.

Metter, D., R. Vock: Untersuchungen über die Haarstruktur bei Thalliumvergiftung. Z. Rechtsmed. 91 (1984) 201.

Moeschlin, S.: Klinik und Therapie der Vergiftungen, 6. Aufl. Thieme, Stuttgart–New York 1980.

Palmovic, V., V. Volaric, Z. Gasparac: Casi letali per avvelamento a Zagabria e Fiume. Zacchia 46 (1971) 420.

Pankow, D.: Toxikologie des Kohlenmonoxyds. VEB Volk und Gesundheit, Berlin 1981.

Petri, E.: Pathologische Anatomie und Histologie der Vergiftungen. In: Henke, H., O. Lubarsch (Hrsg.): Handbuch der speziellen pathologischen Anatomie und Histologie, Bd. 10. Springer, Berlin 1930.

Rauschke, J.: Thallium. In: Ponsold, A. (Hrsg.): Lehrbuch der Gerichtlichen Medizin, 3. Aufl. Thieme, Stuttgart 1967.

Reuter, F.: Giftmord und Giftmordversuch. Notring der wissenschaftlichen Verbände Österreichs, Wien 1958.

Reuter, F., H. Lieb, G. Weyrich: Gifte und Vergiftungen in der gerichtlichen Medizin. Urban & Schwarzenberg, Berlin–Wien 1938.

Schmidt, G.: Schlafmittel. In: Ponsold, A. (Hrsg.): Lehrbuch der Gerichtlichen Medizin, 3. Aufl. Thieme, Stuttgart 1967.

Steinbrecher, W., H. Solms: Sucht und Mißbrauch. Thieme, Stuttgart 1975.

Teleky, L.: Gewerbliche Vergiftungen. Springer, Berlin–Göttingen–Heidelberg 1955.

Weinig, E.: Allgemeine gerichtliche Vergiftungslehre. In: Ponsold, A. (Hrsg.): Lehrbuch der gerichtlichen Medizin, 3. Aufl. Thieme, Stuttgart 1967.

Wirth, H., G. Hecht, C. Gloxhuber: Toxikologie-Fibel. Thieme, Stuttgart 1972.

Wirth, W., C. Gloxhuber: Toxikoloige, 3. Aufl. Thieme, Stuttgart–New York 1981.

Gadamer, J.: Lehrbuch der chemischen Toxikologie und Anleitung zur Ausmittlung der Gifte, 3. Aufl. Vandenhoeck Ruprecht, Göttingen 1969.

Forensische Serologie, Vaterschaftsbegutachtung

Beitzke, G.: Rechtsfragen der Vaterschaftsbegutachtung. In: Beitzke, G., H. Hosemann, P. Dahr, H. Schade (Hrsg.): Vaterschaftsgutachten in der gerichtlichen Praxis, 3. Aufl. Schwartz, Göttingen 1978.

Berg, S., M. L. Ladiges: Über die Nachweisbarkeit der Tf^{C}- und PGM_1-Subtypen in gealterten Blutproben. Arch. Kriminol. 164 (1979) 101.

Bertrams, J., H. Preuss: Ein Zwillingsfall mit wahrscheinlicher Superfetatio. Z. Rechtsmed. 84 (1980) 319.

Das Bluttransfusionswesen. Sammlung der Gesetze und Richtlinien. Schattauer, Stuttgart 1972.

Boormann, K., E. Dodd: Blutgruppenserologie. Fischer, Stuttgart 1964.

Coombs, R. R. A., A. E. Mourant, R. R. Race: A new test of the detection of weak and „incomplete“ Rh-agglutinins. Brit. J. Exper. Path. 26 (1945) 255.

Coombs, R. R. A., A. E. Mourant, R. R. Race: Detection of weak and „incomplete“ Rh-antigens; A new test. Lancet II (1945) 15.

Dahr, P.: Technik der Blutgruppen- und Blutgruppenfaktorenbestimmung, 6. Aufl. Thieme, Stuttgart 1953.

Dahr, P.: Blutgruppengutachten. In: Beitzke, G., H. Hosemann, P. Dahr, H. Schade (Hrsg.): Vaterschaftsgutachten für die gerichtliche Praxis, 3. Aufl. Schwartz, Göttingen 1978.

Dahr, P., M. Kindler: Transfusionspraxis. Schattauer, Stuttgart 1963.

Dausset, J.: Iso-leuco-anticorps. Acta haemat. (Basel) 20 (1958) 156.

Döring, G. K.: Über den Beweiswert des Reifegrad-Tragzeit-Gutachtens in Alimentationsprozessen. Geburtshilfe u. Frauenhlk. 31 (1971) 401.

Döring, G. K., G. Fink: Über Korrelation zwischen Tragzeit und meßbaren Reifemerkmalen bei 11300 Zwillingskindern. Arch. Gynäk. 194 (1960) 63.

Editorial: Empfehlungen für die Behandlung von Transfusionszwischenfällen. Dtsch. Ärztebl. 80 (1983) 33.

Fiori, A.: The legal situation of the illegitimitate children in Italy. 7. Intern. Tagung Ges. forens. Blutgruppenkunde. Schmitt & Meyer, Würzburg 1977.

Helmbold, W., F. Schwarzfischer, F. Vogel: Blutgruppen. In: Becker, P. E. (Hrsg.): Humangenetik, Bd. 1. Thieme, Stuttgart 1972.

Herbich, J.: Der Vaterschaftsprozeß. Österr. Richterzeitung 53 (1975) 125.

Hirschfeld, J.: The Gc-system. Prog. Allergy 6 (1962) 155.

Hosemann, H.: Tragzeitgutachten. In: Beitzke, G., H. Hosemann, P. Dahr, H. Schade (Hrsg.): Vaterschaftsgutachten für die gerichtliche Praxis, 3. Aufl. Schwartz, Göttingen 1978.

Hummel, K.: Biostatische Abstammungsgutachten. Fischer, Stuttgart 1971.

Hummel, K.: Gegenwärtiger Stand des serostatischen Vaterschafts- und Verwandtschaftsnachweises auf der Basis des Bayesschen Theorems. Ärztl. Lab. 23 (1977) 285.

Hummel, K.: Das biostatische Gutachten als forensisches Beweismittel. Ärztl. Lab. 25 (1979) 131.

Hummel, K.: Zur Theorie des a priori, des W-Wertes und der richterlichen Entscheidung in Fällen strittiger Abstammung. Kriminal. forens. Wiss. 48 (1982) 87.

Hummel, K., J. Conradt: Differenzen zwischen Vaterschafts- und Ausschlußwahrscheinlichkeiten aus HLA-Befunden. Z. Rechtsmed. 81 (1978) 217.

Hummel, K., P. Ihm, V. Schmidt: Biostatische Abstammungsbegutachtung, Tab.-Bd. 1, Tab.-Bd. 2. Fischer, Stuttgart 1971, 1973 (Ergänzungen: 1973, 1975, 1977).

Jancik, W., P. Speiser: Zahlenwerte über die Wahrscheinlichkeit von Vaterschaftsausschlüssen. Springer, Wien 1952.

Knaus, H.: Die wahre Dauer der menschlichen Schwangerschaft. Zum Ende der Berechnung des Geburtstermins nach F. C. Nägele. Maudrich, Wien 1970.

Landsteiner, K.: Über Agglutinationserscheinungen normalen menschlichen Blutes. Wien. klin. Wschr. 14 (1901) 1132.

Landsteiner, K., A. S. Wiener: Studies on an agglutinogen (Rh) in the human blood reacting with anti-rhesus sera and with human isoantibodies. J. Exper. Med. 74 (1941) 309.

Levine, Ph.: Blutgruppenantigene und Antikörper. Ortho Diagnostic Division. Ortho Pharmaceutical Corporation, Rariton, New Jersey, USA 1964.

Levine, Ph., L. Burnham, E. M. Katzin, P. Vogel: The role of isoimmunisation in the pathogenesis of erythroblastosis fetalis. Amer. Obstet. Gynec. 42 (1941) 925.

van Loghem, E.: Durch Plasmaproteine verursachte Transfusionszwischenfälle. Wien. klin. Wschr. 92 (1980) 759.

Maresch, W.: Transfusionszwischenfälle. In: Ponsold, A. (Hrsg.): Lehrbuch der Gerichtlichen Medizin, 3. Aufl. Thieme, Stuttgart 1967.

Maresch, W., J. M. Möse: Tod mit anaphylaktischem Schock nach Übertragung bakterienhaltiger Blut- und Plasmakonserven. Zbl. Bakt. I. Orig. 173 (1958) 244.

Maresch, W., E. Wehrschütz: Untersuchungen über die Ausscheideeigenschaft. Dtsch. Z. ges. gerichtl. Med. 55 (1964) 228.

Maresch, W., E. Wehrschütz: Die forensische Auswertung von Serumgruppensystemen. Beitr. gerichtl. Med. 23 (1965) 131.

Martin, W.: Das Verfahren nach Schulte, Mönting und Walter für die statistische Auswertung von Blutgruppenbefunden. Ärztl. Lab. 25 (1979) 138.

Martin, W., A. Ott: Zur Darstellung der Glyoxalase I unter besonderer Berücksichtigung der Instabilität des Enzyms. Ärztl. Lab. 22 (1976) 293.

Maurer, H.: Die serologische Abklärung von Kinderverwechslungen (Mutter-

schaftsausschluß). Wien. klin. Wschr. 74 (1963) 806.
Mauer, H.: Zur Anwendbarkeit der Hosemannschen Tafeln. Acta med. leg. et soc. 16 (1963) 35.
Mayr, W.: Berechnung der Vaterschaftsausschlußchance und der Vaterschaftswahrscheinlichkeit im HLA-System. Z. Rechtsmed. 79 (1977) 87.
Mayr, W.: HLA-System und forensische Abstammungsbegutachtung. Ärztl. Lab. 25 (1979) 225.
Mayr, W. R.: Leukocytäre Isoantigene des Menschen mit ausführlicher Beschreibung des HLA-Systems: Fortschritte der Hämatologie. Barth, Leipzig 1974.
Meier, H., M. Litschgi, E. Glatthaar: Zur Frage der forensischen Verwertbarkeit von Neugeborenenlänge, Neugeborenengewicht, Plazentagewicht und Quotient Plazentagewicht/Neugeborenengewicht bei Vaterschaftsgutachten. Geburtshilfe u. Frauenhlk. 39 (1979) 112.
Mueller-Eckhardt, D.: Gefahren bei der Transfusionstherapie. Anästh. Intensivther. Notfallmed. 15 (1980) 179, Selecta 19 (1982) 2062.
Mueller-Eckhardt, D., M. Rose: Das HLA-System. In: Oepen, I. (Hrsg.): Rechtsmedizinische Blutgruppenserologie, 3. Aufl. Fresenius, Bad Homburg v. d. H. 1982.
Oepen, I.: Fehlbestimmung der Faktoren MNSs, Fy(a) sowie der Rhesusfaktoren CeDEe an gealterten Blutproben. Z. gerichtl. Med. 66 (1969) 130.
Oepen, I.: Rechtsmedizinische Blutgruppenserologie, 2. Aufl. Fresenius, Bad Homburg v. d. H. 1982.
Oepen, I., H. Ritter: Das anthropologisch-erbbiologische Gutachten im Abstammungsprozeß. Neue jur. Wschr. 30 (1977) 2107.
Patscheider, H., R. Dirnhofer: Scheinbar entgegengesetzte Homozygotie der Ge- und EsD-Merkmale in drei Generationen. Z. Rechtsmed. 82 (1979) 243.
Patzelt, D., T. Nagai, H. Schröder, H. J. Herrmann: Die Gc-Subtypen: Darstellung mittels isoelektrischer Fokussierung. Z. Rechtsmed. 90 (1983) 45.
Podleschka, K.: Das geburtshilfliche Gutachten im Vaterschaftsprozeß. Thieme, Stuttgart 1954.
Popielski, B.: Rechtsmedizinische Probleme der Mutter- und Vaterschaft bei außerkörperlicher Befruchtung. Kriminal. forens. Wiss. 42 (1980) 17.
Prokop, O., W. Köhler: Die menschlichen Butgruppen, 4. Aufl. VEB Fischer, Jena 1976.
Prokop, O., W. Köhler, G. Geserick: Untersuchungen zu den Beziehungen zwischen Haptoglobintyp und Streptokokken der Gruppe C. Z. Immun.-Forsch. 153 (1977) 457.
Prokop, O., V. Schneider. Vergleich der rechnerischen Wahrscheinlichkeit einer Vaterschaft auf Grund der Blutgruppenmerkmale mit dem Urteil des erbbiologischen Gutachtens. Z. gerichtl. Med. 47 (1958) 484.
Prokop, U., G. Uhlenbruck: Lehrbuch der menschlichen Blut- und Serumgruppen, 2. Aufl. VEB Thieme, Leipzig 1966.
Race, R. R., R. Sanger: Blood Groups in Man, 5. ed. Blackwell Scientific Publ., Oxford-Edinburgh 1968.
Richtlinien zur Blutgruppenbestimmung und Bluttransfusion. Hrsg.: Bundesgesundheitsamt. Dtsch. Ärztebl. 76 (1979) 277.
Rittner, C., E. Mollenhauer: Zum Beweiswert der Komplementpolymorphismen C2, C4 und C6 in der Abstammungsbegutachtung. Ärztl. Lab. 27 (1981) 232.
Schwerd, W.: Zum Nachweis der Glyoxalase in gelagerten Blutproben. Arch. Kriminol. 165 (1980) 107.
Schwinger, E., C. Rittner: Kritische Überprüfung des Beweiswertes des Chromosomengutachtens an 24 Abstammungsfällen. Z. Rechtsmed. 84 (1980) 179.
Smithies, O. O., N. Walker: Genetical control of some serum proteins in normal human serum. Nature 176 (1955) 1265.
Speiser, P.: Die Vaterschaftsausschluß-Chance und ihre Interpretation. Wien. med. Wschr. 125 (1975) 295.
Speiser, P.: Karl Landsteiner. Hollinek, Wien 1961.
Speiser, P.: Die Bedeutung einiger Erbmerkmalsysteme menschlichen Blutes für Theorie und Praxis. Med. Verlagsges., Marburg 1973.
Speiser, P., D. Mickerts: Das erbliche Serummerkmal Gm. Wien. Z. inn. Med. 43 (1962) 264.
Spencer, N., D. Hopkinson, H. Harris: Phosphoglucomutase polymorphism in man. Nature 204 (1964) 742.

Spencer, N., D. Hopkinson, H. Harris: Adenosine deaminase polymorphism in man. Ann. hum. Genet. 32 (1968) 9.

Spielmann, W.: Ein Zwillingsfall mit Superfecundatio. Ärztl. Lab. 23 (1977) 283.

Spielmann, W.: Bericht der Biostatistik-Kommission. Ärztl. Lab. 25 (1979) 126.

Spielmann, W., P. Kühnl: The efficacy of modern blood group genetics with regard to a case of probably superfecundation. Haematologia 13 (1980) 75.

Spielmann, W., P. Kühnl: Die Anwendung der Isoelektrofokussier-Systeme in Problemgutachten, insbesondere Mehrmannsfällen mit verwandten Eventualvätern. Ärztl. Lab. 27 (1981) 227.

Spielmann, W., P. Kühnl: Blutgruppenkunde. Thieme, Stuttgart 1982.

Spielmann, W., S. Seidl: Einführung in die Immunhämatologie und Transfusionskunde. Verlag Chemie, Weinheim 1972.

Spielmann, W., S. Seidl: Zur Definition und zum Beweiswert der „Vaterschaftswahrscheinlichkeit“. Neue jur. Wschr. 31 (1978) 2333.

Stegmann, H.: Tragzeitgutachten. In: Ponsold, A. (Hrsg.): Lehrbuch der gerichtlichen Medizin, 3. Aufl. Thieme, Stuttgart 1967.

Terasaki, P., J. McClelland: Microdroplet assay of human cytotoxins. Nature 204 (1964) 998.

Tröger, H. D., C. Bauer, E. Tutsch-Bauer: Stellenwert des Tragzeitgutachtens im Vaterschaftsprozeß. Untersuchungen zur „Aussagekraft“ an einem Münchener Geburtenkollektiv. Med. R. 2 (1984) 90.

Spurenkunde

Berg, S.: Forensische Spurenkunde. In: Ponsold, A. (Hrsg.): Lehrbuch der Gerichtlichen Medizin, 3. Aufl. Thieme, Stuttgart 1967.

Berg, S. P.: Grundriß der Rechtsmedizin, 11. Aufl. Müller & Steinicke, München 1976.

Berghaus, G., M. Staak: Möglichkeiten des Einsatzes der miniaturisierten Ultradünnschicht-Isoelektrofokussierung bei Blutspurenuntersuchungen. Beitr. gerichtl. Med. 41 (1983) 185.

Brettel, H., T. Lattke: Die Bestimmung des Volumens von Blutlachen. Arch. Kriminol. 169 (1982) 12.

Brinkmann, B.: Erythrozytäre Enzympolymorphismen in der forensischen Serologie. Z. Rechtsmed. 69 (1971) 83.

Brinkmann, B., J. Bruns: Zur ACP-Typendifferenzierung aus Blutflecken. Z. Rechtsmed. 84 (1979) 1.

Brinkmann, B., K. Püschel: Forensischer Anwendungsbereich und Populationsgenetik der Enzympolymorphismen Esterase D und Glyoxalase I. Z. Rechtsmed. 81 (1978) 181.

Fiori, A.: Detection and identification of Bloodstaines. In: Lundquist, F. (ed.): Methods of Forensic Sciences, Vol. 1, p. 243. Interscience Publ., New York–London 1962.

Fiori, A.: New and improved Immunoassays for the Detection of ABH Substance. 10. Intern. Kongr. Ges. forens. Blutgruppenkunde. Schmitt & Meyer, Würzburg 1983.

Helmer, R.: Zellkernmorphologische Geschlechtsbestimmung an Körpergeweben und Sekretspuren. Schmidt-Römhild, Lübeck 1970.

Jellinek, S.: Atlas zur Spurenkunde der Elektrizität. Springer, Wien 1955.

Kronacher, Lode: Technik der Haar- und Wolluntersuchung. Urban & Schwarzenberg, Berlin–Wien 1930.

Lochte, T.: Haare. In: Neureiter, F. von, F. Pietrusky, E. Schütt (Hrsg.): Handwörterbuch der Gerichtlichen Medizin und Naturwissenschaftlichen Kriminalistik. Springer, Berlin 1940.

Lochte, T.: Tafeln zur Haarkunde. Schöps, Leipzig 1954.

Lötterle, J.: HLA-Typisierung von Blutspuren. Z. Rechtsmed. 87 (1981) 217.

Maresch, W.: Zum Nachweis von Gewebsteilchen an Tatwerkzeugen. Dtsch. Z. ges. gerichtl. Med. 51 (1961) 560.

Maresch, W.: Moderne Methoden der Blutfleckendiagnostik. Arch. Kriminol. 132 (1963) 1.

Nickolls, L., M. Pereira: A study of modern methods of grouping dried blood stains. Med. Sci. Law 2 (1962) 172.

Pereira, M.: New Techniques in Forensic Immunology. Proceedings in Forensic Medicine 2. Butterworths Ltd., London 1967.

Rittner, C., V. Waiyawuth: HLA-typing in

dried blood stains. I: J. Immunogenet. 1 (1974) 99; II: J. Immunogenet. 2 (1975) 211.

Schaidt, G.: Spurenkunde. In: Eisen, G. (Hrsg.): Handwörterbuch der Rechtsmedizin, Bd. 1. Enke, Stuttgart 1973.

Schleyer, F., I. Oepen: Leitfaden der gerichtlich-medizinischen Blutspuren-Untersuchung, 2. Aufl. Schmidt-Römhild, Lübeck 1977.

Schwarzacher, W.: Blutspuren im Schnee. Dtsch. Z. ges. gerichtl. Med. 31 (1939) 213.

Schwerd, W.: Der rote Blutfarbstoff und seine wichtigsten Derivate. Arbeitsmethoden der medizinischen und naturwissenschaftlichen Kriminalistik, Bd. 1. Schmidt-Römhild, Lübeck 1962.

Schwerd, W.: Blutfarbstoffnachweis in der Porphyrinprobe. Z. Rechtsmed. 80 (1977) 135.

Schwerd, W.: Spurenkunde. In: Schwerd, W. (Hrsg.): Kurzgefaßtes Lehrbuch der Rechtsmedizin für Mediziner und Juristen, 4. Aufl., S. 23. Deutscher Ärzte-Verlag, Köln 1986.

Valkovic, V.: Trace Elements in Human Hair. Garland STPM Press, New York–London 1977.

Sonstiges

Aigner-List: Ärztegesetz 1984. Manz, Wien 1985.

Dirnhofer, R., W. Holzer, W. Pesch, M. Proske, P. J. Schick: Die Haftung des Arztes. Leykam Kurzkommentare. Leykam, Graz 1983.

Dokumentation zum Strafgesetzbuch: Bundesministerium für Justiz. Verlag der Österreichischen Staatsdruckerei, Wien 1974.

Eisenmenger, W., E. Liebhardt, M. Schuck: Medizin und Recht. Festschrift für Wolfgang Spann. Springer, Berlin–Heidelberg–New York–London–Paris–Tokio 1986.

Gerchow, J.: An der Grenze von Medizin und Recht. Festschrift für Prof. Dr. Wilhelm Hallermann. Enke, Stuttgart 1966.

Gerichtsmedizin. Bindeglied zwischen Medizin und Recht. Festgabe für Prof. Fritz Schwarz. Stämpfli, Bern 1968.

Holczabek, W.: Der ärztliche Kunstfehler. Wien. klin. Wschr. 36 (1974) 499.

Holczabek, W., Depastas, G.: Die Anwendung des Operationsmikroskopes in der gerichtlichen Medizin. Beitr. gerichtl. Med. 37 (1979) 45.

Holczabek, W., C. Kopetzki: Rechtsgrundlagen von Organtransplantationen. Wien. klin. Wschr. 6 (1986).

Holczabek, W., W. Laubichler: Grundlagen und Praxis der Begutachtung von Verletzungen im Strafverfahren. In: Emberger, H., A. Sattler (Hrsg.): Das ärztliche Gutachten. Verlag der Österreichischen Ärztekammer, Wien 1985.

Holzer, F. J.: Gerichtliche Medizin, Klinik und Universität. Wien. klin. Wschr. 62 (1950) 821.

Holzer, F. J.: Obduktion. In: Der Arzt und seine Beziehung zum Recht. Das wissenschaftliche Taschenbuch, Abt. Medizin, Bd. 1. Goldmann, München 1971.

Meinert, F.: Gerichtliche Medizin und Kriminalistik. Festschrift für Emil Weinig. Schmidt-Römhild, Lübeck 1964.

Pribilla, O.: Exitus in tabula. In: Der Arzt und seine Beziehung zum Recht. Das wissenschaftliche Taschenbuch, Abt. Medizin, Bd. 1. Goldmann, München 1971.

Schleyer, F.: Forschungsergebnisse der gerichtlichen Medizin. Festschrift für Prof. Dr. Herbert Elbl. Schmidt-Römhild, Lübeck 1967.

Walther, G., H. T. Haffner: Festschrift für Horst Leithoff. Kriminalistik-Verlag, Heidelberg 1985

Sachverzeichnis